COLECÇÃO PSICOLOGIA

ANÁLISE DE DADOS NA INVESTIGAÇÃO EM PSICOLOGIA
Teoria e Prática, *Gabrielle Poeschl*

APRENDER A SER RAPARIGA, APRENDER A SER RAPAZ
Teorias e Práticas da Escola, *Luísa Saavedra*

COMPORTAMENTO ANTI-SOCIAL E CRIME
Da Infância à Idade Adulta, *Coord. de António Castro Fonseca*

COMPORTAMENTO ANTI-SOCIAL E FAMÍLIA
Uma Abordagem Científica, *Coord. de António Castro Fonseca*

CRIANÇAS E JOVENS EM RISCO, *Maria Helena Damião da Silva,*
António Castro Fonseca, Luís Alcoforadi, M. Manuela Vilar, Cristina M. Vieira

É MENINO OU MENINA? – Género e Educação em Contexto Familiar
Cristina Maria Coimbra Vieira

ENSAIOS SOBRE O COMPORTAMENTO HUMANO
Do Diagnóstico à Intervenção: Contributos Nacionais e Internacionais,
Cristina M. Vieira, Ana Maria Seixas, Armanda Matos,
Margarida Pedroso de Lima, M. Manuela Vilar, Maria do Rosário Pinheiro

INDISCIPLINA E VIOLÊNCIA NA ESCOLA: PRÁTICAS COMUNICACIONAIS
PARA PROFESSORES E PAIS, *Feliciano Henriques Veiga*

MALTRATO E TRAUMA NA INFÂNCIA, *Isabel Maria Marques Alberto*

PSICOLOGIA DE DESENVOLVIMENTO COGNITIVO
Teoria, Dados e Implicações, *Orlando Martins Lourenço*

PSICOLOGIA DE DESENVOLVIMENTO MORAL
Teoria, Dados e Implicações, *Orlando Martins Lourenço*

PSICOLOGIA DO DESENVOLVIMENTO – Temas de Investigação
Maria da Conceição Taborda Simões, Maria Teresa Sousa Machado,
Maria da Luz Vale Dias, Luiza Isabel Nobre Lima, Eds.

PSICOLOGIA E EDUCAÇÃO – Novos e Velhos Temas
A. Castro Fonseca, M. J. Seabra-Santos, M. F. da Fonseca Gaspar, Eds.

PSICOLOGIA FORENSE, *António Castro Fonseca, Mário R. Simões,*
Maria C. Taborda Simões, Maria Salomé Pinho, Eds.

QUESTIONÁRIOS: TEORIA E PRÁTICA, *João Manuel Moreira*

TELEVISÃO E VIOLÊNCIA – (para) Nov̶ ̶ ̶ ̶ ̶ ̶ ̶ ̶ ̶ Olhar
Armanda Pinto da Mota Matos

PSICOLOGIA E EDUCAÇÃO
Novos e velhos temas

PSICOLOGIA E EDUCAÇÃO
Novos e velhos temas

Editado por
António Castro Fonseca
Maria João Seabra-Santos
Maria Filomena R. Fonseca Gaspar

PSICOLOGIA E EDUCAÇÃO
Novos e velhos temas

EDITORES
ANTÓNIO CASTRO FONSECA
MARIA JOÃO SEABRA-SANTOS
MARIA FILOMENA R. FONSECA GASPAR

EDITOR
EDIÇÕES ALMEDINA, SA
Avenida Fernão de Magalhães, n.º 584, 5.º Andar
3000-174 Coimbra
Tel.: 239 851 904
Fax: 239 851 901
www.almedina.net
editora@almedina.net

PRÉ-IMPRESSÃO • IMPRESSÃO • ACABAMENTO
G.C. – GRÁFICA DE COIMBRA, LDA.
Palheira – Assafarge
3001-453 Coimbra
producao@graficadecoimbra.pt

Abril, 2007

DEPÓSITO LEGAL
258006/07

Os dados e as opiniões inseridos na presente publicação
são da exclusiva responsabilidade do(s) seu(s) autor(es).

Toda a reprodução desta obra, por fotocópia ou outro qualquer processo,
sem prévia autorização escrita do Editor,
é ilícita e passível de procedimento judicial contra o infractor.

Índice

Lista de participantes V

Apresentação... VII

1 O que é a Psicologia? 1
D. Williams

2 O que é a Educação? 31
A. Simões

3 Condicionamento clássico humano — Emoção, cognição
e personalidade 53
I. Martin

4 A atenção flutuante e o método psicanalítico 79
J. P. Ferreira da Silva

5 Por que são tão diferentes as crianças da mesma família?
O ambiente não partilhado, uma década depois 93
R. Plomin, K. Asbury & J. Dunn

6 A nova psicologia da criança depois de Jean Piaget 119
O. Houdé

7 Importância dos primeiros anos de vida — O exemplo
dos comportamentos agressivos 129
A. C. Fonseca

IV

8 Medos normais em crianças e adolescentes 173
E. Gullone

9 Diferenças individuais no temperamento — Implicações para o
contexto escolar 195
M. J. Seabra-Santos

10 Desenvolvimento do pensamento reflexivo e educação
de adultos — Uma revisão de modelos teóricos 217
A. L. Oliveira

11 Abandono escolar na adolescência — Factores comuns
e trajectórias múltiplas 247
M. Janosz & M. Le Blanc

12 Escolas eficazes — Aspectos organizacionais e pedagógicos 305
M. C. Taborda-Simões, M. D. Formosinho & A. C. Fonseca

13 Indisciplina, violência e delinquência na escola
— Compreender e prevenir 335
J. Amado & M. T. Estrela

14 Castigos físicos, em contexto familiar — Uma abordagem
empírica 365
A. Simões

15 Educação pré-escolar e promoção do bem-estar na infância
e idade adulta — Novos desafios para velhas questões? 391
M. F. Fonseca Gaspar

LISTA DE PARTICIPANTES

JOÃO S. AMADO
Universidade de Coimbra — Portugal

KATHRYN ASBURY
Universidade de Londres (*King's College*) — Reino Unido

JUDITH DUNN
Universidade de Londres (*King's College*) — Reino Unido

MARIA TERESA ESTRELA
Universidade de Lisboa — Portugal

ANTÓNIO C. FONSECA
Universidade de Coimbra — Portugal

MARIA DORES FORMOSINHO
Universidade de Coimbra — Portugal

MARIA FILOMENA R. FONSECA GASPAR
Universidade de Coimbra — Portugal

ELEANORA GULLONE
Universidade de Monash — Austrália

OLIVIER HOUDÉ
Universidade de Paris V — França

MICHEL JANOSZ
Universidade de Montreal — Canadá

MARC LE BLANC
Universidade de Montreal — Canadá

VI

IRENE MARTIN
Universidade de Londres (King's College) — Reino Unido

ALBERTINA L. OLIVEIRA
Universidade de Coimbra — Portugal

ROBERT PLOMIN
Universidade de Londres (King's College) — Reino Unido

MARIA JOÃO SEABRA-SANTOS
Universidade de Coimbra — Portugal

JOSÉ P. FERREIRA DA SILVA
Universidade de Coimbra — Portugal

ANTÓNIO SIMÕES
Universidade de Coimbra — Portugal

MARIA C. TABORDA-SIMÕES
Universidade de Coimbra — Portugal

DAVID WILLIAMS
Universidade de Hull — Reino Unido

Apresentação

A psicologia e a educação são duas áreas do saber onde, desde há vários anos, se regista um crescimento permanente, tendo-se constituído, no interior de cada uma delas, diversas disciplinas bem diferenciadas.

Apesar disso, há entre essas duas grandes áreas, ainda hoje, numerosos pontos de intersecção. De facto, as mesmas questões são muitas vezes abordadas por investigadores da Psicologia e das Ciências da Educação; os avanços registados numa reflectem-se nos trabalhos de investigação ou de intervenção da outra; o seu ensino continua a fazer-se, em muitos países, desde o início, nas mesmas Escolas ou Faculdades; e, por vezes, as sobreposições relativas a alguns temas são de tal ordem que se torna quase impossível traçar, entre esses dois domínios, uma fronteira clara.

O objectivo deste volume é fornecer uma amostra selectiva, mas variada, dos temas centrais destas duas áreas, de modo que o leitor fique com uma visão realista e bem fundamentada dos progressos, até agora, aí alcançados no estudo das questões importantes ainda em aberto, das possibilidades de futuros avanços teóricos ou metodológicos, e dos obstáculos que mais têm dificultado esse progresso.

A estratégia adoptada foi convidar diversos investigadores portugueses e estrangeiros, de Psicologia e de Ciências da Educação, a preparar para este livro capítulos de síntese crítica sobre tópicos da sua especialidade. O resultado foi uma colectânea de textos originais e de grande valor sobre alguns dos temas, clássicos e emergentes, mais relevantes nestas duas grandes áreas do saber. Basta referir, a título de ilustração, as questões relacionadas com temperamento, processos de aprendizagem, abandono escolar, efeitos da hereditariedade e do meio, importância das primeiras experiências da criança, consequências dos castigos corporais, indisciplina e violência na escola, ou programas de intervenção psicológica e pedagógica a nível escolar ou pré-escolar.

VIII

Escritos numa linguagem simples e clara, mas ao mesmo tempo, com grande rigor técnico e científico, os diversos capítulos deste volume serão de grande utilidade para um leque muito vasto de leitores, com particular destaque para estudantes e profissionais de Psicologia, Ciências da Educação, Sociologia e outras ciências humanas e sociais.

Em suma, um livro importante para todos aqueles que neste país se interessem pelas questões da psicologia e da educação, sejam eles iniciados ou não iniciados nessas matérias. Os leitores do primeiro grupo encontrarão, em cada capítulo, uma revisão crítica e aprofundada de várias questões importantes sobre temas da sua especialidade. Os do segundo grupo terão, pela leitura do conjunto da obra, a oportunidade de se familiarizar com algumas das questões mais significativas com que, actualmente, se confrontam os investigadores em *Psicologia* e *Educação*.

Este livro só foi possível graças ao apoio recebido, no âmbito do subprojecto "Desenvolvimento Humano e Comportamento de Risco" do *Centro de Psicopedagogia da Universidade de Coimbra* (FEDER//POCI2010-SFA-160-490).

Igualmente importante foi o contributo da *Revista Portuguesa de Pedagogia* que, gentilmente, nos autorizou a incluir neste volume alguns textos nela anteriormente publicados.

António Castro Fonseca
Maria João Seabra-Santos
Maria Filomena Fonseca Gaspar

1

O que é a Psicologia?*

David I. Williams

Esta é uma questão que, em termos gerais, dificilmente necessita ser colocada. Na verdade, em linguagem comum, todos pensamos saber de que trata a psicologia. Estamos familiarizados com a ideia do vendedor que usa 'um pouco de psicologia' para convencer os compradores, assim como admitimos, implicitamente, que um treinador tem de ser, antes de mais, um 'perito em psicologia' para conseguir motivar a sua equipa e, simultaneamente, saber quebrar a confiança dos adversários.

Esta concepção popular de psicologia pressupõe, de certa forma, um conceito um pouco ligado à ideia do *engano*. Isto é, a imagem criada de tais casos, seja a do vendedor ou do treinador, envolve a noção de tentativa de controlo — de modo essencialmente subtil e ardiloso eles tentariam influenciar ou modificar comportamentos de outro ou outros — sem, necessariamente, se preocuparem com a 'verdade' ou com os factos em causa.

Não deixa de ser irónico que esta concepção de 'engano' associada ao termo 'Psicologia' possa também ser aplicada directamente à disciplina académica – onde a maioria dos investigadores mente ou engana deliberadamente os sujeitos que participam nas experiências, ao não explicitar os objectivos reais do estudo! Sendo a posição 'ética'

---

* Tradução de Teresa S. Machado.

subjacente a tal atitude justificada pelo facto de, no final, os sujeitos serem então devidamente esclarecidos. Nesta linha de ideias, o elevado fundamento moral da 'ciência' defende que os benefícios em prol do conhecimento são maiores do que um qualquer eventual prejuízo causado aos indivíduos particulares. Claro que a ética desta argumentação é, no mínimo, discutível — que será feito da auto-estima dos sujeitos que descobrem ter sido enganados, e qual a sua opinião acerca desses mesmos estudos? Esta situação não é um simples artefacto da forma como se realiza a investigação corrente — ela encontra-se subjacente a toda a questão da definição da psicologia enquanto actividade académica. A razão para o engano reside na ideia de que se o participante conhecesse o propósito real do estudo, então teria a capacidade para escolher comportar-se de um modo muito diferente daquele que é esperado pelo investigador. Se a psicologia é uma ciência, então o seu objectivo é compreender os sistemas que governam o modo como nos comportamos nas relações com o mundo e com os outros — mas, e trata-se de um grande *MAS*, ... o ser humano pode ser feito apenas por moléculas tal qual tudo o resto no sistema solar, mas a 'matéria' que é humana não é inerte como uma árvore ou um rochedo — o ser humano é simultaneamente capaz de se compreender a si próprio e ao que tenta conseguir — assim como compreender o que outros tentam fazer — e é ainda capaz de fazer escolhas acerca das múltiplas maneiras de se comportar — incluindo 'mentir'. Assim, num estudo psicológico, o sujeito tem capacidade de ver que a resposta 'correcta' ou esperada é: (a) marcar/escolher dado item, (b) não o fazer. Daí o recurso ao 'engano' pelos investigadores. Mas esta simples observação diz-nos muitas coisas importantes acerca de nós próprios, que qualquer definição de psicologia terá de saber compreender e considerar. Primeiro, que o investigador da psicologia é sempre parte integrante da experiência que leva a cabo. Segundo, toda a psicologia é 'reflexiva', isto é, necessita explicar-se a si própria! Sendo toda e qualquer teoria construída por um sujeito, para ser completa, ela tem, necessariamente, de ser capaz de explicar como é que o sujeito a construiu — ou seja, uma teoria na Psicologia tem de ser capaz de explicar como é que ela própria foi criada. Isto torna a própria tarefa de teorização na psicologia bastante diferente da de outras ciências ou disciplinas académicas. Terceiro, os seres humanos não são inanimados. Noutras áreas de estudo não temos, digamos, rochas a ripostar ao investigador, produtos químicos a 'decidirem' não reagir uns com outros, a chuva a resolver não cair, ou uma flor a optar virar-se contra o sol. Os seres humanos são sistemas activos, têm o poder de introduzir mudanças. Em linguagem corrente dizemos que temos 'livre arbítrio', isto é, cada sujeito é agente do seu próprio comportamento — e mais ainda, defendemos que os nossos semelhantes sejam responsáveis pelo modo como pensam e agem. Em termos simples, o problema relativamente à possibilidade de os psicólogos poderem prever comportamentos é que se eles tiverem uma teoria perfeita que consiga prever que o senhor X se irá comportar de um modo Y, então se o senhor X tem consciência dessa previsão, ele tem também o poder de fazer algo totalmente diverso!

Infelizmente, a maioria das teorias, dentro da psicologia académica, não só não consegue ser 'reflexiva', como trata os seres humanos como pedras — enquanto receptores passivos do ambiente — como se fossem controlados por acontecimentos exteriores, em vez de reconhecer que as nossas acções são auto instigadas. Mas antes de prosseguir com esta linha de argumentação, vejamos como é usualmente definido o termo 'Psicologia'.

Existem muitas aplicações credenciadas de 'Psicologia' — o teatro, o cinema, o desporto, os media, políticas, *marketing*, ... Porém, o recurso à 'Psicologia' nestes diferentes contextos pode ser muito diverso. Embora seja plausível, e mesmo provável, que um encenador de teatro seja muito versado nos escritos de Freud, é bastante improvável que o comum treinador de futebol esteja a par da teoria psicodinâmica. E é quase certo que raros serão, entre estes "profissionais" que aplicam a psicologia nas suas actividades diárias, os que leram algum dos textos que podemos encontrar numa qualquer lista de um programa 'típico' de uma graduação em psicologia. Além disso, mesmo dentro do campo da psicologia académica, reconheceu-se, no seu início, que existem muitas 'psicologias', ou pelo menos, diferentes 'escolas' de Psicologia — e estas podem ser tão diferentes entre si que seria impossível para um estudioso de uma delas subscrever, ou até compreender, as afirmações de uma outra. No meio de tanta confusão pode ser útil recorrer ao dicionário!

O QUE DIZ O DICIONÁRIO

A raiz do termo "Psicologia" não podia ser mais clara. Trata-se de um *lógos,* isto é "estudo", da *psykhé,* ou seja, da "alma" (do grego *psykhé* + *lógos* + ia). No original, isto é na Grécia antiga, a *psykhé*, distinguiria o animado do inanimado: inanimado + psykhé = animado. Neste sentido, a *psique* representa a 'força da vida'. Todavia, devemos lembrar que o termo deveria ser entendido tendo em conta a concepção da época sobre a natureza da vida. Hoje, dificilmente a diferença entre o vivo e o morto repousará na junção da 'força da vida' ao 'inanimado'. Assim sendo, a conceptualização original da 'psique' perdeu-se, mas o termo perdura. Se nos quisermos manter próximos do significado original de 'psique-logia', nesse caso, o campo de estudo seria a 'alma' *(soul),* ou seja, enquadrar-se-ia no domínio de estudos que designamos por Teologia. Para alguns autores contemporâneos, o termo 'psique' foi traduzido no sentido de se referir àqueles elementos do ser humano que não seriam encontrados na nossa fisiologia — ou seja, os aspectos que tornam o 'corpo' numa 'pessoa'. Esta noção pode ser traduzida, de modo mais simples, em 'mente' *(mind).* Podemos considerar esta perspectiva como um bom ponto de partida para tentar compreender de que trata a psicologia. Poderia até representar o ponto de chegada da nossa exploração da 'Psicologia' e assumir-se-ia como a nossa última definição. Mas, talvez devido à natureza metafísica do termo, a definição em termos de 'mente' não encontrou apoio imediato na comunidade académica.

O dicionário não é, porém, mais do que um ponto de partida. O significado de 'Psicologia' não é estático (cf. APA Monitor, 1999); tornam-se inevitáveis algumas modificações à medida que o nosso conhecimento progride. Para além disso, alguns significados, mais do que serem consistentes com observações diversas e independentes, traduzem antes pressões políticas e sociais. Assim, no século XVII, a Bíblia continha tudo o que necessitaríamos para compreender a natureza da espécie humana e do Universo. As definições e explicações científicas teriam de ser consistentes com as Escrituras para serem aceites. Assim sendo, afirmar, como Copérnico, que a Terra gira à volta do Sol, e não o inverso, seria considerado uma grave e errada interpretação, independentemente do facto de a observação confirmar a demonstração subjacente. No século XX vimos políticas semelhantes e *zeitgeists* a distorcerem o conhecimento, como, por exemplo, o modo como foi estudada a genética na União Soviética. Para o nosso propósito, podemos também salientar, nesse mesmo século, no Ocidente, a influência do *êthos* de que "a ciência é boa — e o conhecimento 'científico' soberano" — ou seja, só o conhecimento produzido por meio de uma metodologia particular (i. e. científica), e num contexto filosófico (de ciência) determinado, é digno de confiança e valor. Nesse sentido, demasiado depressa se passou à noção de que as afirmações oriundas de um laboratório trariam consigo o critério da 'verdade', enquanto que as observações "naturalistas" de pessoas a trabalhar numa qualquer área, ou dos filósofos e romancistas seriam meras especulações. Esta perspectiva teve, e ainda tem, um profundo efeito na forma como a 'Psicologia' é definida, e na natureza da investigação e teorias psicológicas.

Pelo exposto, e no sentido de tentar compreender como foi evoluindo ao longo do tempo o sentido do termo Psicologia, torna-se instrutivo identificar os caminhos que ela seguiu até hoje e rever os modelos teóricos mais significativos que se foram, entretanto, destacando. Nesta ordem de ideias podemos identificar três fontes fundamentais responsáveis pelo impulso dado ao estudo da 'Psicologia': 1) a Filosofia, 2) a Biologia, e 3) o campo relativo às influências apenas "psicológicas". No campo das Escolas teóricas, podem ser particularizadas quatro orientações diversas no desenvolvimento da concepção do objecto: 1) Psicodinâmica; 2) Comportamentalista; 3) Cognitiva; e 4) Fenomenológica.

FONTES DE INFLUÊNCIA

Fonte Filosófica
Os desenvolvimentos iniciais no campo da psicologia académica devem-se a autores que foram treinados na Filosofia. Em Portugal, tal como na maioria dos países europeus, os primeiros professores de departamentos de Psicologia eram formados em Filosofia. As razões para tal são bastante simples. Assim as questões relativas à natureza da 'psique' atraíam, desde os longínquos tempos da Grécia antiga, a atenção dos filósofos. E, noções relativas à composição dos estados mentais ou conceitos de 'vontade', estimulam ainda hoje os talentos dos filósofos contemporâneos. Para além desses motivos, a Psicologia, desde a sua infância (até hoje) tem tido dificuldades em conceptualizar convenientemente os parâmetros essenciais aos seus próprios estudos. Enquanto que os objectos físicos existem, digamos, de uma forma que sugere imediatamente como podem ser medidos/avaliados/categorizados, o mesmo não acontece em relação aos fenómenos psicológicos, tais como a inteligência, memória, personalidade, ... Recorreu-se

então às competências dos filósofos para desenvolver estruturas conceptuais que permitissem realizar as medidas necessárias. Como veremos adiante, essas competências são ainda mais vitais hoje, sempre que os investigadores se encontram próximo de cometer erros conceptuais que são, no mínimo, ingénuos, e que em muitos casos originam absurdos pela incapacidade em reconhecer a própria natureza do conceito usado.

Fonte Biológica

Seja o que for a 'psique', ela envolve o conceito de vida e a Biologia é a ciência das coisas vivas. Assim sendo, os biólogos interessam-se também por matérias psicológicas. Com efeito, definições mais antigas, assim como diversos manuais correntes, especificam que a Psicologia implica o estudo da espécie humana e dos animais. O pensamento evolutivo, no qual podemos encontrar as raízes da moderna biologia, não faz distinções entre humanos e outras espécies vivas. E, no entanto, parece haver uma descontinuidade evolutiva, algures, no que se refere ao homem, de tal forma que não é possível extrapolar da compreensão do comportamento animal para a explicação do comportamento humano (Williams, 1971). E essas diferenças não se limitam apenas a uma questão de complexidade. Desenvolvimentos como o da linguagem, por exemplo, parecem colocar a espécie humana à parte e exigir diferentes explicações (psicológicas?) sobre as razões do nosso próprio comportamento.

É também evidente que os corpos mortos não apresentam as facetas que suscitam o interesse dos psicólogos — porém é igualmente claro que os processos psicológicos não existem independentemente do corpo que os exibe. E também ninguém discute que os processos psicológicos têm uma base biológica. Mas tal não equivale a afirmar que é possível compreender esses mesmos processos em termos dos mecanismos biológicos que lhes estão subjacentes. E no entanto, são vários os que crêem que tal é possível. Aceitando tal pressuposto, a Psicologia deixaria de existir enquanto entidade separada e tornar-se-ia apenas uma especialidade dentro da biologia. Argumentaremos, mais tarde, que não é este o caso. Mas, apesar disso, as raízes biológicas da psicologia são notórias ao longo do desenvolvimento da disciplina.

Fonte Psicológica

Existe um exemplo de um ponto de partida puramente psicológico no desenvolvimento da Psicologia; trata-se da psicometria. A abordagem psicométrica não implica qualquer tipo de pressuposto especial quer relativamente à natureza humana, quer em relação a teorias metafísicas acerca da natureza da vida ou dos processos mentais. A teoria psicométrica apenas afirma (o que é aliás fácil de observar, e sem discussão) que: (a) os seres humanos diferem entre si nas capacidades para resolverem tarefas mentais — pensar, recordar, resolver problemas, etc.; e (b) essas diferenças podem ser medidas. Não são precisos mais pressupostos para estabelecer uma (pura) ciência psicológica. Por exemplo, Alfred Binet (Binet & Simon, 1916) observando que as capacidades de tipo escolar se encontravam relacionadas com a idade cronológica, criou medidas para avaliar o nível de cada criança, confrontando-a com outras da sua geração. Deste modo conseguiu observar se o nível da criança era superior ou inferior ao das da sua idade. Se a pontuação fosse igual, então a "idade mental" da criança seria equivalente à sua 'idade cronológica'; se a sua pontuação fosse igual ao das crianças mais velhas então a sua 'idade mental' seria igual à idade cronológica dessas mesmas crianças mais velhas. Assim, a partir de uma simples medida de uma diferença, foi estabelecido o conceito de idade mental, que se revelou útil na capacidade de previsão dos resultados escolares. Entretanto, outros desenvolvimentos subsequentes, recorrendo por vezes a sofisticadas metodologias estatísticas, tornaram, mais subtis e significativos, conceitos como 'inteligência' ou 'personalidade'. Isso permitiu ainda criar sistemas de avaliação que apreendem informação relevante acerca das capacidades de uma pessoa aprender ou desempenhar uma dada tarefa. Tudo isto foi conseguido sem necessidade de qualquer tipo de teoria psicológica ou especulação biológica complexa. Em termos comerciais, pelo menos, a Psicometria provou ser, até hoje, o modelo psicológico mais bem sucedido.

ESCOLAS PSICOLÓGICAS

A partir deste tipo de fontes de influência desenvolveram-se diferentes 'vagas' teóricas na psicologia. Quer isto dizer, ganharam forma certas 'grandes ideias', baseadas em assumpções particulares que deram lugar ao desenvolvimento de teorias; embora estas sejam múltiplas e diversas, elas podem ser sistematizadas como fazendo parte de um movimento teórico específico — ou Escola.

Escola Psicodinâmica

A primeira escola que apresentamos — a psicodinâmica — encontra-se presente desde os primeiros dias das discussões académicas em psicologia; e tem ainda bastante impacto no seio do pensamento psicológico, estando aliás a sua influência a crescer nalguns países, designadamente no Reino Unido.

A perspectiva psicodinâmica deriva do trabalho de Freud e dos que seguiram a sua tradição. Os seus modelos são designados de 'dinâmicos' visto crer-se que o fenómeno psicológico deriva, e só pode ser compreendido, a partir de uma interacção dinâmica entre as *forças* (frequentemente) opostas, que são conceptualizadas como constitutivas da *psique* [1] humana. Estas ideias continuam hoje a suscitar discussões várias – com efeito, podemos até especular que serão publicados anualmente mais livros sobre psicanálise/psicodinâmica do que sobre qualquer outro domínio da psicologia! Os conceitos desenvolvidos neste contexto teórico servem ainda de ponto de partida para muitos trabalhos no teatro ou literatura e constituem, neste sentido, um modo de divulgação e fonte de discussões sobre a natureza humana. Porém, pelo menos nos E.U.A. e Reino Unido, o pensamento inerente a tal escola não faz parte do currículo escolar ou profissional da Psicologia. Para dizer a verdade, os conceitos psicodinâmicos são até frequentemente ridicularizados nos cursos de Psicologia, e são apenas marginalmente focados em formações mais específicas, como, por exemplo, nos programas relativos à Personalidade. A razão de ser desta situação não será difícil de entender. Para além da óbvia utilidade de conceitos como inconsciente, negação e recalcamento (que, diga-se de passagem, são usados livremente pelos mesmos teóricos que negam a herança de Freud!!!), as estruturas teóricas que lhes são subjacentes são inconsistentes e, em linguagem comum, 'não-científicas'. Porém, as supostas "previsões" derivadas da teoria psicodinâmica são sempre *'Postdictive'* — isto é, a explicação é dada apenas após o acontecimento; na verdade, antes deste ocorrer, seriam igualmente plausíveis outras, eventualmente contraditórias, explicações (partindo, ainda assim, da mesma base teórica). Desta forma, não há meio de saber previamente a que explicação recorrer — por exemplo, que mecanismo de defesa será

---

[1] N.T. O termo psique tem sido utilizado por alguns psicólogos contemporâneos para evitar as implicações religiosas e espiritualistas das palavras "alma" e "espírito" (do grego *psukké,ês* — 'sopro', logo, 'sopro da vida', alma, como princípio de vida; pelo latim — *psyche*).

O que é a Psicologia? 9

empregue numa dada situação. Desta forma estas teorias não conseguem cumprir os requisitos inerentes à concepção epistemológica vigente na ciência contemporânea, concepção que é igualmente subscrita pela maioria dos psicólogos; por isso são rejeitadas pela "Ciência". Mas, deveríamos lembrar-nos que qualquer modelo de Ciência é justamente apenas isso — um modelo — sendo assim susceptível de ser alterado (Kuhn, 1962). Curiosamente, algumas noções freudianas ganharam muita popularidade. Um bom exemplo é o recurso à noção de 'negação'. Para muitos psicólogos, "negação" é um fenómeno bastante real, que observam nos seus pacientes (mas, é também um fenómeno, entre outros, sobre o qual a psicologia contemporânea permanece silenciosa).

Escola Comportamental

No início do século passado, filósofos experimentais da Europa tentavam estabelecer uma base empírica, através da experimentação, para compreender os processos mentais. O método escolhido — introspecção — através do qual se pedia ao sujeito da experiência para recordar os passos mentais que teria dado para realizar uma dada tarefa — mostrou-se incapaz de corresponder ao requisito "científico" básico da replicação. Os dados obtidos não se revelaram válidos nem fidedignos. Se é certo que estas primeiras tentativas de investigação experimental falharam, elas deram no entanto um novo ímpeto para outros procurarem novos métodos. Nos E.U.A., John B. Watson (1912) encontra-se na primeira linha dos que viram que a única manifestação visível da 'psique' estava no comportamento do indivíduo. O comportamento podia ser observado e medido, logo fornecia os dados para uma abordagem 'científica' na Psicologia. Este empenho deu frutos e levou ao estabelecimento da Psicologia enquanto disciplina académica. Todavia, em última análise, o movimento falhou já que o modelo que pressupunha que um Estímulo desencadeava uma Resposta aprendida (S-R) se revelou incapaz de explicar até tarefas simples de aprendizagem. Tolman (1948), por exemplo, mostrou que os ratos aprendiam 'onde ir' em vez de 'o que fazer' num labirinto [2]. Assim sendo, a aprendizagem, mesmo a nível dos ratos,

---

2 N.T. O autor refere-se à experiência em que Tolman sugere que os ratos, ao percorrerem um labirinto, não se limitam a aprender um percurso, mas constroem uma espécie de "mapa mental" do mesmo. Confrontando três situações experimentais: *a)* grupo de ratos que durante 17 dias pode percorrer o labirinto, uma vez por dia, sem receber qualquer recompensa; *b)* grupo de ratos que

consistia em algo mais do que aprender um comportamento simples ou específico; os animais podiam exibir um novo comportamento adequado ao 'conhecimento' da situação. Por exemplo, se eu decidir partir um ovo (cognição), tenho muitas maneiras de o fazer — deixá-lo cair, atirá-lo, bater com ele, ... O que queremos mostrar é que existem vários comportamentos, alguns deles nunca previamente realizados pelo sujeito, que permitem cumprir o mesmo objectivo. Nesta linha de ideias, o comportamento não pode ser, ao contrário do acreditam os 'behavioristas', o ponto central da análise; em rigor, ele apenas constitui o dado a partir do qual nós tentaremos inferir os processos cognitivos que o originam.

O modelo teórico do 'Comportamentalismo' evoluiu quase sem quebras visíveis para a 'Psicologia Cognitiva'.

Escola Cognitiva
A designação de Psicologia Cognitiva tornou-se um rótulo aplicado à Psicologia Ocidental contemporânea.

O comportamentalismo, na sua busca de validade científica e respeitabilidade académica, restringiu o seu objecto e apressou a sua morte ao delimitar o que poderia ser considerado *comportamento*. Os psicólogos cognitivistas libertaram-se a si próprios dessas apertadas restrições, assumindo uma visão muito mais alargada do que constitui uma *resposta* — esta pode ser um comportamento verbal — e admitem ainda o recurso a conceitos 'não comportamentais' nos modelos que desenvolvem para explicar os processos cognitivos. Fora estas alterações, a Psicologia Cognitiva ocupa exactamente a mesma posição conceptual que os anteriores comportamentalistas. Não acrescentam nenhum pressuposto adicional. A sua posição é, apenas, a de que o comportamento manifesto constitui a única indicação de que, subjacente a ele, se encontra um funcionamento mental (do sujeito). Reconheçamos, não se trata de uma

---

recebia sempre recompensa, ao chegar ao fim; *c)* grupo de ratos que nos primeiros ensaios não recebia qualquer recompensa e, a partir do décimo dia passou a receber comida no final. Ora, este terceiro grupo, ao passar a receber a recompensa, apresenta uma tão rápida redução de tempo e diminuição de erros que, quase imediatamente (i. e. com poucos ensaios), iguala os desempenhos dos do primeiro grupo. Parecia que os ratos não recompensados tinham, porém, aprendido o esquema do labirinto nas suas explorações, ficando tal aprendizagem *latente* até se dar o reforço.

O que é a Psicologia?

grande possibilidade de avaliação, já que esse funcionamento nem sequer se encontrará sempre directamente correlacionado com as cognições do sujeito — mas é a única indicação que temos, e assim sendo, teremos de fazer dela o melhor uso que pudermos!

A Psicologia Cognitiva é então o Comportamentalismo com novas roupas! Tal como os comportamentalistas, os psicólogos de orientação cognitivista tratam o Homem como um processador passivo dos dados, e tentam explicar o comportamento presente através de uma série de algoritmos que são, eles próprios, baseados em comportamentos prévios. Um modelo assim construído não permite aos seres humanos a 'vontade' ou 'auto-consciência'. As pessoas são reduzidas a programas complexos de computador; logo, são tratadas como *coisas*! É verdade que o modelo funciona nalgumas situações, mas, claramente, não em todas.

Escola Fenomenológica

A fenomenologia tem uma história muito anterior ao Comportamentalismo, mas é só nos últimos anos que consegue um impacto significativo a nível das investigações académicas e no domínio da prática profissional na Psicologia. Os pontos fulcrais que nos interessa aqui reter, na nossa procura de uma definição da Psicologia, dizem respeito ao facto de esta corrente filosófica reconhecer a consciência e, deste modo, encarar o ser humano como um 'agente', isto é, uma 'pessoa' cujo comportamento é 'intencional' e, assim sendo, responsável pelas suas próprias acções. Segundo esta perspectiva todas as outras abordagens são estéreis, já que (nelas) o comportamento é visto como resultado de processos que são definidos como estando fora do controlo do indivíduo que se está a comportar! Nestes casos, o comportamento de uma pessoa seria visto como resultado de conflitos psicodinâmicos, ou resultado da repetição da experiência de uma dada estimulação, ou derivado da aprendizagem de um hábito particular, ou ainda ditado pela constituição física ou genética da pessoa. Em qualquer uma destas situações, o indivíduo não pode ser responsável pelas suas próprias acções já que o comportamento é o produto inevitável de um dado meio que age sobre um particular substrato biológico.

A Fenomenologia, pelo contrário, imbui a pessoa da responsabilidade pelos seus actos — e os outros podem julgar não só a eficácia de uma dada resposta, como, também, o seu valor social e pessoal.

Adoptando esta perspectiva, Shotter (1975) definiu a Psicologia como a "ciência moral da acção". A Fenomenologia está interessada não apenas na resposta comportamental, mas também no 'significado' (e valor) dessa mesma resposta. Esta perspectiva obriga a assumir que as abordagens comportamentais e cognitivas nunca atingirão uma compreensão total do comportamento humano pois omitem o 'significado', que é, afinal de contas, o que torna o próprio comportamento compreensível!

EM BUSCA DE UMA DEFINIÇÃO

À luz da discussão anterior parecerá evidente que a resposta para a questão "O que é a Psicologia" dependerá da Fonte ou da Escola teórica que seguimos. E, consoante o grau de proeminência em que cada 'corrente' se encontra, assim se reflectirá a sua influência nas definições publicadas nos manuais. Vejamos algumas das mais comuns tentativas de definição da Psicologia. Uma reflexão sobre estas propostas dever-nos-á conduzir a algum consenso acerca do que é realmente a Psicologia. As definições que se seguem são todas definições correntes e podem ser encontradas facilmente na *web* ou nos manuais escolares.

Psicologia é a ciência de....
Bem, será a Psicologia (seja esta o que for) uma ciência? Talvez seja mais produtivo neste estado de análise dizer "O que interessa isso?" Mas, interessa bastante! E o grau da qualidade da resposta a tal questão traduz--se em dinheiro!
Convirá neste momento salientar que da definição (escolhida) de Psicologia bem como da sua prática profissional depende, não apenas a elaboração dos programas académicos, como todos os financiamentos e políticas de incentivos desenvolvidos! Dito de uma forma crua e directa, a *ciência* vale mais.
No Reino Unido, por exemplo, durante muitos anos, um estudante de psicologia (num programa de Licenciatura) com uma bolsa — para um grau académico — recebia o dobro de um estudante de Artes (i. e. registado para um grau de Artes), mesmo que seguissem programas de estudos equivalentes! Os financiamentos para os projectos de Ciências são sempre mais elevados do que os para as Ciências Sociais ou Artes — venha de onde vier o dinheiro. Assim, há toda a conveniência financeira para que a Psicologia se proclame a si mesma uma Ciência.

O rótulo 'ciência' acarreta também credibilidade. Sugere que os resultados são fundamentados empiricamente, enquanto que os das Artes e Ciências Sociais parecem repousar apenas em 'opiniões'. Compreende-se que a Psicologia tenha trabalhado arduamente para proteger a sua designação de ciência. E, fazendo-o, os departamentos nas Universidades floresceram. Mas, tal teve um preço — talvez para o próprio objecto a ser estudado!

O comportamentalismo, com a sua insistência numa metodologia particular, envolvendo definições que fossem (visivelmente) operacionais e admitindo apenas os comportamentos manifestos nos seus estudos — assim como a sua dependência inicial relativamente à investigação com animais — é o epítome do que se entende por Ciência no séc. XIX; dessa forma, conseguiu impor-se nas Faculdades de Ciências das Universidades de então. E os seus departamentos estavam bem recheados de todos os aparatos dignos da Ciência — com laboratórios e animais em gaiolas.

Mas a factura foi elevada. A Psicologia assim definida tinha de abdicar de áreas de estudo que, no entanto, esperaríamos encontrar naturalmente num Departamento de Psicologia. A 'psicoterapia', por exemplo, não podia ter aí lugar. Outros factores ou fenómenos que pareceriam ter um contributo óbvio para entender o comportamento, como a cultura ou a classe social, não poderiam ser tolerados enquanto tais pois dificilmente conseguiriam cumprir o estatuto de 'variáveis científicas' de acordo com o modelo dominante de Ciência!

Em última análise, temos de reconhecer que se a Psicologia é uma Ciência, ela não o é do mesmo modo que as ciências físicas. Como já observámos, o sujeito do estudo tem consciência e é reactivo de uma forma que uma rocha, árvore ou planeta não o são. Mas existe um problema ainda maior. Trata-se da ideia de que se a Psicologia fosse uma verdadeira Ciência, os seus resultados seriam verdadeiros para todos os seres humanos do planeta, hoje e sempre. Não esperaríamos que um químico, que na Austrália provocasse uma reacção química igual à desencadeada por um colega na Áustria, obtivesse um resultado diferente. Nesta linha de ideias, não deveríamos esperar (seguindo uma abordagem verdadeiramente científica) que as conclusões de investigações psicológicas em África fossem diferentes das (investigações semelhantes) da Antárctida. Se o forem, então será evidente que as conclusões traduzem variações locais (culturais?) e não constituem por isso um conhecimento científico *puro* (i. e. invariante). Porém, para ser uma Ciência a Psicologia tem de se restringir às dimensões que representam *invariantes humanos*, como por exemplo, a aprendizagem e a memória, que se espera seguirem os mesmos princípios em diferentes raças e regiões.

O preço a pagar para ser uma tal Ciência retira o objectivo essencial inerente à própria Psicologia! A título de exemplo; consideremos um psicólogo que tivesse concebido uma medida perfeita para avaliar a 'inteligência' e fosse convidado por uma escola para seleccionar as crianças que beneficiariam de um programa de estudo específico — teria de recusar o pedido! Pois a escolha do programa estaria obrigatoriamente imbuída de dimensões políticas, sociais e culturais, sobre as quais o psicólogo enquanto "cientista" (isento de influências culturais), não estaria preparado para dar qualquer opinião. Então, qual o interesse do teste se não pudesse ter qualquer aplicação social ou educativa?

A Psicologia, para ter implicações no mundo e fundamentar a prática dos psicólogos profissionais tem necessariamente de tomar em consideração o 'mundo real', implicando os factores culturais nas suas investigações e teorias. O elitismo inerente a uma concepção de 'ciência pura' não é sequer uma opção! O exemplo supremo desta afirmação pode encontrar-se nos milhares de horas gastos, entre 1950 e 1960, em investigações que recorriam à aprendizagem de sílabas sem sentido, com o intuito de não contaminar (com um significado) o material que deveria permitir uma aprendizagem pura. O resultado de toda esta ciência pura foi de facto um contra-senso — já que o 'significado' deve ser a dimensão essencial de toda e qualquer tarefa de aprendizagem!

A propaganda da Ciência está bem enraizada. A *Sociedade Inglesa de Psicologia*, por exemplo, recorre ao termo 'cientista profissional' para se referir a todos os seus membros. Porquê? Para reafirmar a imagem de Ciência. Porém, tal uso expõe uma falha no modelo científico. Se a Psicologia fosse uma ciência à semelhança da Física ou Química, então os seus profissionais poderiam usar o conhecimento 'científico' obtido nos laboratórios fora do seu local de trabalho. Mas o título mostra que se passa precisamente o inverso; na verdade, o conhecimento adquirido pelos profissionais de psicologia no decurso do seu trabalho (i. e. no seu papel de "cientistas profissionais") é, novamente, incorporado nos próprios dados de partida de forma que retornará a impulsionar novas pesquisas nas Universidades (de onde, em rigor, partiu). A razão de ser

O que é a Psicologia? 15

desta anomalia não é difícil de entender. O investigador está a trabalhar num mundo real que traduz sempre um contexto cultural específico. Assim sendo, a concepção de ciência "pura", isenta de influências culturais, pouca relevância terá sobre o seu trabalho. Neste sentido os investigadores criaram a sua própria cultura (de investigação), para poderem justificar a sua própria prática.

Mas se a ciência é definida como um ramo de conhecimento que resulta de uma metodologia rigorosa que procura, de forma sistemática e controlada, obter e classificar observações com o intuito de delas poder extrair leis gerais, então nada impede a Psicologia de ser uma Ciência, mesmo que tenhamos de ter em consideração os aspectos morais e culturais. O problema desta posição, assumida no século passado, é que ela enraíza num modelo ultrapassado de ciência, baseado na Física do século XIX, e não na concepção de ciência do século XXI.

Por fim, a inclusão frequente da designação "Ciência de ...", em vez de "Estudo de ..." na definição de Psicologia, é um reflexo de uma política e não uma condição necessária ao próprio objecto de estudo.

A Psicologia é o estudo científico do comportamento humano e animal

Esta era a definição que me foi apresentada enquanto estudante. Aqui, quero questionar apenas a adição do termo "animal". Existe, apesar de tudo, um ramo de estudo bastante respeitável sobre o comportamento animal — a Etologia — que usa métodos de observação naturais que a Psicologia podia bem copiar! Deveria ser evidente que esta definição provém da 'fonte Biológica' e tem subjacente a afirmação da continuidade fisiológica no reino animal. Nos anos 1960, a especialização de "Psicologia Comparativa" — recorrendo a modelos animais para explicar o comportamento humano — tinha bastante peso nos vários departamentos académicos. Os primeiros comportamentalistas defendiam, por exemplo, que a 'aprendizagem' era uma característica comum a todas as formas de vida, desde a mais simples forma animal unicelular; logo, deveria ser possível isolar, digamos num rato, o 'mecanismo de aprendizagem' e depois aplicar esse conhecimento ao homem. Este pressuposto é, obviamente, falso. A alforreca, desprovida de cérebro, consegue certamente ter um comportamento adequado à sobrevivência no seu meio, mas fá-lo-á, obviamente, de um modo muito diverso do do chimpanzé (provido de cérebro); parece claro para todos que o cérebro funciona num sistema de rede complexo, que está visivelmente ausente na alforreca. À medida que se foi desenrolando a evolução, o desenvolvimento dos diferentes animais seguiu caminhos diversos, uns voando, outros nadando, ... Seria, por isso, extremamente ingénuo da nossa parte supor que o ser humano, ao longo dos milhares de anos percorridos desde que se separou dos seus mais próximos antepassados, não tivesse desenvolvido qualidades específicas, que lhe permitem um alargado leque de novas e complexas actividades. Porém, o que é claro hoje, é que o ramo da ciência "Comparativa" no campo da Psicologia não está mais activo. Apesar disso, os animais são ainda usados para, a partir dos seus comportamentos, abstrair princípios que têm, depois, de ser tornados relevantes para o ser humano.

É preciso, neste ponto da nossa análise, fazer uma referência ao trabalho de B. F. Skinner (1974) com animais. O seu estudo esclareceu muito do que hoje sabemos sobre a aprendizagem. Mas ele dissociou-se da especulação neurológica e não disse nada acerca dos mecanismos que subjazem à aprendizagem nos estudo com animais. Reconheçamos que Skinner produziu, não uma "teoria da aprendizagem", mas uma "tecnologia da aprendizagem", mostrando que os reforços (recompensas) aplicados consistentemente levam a um resultado predizível. Para além disso, estes parecem aplicar-se de igual modo quer a ratos quer aos seres humanos — desde que os humanos não recorram às suas capacidades conscientes para escolher comportar-se de modo diferente.

A Psicologia é o estudo científico do comportamento e dos desempenhos humanos
Esta é também uma definição popular nos manuais académicos que deriva ainda do movimento comportamentalista. A adição do termo 'desempenho' traduz a influência da nova linguagem cognitiva. Aceita-se aqui que o comportamento é a única medida visível seja do que for que o ser humano resolva fazer ou pensar. Assim sendo, pode afirmar-se, sem contestação, que o comportamento consiste no único dado a que os psicólogos podem recorrer (admitindo já o alargamento da própria definição de comportamento, que passou a incluir as respostas verbais). Devemos porém salientar que o comportamento/desempenho é, na verdade, uma fonte de informação bastante pobre; uma criança pode ter aprendido uma canção ou um poema, mas *recusar* desempenhá-la quando lho pedem, e neste caso, não temos nenhuma prova do seu

conhecimento. Mas, se "os *dados* da Psicologia são o Comportamento" e "A Psicologia é o estudo do Comportamento", então temos que "A Psicologia é o estudo dos dados". Esta é, sem sombra de dúvida, uma definição estéril. Até que ponto serão estes dados estudados? A definição não nos oferece qualquer pista! É como se disséssemos que "A Física é a ciência da leitura dos contadores eléctricos" ou "A Geologia é a ciência que olha para as rochas". Estas ciências permitem certamente algo muito mais vasto. "A Física é o estudo da matéria" — a leitura da energia libertada, apenas nos dá dados a partir dos quais a natureza da própria matéria (que a provoca) pode ser inferida. De igual modo, "A Geologia é o estudo da terra" e as rochas constituem dados a partir dos quais as teorias sobre a evolução da terra puderam ser construídas. Então, o que se passará com a Psicologia? Qual o grande propósito subjacente às medidas dos desempenhos?

Poderíamos, neste ponto, reflectir sobre a nossa posição de partida da definição de "Psicologia como o estudo da mente" e notar que o termo 'matéria' não remete para algo menos nebuloso do que o termo mente; porém, no caso da Física, tal não parece impedir o seu uso nem sequer enfraquecer a imagem científica da mesma.

A Psicologia é a ciência relativa ao comportamento humano e aos estados mentais e processos fisiológicos com ele relacionados
Esta é uma definição corrente que está na moda e, na verdade, que se traduz numa confusão de termos que tentam cobrir todas as eventualidades. Note-se que a parcela 'comportamento' mantém-se, mas agora incluem-se "os estados mentais e os processos fisiológicos relativos". A passagem do Comportamentalismo para o Cognitivismo transparece aí nitidamente e, no entanto, o que daí resulta é um absurdo. O comportamento surge primeiro e os outros tópicos estão "relacionados". Todavia deveria ser óbvio que estes outros factores podem ser a 'causa' do comportamento e não apenas um factor relacionado!!! Parece manter-se a relutância em abandonar a necessidade de uma base empírica e poder, em alternativa igualmente viável, especular sobre o que impele o comportamento. Mas certamente que a Psicologia deveria ter um grande (i. e. maior) propósito. Certamente que queremos saber "porquê" as pessoas se comportam de uma maneira e não de outra, e "qual a razão" para tal. Algumas das definições contemporâneas tentam abarcar estas questões; vejamos alguns exemplos.

A Psicologia é o estudo do comportamento e dos processos mentais
A Psicologia é a ciência que lida com os processos mentais e o comportamento
A Psicologia é o estudo do pensamento e comportamento humano
Existe toda uma vasta série de definições contemporâneas que vão neste sentido. Observamos, mais uma vez e em primeiro lugar, a relutância em abandonar o termo 'comportamento' embora este seja redundante na definição. Leiam as definições deixando de lado a referência ao comportamento (i. e. o tipo de dados usados) e verão que a definição continua a fazer sentido.

O termo "processos mentais" reflecte o cunho do modelo Cognitivo. Porém, a definição é parca em ambições. Certamente que nenhum químico definiria a sua ciência como o "Estudo dos processos químicos ou das reacções químicas". Porque razão estudar um processo a não ser que saibamos para o que ele serve? Seria um pouco como descobrir como funcionam todas as componentes de um carro sem saber nada acerca de como guiá-lo ou andar nele — e mais importante ainda, esquecer que teria de ser guiado. A Psicologia Cognitiva segue o Comportamentalismo na sua negação do "livre arbítrio" e olha para a "consciência" como um mero produto da experiência. Parece uma atitude hipercrítica a dos investigadores que negam a consciência dos seus sujeitos experimentais, enquanto que não negam a si próprios a mesma consciência (cf. Jaynes, 1993).
O facto de se acrescentar o termo "pensamento" não deixa de ser interessante, já que traduz uma tentativa para sintetizar os resultados e para ver os processos mentais como partes de um sistema dotado de uma dada função.

A Psicologia é a ciência da vida mental
Note-se, nesta definição, que o rótulo 'Ciência' continua a ser usado em vez da designação de 'Estudo'. Esta definição foi utilizada por William James no remoto ano de 1890 *(in Principles of Psychology)* mas não encontrou acolhimento no seio dos Comportamentalistas. Posteriormente, seria retomada por Miller (1967) e tornou-se uma definição popular. Porém, ela acarreta uma multiplicidade de problemas. Em primeiro lugar, é uma definição demasiado vaga. "O que é vida mental?" Se esta for concebida como o que difere da "Vida física", então a definição lança-nos de volta aos perigos inerentes ao dualismo cartesiano

O que é a Psicologia? 19

— e já outros analisaram esta questão. A universalmente citada DSM-IV (*Manual de Diagnóstico e Estatística das Perturbações Mentais,* da APA) defronta-se com o mesmo problema. Ao procurar fazer uma distinção entre o mental e o físico — e tem de o fazer para respeitar a existência da especialização médica que é a Psiquiatria — reconhece, simultaneamente, estar a criar um dilema conceptual. Para tornear a questão, o Manual recorre à velha fórmula que passa por afirmar que "o termo perturbação mental implica, infelizmente, uma distinção entre perturbações 'mentais' e perturbações físicas que é um anacronismo reducionista do dualismo mente/corpo" 3. A afirmação do problema parece poder tomar--se como a sua própria solução!

A adição do termo "vida" à definição é vantajosa na medida em que implica uma referência à pessoa na sua totalidade, em lugar de uma mera admissão de processos que seriam subjacentes às suas acções — afirmação justificada já que apenas a *pessoa* tem "vida", seja esta mental ou física. Porém, esta definição é ainda muito limitada na sua própria referência (i. e. concepção implícita) ao mental — sendo esta componente, no panorama habitual, rápida e facilmente assimilada aos processos cerebrais, quando, na verdade, a vida está repleta de muitas outras dimensões; muito particularmente, da componente 'Emocional'.

A Psicologia cognitiva tem pouco a dizer sobre as emoções. Isto, aliás, dificilmente causará surpresa já que as suas teorias visam criar modelos de uma 'máquina' biológica, e não de uma pessoa. Assim sendo, as 'emoções', que podem facilmente ser equacionadas em termos dos seus correlatos fisiológicos, são incluídas no lato campo da investigação dos processos, mesmo que outros, igualmente importantes, não o sejam. Por exemplo, o 'medo' (provocando, como o faz, modificações autónomas facilmente mensuráveis) é usado para explicar um evitamento (i. e. fuga) da situação de aprendizagem, enquanto que o conceito de 'esperança', que pode ser visto (metaforicamente) como seu simétrico, nunca é usado para explicar um comportamento de aproximação.

A Psicologia é a ciência da mente e do comportamento
Eis aqui por fim uma definição que oferece uma unidade ao objecto de estudo. O termo mente é suficientemente abrangente (e vago) para

---

3 N.T. Pode confirmar-se a afirmação na página xxx, da edição portuguesa (ed. 2002 da Climepsi) da versão do *Manual* citada pelo autor.

poder englobar simultaneamente as várias facções que existem dentro da Psicologia, desde a Teoria Psicodinâmica à Ergonomia Cognitiva. Porém, a definição continua a pecar por falta de coragem para deixar cair o termo 'comportamento'.

A Psicologia é o estudo da mente
Para mim (i. e. para a 'minha mente') esta definição traduz algo semelhante ao que seria expresso numa definição de Física como o estudo da matéria. Ela diz as razões e propósitos subjacentes à recolha de todos esses dados comportamentais. O estudo, em si mesmo, seja ou não científico, é apresentado com um propósito. Seria desnecessário afirmar que tal definição deriva da perspectiva Fenomenológica. Para além disso, com frequência, ela é rejeitada pela comunidade académica por ser demasiado nebulosa e metafísica. Mas esta atitude radica num erro filosófico elementar. Os que não conseguem acolher a noção de 'mente' bem podem tentar procurar uma 'matéria' que não mostre ser igualmente esquiva!!

O CONCEITO DE MENTE

Para muitos, o problema é não conseguirem localizar a 'mente'. Logo, esta não existe; assim sendo, não pode constituir-se como objecto de estudo. No entanto este pensamento baseia-se num erro de raciocínio que sustém que o significado de uma palavra é equivalente ao objecto nomeado. Ou seja, pressupõe-se, nesse caso, que pelo simples facto de eu ter uma 'mente', então tem de existir a 'mente' e, por isso mesmo, ela tem de estar algures. Daí a questão: onde está ela? A resposta repousa, obviamente, na ideia de que há imensas palavras que podemos usar de forma perfeitamente satisfatória sem, no entanto, ter de existir um objecto que lhes corresponda; consideremos, por exemplo, a palavra *sereia*. Como explica Bateson, de forma sucinta, "(...) o nome não é a coisa nomeada" (1980, 37). Imagine que lhe deram um carro desportivo novo e um amigo lhe pergunta se ele é muito potente. Você responde "Sim". E ele pede-lhe então para lhe mostrar a 'potência'. Você abre o *capot* e mostra-lhe o motor; pode até ter consigo um manual e explicar-lhe quantos cilindros tem o carro e o quão grandes eles são. Mas o seu amigo pode ripostar "isso é o motor, mostra-me a potência". E você responde "a potência está no motor". Ele diz "Onde, mostra-me". Você até pode, algo

O que é a Psicologia? 21

ingenuamente, apontar-lhe o turbo ou o sistema de injecção da gasolina, mas, é claro, a potência não está dentro de qualquer um deles. E, no entanto, é inegável que se trata de um carro potente. A resposta, é claro, é que a potência é um conceito. Não existe 'potência' *no* motor (o nome não é a coisa que é nomeada). A potência só é visível quando o desempenho do motor é monitorizado. A potência é, neste caso, medida pelo *comportamento* do motor. A potência do carro é originada pelo motor mas não se encontra (em sentido palpável) dentro dele. O motor não tem lá dentro a potência, e no entanto pode produzi-la de modo muito evidente!!

Voltemos agora à 'Mente'. Eu posso ter uma mente muito rápida — algo que pode ser inferido pelo meu comportamento. Ou, por vezes, eu posso ser muito *decidido* [4], ou estar *hesitante*, estados que, mais uma vez, podem ser deduzidos do meu comportamento. Podem ainda achar que eu sou muito inteligente, ou que tenho uma boa memória, ou que estou muito contente (tudo deduzido a partir das observações/medidas do meu comportamento). Mas, tudo isto não vos levará certamente a concluir que o meu cérebro contém inteligência, ou memórias, ou até felicidade. Estas sim, são variáveis de desempenhos semelhantes à 'potência' (de que falávamos atrás). Tal como a potência do carro só pode ser observada quando todas as peças do motor trabalham em sincronia, assim também só quando me observam enquanto pessoa conseguem entender a minha inteligência e, também só assim eu poderei mostrar-vos quão feliz estou com as minhas memórias.

Voltemos às ciências físicas. Podemos ver rapidamente que conceitos como a gravidade, a electricidade ou o som, não existem num sentido físico. Nenhum deles pode ser capturado e colocado numa caixa. São conceitos que derivam da conjugação integrada de diversas observações e dados experimentais; conjugação essa que, simultaneamente, os dota de um significado e permite compreender e prever acontecimentos físicos diversos no mundo. Não são conceitos nebulosos ou diáfanos.

---

4 N.T. Estas proposições perdem todo o sentido, e humor, na tradução. Trata-se de trocadilhos em torno da palavra *mind* e assim surge a primeira expressão "make up my mind" (eu decidi-me) e a segunda "are in two minds" (estou hesitante) — que, efectivamente, traduzem estados mentais que se manifestam em comportamentos facilmente interpretáveis (e que, ironicamente, podem ser expressos através de *frases idiomáticas* que recorrem ao termo *mind*).

Termos como 'inteligência' e 'personalidade' são conceptualmente idênticos aos termos gravidade e electricidade, e assim são igualmente científicos. Logo, embora o rótulo 'Ciência' possa até ter sido útil no início, dado o seu valor político e financeiro, estamos agora em condições de reconhecer que a Psicologia pode reclamar ser uma Ciência de direito, com uma estrutura conceptual que não é nebulosa nem diáfana. Assim, reconheçamos que 'Mente' soa a conceito tão científico como 'Matéria'. Bateson (1980) descreve estas afirmações como algo que "qualquer aluno da escola sabe". Mas, a *Sociedade Inglesa de Psicologia* parece não o saber — insistindo em manter o 'comportamento' na sua definição. E a *Associação Americana de Psicologia* nunca utiliza o termo *mind* nos seus sites da internet!!

Mesmo quando o termo mente é usado na literatura académica de Psicologia, a sua utilização e alcance tendem a ser limitados. Torna-se elucidativo examinar o *The Oxford Companion to THE MIND* (Gregory, 1987) — trabalho tido por bastante sério e respeitado e que é suposto dar-nos uma perspectiva do panorama da investigação psicológica no mundo — para vermos quais os termos aí incluídos e quais os que não são mencionados. O texto oferece-nos bastante informação relativa a áreas de estudo tradicionais *(v. g.,* a memória e a percepção) e inclui ainda informação complementar em termos neurológicos e psico-farmacológicos. Mas, ausentes estão muitas palavras-chave que reflectem o comportamento dos Homens na sua interacção com outros. A palavra 'pessoa' nem sequer consta, tal como também estão ausentes termos como amor, ódio, culpa, felicidade, mesmo que ninguém duvide que eles são fulcrais para se compreender a 'mente' humana. A chave para entendermos a razão por que um conceito é incluído encontra-se na noção comportamentalista do comportamento manifesto. Então, 'Religião' (comportamento manifesto) está presente na colectânea de Gregory, mas não 'Espírito' ou 'Espiritualidade' (conceitos latentes), mesmo se o primeiro não faz qualquer sentido se isolado dos segundos.

Donde vem esta relutância em usar o termo 'Mente'? Provavelmente porque ele traz consigo a noção de 'pessoa', já que só a pessoa tem mente. Nesse caso, a Psicologia ter-se-ia de expandir, deixando a sua torre de marfim para, como diz Shotter, passar a lidar não só com o comportamento mas também com a moral. Tal posição iria totalmente contra a direcção que está a ser seguida pela Psicologia contemporânea, direcção que reforça a *Fonte* biológica, procurando no cérebro as 'razões de ser' do comportamento, em vez de as procurar na sociedade. A ideia de que uma explicação física de um fenómeno psicológico é mais válida do que a explicação psicológica, parece ser uma crença comum a muitos psicólogos (políticos) e aos meios de divulgação. Assim sendo, atribuir a causa de uma depressão a um desequilíbrio químico no cérebro é visto como muito mais 'científico' do que dizer que está deprimido porque a mãe morreu. Isto levanta a questão de saber se a Psicologia será realmente uma ciência de direito próprio, ou se não passa de um expediente temporário até compreendermos totalmente como funciona o cérebro. Para respondermos a esta pergunta temos de analisar a questão das fronteiras entre as ciências e entre as diferentes explicações por elas produzidas.

SERÁ A PSICOLOGIA UMA CIÊNCIA AUTÓNOMA?

Poderíamos pensar, ingenuamente, que as divisões que encontramos entre diferentes áreas de investigação científica correspondem a diferenças existentes no meio natural. Mas tal não é verdade. Na prática, o mundo do conhecimento encontra-se 'dividido' com base nos conhecimentos entretanto desenvolvidos e nas teorias que se construíram em diferentes áreas do estudo académico. Bateson, comenta: "A divisão do universo conhecido, em partes e todos, é conveniente e pode ser necessária, mas não determina forçosamente como tal deve ser feito" (1980, 47). Um exemplo simples é a classificação da baleia como mamífero, enquanto que, segundo uma igualmente plausível divisão no reino animal, poderia ser classificada como peixe. Evidentemente que a divisão entre as ciências é feita de modo bastante flexível e está aberta a constantes modificações à medida que surgem novas descobertas, podendo inclusivamente surgir novos domínios. Exemplos recentes são o caso da rádio-astronomia e nano-tecnologia. Porém, como também sugere Bateson, estas divisões podem não ser determinadas pela "ordem natural das coisas". O dinheiro e a política podem também aí ter a sua influência. Um bom exemplo seria encontrado ao perguntarmos quem controla o território da Saúde Mental no Reino Unido [5]. Desde sensivelmente meados do século passado, tal território pertence exclusivamente ao domínio da

---

[5] N.T. O mesmo encontraríamos colocando a questão para o caso de Portugal.

Psiquiatria, domínio ameaçado pelo crescimento de uma nova especialidade — a Psicologia Clínica. Esta ameaça está bem patente na forma
como os psiquiatras sentem a necessidade de defender a sua profissão (in
Trethowan Report, 1997, elaborado pelo Departamento de Saúde do
Reino Unido). Tal deve-se ao facto de a Psicologia Clínica ter tomado
conta de muito do trabalho anteriormente realizado pelos psiquiatras.
Algo semelhante pode ser visto na área das "Dificuldades de Aprendizagem", quando anteriormente designada de "Deficiência Mental" era
'pertença' dos psiquiatras, tendo perdido terreno para a Psicologia da
Educação. O termo 'pertença' torna-se aqui muito relevante na medida
em que as próprias corporações profissionais e Sociedades de Formação
desenvolvem grandes esforços, e criam fundos, para proteger as suas
fronteiras. Estes movimentos tornaram-se bem visíveis nos últimos dez
anos, justificando as pressões dos psiquiatras para que a União Europeia
definisse a Psicoterapia como (apenas) uma disciplina médica, de forma a
exigir-se que todos os seus profissionais tivessem uma qualificação da
medicina. Perderam a luta! De igual modo, os Psicólogos Profissinais, no
Reino Unido, desenvolveram esforços no sentido de evitar que não-psicó-
logos usassem (a seu belo prazer) testes psicométricos. Ganharam a luta.

Então, como poderemos conceptualizar a estrutura do conhecimento
sobre a espécie humana? Podemos começar por seguir uma simples estrutura hierárquica. A Psicologia (seja como for definida) parece tratar da
pessoa, no seu todo, e das interacções que ela estabelece com o mundo e
os outros. Se avançarmos (subindo na hierarquia de complexidade do
nosso domínio) e incluirmos os acontecimentos sociais e políticos que
contextualizam a vida dos seres humanos, incorporamos um novo domínio, o da Sociologia. Podemos ainda avançar mais na complexificação da
nossa análise e incluir novos parâmetros que, por seu turno, induzirão
novas distinções, entre a Sociologia e a Antropologia e, entre estas e a
Teologia. Seguindo o caminho inverso (de cima para baixo) podemos
admitir que o ser humano seja reduzido à sua Anatomia e por isso à Fisiologia, seguindo-se a Neurofisiologia, a qual, por seu turno, levará à Bio-
química e assim sucessivamente. Assim, nestes termos, a Psicologia
abarca a 'pessoa na sua totalidade', enquadrando-a algures entre o mundo
social e o mundo médico da Fisiologia. As sucessivas divisões, que quei-
ramos considerar entre as áreas, são suficientemente flexíveis para admi-
tirem, constantemente, novos desenvolvimentos, isto é, a criação de
novas sub-áreas. Porém, devido ao facto destas áreas se encaixarem umas

O que é a Psicologia? 25

nas outras, alguns autores supõem que as explicações desenvolvidas num nível — digamos o psicológico — serão forçosamente congruentes, ou transformáveis em explicações de outro nível — digamos o fisiológico. Esta atitude é conhecida como "Reducionista" — procurar explicar um fenómeno particular em simples termos dos seus componentes mais fundamentais, culminando com a elaboração de uma explicação num outro nível (mais baixo) de análise. Assim, a incapacidade de uma pessoa distinguir ou ver as cores (uma observação comportamental) pode ser 'explicada' apontando para uma atrofia da retina (uma observação fisiológica).

Este tipo de pensamento tem tanta força nas sociedades contemporâneas que se passou a aceitar facilmente que todos os fenómenos podem ser explicados num nível mais 'baixo', e mais ainda, acredita-se que a explicação reducionista é, de algum modo, superior. Ou seja, uma explicação da depressão em termos de uma carência de serotonina no cérebro, é melhor do que uma explicação que tome em consideração os acontecimentos da vida. Tal pensamento está redondamente errado! Não existe qualquer necessidade lógica para que uma explicação originada num dado nível de análise científica seja traduzida para um outro nível de análise. Aliás, e em última análise, a razão de ser das fronteiras entre certos objectos de estudo académico, talvez seja precisamente devida ao facto de apenas ser possível compreender um dado fenómeno num determinado nível. Tomemos o exemplo da metáfora do coração visto como uma *bomba*: tal faz sentido ao vermos a sua função como uma parte de um dado sistema anatómico. Se adoptarmos a posição reducionista e dissecarmos o coração à procura de provas do 'bombear', falharemos a nossa busca. Porquê? Porque o conceito de 'bombear' só é válido quando nos situamos no nível de análise da circulação sanguínea. De igual modo, os investigadores neurológicos que procuram mecanismos cerebrais subjacentes ao comportamento, só podem ser guiados pelo que já se encontrou na investigação psicológica. Neste sentido, a explicação neurológica, por si só, não acrescenta nada ao conhecimento prévio sobre o comportamento. Mas o problema com investigações contemporâneas é mais profundo já que os investigadores parecem enleados pela ausência de um suporte filosófico que os ajudaria a evitar tais erros fundamentais. Vejamos o exemplo da 'memória'. Podemos demonstrar que uma pessoa tem memória e podemos até ter a certeza disso pela investigação (*e. g.*, efeitos de um traumatismo craniano) que mostra que a memória depende do funcionamento cerebral. Assim os investigadores começaram a procurar a 'memória' no cérebro. Mas tal busca é infrutífera pois ela não está lá! Só uma pessoa pode TER memória. Seja quais forem os mecanismos que existam no cérebro e que possibilitem a capacidade de memória, eles não são a memória. A memória é algo que o indivíduo tem. De igual modo, um CD pode tocar a música dos Beatles. Mas é inútil procurar os Beatles dentro do CD. Eles não estão lá. Para além disso, não é o CD que pode, em si mesmo, criar a música que tocará. O CD não 'conhece' a música, ele consiste apenas numa série de modificações físicas, que, enquanto partes de um sistema particular, produz a música. Se querem saber o que tornou os Beatles especiais não vale a pena examinar o CD, têm de ouvir a música! Assim, com a memória passa-se algo semelhante — a pessoa pode ter memória (inclusivamente a da música dos Beatles), mas tal não significa que ela está dentro da sua cabeça, tal como uma cassete não tem a música lá dentro, nem o meu computador sabe algo acerca dos dados dos meus impostos. O mecanismo que produz e liberta o resultado não é equivalente ao resultado. "O nome não é a coisa nomeada"!

Mas as correntes neurológicas contemporâneas nem sempre parecem cientes disto. King-Spooner (2006) destaca esta ideia muito bem. Ele defende uma revisão total dos dados — publicados por Fields (2005) na *Scientific American* — sobre a investigação neurofisiológica da memória a longo prazo. Fields escreve nas suas conclusões: "quando um acontecimento é suficientemente importante, ..., ocorre uma descarga nas sinapses que, por sua vez, induzem nova descarga nos neurónios". Mas, é claro, uma sinapse não pode 'saber' quando é que um acontecimento é importante. Só uma pessoa pode sabê-lo! Torna-se evidente que foi aqui usado um 'termo psicológico' como se pertencesse a uma explicação neurofisiológica — o que deu origem a esse absurdo. Mas, se retirarmos a palavra 'importante' da frase, para darmos uma explicação puramente fisiológica, ficamos sem qualquer explicação.

A resposta à nossa questão é então que a Psicologia nunca pode ser reduzida à Fisiologia. A Psicologia é uma área de estudo em si mesma. Isto pode ser difícil de entender quando discutimos conceitos como a memória ou a depressão, conceitos talvez mais facilmente encarados como mecanismos neuronais. Mas torna-se mais óbvio quando queremos compreender o "amor", "honra", "respeito", "culpa", "cobiça", ..., tudo conceitos que são claramente psicológicos.

SINTETIZANDO

A Psicologia ocupa um lugar próprio no nosso entendimento do mundo. Ela lida com a forma como os seres humanos interagem com o seu meio e entre si. Ocupa assim uma área única na ciência, tendo, digamos a Sociologia por cima e a Fisiologia por baixo (entenda-se numa escala hierárquica simbólica). Os dados da investigação psicológica estão necessariamente restringidos ao comportamento manifesto, mas como vimos, a necessidade em expressar tal numa qualquer definição formal dificilmente se justifica. A partir dos dados comportamentais os psicólogos tentam deduzir a natureza dos Processos Mentais; para conseguir integrar estes dados num todo coerente é necessário recorrer a um conceito mais abrangente que se lhes sobreponha. O termo Mente pode servir este propósito, embora tal solução tenha sido largamente ignorada pela comunidade académica que crê, erroneamente, que tal conceito não tem credibilidade científica. A investigação neurológica contemporânea tem tentado impor-se, justificando a atribuição de fundos, baseada na discutível premissa de que as explicações físicas são mais válidas do que as psicológicas. Tal posição segue invariavelmente a adopção de uma filosofia reducionista. Defendemos aqui que a conversão de um processo psicológico nos mecanismos fisiológicos que lhe estão subjacentes produz diversos erros conceptuais.

A adopção de uma ou outra definição da Psicologia é determinada pela orientação teórica do autor. Defendemos que as definições comportamentais não devem ser consideradas válidas. Quanto à psicologia cognitiva, ela mantém muitas das características do comportamentalismo, já que o organismo humano é visto como um receptáculo passivo do meio, excluindo a vontade. Devemos deixar claro aqui que o objectivo do comportamentalismo e do cognitivismo, consiste em "prever e controlar" e não simplesmente "compreender". A perspectiva fenomenológica, que admite uma definição em termos de 'Mente', defende que o ser humano é consciente e possui comportamentos intencionais, dos quais é responsável e que são mediados pela atribuição de um significado. Assim sendo, ela presta a devida atenção aos processos psicológicos que orientam as nossas interacções uns com os outros — tal como o amor e o respeito — e, ao contrário da maioria dos modelos cognitivos, permite a exploração do comportamento emotivo.

A única definição que se aproxima dos critérios necessários para conter o ser humano na sua totalidade (inserido no mundo 'real') – permitindo simultaneamente o desenvolvimento de estudos detalhados sobre processos mentais específicos — consiste na afirmação "A Psicologia é o estudo da mente". Tal implica adoptar uma perspectiva fenomenológica. A vantagem desta posição é que a Fenomenologia permite a todas as outras abordagens serem incorporadas no seu seio, desde a Comportamentalista, à Cognitivista e à Psicodinâmica, enquanto que o reverso não se verifica. Um investigador fenomenológico pode investigar, por exemplo, as especificidades da percepção visual, enquanto que um psicólogo cognitivista não tem forma de abordar conceitos como 'vingança' ou 'culpa'. Então, com toda a legitimidade — e seguindo *o princípio de Occam* [6] — a definição da Psicologia, para englobar todas as variações, públicas, individuais e académicas é

A PSICOLOGIA É O ESTUDO DA MENTE!!!

BIBLIOGRAFIA

APA Monitor (online) (1999). *Psychology continues do define itself, 30,* December.

Bateson, G. (1980). *Mind and Nature. A necessary unity.* London: Fontana.

Binet, A. & Simon, T. (1916). *The development of intelligence in children.* Baltimore: Williams & Sons.

Fields, R. D. (2005). Making memories stick. *Scientific American, 292* (2), 58-65.

Gregory, R. L. (Ed.). (1987). *The Oxford companion to the mind.* Oxford: Oxford University Press.

---

[6] N.T. O princípio de Occam — conhecido por *navalha de Occam* — deve-se ao lógico William Occam, franciscano inglês do século XIV, que defendeu que qualquer explicação de um fenómeno deveria ser feita no mínimo de afirmações possível, eliminando ou cortando (*"shaving off"*, no original) todas as que fossem supérfluas para a confirmação da hipótese ou teoria. Dadas duas explicações igualmente válidas do mesmo fenómeno, deveríamos adoptar a menos complicada. Este princípio é hoje tido como uma máxima heurística que advoga a parcimónia, ou simplicidade nas teorias científicas.

Jaynes, J. (1993). *The origins of consciousness in the breakdown of the bicameral mind*. London: Penguin.

King-Spooner, S. (2006). The existential synapses: Reductionism, Heidegger and neurophysiology. *History and Philosophy of Psychology, 8*, 27-34.

Kuhn, T. S. (1962). *The structure of scientific revolutions*. Chicago: University of Chicago Press.

Miller, G. (1975). *The science of mental life*. Harmonsworth: Penguin.

Shotter, J. (1975). *Images of man in psychological research*. London: Methuen.

Skinner, B. F. (1974). *About behaviourism*. New York: Vintage.

Tolman, E. C. (1984). Cognitive maps in rats and men. *Psychological Review, 55*, 189-208.

Watson, J. B. (1912). Psychology as the behaviourist views it. *Psychological Review, 20*, 158-177.

Williams, D. I. (1971). Ethology and human behaviour. *Bull. Br. Psychol. Soc., 24*, 17-22.

2

O que é a Educação?

António Simões

"A natureza bem definida dos outros seres é refreada por leis por nós [Deus] prescritas. Tu, pelo contrário, não constrangido por nenhuma limitação, determiná-la-ás para ti, segundo o teu arbítrio, a cujo poder te entreguei. Coloquei-te no meio do mundo para que daí possas olhar melhor tudo o que há no mundo. Não te fizemos celeste nem terreno, nem mortal nem imortal, a fim de que tu, árbitro e soberano artífice de ti mesmo, te plasmasses e te informasses, na forma que tivesses seguramente escolhido. Poderás degenerar até aos seres que são as bestas, poderás regenerar-te até às realidades superiores que são divinas, por decisão do teu ânimo" (Mirandola, 2001, p. 53).

Em duas das nossas publicações (Simões, 1989, 1995), procurámos definir qual é o constitutivo formal do conceito de educação. Pensávamos, então, que se tratava de uma questão fundamental para o progresso teórico e prático da causa da educação.

Passados quase vinte anos sobre a data, em que foi dado à estampa aquele nosso primeiro trabalho, justifica-se que voltemos a formular a pergunta a que, então, tentámos responder: "Que é educar?". Efectivamente, numa obra recente, consagrada à teoria da educação, Cabanas (2002, p. 54) refere um autor espanhol que, já em 1930, tinha inventariado 184 definições de educação.

Face ao exposto, dirá, porventura, alguém que isso nada de anormal significa, exprimindo, simplesmente, a complexidade e riqueza do domínio e a polissemia do termo educação. Outros apontarão, antes, para a confusão reinante, compreensível, talvez, por se tratar de um tipo de labor científico relativamente recente, mas que é inédita, ao nível de outras áreas mais consagradas do saber, de que são exemplo a Física, a Medicina, a Biologia ou, até, a Psicologia. Para alguns, a diversidade de definições do conceito pode não constituir perplexidade, enquanto, para outros, ela é geradora de mal-estar intelectual e impeditiva de reais progressos, no domínio em causa.

Depois de constatar este estado de coisas, para não dizer de caos conceptual, Cabanas observa que, apesar de tudo, há algo de comum às diferentes definições. Para ser mais rigoroso, o termo educação não é unívoco, também não é equívoco, tendo, por conseguinte, de ser análogo. O que significa que as diversas acepções do conceito designam e não designam a mesma coisa. Porém, em vez de averiguar esse *quid* comum às diversas concepções de educação, o pedagogo espanhol prefere adoptar uma definição — a sua definição — que corresponderia à "perspectiva que interessa à Pedagogia" (Cabanas, 2002, p. 53).

Quanto a nós, não poderemos deixar de exprimir a nossa insatisfação pelos reduzidos progressos na clarificação da terminologia, no domínio da educação, e bem assim pelos magros resultados, no sentido de estabelecer consensos, em torno dos conceitos mais essenciais da Pedagogia. Somos daqueles que acreditam que a confusão conceptual é um sério óbice ao progresso do conhecimento. Isto é claro e consensual, ao nível das definições operacionais, mas é preciso não esquecer que estas últimas se baseiam em conceitos, mais ou menos gerais, cuja clareza é exigida para poderem ser traduzidos, em termos operacionais. Por outro lado, a indefinição do seu objecto não redunda em favor do reconhecimento do estatuto epistemológico de um qualquer domínio do saber.

Apesar de tudo, alguns indícios se verificam de sérios esforços, no sentido da reflexão teórica sobre a realidade educacional. Referimo-nos à tentativa de elaboração de uma teoria da educação (Cabanas, 2002) [1]. Não é aqui o lugar para discutir a possibilidade e a conveniência de uma teoria geral da educação, ou, pelo menos, de teorias sectoriais da mesma (Estrela, 2006; Veiga, 2006). Queremos, no entanto, sublinhar que a

---

[1] A *Revista Portuguesa de Pedagogia* consagrou, recentemente, a esta temática dois números especiais (Ano 40-1 e 2, 2006).

O que é a Educação? 33

constituição de tais formulações teóricas pressupõe clarificado o conceito de educação (Boavida & Amado, 2006).

É, neste sentido, mais modesto, que se orientará a nossa reflexão. No essencial, irá ser a continuação e, se possível, o aprofundamento dos esforços, que representam os nossos dois trabalhos, acima referidos. De resto, o esquema da exposição não difere muito do da primeira daquelas publicações. Nas três primeiras secções, abordaremos os temas da educação e aprendizagem, da educação e saber e da educação e desenvolvimento. Seguir-se-á uma discussão, com o objectivo de passar da averiguação do que a educação não é à definição daquilo que ela é. Uma breve conclusão encerrará este trabalho.

EDUCAÇÃO E APRENDIZAGEM

> "Educação é aprender a crescer, aprender em que sentido crescer, aprender o que é bom e o que é mau, aprender o que é desejável e indesejável, aprender o que escolher e o que não escolher" (Maslow, 1985, p. 172).

Etimologicamente, aprender vem do verbo latino *apprehendere*, que significa agarrar, apoderar-se de. Derivados do mesmo verbo, que entra na composição de *apprehendere*, ou seja, de *prehendere* (*ad+prehendere*), são os vocábulos apreender (também de *apprehendere*) e compreender (de *com+prehendere* = agarrar com, prender juntamente). Neste sentido, aprender é agarrar um conteúdo proposto, por exemplo, uma informação: aprender é apreender (*ad+prehedere*), ou seja, apoderar-se de alguma coisa, de um determinado conteúdo. Aprender, ainda segundo a etimologia, não implica, necessariamente, compreender, pois que, neste caso, se trata de ligar os elementos de uma actividade cognitiva, de estabelecer uma relação entre eles. Como escrevia Lavelle (cit. por Foulquié, 1997, p. 90), "o que nós não compreendemos é o que resta para nós isolado", enquanto que o que nós compreendemos "é aquilo cujas relações nós percebemos com todos os outros modos do ser e que, se assim se pode dizer, evoca a totalidade".

Em termos mais formais, a aprendizagem é, em geral, definida pelos psicólogos como uma mudança relativamente permanente no comportamento, resultante da experiência (Lerner et al., 1986, p. 205; Kendler, 1980, p. 383; Davidoff, 1980, p. 130). Assim, por exemplo, o segundo dos três autores citados escreve (1980, p. 383) que "o estudo da aprendizagem tem por objecto analisar as modificações no comportamento, resultantes da prática".

Assim concebida, a aprendizagem abrange um vasto leque de modalidades, desde o condicionamento clássico e operante, até à aprendizagem de conceitos e à resolução de problemas. Por outro lado, trata-se de um fenómeno comum ao homem e ao animal, sem, por isso, necessariamente excluir uma complexidade e uma especificidade próprias dos humanos.

De acordo com esta definição, aprender é modificar o comportamento, independentemente do sentido, em que tal mudança se opere: aprendem-se hábitos performativos e hábitos ineficazes; aprende-se a ser psicologicamente equilibrado e a ser psicologicamente neurótico.

Daqui se depreende que educação se distingue de aprendizagem. Como observa Ferry (Ferry & Vincent, 2003, p. 25), "indubitavelmente os animais beneficiam de certas aprendizagens, mas não necessitam, praticamente, de educação". Nós, porém, diríamos, mais abertamente, que a educação é própria dos humanos (que o homem é um "animal educandum" — um "animal a educar"), ao passo que os animais não se educam, apenas se adestram. Depois, e ao contrário da aprendizagem, a educação é sempre mudança para melhor, no sentido dos valores. Homem educado — escreve Peters (1976, p. 5-6) — "é uma expressão abreviada para traduzir a noção de uma forma de vida suficientemente digna de ser transmitida, de geração em geração". Educar-se é tornar-se humano, ou melhor, é tornar-se mais humano.

Mas, se a aprendizagem se diferencia de educação, outro tanto se pode dizer do ensino e da instrução. À primeira vista, pareceria que o termo inglês *education* não aponta nessa direcção. Porém, *education* não traduz, adequadamente, o nosso conceito de educação: trata-se, antes, de instrução, e dum tipo particular de instrução, ou seja da instrução escolar. E se bem que Reboul advirta (1971, p. 12) que o ensino inglês é menos intelectual e mais prático que o francês — e também que o português, acrescentaríamos nós — o certo é que, rigorosamente, é a um ensino que o termo se refere, e não à educação. E, se o objectivo do ensino é desencadear a aprendizagem, o certo é que esta nem sequer é correlativo necessário daquele [2]. Na verdade, a educação é bem mais ampla que a

---

[2] Como adverte Dupanloup (cit. por Foulquié, 1997, p. 155), "a educação e a instrução são duas coisas profundamente distintas: a educação desenvolve as faculdades, [enquanto] a instrução dá conhecimentos; a educação eleva a alma,

instrução, na medida em que, nomeadamente, atinge aquela camada profunda do ser humano, constituída, segundo Platão, pelos sentimentos mais primitivos — o prazer, a dor, o ódio — que é necessário moldar, desde a infância, enquanto substrato, para nele implantar o organismo racional e virtuoso (Platão, *Leis* II, 653; Reboul, 1971).

Existe, hoje — comenta Reboul, noutro lugar (1992) — a ideia de que o nosso sistema escolar, tornando as pessoas mais instruídas, as torna, simultaneamente, melhores, "mas eu não vejo — continua (p. 56) — em que é que o conhecimento científico incita a ser mais honesto ou mais generoso. A maior parte das vezes, os valores intelectuais e os valores morais estão numa relação de indiferença recíproca. Às vezes, mesmo, numa relação de conflito".

Dizer isto não significa, porém, que a educação nada tem a ver com a aprendizagem. Mesmo o adestramento tem o seu papel na aquisição de comportamentos fundamentais, na infância, nomeadamente, de hábitos de ordem e de higiene. Mas o adestramento não é educação. Quando muito, será uma pré-educação, ou para utilizar a terminologia de Herbart (2003), será governo da criança (Hubert, 1970, p. 56-57). Mesmo as aprendizagens mais especificamente humanas, como sejam as de conceitos altamente abstractos, as aprendizagens científicas e tecnológicas, não são, em si mesmas, educativas.

Já Kant (1996, p. 83) considerava que importa, antes de tudo, que as crianças aprendam a pensar. E, antes dele, Montaigne (*Essais* I, 219) escrevia, lapidarmente, sobre a cabeça "bien faite", por oposição à cabeça "bien pleine" [3].

Sem dúvida que é importante aprender a pensar, mais do que aprender pensamentos. Mas Kant não consideraria educado o que apenas aprendeu a pensar. Nem Montaigne consideraria educado aquele que plenamente desenvolveu as suas capacidades intelectuais e, em particular, a capacidade de julgar.

Teremos ocasião de reflectir, mais demoradamente, sobre o assunto, na secção que vai seguir-se. Por ora, limitemo-nos a observar que, se há algum tipo de aprendizagem, que se aproxima da educação, será ao nível

---

[ao passo que] a instrução provê o espírito; a educação é o fim, [mas] a instrução não é senão um dos meios".

[3] Referia-se ao preceptor, e não ao discípulo, como, muitas vezes, se indica, erradamente. Porém, é bem claro que era esse mesmo ideal que propunha também, no que concerne àquele último.

do ser: talvez se possa dizer que educar é aprender a ser (Reboul, 1982, p. 13); ou, talvez, nem isso — rigorosamente falando, educar é aprender a ser mais homem, aprender a ser melhor.

EDUCAÇÃO E SABER

> "Uma pessoa, que sabe como a virtude e o equilíbrio do carácter são preferíveis a toda a espécie de ciência, a todo o conhecimento das línguas, empenha-se, sobretudo, em formar o espírito dos seus alunos, em inculcar-lhes boas disposições. Com efeito, uma vez adquirido este resultado, todo o resto pode ser negligenciado; todo o resto virá a seu tempo. E, ao contrário, se essas boas disposições faltarem, ou não forem fortemente estabelecidas, de modo a afastar todo o hábito mau ou vicioso, as línguas, as ciências e todas as qualidades de um homem instruído não chegam a fazer dele senão um homem mau e mais perigoso" (Locke, 1992, p. 236).

O mais fundamental para a educação, de acordo com a citação, que acaba de ser lida, são as boas disposições, e não os saberes, que se adquirem. Sem aquelas, estes só contribuem para tornar pior o educando, de modo que teria sido preferível, do ponto de vista educativo, que tais saberes simplesmente não tivessem sido adquiridos: seria melhor um indivíduo ignorante, mas dotado de bons hábitos, que um indivíduo instruído, mas com maus hábitos. Poderá censurar-se ao pedagogo inglês o relativo desapreço manifestado pelo papel dos saberes, no processo da educação. Para não falar nas suas preferências pela educação doméstica (secção VII, n.os 70-71), hoje, totalmente impraticável, Locke parece ignorar o que Alain (1986) sublinhou, isto é, que a escola é um lugar — artificial, embora, mas é isso que a caracteriza e lhe confere eficácia — onde se fazem aprendizagens importantes, que não são possíveis na família, nomeadamente, de relações não baseadas no afecto, mas na autoridade, de relações de igualdade de tratamento, face a essa mesma autoridade, de relações ainda de cooperação entre iguais (*propos* VIII, p. 23 e ss.; *propos* IX, p. 26 e ss.). Mas, mesmo admitindo alguma estreiteza de vistas no pensamento pedagógico de Locke, no que toca a certos problemas como o acabado de referir, é de relevar a sua afirmação decidida e sem qualquer tipo de ambiguidade de que o especificamente educativo é de outra ordem que não a dos saberes. O que não significa que o autor de *Alguns pensamentos sobre a educação* nenhuma importância atribua aos saberes, em geral, e, em particular, aos saberes ministrados na escola. De

O que é a Educação?   37

outro modo, não teria consagrado as últimas secções da sua obra (mais precisamente, três, em 27) à abordagem das aprendizagens de tipo escolar. Mas isso é intencional e para contrariar a tendência de quase identificar a educação com a instrução escolar [4]. E, neste ponto, a posição de Locke afigura-se-nos de grande actualidade.

Mas é de saberes comuns que aqui se trata, daqueles que administra a escola à generalidade dos alunos, ou, talvez melhor, daquela cultura geral, que ela se propõe inculcar [5]. E, tratando-se de formas superiores de saber, tais que permitem dizer que os seus possuidores são cultos, ou até sábios? Ser culto é ser educado, e o mesmo se diga do sábio?

Ninguém dirá, por exemplo, que Pietro Aretino (1492-1556), conhecido escritor italiano, dissoluto e aventureiro, não era culto (no sentido de instruído). Mas era também educado? E Giovanni Giacomo Casanova (1725-1798), seu compatriota e escritor não menos libertino do que ele? E Paul Joseph Goebbels (1897-1945), doutorado em Filosofia pela Universidade de Heidelberg e ministro da propaganda do regime nazi? Em contrapartida, pessoas com baixo nível cultural podem ser gente de carácter recto e bem formado.

Mas a cultura pode ainda ser entendida, não como um conjunto de saberes, mas como uma relação do sujeito com o saber. Neste sentido, culto seria aquele que questiona e se questiona, aquele que assimila o saber e o faz seu, aquele que é capaz de fazer o *transfert* do seu saber. Ora, nada nos proíbe de pensar que as três personagens a que aludimos, mais acima, não eram cultas, segundo a acepção acabada de explanar. Mas eram também educadas? Tal como Reboul (1992), pensamos que

---

4 "Admirar-vos-eis, talvez, que eu fale da instrução, em último lugar, sobretudo, se acrescentar que ela é, a meu ver, a parte menor da educação. Esta asserção poderá parecer estranha, na boca de um homem de estudos; e o paradoxo parecerá, tanto mais ousado, quanto é certo que a instrução é, ordinariamente, a principal tarefa, se não a única, que constitui preocupação, ao educar as crianças. Quando se fala de educação, a instrução é quase a única coisa que se tem em vista" (Locke, 1992, p. 203).

5 Falamos de cultura geral, no sentido em que Foulquié a entende (1997, p. 111): a formação do espírito e o conjunto de conhecimentos, que toda a gente é suposta adquirir, antes da aprendizagem de uma profissão. Assim entendida, a cultura geral é mais do que uma bagagem razoável de conhecimentos, abrangendo competências básicas, tais como a capacidade de julgar.

Não é isto educação? Afinal, a escola educa ou não educa? Para uma abordagem breve e sintética desta problemática, ver Simões (1995, p. 17-19).

não o eram. É que a cultura não garante a moralidade, nem a competência prática, ou o saber-fazer.

Algo de parecido se poderia dizer daqueles que apelidamos de sábios. A eles poderiam aplicar-se as palavras de Montaigne, que escreve (*Essais* I, cap. 25, p. 201): "Perguntamo-nos, de bom grado: 'Sabe Grego ou Latim? Escreve em verso ou em prosa?' Mas, se se tornou melhor ou mais avisado, era isso o principal, e foi o que ficou por fazer. O que era preciso averiguar era quem era melhor sábio, não quem é mais sábio". E, um pouco mais adiante, acrescenta (*Essais* I, cap. 26, p. 222): "O ganho do nosso estudo é tornar-nos melhores e mais sages". No mesmo sentido, se pronuncia Kant (1992), ao afirmar que só um louco varrido é que não "apreciaria infinitamente mais um homem virtuoso e sage que o mais consumado dos sábios" (p. 204).

Aproveitamos, aqui, para distinguir o sábio do sage. Sage deriva do Francês *sage* (prudente, razoável) que, por sua vez, vem do Latim *sapiens* (do verbo *sapere*= ter sabor). Sábio vem de *sapidum* (que sabe, que tem sabor). Na raiz de um e do outro vocábulo, está, pois, o verbo *sapere* (ter sabor). Porém, *sapere,* para além do sentido próprio (conotações sensoriais gustativas), tem também um sentido figurado (ter discernimento, saber o que convém, ser prudente).

É ao sage que Montaigne se refere e que ele reputa como o genuíno produto da educação. É esta também que Adler (1930, 17) considera como um "saber viver", a "arte de viver". Educação é sageza, não sabedoria. E — segundo Kant (1960, p. 32) — a sageza "consiste mais em fazer ou não fazer do que em saber". Por conseguinte, não é o sábio que é educado, mas o sage.

Nunca, como nos nossos dias, foram tão numerosos os sábios. Mas não é seguro, antes pelo contrário, que se tenham multiplicado, proporcionalmente, os sages [6]. Neste sentido, referia-se Whitehead (1969) ao "conhecimento estéril", ou seja, àquele que não se transforma em sabedoria: "É convencional — escreve ele (p. 45) — falar em mero conhecimento, separado da sabedoria, como sendo capaz de incutir uma dignidade peculiar ao seu possuidor. Não compartilho dessa reverência pelo

---

[6] Na sequência da filosofia iluminista, acreditou-se que o progresso do saber acarretaria o progresso moral da humanidade. É célebre a frase de Victor Hugo:"Abri uma escola e fechareis uma prisão". Mas os factos desmentiram tal expectativa optimista, evidenciando que "pode fazer-se um mau uso do conhecimento da verdade; que o saber não conduz à bondade" (Baron, 1994, p. 8).

conhecimento como tal. Tudo depende de quem possui o conhecimento e do uso que faz dele. O conhecimento que traz grandeza ao carácter é conhecimento tratado de forma a transformar cada fase da experiência imediata". E lamenta que a sabedoria dos antigos tenha sido secundarizada pela escola, em proveito do conhecimento das matérias dos manuais: "Embora o conhecimento seja um dos alvos principais da educação intelectual — escreve (p. 43) — existe outro ingrediente, mais vago, porém, mais grandioso e mais dominador, quanto à sua importância. Os antigos chamavam-lhe 'sabedoria'. Não se pode ser sábio sem alguma base de conhecimentos; mas pode-se facilmente adquirir o conhecimento e permanecer destituído de sabedoria".

EDUCAÇÃO E DESENVOLVIMENTO

> "Todo o ser, que se encontra nos primeiros estádios de crescimento, manifesta um enorme impulso para a perfeição natural e para o desenvolvimento final, que lhe é apropriado. E isto é verdadeiro, quer se trate de plantas, quer de animais (domésticos ou selvagens), incluindo o homem. Sendo o homem, como nós dizemos, um animal 'doméstico', se ele tiver uma boa educação e a correcta disposição natural, será, certamente, apto a tornar-se a criatura mais celestial e mais encantadora de todas; mas, se for educado, de forma inadequada e insensata, tornar-se-á o animal mais feroz que à face da Terra existe. Eis porque o Legislador não pode tratar da educação das crianças, de modo precipitado, e como um assunto de secundária importância: deve encarar a recta escolha daquele que vai ficar com o encargo das crianças como algo de crucial relevância e designar Ministro da Educação os melhores cidadãos do Estado" (Platão, *Leis*, VI, p. 766).

Tradicionalmente, o desenvolvimento foi concebido por muitos autores como sendo unidireccional, irreversível, universal e orientado para um fim (Heckhausen, 1996; Weinert, 1996; Dixon, 1990). Assim, pensava-se que o desenvolvimento se processava, no sentido do progresso ou crescimento do organismo, produzindo efeitos, a longo termo, essencialmente irreversíveis. Prolongando-se pela infância e a adolescência, traduzir-se-ia, na vida adulta, por uma fase de estabilidade, primeiro, e de declínio, depois. O referido processo seria invariante (consistiria numa série regular de estádios, sucedendo-se pela mesma ordem, pelos quais passariam todos os indivíduos — carácter universal do fenómeno).

40   A. Simões

A este veio contrapor-se o modelo do desenvolvimento coextensivo à duração da vida, que sustenta que tal processo começa com a concepção e termina com a morte; que se trata de um fenómeno multidimensional (abrange diversas dimensões do comportamento, cada uma com a sua trajectória específica); que ele é multidireccional (enquanto certos comportamentos podem apresentar trajectórias ascendentes, noutros elas podem ser descendentes); que progressos e retrocessos têm lugar, em qualquer período da vida [7]; que o organismo conserva sempre um certo grau de plasticidade (menor no final da vida), o que torna possível a reversibilidade do comportamento (Dixon e Baltes, 1988; Baltes, 1987). Não sendo nossa intenção embrenharmo-nos num debate, em torno deste assunto, optaremos por este último modelo, por nos parecer o mais justificado (Hayslip & Panek, 2002; Staudinger & Bluck, 2001; Baltes, 1987).

Perspectivado, segundo este prisma, o desenvolvimento coincide com o processo da educação, no que se refere à sua dimensão temporal: ambos começam e terminam, no início e no fim, respectivamente, da existência humana (Simões, 1979; Schaie & Willis, 1978; Birren & Woodruff, 1973) [8].

---

[7] Dizer que o desenvolvimento se não orienta para um fim determinado e que é acompanhado por retrocessos não deveria constituir dificuldade, se se tiver em conta que a própria evolução também se não dirige para um fim, nem significa progresso contínuo. "Nenhuma intenção guia a sua acção — escreve Vincent (Ferry & Vincent, 2003, p. 124). O pescoço da girafa — exemplo repisado porque bastante explícito — ao alongar-se não procura atingir as folhas, de outro modo inacessíveis das árvores". E, mais adiante (p. 124): "A selecção natural é acompanhada pela ideia de gradualismo", de gradualismo, não de progressismo, "porque a evolução não se acomoda com a noção de progresso".

[8] Para não falar em Coménio (1966, 1971), recordemos que também Dewey (1966) e Rousseau (1966) encararam a educação, em termos temporalmente mais amplos do que as concepções tradicionais. "A verdadeira educação — escreve este último (p. 42) — consiste menos em preceitos que em exercícios. Começamos a aprender, quando começamos a viver; a nossa educação começa connosco; o nosso primeiro preceptor é a nossa ama". Dewey, por sua vez, afirma (1966, p. 51): "É um lugar comum dizer que a educação não deve cessar, quando se deixa a escola. O que este lugar comum traduz é que a finalidade da educação escolar é garantir a continuidade da educação, organizando as forças que asseguram o crescimento. A inclinação para aprender, a partir da própria vida, e para fazer tais as condições de vida que todos aprendam, no decurso da existência, é o melhor produto da escolarização".

O que é a Educação?   41

Podem, no entanto, divergir os dois processos, no que concerne à sua direcção: enquanto falar de educação regressiva resulta, no mínimo, estranho, para não dizer contraditório, parece, ao invés, que se impõe a ideia de um desenvolvimento regressivo (passagem de um estado de maturidade superior para um estado de maturidade inferior). Com efeito, contra aqueles que não conseguem encarar o desenvolvimento, a não ser como um fenómeno progressivo (aquisição de mais maturidade), podem citar-se investigações empíricas (Looft, 1973) ilustrativas de regressão no desenvolvimento cognitivo e no juízo moral, já ao nível da infância e da juventude [9].

Injustificado se afigura, igualmente, fixar metas universais ao desenvolvimento, ou seja, marcar, como desfecho deste, uma qualquer "maturidade" específica, que representaria a etapa final do mesmo. "Os poucos dados de que dispomos — escreve Toulmin (1981, p. 257), a este propósito — cortam pela base qualquer suposição, segundo a qual a evolução intelectual e o desenvolvimento conceptual têm uma destinação singular, única e universal". Pelo contrário, não há razão para afirmar que o desenvolvimento não conduza a metas diferentes, ou que exista um estádio final, uma maturidade terminal (do género das operações formais, por exemplo), a que invariavelmente o processo conduziria.

Pelo contrário, a educação é impensável, sem uma teleologia, particularmente, no que concerne às metas terminais, sem que se estabeleçam juízos acerca do que vale ou não vale a pena prosseguir, do ponto de vista do homem a formar e da sociedade a instituir.

É conhecido o quadrinómio estabelecido por Dewey: educação = desenvolvimento = crescimento = vida. No que se refere aos dois

---

[9] Isto não significa, obviamente, que o desenvolvimento seja *só*, mas que é *também,* um fenómeno regressivo: admite-se que certos aspectos do desenvolvimento tenham carácter continuamente progressivo (Baltes, Reese & Lipsitt, 1980). O que parece inaceitável é o entendimento tradicional do desenvolvimento, nos termos em que é apresentado por Nagel (citado por Looft, 1973, p. 37): "as mudanças têm de ser cumulativas e irreversíveis, para poderem ser etiquetadas como *desenvolvimentistas*".

A respeito do desenvolvimento, faz Veiga (2006, p. 263) uma reflexão paralela àquela que produzimos, a propósito da aprendizagem — trata-se de uma noção ambígua, pois, "o mal ou o que é relativamente mau também se desenvolve: seja um cancro bem desenvolvido, seja uma ideologia nazista bem desenvolvida, seja a empolgante cruzada pela liberdade sexual, seja o indiscutível 'progresso' da violência".

primeiros termos, o autor encarrega-se de explicitar as consequências daí resultantes. Elas são que "(1) o processo educacional não tem outro fim, para além dele próprio — ele é o seu próprio fim; e que (2) o processo educacional consiste numa contínua reorganização, reconstrução e transformação" (Dewey, 1966, p. 49-50).

Isto não significa, no entanto, que o autor não atribua à educação e ao desenvolvimento nenhuma finalidade, nem que o processo desenvolvimentista não seja enformado por qualquer espécie de valores. Efectivamente, numa outra das suas obras (Dewey, 1963), o pedagogo americano procura prevenir a objecção de que a educação, concebida como um processo, no sentido de atingir níveis superiores de desenvolvimento, ou de modificações positivas, ao nível da experiência, poderia conduzir a complicados problemas de ordem moral. Suponhamos —escreve ele (p. 36) — que um indivíduo se desenvolvia, de modo a tornar-se um ladrão de excepcional perícia. Ter-se-ia de concluir, neste caso, que se tratava de verdadeira educação? Ou — o que dá no mesmo — poder-se-ia considerar este exemplo como um caso de verdadeiro desenvolvimento? Será concebível uma educação, em total desacordo com os valores morais?

De facto, Dewey não aceita tratar-se, neste exemplo, de autêntico desenvolvimento. Mas a razão por que o faz é que não entende que desenvolver-se, no sentido de adquirir perícia na arte de furtar, signifique enriquecimento e ampliação da experiência, mas, pelo contrário, que isso impede que se criem condições para ulteriores desenvolvimentos e priva a pessoa de oportunidades para crescer, em direcções diferentes [10].

No fundo, é toda a filosofia da educação de Dewey que está reflectida, em toda esta problemática. Na base daquela encontra-se, efectivamente, um monismo evolucionista e naturalista. Monismo evolucionista, porque a realidade é vista como uma grande unidade cósmica, em contínua evolução, e no sentido de uma melhor solução. Monismo naturalista, porque o homem não se distingue desse todo, em termos qualitativos,

---

[10] Como observa Wain (1987, p. 169-170), esta não é uma resposta adequada à crítica formulada. Com efeito, que é que permite afirmar que o ladrão não desenvolveu recursos e criou condições para outras formas de desenvolvimento, muitas das quais, eventualmente, desejáveis?

O problema, a nosso ver, é que a educação é um empreendimento normativo, e que roubar deve ser considerado imoral, independentemente das suas consequências.

mas apenas em grau. Nesta mundivisão, não há lugar para a transcendência. A verdade e o valor são concebidos, segundo a perspectiva pragmatista: a primeira, como eficiência, e o segundo, como êxito. As finalidades e, em particular as da educação e do desenvolvimento, são exclusivamente encaradas como imanentes ao processo [11].

É claro que estamos muito longe de partilhar estas ideias. Pensamos que a educação é orientação do desenvolvimento [12], mas, de acordo com uma concepção, que tem em conta a eminente dignidade e superioridade da pessoa humana e a transcendência da ordem moral. Neste sentido, estamos bem mais perto de Göttler, quando escreve (1967, p. 51): «Não merece o nome de educação qualquer influência sobre o desenvolvimento, mas só aquela que se exerce com a intenção de elevar o educando a um fim determinado".

DISCUSSÃO

Que é, então, a educação, se não é sinónima de aprendizagem, nem de saber, nem de desenvolvimento? Como definir educação, rigorosa e formalmente?

---

[11] Como nota Hubert (1970, 32), "se a educação é plenamente natural, não é uma educação e, se é uma educação, não pode ser plenamente natural. [...]. A verdadeira educação requer a liberdade, que o naturalismo exclui".

[12] Poder-se-ia dizer algo de parecido, a propósito da socialização (o processo pelo qual a criança é integrada na sociedade), pois, também é um tipo de orientação do desenvolvimento. Mas também a seu respeito se poderia dizer que ela não coincide com a educação. "A educação — escreve Hubert (1970, p. 48) — é diferente da socialização do ser humano, ainda que ele tenha sempre necessidade de passar pelo estádio de socialização, para chegar ao seu termo. A socialização é apenas o primeiro fim, oposto aos da natureza, o método utilizado para tirar o ser do círculo dos seus instintos e introduzi-lo no das aspirações voluntárias. Mas a sociedade, por seu turno, também não é senão uma matéria, um dado exterior ao que há de verdadeiramente íntimo e profundo no ser".

Até certo ponto, educação implica, muitas vezes, um processo de dessocialização. É o que acontece, em educação de adultos, segundo a óptica de Mezirow (v. g., 1990), porquanto esta implicaria sempre a modificação das perspectivas de significado. É também o ponto de vista de Freire, dado que a formação da consciência crítica acarreta sempre reconhecer e pôr em causa os valores, os mitos e os comportamentos transmitidos culturalmente (Shor, 2002).

Na linguagem comum, o termo assume conotações nitidamente morais: dizer de um indivíduo que ele é educado implica referência a um código de conduta, às boas maneiras, porventura mesmo, à excelência de carácter.

É claro que as concepções populares não constituem norma para a ciência, uma condição de progresso da qual está na elaboração de uma linguagem técnica. Mas também é verdade que o senso comum tem algo de atendível e que, hoje em dia, se verifica uma tentativa de o reabilitar.

No que concerne ao problema em análise, cremos que a forma válida de o abordar é a partir de uma antropologia filosófica [13]: o específico educacional terá de ser correlativo do específico humano. A questão fundamental é, então, a de saber o que é o homem. Não é, aqui, por certo, o lugar para responder, satisfatória e cabalmente, à mesma questão. Mas é indispensável exprimir, a esse respeito, a nossa posição, pois, repetimos, saber o que é educar depende de saber o que é o homem a educar.

Embora as ciências empíricas não tenham competência para responder à questão, podem, no entanto, fornecer alguns dados úteis para a abordar. Ora, o que elas observam é que, enquanto o animal está programado para ser, de tal modo que pouco precisa de aprender, o homem está programado para aprender, de modo que deste depende totalmente para ser. Enquanto o animal se não pode humanizar, o homem pode-se animalizar (as crianças selvagens). Enquanto um beneficia de algumas aprendizagens, o outro necessita de educação. Enquanto o comportamento de um se revela estático, o comportamento do outro apresenta-se dinâmico, em contínuo aperfeiçoamento. O animal é determinado (é feito), o homem determina-se (faz-se).

Perfectibilidade parece ser uma característica distintiva dos humanos. E esta característica poderá explicar-se, se "se não postular uma forma de liberdade, um desvio possível em relação à norma natural que guia, ponto por ponto, os animais e os proíbe de variar?" (Ferry & Vincent, 2003, p. 25).

E, se o homem é livre, é moral, porque essa é a forma natural de agir de um ser dotado de liberdade. Se tem a capacidade de fazer escolhas livres, deve assumir a responsabilidade pelas mesmas. Escreve Cabanas

---

[13] "A filosofia de educação é, primeiro que tudo, uma filosofia do homem" (Hubert, 1970, p. 49). De modo semelhante, Reboul (1971, p. 6) afirma que a questão mais radical da Filosofia da Educação é a seguinte: "Que é o homem, para que deva ser educado?".

(2006, p. 33): "De onde vem ao homem a sua dimensão moral? Simplesmente, da sua liberdade. [...]. A liberdade é condição *sine qua non* da vida moral; sem liberdade não haveria vida moral e, com a liberdade, tem, necessariamente, de a haver, em benefício ou prejuízo do indivíduo".

Então, se o específico do homem é a sua dimensão moral, o específico educacional é também de natureza moral — o aperfeiçoamento moral dos humanos. Numa das nossas publicações (Simões, 1995), analisámos três clássicos da Pedagogia — Platão, Aristóteles e Herbart — a fim de inquirir a sua concepção de educação. A nossa conclusão sintetizámo-la, nestes termos: "Apesar das enormes diferenças de pensamento, a nível filosófico e pedagógico, não deixa de ser instrutivo sublinhar a substancial coincidência de perspectivas entre Platão, Aristóteles e Herbart, no que concerne à definição do conceito de educação: esta é, na sua essência, um empreendimento de natureza moral, cujo fim último e supremo se pode traduzir, em termos de virtude" (p. 14). E, embora com divergências de pormenor, esta era entendida, em termos de moralidade. Este foi também o entendimento de toda a tradição helenística. Segundo Marrou (1981, p. 328), com efeito, "num plano, pelo menos, triunfou sempre esta aspiração humanista para a educação integral: o do primado da formação moral. O classicismo não quer contentar-se com formar um letrado, um artista, um sábio: procurou o homem, isto é, primeiro que tudo, um estilo de vida conforme com uma norma ideal". E ainda: "Quando o Grego fala de 'formação da infância' [...] é, em primeiro lugar e essencialmente, da formação moral que se trata" (p. 328).

E é a essência moral de toda a educação que constitui o eixo de reflexão de Montaigne (Baron, 1994, p. 12). O que acima de tudo importa, segundo ele, é formar a capacidade de julgar, tendo em vista a rectidão do agir. "Que ele [o preceptor] não lhe peça apenas conta das palavras da sua lição — escreve (*Essais* I, cap. XXVI, p. 220) — mas do sentido e da substância, que julgue do aproveitamento que terá feito, não pelo testemunho da sua memória, mas da sua vida" [14]. E, noutro local (*Essais* I, cap. XXV, p. 207), lamentava que as letras "não nos ensinem, nem a bem pensar, nem a bem agir", pois, "qualquer outra ciência é prejudicial àquele que não possuir a ciência da bondade".

---

[14] Montaigne quer sublinhar a significação moral e existencial da educação (Baron, nota 7, p. 58).

Também já referimos que o que visa a educação, segundo Coménio, não é o saber, mas a moralidade, ou melhor, converter o saber em moralidade. Assim, escreve o pedagogo da Morávia (1966, p. 151): "Infeliz a instrução que não se converte em moralidade e em piedade! Com efeito, que é a ciência sem a moral? Quem progride na ciência e regride na moral (*é máxima antiga*), anda mais para trás do que para a frente".

Quanto a Locke, nenhumas dúvidas há, a respeito da sua posição. São, efectivamente, muitos os passos dos *Pensamentos sobre a educação*, onde o pedagogo inglês opina que ela é de carácter moral. "Quando se tomaram os cuidados necessários para o corpo conservar a sua força e o seu vigor — escreve ele (1992, p. 53) — a fim de o colocar em situação de obedecer às ordens do espírito, a tarefa principal, a seguir, é a de bem educar o próprio espírito, para que, em todas as ocasiões, não dê o consentimento senão àquilo que é conforme com a dignidade e a excelência de uma criatura racional". Depois de recomendar o estudo de diversas disciplinas, e a formação em determinadas artes, assim conclui: "Mas a grande tarefa a desempenhar é, acima de tudo, a aquisição da virtude e da sageza: *Nullum numen abest si sit prudentia* [Nada falta ao homem que possui a prudência]. Que a criança aprenda, sob a vossa direcção, a dominar as suas inclinações e a submeter os seus apetites à razão. Se obtiverdes isso, e se por uma prática constante lhe fizerdes ganhar esse hábito, cumpristes a parte mais difícil da vossa tarefa" (p. 264).

Finalmente, e para não alongar a lista, uma referência a Kant. Considera Philonenko (Kant, 1996, p. 44) que a educação moral é para o autor das *Reflexões sobre a educação* a parte mais importante e o coroamento da mesma. Segundo o filósofo alemão, podem distinguir-se três períodos na educação: a educação do corpo (a que chama "educação física"), a educação da inteligência e a educação moral. Em nenhum dos primeiros períodos, se deverá perder de vista aquela última e tudo deve ser sempre orientado, em função da educação moral. Desta faz parte essencial a formação do carácter. E, segundo Kant (1996, p. 134), "a coisa mais importante é fundar o carácter". Com a educação moral — escreve Philonenko (Kant, 1996, p. 46) — o cidadão é levado "a captar-se como membro de toda a espécie humana e, portanto, como homem. Assim, é somente, ao nível da educação moral, que a educação, na sua totalidade, encontra o seu sentido: a criança adquire o seu verdadeiro valor, ela é homem".

Pelo que tem vindo a ser exposto, se compreenderá que não podemos estar mais de acordo com Reboul, quando afirma (1971, p. 101): "Para a opinião comum, a educação moral não é mais que um ramo da

O que é a Educação? 47

educação, cuja responsabilidade incumbe, primeiro, à família, um pouco à escola e muito ao catecismo. Em breve, é uma educação especial, ao mesmo título que a educação física ou estética. Basta, porém, reflectir, para ver que a educação moral, não é, no fundo, outra coisa que a própria educação".

A educação moral é a educação *tout court*. Efectivamente, ela implica sempre referência a valores, a um "melhor" possível. Mas, quando se fala de educação, enquanto tal, sem qualquer qualificativo de física, intelectual, etc., "é a um sistema de valores que se refere, sem o qual o homem não pode atingir o seu desenvolvimento. Um homem não é educado, se não atingir um certo nível de coragem, de sentido cívico, de honestidade, etc." (Reboul, 1971, p. 102).

Assim perspectivada, a educação, ou é moral, ou, simplesmente, não é educação. Quer isto dizer que as educações tradicionais (física, intelectual, estética) não são educação, em sentido rigoroso? Assim é. E, noutro lugar, propusemos (Simões, 1995) chamar-lhes "formações". Pretende-se, então, dizer que não são importantes? De modo nenhum. São meios indispensáveis para fundar a educação moral. Mas têm de estar funcionalmente orientadas para a mesma, como muito bem viu Kant e, antes dele, Platão [15].

Torna-se, então, evidente que a posição aqui assumida é que o fim da educação é a moralidade — a educação da liberdade, de modo a inclinar a vontade a conformar-se com o Bem. Outros opinam que é o desenvolvimento integral da personalidade, nas suas múltiplas dimensões, incluindo a moral, mas em pé de igualdade com as restantes. Defendemos, noutro lugar (Simões, 1995, p. 15-16), a primeira destas posições.

---

[15] No Protágoras (326b), Platão escreve que se enviam as crianças ao mestre de ginástica, "a fim de que tenham um corpo mais são, para o colocar ao serviço de um espírito virtuoso". E, nas *Leis* I, 644), afirma que "a uma formação perspectivada, no sentido de ganhar dinheiro, ou conseguir um físico robusto, ou até alguma vantagem intelectual não guiada pela razão e pela justiça, deveria chamar-se rude e iliberal, não havendo qualquer motivo para a apelidar de educação".

Assim, para o filósofo grego, a educação física, apesar de tida por ele em elevado apreço, não passa de um meio para atingir a verdadeira educação — a educação moral: "O idealismo pedagógico do filósofo exprime-se [...] bem no valor por ele atribuído à educação física, como a um verdadeiro meio para o homem afirmar a sua liberdade. Mas a educação física não é um fim em si: erigi-la em absoluto é um desastre (Baron, 1994, p. 11-12).

No essencial, a nossa crítica baseia-se em que haveria o perigo de perder de vista a real unidade da pessoa e de a acção educativa se converter numa amálgama complicada de "formações-mosaico".

CONCLUSÃO

Pensamos ter ficado clara a nossa posição, acerca da essência do fenómeno da educação — educar, no seu significado mais profundo, é moralizar (Patrício, 1993). A educação, na verdade, "no seu conceito *formal*, relaciona-se, necessariamente, com o que de mais 'humano' há no homem, isto é, com o significado global da sua vida, a direcção do seu agir, o fim unitário, que dá sentido a todos os fins particulares, numa palavra, com o significado 'moral' do seu ser e do seu operar" (Braido, 1967, p. 63).

Dito, de outra maneira, a moralidade é a diferença específica, na definição de educação, do mesmo modo que a mesma moralidade é o constitutivo específico dos humanos. E aqui está a resposta para aqueles que, como nós, se interrogam, acerca do específico educacional. Nesta linha de ideias, quando Cabanas (2002, p. 55) define a Pedagogia como a "ciência dos actos educativos", ele não está a ser suficientemente explícito, porque falta determinar ainda que é que caracteriza um acto como sendo educativo [16].

Porém, considerar o agir com rectidão moral como a essência da educação não equivale a menosprezar aquilo que, vulgarmente, se designa por educação física, intelectual, etc., e a que nós preferiríamos chamar "formações". Poderia comparar-se a educação a uma obra de arte (digamos, mais concretamente, a uma escultura). As "formações" seriam a matéria de que é feita a estátua. A educação, por sua vez, seria a forma que o artista lhe imprimiu. Sem a forma, a matéria ficaria incaracterística, mera potência para ser elevada a obra de arte. Mas a forma tem de encarnar numa matéria, sem o que não tem consistência a obra de arte.

---

[16] Todavia, parece bem clara a posição do autor (Cabanas, 2006, p. 33), no sentido de considerar a moralidade como um espaço tipicamente humano. E, a este propósito, cita Hortal, que escreve (2003, 108): "O âmbito humano é o âmbito da ética (...). Só os seres humanos — não os inferiores nem os superiores — são capazes de ética, têm em suas mãos a tarefa de viver e conviver, são responsáveis de como vivem e convivem".

Nas páginas precedentes, procurámos vincar, fortemente, este ponto. É que daí depende toda uma maneira de perspectivar a educação: isso leva a valorizar, a instrumentalizar e a funcionalizar as "formações", no sentido do desenvolvimento moral. No final de contas, este é que verdadeiramente interessa: os outros valem e justificam-se, na medida em que servem este objectivo.

BIBLIOGRAFIA

Adler, A. (1997). *L'éducation des enfants*. Paris: Payot.

Alain (1986). *Propos sur l'éducation*. Paris: PUF.

Araújo, J. M. & Araújo, A. F. (2006). Utopia e educação. *Revista Portuguesa de Pedagogia, 40*(1), 95-117.

Baltes, P. B. (1987). Theoretical propositions of life-span developmental psychology: On the dynamics between growth and decline. *Developmental Psychology, 23*(5), 611-626.

Baltes, P. B., Reese, H. W. & Lipsitt, L. P (1980). Life-span development psychology. *Annual Review of Psychology, 3*, 65-110.

Baron V. J.-L. (1994). *Qu'est-ce que l'éducation? — Montaigne, Fichte et Lavelle*. Paris: Librairie Philosophique J. Vrin.

Birren, J. E. & Woodruff, D. S. (1973). Human development over the life span through education. In P. B. Baltes & K. W. Schaie (Eds.), *Life-span developmental psychology: Personality and socialization*. New York: Academic Press.

Boavida, J. & Amado, J. (2006). A especificidade do educativo: Seu potencial teórico e prático. *Revista Portuguesa de Pedagogia, 40*(1), 43-61.

Braido, P. (1967). *Filosofia dell'educazione*. Zurique: Pas-Verlag.

Cabanas, J. M. Q. (2002). *Teoria da educação: Concepção antinómica da educação*. Porto: ASA.

Cabanas, J. M. Q. (2006). Las bases éticas de la educación moral. *Psychologica* (número especial), 31-57.

Coménio, J. A. (1966). *Didáctica Magna*. Lisboa: Fundação Calouste Gulbenkian.

Coménio, J. A. (1971). *Pampaedia (Educação universal)*. Coimbra: Universidade de Coimbra.

Davidoff, L. L. (1980). *Introduction to psychology*. New York: McGraw-Hill Book Company.

Dewey, J. (1963). *Experience and education*. New York: Macmillan.

Dewey, J. (1966). *Democracy and education*. New York: Macmillan.

Dixon, R. A. (1990). History of research of human development. In R. M. Thomas (Ed.), *The encyclopedia of human development and education: Theory, research, and studies* (pp. 9-17). Oxford: Pergamon.

Dixon, R. A. & Baltes, P. B. (1988). Toward life-span research on the functions and pragmatics of intelligence. In R. J. Sternberg & R. K. Wagner (Eds.), *Practical intelligence: Nature and origins of competence in the everyday world* (pp. 203-235). Cambridge: Cambridge University Press.

Estrela, M. T. (2006). Notas sobre as possibilidades de construção de uma teoria da educação. *Revista Portuguesa de Pedagogia, 40*(1), 63-93.

Ferry, L. & Vincent, J.-D. (2003). *O que é o homem: Sobre os fundamentos da Biologia e da Filosofia*. Porto: ASA.

Foulquié, P. (1997). *Dictionnaire de la langue pédagogique*. Paris: PUF.

Freire, P. (2000). *Pedagogia da autonomia: Saberes necessários à prática educativa*. São Paulo: Paz e Terra.

Göttler, J. (1967). *Pedagogia sistemática*. Barcelona: Ed. Herder.

Hayslip, B. & Panek, P. E. (2002). *Adult development and aging*. Malabar: Krieger Publishing Company.

Heckhausen, J. (1996). Lifespan development. In A. C. Tuijnman (Ed.), *International encyclopedia of adult education and training* (pp. 353-356). Oxford: Pergamon.

Herbart, J. F. (2003). *Pedagogia geral*. Lisboa: Fundação Calouste Gulbenkian.

Hortal, A. A. (2003). Lo humano y lo inhumano en ética. In M. L. Amigo (Ed.). *Humanismo para el siglo XXI* (pp. 107-114). Universidad de Duestos (Bilbao).

Hubert, R. (1970). *Traité de pédagogie générale*. Paris: PUF.

Kant, I. (1960). *Fundamentação da metafísica dos costumes*. Coimbra: Atlântida.

Kant, I. (1996). *Réflexions sur l'éducation*. Paris: Librairie Philosophique J. Vrin.

Kendler, H. H. (1980). *Introdução à Psicologia* (Vols. I e II). Lisboa: Fundação Calouste Gulbenkian.

Lerner, R. M. et al. (1986). *Psychology*. New York: Macmillan.

Locke, J. (1992). *Quelques pensées sur l'éducation*. Paris: Librairie Philosophique J. Vrin.

O que é a Educação? 51

Looft, W. R. (1973). Socialization and personality throughout the life span: An examination of contemporary psychological approaches. In P. B. Baltes & K. W. Schaie (Eds.), *Life-span developmental psychology: Personality and socialization*. New York: Academic Press.

Marrou, H-I. (1981). *Histoire de l'éducation dans l'antiquité*: I. *Le monde grec*. Paris: Éditions du Seuil.

Maslow, A. H. (1985). *The farther reaches of human nature*. Middlesex: Penguin Books.

Mezirow, J. and Associates (1990). *Fostering critical reflection in adulthood. A guide to transformative and emancipatory learning*. San Francisco: Jossey-Bass.

Mirandola, G. P. (2001). *Discurso sobre a dignidade do homem*. Lisboa: Edições 70.

Montaigne, M. (1972). *Essais* (Tome I). Paris : Librairie Générale Française.

Patrício, M. F. (1993). *Lições de axiolologia educacional*. Lisboa: Universidade Aberta.

Peters, R. S. (1976). What is an educational process? In R. S. Peters (Ed.), *The concept of education* (pp. 1-23). London: Routledge and Kegan Paul.

Platão (1967). *Protagoras, Euthydème, Gorgias, Ménexène, Ménon, Cratyle*. Paris: Garnier-Flammarion.

Platão (1984). *The laws*. Middlesex: Penguin Books.

Reboul, O. (1971). *La philosophie de l'éducation*. Paris: PUF.

Reboul, O. (1982). *O que é aprender*. Coimbra: Livraria Almedina.

Reboul, O. (1992). *Les valeurs de l'éducation*. Paris: PUF.

Rousseau, J.-J. (1966). *Émile ou de l'éducation*. Paris: Garnier-Flammarion.

Schaie, K. W. & Willis, S. L. (1978). Life-span development: Implications for education. In L. Shulman (Ed.), *Review of research in education* (Vol. 6, pp. 120-156). Itasca: F. E. Peacock.

Shor, I. (2002). Education is politics: Paulo Freire's critical pedagogy. In P. McClaren e P. Leonard (Eds.), *Paulo Freire: A critical encounter*. London: Routledge.

Simões, A. (1979). *Educação permanente e formação dos professores*. Coimbra: Livraria Almedina.

Simões, A. (1989). Que é educar? Acerca do constitutivo formal do conceito. *Revista Portuguesa de Pedagogia*, *23*, 3-20.

Simões, A. (1995). Que é educar? Ainda a propósito do conceito de educação. *Revista Portuguesa de Pedagogia*, *29*(2), 3-23.

Staudinger, U. M. & Bluck, S. (2001). A view of midlife development from life-span theory. In M. E. Lachman (Ed.). *Handbook of midlife development* (pp. 3-39). New York: John Willey and Sons.

Toulmin, S. (1981). Epistemology and developmental psychology. In E. S. Gollin (Ed.), *Developmental plasticity: Behavioral and biological aspects of variations in development* (pp. 253-267). New York: Academic Press.

Veiga, M. A. (2006). Sophia e o desejo de teoria. *Revista Portuguesa de Pedagogia, 40*(1), 261-292.

Wain, K. (1987). *Philosophy of lifelong education.* London: Croom Helm.

Weinert, F. E. (1996). Human development. In A. C. Tuijnman (Ed.), *International encyclopedia of adult education and training* (pp. 339-348). Oxford: Pergamon.

Whitehead, A. N. (1969). *Os fins da educação e outros ensaios.* São Paulo: Companhia Editora Nacional.

Trabalho efectuado no âmbito do subprojecto n.º 3 "Desenvolvimento Humano e Comportamento de Risco" do Centro de Psicopedagogia da Universidade de Coimbra (FEDER/POCI2010-SFA-160-490).

3

Condicionamento clássico humano
—Emoção, cognição e personalidade *

Irene Martin

Aperceber-se da co-ocorrência de acontecimentos no tempo é central para o conceito de condicionamento clássico. A única coisa de especial nesses acontecimentos é que um deles produz no indivíduo um estado de atenção, avaliação, emoção e motivação. Por outras palavras, esse acontecimento tem uma certa saliência ou relevância para os indivíduos, ao contrário dos outros estímulos que o precedem ou o rodeiam e que são inicialmente neutros e evocam poucas ou nenhumas respostas. Quando os dois tipos de acontecimentos ocorrem juntamente, verifica-se uma mudança na reacção do indivíduo ao acontecimento neutro, que poderá então provocar, por si próprio, um padrão de reacções de natureza subjectiva, emocional e psicofisiológica. Esta mudança na "responsividade" do sujeito é designada "resposta condicionada". Isso implica que se aprendeu alguma coisa em consequência de o acontecimento 1 ter ocorrido associado, no tempo, ao acontecimento 2. Mas saber exactamente o que se aprendeu, como foram registados esses acontecimentos e como tal aprendizagem e tais registos afectarão o comportamento subsequente são algumas das questões que têm preocupado os psicólogos durante todo este século.

---

* Tradução de António C. Fonseca.

Tais questões têm sido examinadas de maneira muito diferente pelos investigadores da psicologia animal, da psicologia cognitiva e da psicologia clínica. Na sua maioria, as investigações sobre o condicionamento clássico têm sido efectuadas em laboratórios de animais, utilizando-se geralmente o rato branco. Esse tipo de estudo pode ser bem ilustrado através de um procedimento tradicional e simples de condicionamento animal: se um rato for exposto a uma série de ensaios, nos quais um estímulo neutro (por exemplo, uma luz) é acompanhado de um estímulo desagradável e aversivo (*v. g.*, um choque eléctrico), o seu comportamento na presença da luz modifica-se naturalmente. No princípio, a actividade do rato dificilmente será afectada pelo aparecimento da luz; mas, após várias repetições da ocorrência da luz e do choque, o animal vai muito provavelmente mostrar sinais de medo quando a luz se acender. Ele começa então a responder à luz da mesma maneira como o fazia ao choque eléctrico: em termos de condicionamento, o animal foi condicionado à luz. A combinação luz-choque ficou gravada num sítio qualquer do sistema nervoso do animal e, em consequência disso, nota-se uma mudança observável no seu comportamento.

Um dos atractivos dos trabalhos de laboratório com animais está no elevado grau de controlo rigoroso que se pode exercer sobre os estímulos utilizados e sobre os comportamentos. Tais condições são propícias para se estabelecerem regularidades ou leis entre acontecimentos — estímulos e respostas, e ilustram bem a abordagem do condicionamento favorita aos comportamentalistas. De facto, estes têm-se interessado em estabelecer leis de estímulos-respostas (E-R), mantendo-se, ao mesmo tempo, desinteressados em factores de mediação subjectiva, tais como as expectativas dos sujeitos e a consciência das relações entre acontecimentos. Estes factores têm, em contrapartida, suscitado grande interesse em investigadores contemporâneos de orientação cognitiva, que têm estudado os seus possíveis efeito no processo de condicionamento. Embora utilizando abordagens muito diferentes, os trabalhos experimentais de orientação cognitiva e comportamentalista têm contribuído ambos para lançar as bases do pensamento teórico sobre o condicionamento clássico. Mas, ao mesmo tempo, os investigadores de ambas as correntes têm consciência da distância que separa os estudos de laboratório das situações com que as pessoas se deparam na sua vida real. Essas situações são de especial interesse, por causa da luz que podem fazer tanto sobre aspectos teóricos como terapêuticos dos distúrbios emocionais. Encontram-se na prática clínica muitos exemplos de distúrbios emocionais persistentes que se

Condicionamento clássico humano 55

manifestaram a seguir à exposição a eventos traumáticos. Uma maneira de interpretar essas reacções é em termos de condicionamento clássico.

Exemplos de condicionamento na vida real

As crianças que recebem doses de quimioterapia intravenosa para tratamento de cancros reagem, frequentemente, a esses remédios com vómitos e náusea. Estes sintomas podem ocorrer, segundo os casos, alguns minutos ou algumas horas após a sua administração. Se as crianças tomarem algum alimento (*v. g.*, um gelado com um sabor específico), antes de tomarem o remédio, podem ganhar uma forte aversão ao gelado, em consequência da sua associação com os efeitos do tratamento.

Inicialmente, o gelado era um estímulo neutro ou até medianamente agradável, acabando por adquirir, através da associação com o mal-estar produzido pelo medicamento, a mesma avaliação negativa e a mesma resposta fisiológica que a náusea. Este exemplo do desenvolvimento de uma aversão gustativa condicionada nas crianças apresenta grande paralelismo com numerosos estudos experimentais com animais, os quais têm demonstrado que estes rejeitam alimentos, anteriormente agradáveis, após terem sido associados a tratamentos que lhes provocaram mal-estar.

Os distúrbios de stresse pós-traumático têm sido estudados em muitas pessoas que foram afectadas pela exposição a acontecimentos altamente traumatizantes. Incluem-se nesse grupo alguns veteranos da guerra do Vietname, as pessoas que sobreviveram a desastres naturais, tais como terramotos ou inundações, e as vítimas de violações. Experiências destas produzem um conjunto de reacções que envolvem terror, ansiedade e excitação fisiológica extremamente elevada. Subsequentemente, acontecimentos ou pensamentos semelhantes àqueles que ocorreram na situação traumática são capazes de produzir os mesmos sentimentos de ansiedade e as mesmas reacções fisiológicas de intensa excitação. Estes sintomas são fundamentais para o diagnóstico de Distúrbios de Stresse Pós-traumático, e podem durar muito tempo, como se verá no exemplo que se segue.

Durante a 2.ª Guerra Mundial, havia na Marinha dos Estados Unidos um sinal particular chamado "o sinal de posição de combate", que muitas vezes precedia os efeitos aterradores das bombas e do canhoneio. O sinal da "posição de combate" não era inicialmente aversivo mas passou a sê-lo, quando associado a acontecimentos que punham a vida em perigo. A associação, no tempo, do sinal com ataque, mísseis, explosões e o medo ou terror causado por estes acontecimentos traumatizantes fizeram com que o sinal da posição de combate acabasse por produzir igualmente reacções de medo. Muitos anos mais tarde, esse sinal podia ainda evocar fortes reacções do sistema nervoso autónomo indicadoras de medo, mesmo que os veteranos não tivessem, durante esse período, experimentado situações de guerra.

O condicionamento pode ocorrer também em situações sociais não--traumáticas, nas quais se usem estímulos verbais para comunicar sentimentos positivos e negativos. Se, por exemplo, as imagens de pessoas de uma raça ou nacionalidade particulares forem seguidas de descrições verbais ou "slogans" negativos (*v. g.*, estrangeiro, mentiroso, estúpido, indigno de confiança) o emparelhamento das imagens e das palavras pode produzir rapidamente uma associação entre elas de tal modo que se as imagens forem negativas, a avaliação das pessoas tornar-se-á mais negativa. Se, todavia, as descrições forem positivas (*v. g.*, doce, bonito, amável) a avaliação das imagens tornar-se-á mais positiva. Esta técnica é habitualmente utilizada para fins de propaganda (para mais pormenores sobre este trabalho, ver Bernstein, 1978; Eifert, 1987; March, 1990).

Nestes exemplos, a avaliação de estímulos tais como gelados, sinal de combate ou imagens, é dramaticamente alterada, em consequência da sua associação a estímulos significativos. Acontecimentos incontroláveis, tais como explosões próximas, incêndios, acidentes rodoviários, confrontos com animais perigosos e ingestão de remédios com efeitos tóxicos produzem respostas fisiológicas violentas, reacções de emergência e emoções subjectivas extremamente fortes. O estímulo neutro, que inicialmente não produzia resposta nenhuma, provoca agora um leque de reacções fisiológicas e emocionais. Tais formas de condicionamento são muito rápidas, requerendo, nalguns casos, apenas uma ocorrência, o que tem maior probabilidade de se verificar quando um dos eventos é muito vigoroso e a resposta que ele suscita muito forte. É esse o tipo de condicionamento que os psicólogos clínicos encontram e procuram tratar nas vítimas de desastres. Esta concepção do condicionamento coloca a ênfase no valor hedónico positivo ou negativo dos estímulos e na natureza emocional da experiência subjectiva.

Como não é aceitável, de um ponto de vista ético, utilizar acontecimentos causadores de stresse como estes, nos estudos de laboratórios com humanos ou com animais, as experiências de condicionamento usam geralmente estímulos moderados, com frequentes associações entre dois acontecimentos. Isso permite estudar aspectos um pouco diferentes do condicionamento. Quando há uma repetição de estímulos ou acontecimentos e quando a probabilidade da sua ocorrência é variada, as pessoas e os animais podem descobrir sequências de relações entre esses acontecimentos. Por exemplo, um determinado estímulo pode ser seguido de alimento somente em 50% das ocasiões, ou em 25%, ou nunca. Esta probabilidade, ou contingência, de o alimento se seguir ao estímulo pode-se aprender. A discriminação é outro factor que pode ser investigado em situações que envolvem diversos ensaios ou tentativas; neste paradigma, um estímulo, por exemplo, uma luz vermelha, pode ser sempre seguida de um choque eléctrico enquanto que outro sinal, por exemplo uma luz verde, não é nunca seguido de qualquer choque. Os animais exibem rapidamente sinais de medo em reacção a uma luz mas não à outra.

Este tipo de aprendizagem da contingência ocorre quando as pessoas são expostas a frequentes associações de acontecimentos e registam relações entre eles. Neste sentido, o condicionamento clássico pode ser considerado como uma técnica de aprendizagem de relações entre acontecimentos no meio que os rodeia. Os organismos vivos têm de ser sensíveis ao curso dos acontecimentos verificados à sua volta, particularmente às relações temporais, espaciais e preditivas entre esses acontecimentos para poderem responder-lhes de maneira adequada. Esta concepção do condicionamento não presta muita atenção à natureza dos acontecimentos ou dos seus efeitos, emocionais ou motivacionais, sobre o indivíduo. Mais exactamente, interessa-se apenas pelos acontecimentos, estruturas, processos e representações mentais subjacentes ao comportamento condicionado e não pelo próprio comportamento condicionado. Como a seguir se verá, existe uma diferença entre a preocupação pela aquisição do conhecimento e a preocupação pela aquisição de respostas emocionais/fisiológicas. Esperamos, no entanto, que as secções seguintes mostrem que ambas representam contribuições relevantes para o estudo do condicionamento.

Perspectivas no estudo do condicionamento clássico

A influência das perspectivas cognitivistas e clássicas tem levado a uma liberalização das ideias sobre o condicionamento. No âmbito dos estudos de laboratório, o condicionamento clássico pode ser claramente definido em termos operacionais (*v. g.*, a ocorrência de diversos estímulos bem definidos em relações bem definidas), e as respostas específicas podem ser medidas com precisão. Além disso, é possível efectuar controlos cuidadosos para garantir, por exemplo, que o investigador está de facto a trabalhar com o condicionamento clássico e não qualquer outra forma de aprendizagem. O psicólogo de orientação cognitivista com formação experimental terá igualmente cuidado em analisar, nos seus estudos de laboratório, por exemplo, a atenção dos sujeitos ou a sua percepção dos vários estímulos, e o que eles aprenderam em termos de representações e memória dos acontecimentos que aparecem associados. Estas possibilidades são muito mais limitadas no caso dos psicólogos clínicos que terão que lidar com as imagens dos pacientes em vez de estímulos externos bem definidos, e com relatos subjectivos de sentimentos em vez de comportamento rigorosamente medidos.

Os críticos da abordagem da terapia do comportamento em termos de condicionamento têm apontado frequentemente para estes problemas, para as dificuldades em conhecer o que são os acontecimentos relevantes e para o facto de as respostas dos clientes serem uma coisa muito diferente dos reflexos de salivação dos cães de Pavlov. Contudo, o procedimento de condicionamento pavloviano representa uma tentativa para fornecer um modelo, ainda que simplista, para a aprendizagem susceptível de ocorrer em situação de laboratório.

Há um outro factor importante que contribui para o condicionamento clássico tanto nos laboratórios de orientação comportamentalista ou cognitivista como em situações clínicas. Nenhuma explicação do condicionamento poderá jamais ficar completa sem tomar em consideração as diferenças individuais. Qualquer grupo de sujeitos apresentará uma grande variação tanto em factores de ordem cognitiva como de ordem emocional. Por exemplo, nem todas as crianças que recebem quimioterapia desenvolvem uma aversão ao alimento que tomaram antes do tratamento; e nem todos os *marines* americanos apresentaram medos intensos em relação aos estímulos condicionados. Várias hipóteses têm sido formuladas para explicar essas diferenças, as quais referem que em situações de laboratório umas pessoas estão ansiosas, outras aborrecidas, outras atentas, outras distraídas. Uma das questões mais importantes nos estudos sobre o condicionamento humano é a de saber se existe relação entre dimensões da personalidade e condicionamento. Esta questão será explorada no quadro das dimensões de personalidade de Eysenck: Extroversão, Neuroticismo e Psicoticismo.

Nas páginas que se seguem considerar-se-á, em primeiro lugar, a teoria do condicionamento clássico humano, do tradicional ponto de vista biológico/comportamental. Em segundo lugar, examinar-se-á o impacto da psicologia cognitiva na interpretação do condicionamento. E em terceiro lugar, examinar-se-á o papel das diferenças individuais. Todavia, antes disso, será necessário dizer alguma coisa sobre a terminologia e as medidas utilizadas no estudo do condicionamento clássico.

TÉCNICAS DO CONDICIONAMENTO CLÁSSICO

Procedimentos e terminologia

Uma definição operacional do condicionamento envolverá sempre uma relação entre dois acontecimentos-estímulos: o acontecimento 1 e o acontecimento 2. O primeiro, que é relativamente neutro, será designado estímulo condicionado (EC), enquanto que o segundo, que tem uma certa importância biológica, será designado estímulo incondicionado (EI). Quando o EI é atractivo, temos uma situação de condicionamento clássico apetitivo ou de recompensa; quando o EI é aversivo temos uma situação de condicionamento clássico defensivo ou aversivo. Os estudos experimentais sobre o condicionamento clássico são geralmente aversivos na medida em que se emprega o choque como o EI mais conveniente. Se o EI for intenso pode obter-se uma reacção forte (reposta incondicionada, ou seja, RI) e o condicionamento pode ocorrer num só ensaio. Por outras palavras, após uma só associação do EC com o EI o comportamento de medo (ou seja a resposta condicionada, RC) pode ocorrer aquando da próxima apresentação do EC.

A fase durante a qual a aprendizagem tem lugar, graças à repetição das associações entre o EC e o EI, é chamada fase de aquisição. Essas associações podem ser manipuladas de modo a variar-se a contingência entre o EC e o EI. Estes dois estímulos podem covariar na razão de um para um, isto é, o EC será sempre seguido do EI. Mas muitas vezes a relação entre eles é bem mais complexa: o sistema de aquisição pode ser constituído de tal forma que o EC esteja diferencialmente correlacionado com a ocorrência do EI, verificando-se apenas num certo número de ensaios ou, então, correlacionando-se com a ausência ou não ocorrência do EI. Nos paradigmas de aprendizagem discriminante, um EC (EC +) é seguido dum EI, enquanto que o outro (EC −) não é.

Pode haver também uma fase de "desaprendizagem", na medida em que exposições repetidas aos ECs, após a aquisição, mas sem subsequente reforço pelo EI, normalmente resultam na extinção da resposta condicionada. Por outras palavras, a RC ao EC vai decaindo gradualmente durante os ensaios de extinção até deixar de ocorrer.

Todavia, certas pessoas são incapazes de extinguir respostas previamente reforçadas, continuando, por consequência, a apresentar as mesmas RC aos EC, mesmo após vários anos sem reforço pelo EI.

Uma experiência típica de condicionamento clássico humano usará como estímulo incondicionado (EI) um som desagradável intenso e/ou um estímulo eléctrico que o sujeito julga desconfortável, ou dispositivos de objectos fóbicos (*v. g.*, serpentes e aranhas são utilizadas frequentemente no condicionamento de indivíduos fóbicos). Neste tipo de experiência a resposta condicionada é medida através de registos de actividades autonómicas, por exemplo a condutância da pele da palma da mão (uma indicação de suor), o ritmo cardíaco, a tensão sanguínea ou as alterações da respiração. Assume-se que estas medidas estão relacionadas com a ansiedade e que alterações nas respostas do sistema autónomo durante ensaios sucessivos, na fase de aquisição, reflectem um aumento da ansiedade. Uma diminuição das respostas durante a extinção será interpretada como um sinal de diminuição da ansiedade.

A mediação das respostas condicionadas

Uma pergunta com que todos os investigadores, independentemente da sua orientação teórica, se vêem confrontados é a de como avaliar e medir o que se aprendeu. Os de orientação comportamentalista usam respostas singulares e simples (por exemplo, a salivação ou o bicar) como indicadores de condicionamento. Por sua vez, numa perspectiva cognitivista, o condicionamento é descrito em termos de conhecimento dos acontecimentos, adquirido através do processamento activo da informação, e em termos de como este conhecimento é expresso através de acontecimentos mentais e representações. Isso surgere que a aprendizagem pode ocorrer sem se traduzir imediatamente num tipo específico de respostas motoras condicionadas que tenham ocorrido durante uma sessão de condicionamento. Os investigadores de orientação cognitivista podem utilizar outras técnicas cognitivas para verificar que aprendizagem ocorreu.

Esta variedade de abordagens tem originado confusões no que toca à definição da resposta condicionada. Antigamente, essa questão levantava poucas dificuldades: para Pavlov, era a resposta de salivação reflexa ao estímulo incondicionado (Acontecimento 2) que podia ser transferida para o estímulo condicionado (Acontecimento 1), em consequência de uma associação. Quando os experimentadores na área do condicionamento humano, durante os anos 1950 e 1960, utilizaram o sopro na córnea como estímulo incondicionado para produzir o reflexo palpebral, o condicionamento era definido em termos da ocorrência do pestanejar a uma luz ou a um som que precedia o sopro de ar. As definições-padrão do condicionamento clássico afirmam que os sujeitos respondem aos estímulos condicionados do mesmo modo que respondem aos estímulos incondicionados. Porém, essa semelhança das respostas não é universal, podendo às vezes a resposta condicionada ser muito diferente da resposta incondicionada. Embora o estímulo condicionado que precede o alimento vá desencadear uma resposta de salivação semelhante à do próprio alimento, ele provocará igualmente várias outras respostas, tais como orientação e aproximação, palpitações e bocejos, nenhuma das quais se relaciona com o alimento.

A resposta à pergunta "O que é *a* resposta condicionada?" é, por conseguinte, complexa. Tradicionalmente, era formulada em termos de uma resposta aberta e mensurável. Investigadores recentes na área do condicionamento consideram que há também casos de aprendizagem "silenciosa" do ponto de vista do comportamento, isto é, verifica-se uma aprendizagem que, no momento em que ocorre, pode não se traduzir em reacções manifestas. A interpretação cognitiva deste fenómeno é que a exposição à relação EC-EI origina representações dos estímulos e que as associações formadas entre essas representações fazem com que a simples ocorrência do EC, sozinho, seja suficiente para activar a representação do EI. Essa activação andaria associada ao comportamento condicionado manifesto dum modo ainda não especificado.

O QUADRO DE REFERÊNCIA BIOLÓGICO

O condicionamento clássico é uma das formas mais simples de aprendizagem e pode encontrar-se em todos os tipos de seres vivos, dos organismos mais primitivos até aos seres humanos. O estudo deste fenómeno tem as suas origens numa concepção biológica e fisiológica do comportamento. A perspectiva de Pavlov era que o mecanismo do condicionamento clássico permite ao organismo antecipar acontecimentos que podem ocorrer no seu meio e responder-lhes de um modo adaptado. Nesse sentido, o primeiro estímulo podia ser utilizado como sinal do segundo. A sua tentativa de explicação do mecanismo do condicionamento assenta nos conceitos de inibição e excitação cortical. A partir daí, muitos outros estudos têm explorado o papel do cérebro no condicionamento clássico com o objectivo de identificar as regiões e circuitos que servem de suporte ao fenómeno da aprendizagem associativa simples que é o condicionamento.

A perspectiva biológica coloca a ênfase no papel dos "reforços", isto é, daqueles estímulos ou acontecimentos que têm uma significação emocional e que motivam o animal para se aproximar ou se afastar deles. Os estudos experimentais sobre condicionamento clássico com animais usam, frequentemente, o alimento ou os choques eléctricos como reforços. Neste último caso, defendeu-se que os animais tinham medo do choque eléctrico e que esse medo se associava aos estímulos neutros que eram o sinal do estímulo temido. Este tipo de raciocínio tem sido aplicado igualmente ao condicionamento humano: provavelmente os nossos medos desenvolveram-se através duma associação de acontecimentos neutros a situações ou acontecimentos que têm uma grande carga emocional, ou que produzem grande ansiedade. O medo é uma experiência humana muito comum, e uma das explicações mais influentes desse fenómeno tem sido formulada em termos de condicionamento.

Emoções intensas tais como o medo e a cólera requerem um envolvimento acentuado da componente simpática do sistema nervoso autónomo, o qual prepara as bases metabólicas que suportarão o uso do esqueleto muscular responsável pelas reacções de emergência, nos casos de luta ou de fuga (Cannon, 1920). A actividade do sistema simpático autónomo produz uma grande variedade de efeitos, alguns dos quais podem ser facilmente medidos na periferia através de instrumentos de registo colocados à superfície da pele. Estas respostas fisiológicas (*v. g.*, aceleração do ritmo cardíaco, suor na palma das mãos e alteração da respiração) são muitas vezes consideradas como a componente principal da experiência de emoção, e têm sido utilizadas em muitos estudos que se servem de paradigmas do condicionamento clássico. Um dos objectivos desses estudos tem sido desenvolver, em situações de laboratório, «análogos» das experiências da vida real.

As origens do medo

Muitos dos estudos de laboratório sobre o papel do condicionamento clássico na produção do medo focam fobias específicas e, de modo particular, fobias de animais. Um aspecto interessante destas fobias é o facto de elas durarem muitos anos. Isso é interessante, na medida em que a maior parte das pessoas experiencia medos condicionados, os quais são geralmente de curta duração. Por exemplo, o sentimento de ansiedade que experimentamos quando visitamos um lugar onde anteriormente um incidente desagradável ocorrera normalmente diminuirá após várias visitas ao mesmo local (extinção). Mas certas pessoas podem ser particularmente sensíveis ao condicionamento do medo, sendo incapazes de extinguir essa resposta, o que mostra a importância das diferenças individuais no processo de condicionamento.

Os trabalhos clínicos com fobias têm sugerido que estas se relacionam, na sua maioria, com pequenos animais (particularmente serpentes, aranhas, ratos e cães) ou com certas situações específicas tais como sítios altos, espaços fechados e escuridão. Uma hipótese avançada foi a de que a prevalência deste tipo de fobias teria uma base inata, e que estímulos associados com situações potencialmente perigosas (como os que acima se referiram) seriam mais prontamente condicionados do que outros estímulos que não têm relação nenhuma com o medo. Combinando estas ideias com uma concepção biológica da teoria da aprendizagem, Seligman (1971) sugeriu que as fobias são casos de "aprendizagem preparada". Para ele o que caracteriza os diversos acontecimentos associados com as fobias é o facto de todos reflectirem perigos potenciais para a sobrevivência do homem pré-histórico e dos mamíferos seus antepassados. E de facto é óbvio que objectos, animais e situações tais como cobras, sítios altos e grandes espaços abertos ou pequenos espaços fechados podem envolver um grau considerável de perigo. A sua ideia é a de que os humanos têm uma predisposição de origem biológica para associar medos com situações tipicamente fóbicas. É por isso que se assume que as fobias são adquiridas rapidamente, são selectivas em relação às situações-estímulo, são muito resistentes à extinção e são de natureza não-cognitiva.

Estas ideias encontram-se bem ilustradas nos trabalhos de Öhman e colaboradores sobre fobias humanas, os quais compararam o efeito de ECs potencialmente fóbicos com o efeito de estímulos não fóbicos ("neutros"), utilizando choques eléctricos como EI e as respostas de conductância da pele ou o ritmo cardíaco como CRs. Os estímulos relacionados com medos relevantes, tais como imagens de serpentes e aranhas, foram utilizados como ECs potencialmente fóbicos, e as imagens de casas, círculos, flores e coisas semelhantes, como estímulos neutros. A hipótese era que as respostas de medo seriam mais facilmente condicionadas e mais resistentes à extinção nos casos em que os indivíduos fossem expostos a ECs fóbicos do que nos casos de ECs neutros.

A Figura 1 mostra os dados de uma experiência que utilizou um grupo experimental (fóbico) e dois grupos de controlo. Um dos grupos de controlo foi exposto a imagens e choques não emparelhados, enquanto que ao outro se apresentavam só imagens afim de se controlar os efeitos da sensibilização ao choque bem assim como os efeitos incondicionados das próprias imagens. Como se pode ver, o grupo fóbico (grupo experimental) mostrou uma resistência total à extinção enquanto que no grupo neutro a resposta condicionada se extinguia rapidamente.

As replicações deste estudo por outros autores têm mostrado, de uma maneira consistente, que os estímulos potencialmente fóbicos são mais resistentes à extinção; mas, em contrapartida, tem sido difícil obter evidência em favor de uma mais rápida aquisição de resposta condicionada aos estímulos fóbicos.

Öhman e colaboradores alargaram as suas investigações ao domínio das interacções sociais (Öhman, Dimberg & Ost, 1985), sugerindo que as fobias sociais podem andar ligadas a estímulos sociais que indicam dominância e agressão intra-específica, quando associados com acontecimentos aversivos. Em particular, estes autores defendem que o medo se revela muito mais facilmente condicionável às expressões faciais de cólera do que às expressões de felicidade. Esta hipótese tem sido testada em estudos nos quais se apresentam, a três grupos de sujeitos, imagens de faces encolerizadas, neutras ou alegres como sinais dum choque eléctrico (EI). A resposta condicionada (RC) era medida através da conductância da pele. Durante a fase de extinção, quando não se administrava o choque, as respostas condicionadas de medo continuavam a aparecer, mas apenas no grupo que fora exposto às faces encolerizadas.

A interpretação destes resultados tem originado uma certa controvérsia (ver McNally, 1987, para uma revisão). Um dos problemas relaciona-se com o pressuposto de que as medidas fisiológicas obtidas são sinais de medo. Com efeito, as medidas de conductância da pele e de ritmo cardíaco, frequentemente utilizadas em estudos deste tipo, são também consideradas como sinais concomitantes de atenção. Uma vez que, por razões éticas, os choques administrados não são suficientes para produzir sofrimento, é possível que os sujeitos tenham tido muito pouco medo ou não tenham tido medo nenhum e que as respostas condicionadas obtidas nesta situação possam ser consideradas como respostas de orientação resultantes da atenção dos sujeitos aos estímulos. Esta concepção de fobias baseia-se mais num modelo de processamento de informação que envolve a imaginação, a percepção e a memória do que num modelo não-cognitivo.

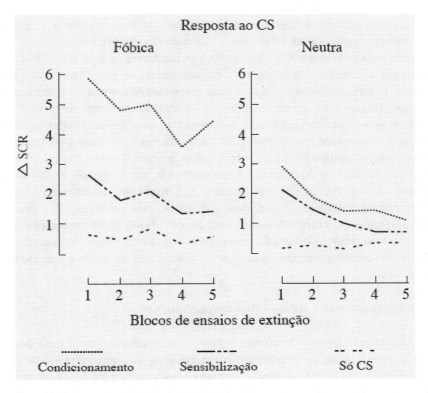

Figura 1. Respostas condicionadas de conductância da pele, em função dos blocos de ensaios durante a extinção de sujeitos expostos a ECs fóbicos e neutros. Os EC fóbicos e neutros eram seguidos dum choque eléctrico (EI) no *grupo condicionado,* aleatoriamente misturados com um choque no grupo de *sensibilização* ou apresentados sem choques no *grupo de EC simples.*

É importante reconhecer que a investigação sobre o condicionamento humano tem tentado lançar a ponte entre as situações da vida real, onde acontecimentos de elevada intensidade podem produzir uma experiência de medo esmagador, e as experiências relativamente moderadas típicas dos estudos de laboratório. A ocorrência dum medo intenso pode afectar tanto o tipo como as dimensões do processamento cognitivo; numa situação de laboratório, se a experiência de ansiedade for fraca, é possível que haja um processamento mais pormenorizado dos estímulos e acontecimentos.

Assim se compreenderia que os investigadores coloquem a ênfase em factores emocionais num caso e em factores cognitivos no outro. Do mesmo modo se compreenderá que experimentalistas e clínicos foquem aspectos diferentes das respostas condicionadas: os primeiros preferirão limitar as suas medidas a uma ou duas respostas autónomas; os segundos, porque lidam com severos casos de ansiedade ou com distúrbios de stresse pós-traumático, obterão informações dos seus clientes não só sobre distúrbios do comportamento e do sistema autónomo mas também sobre vários outros fenómenos tais como imagens, "flashbacks" e lembranças intrusivas do trauma. Evidentemente, este tipo de estímulos é muito difícil de medir em termos quantitativos exactos. Todavia, apoiando-se nas teorias e nas experiências do condicionamento clássico, os terapeutas do comportamento têm desenvolvido técnicas terapêuticas tais como a dessensibilização sistemática e o contra-condicionamento, as quais são frequentemente utilizadas no tratamento de medos persistentes e de fobias.

Condicionamento e terapia do comportamento

O termo "terapia do comportamento" tem sido utilizado para designar a modificação de comportamentos clínicos ou desasjustados através da aplicação da teoria da aprendizagem e, mais especificamente, da teoria do condicionamento clássico. O raciocínio é que o comportamento desajustado foi aprendido e, por consequência, pode também ser "desaprendido" usando-se para esse efeito procedimentos experimentais conhecidos como, por exemplo, o contra-condicionamento e a extinção. Uma das marcas distintivas do movimento da terapia do comportamento era a integração dos dados de investigação experimental e das técnicas de intervenção clínica. A abordagem do comportamento era feita mais de acordo com um modelo psicológico do que com um modelo médico, insistindo-se mais no tratamento directo dos comportamentos desajustados do que no tratamento de factores subjacentes aos sintomas. Nesse sentido, as técnicas do condicionamento têm sido utilizadas para modificar distúrbios emocionais tais como a ansiedade, fobias e os estados obsessivos--compulsivos.

As fobias constituíram um dos primeiros objectivos (e o mais bem sucedido!) da terapia comportamental. A sua definição mais corrente é a de um medo a uma situação específica, que é irracional, na medida em que não está de acordo com os perigos reais envolvidos, e produz um evitamento da situação temida. A questão do evitamento é importante pois, enquanto as pessoas forem bem sucedidas no evitamento do estímulo temido e não precisarem de se aproximar dele, o seu comportamento pode-se considerar bem adaptado e não há razões para se procurar um tratamento. Mas quando houver uma razão para um indivíduo se aproximar do objecto receado, então o carácter irracional do medo torna-se evidente e passa a ser considerado um problema que requer tratamento. Por isso, uma análise das fobias requer que a componente do medo condicionado seja considerada na sua relação com as acções e comportamentos motores que possam andar envolvidos neste processo; e o tratamento do medo requererá exposição ao estímulo, isto é, que a pessoa seja persuadida a confrontar, a tolerar, e aproximar-se do objecto temido.

A dessensibilização sistemática tem-se mostrado eficiente no tratamento de diversos distúrbios, contrapondo respostas de relaxamento às de medo. Tal requer a construção duma hierarquia de ansiedade, isto é, ordenação de estímulos numa escala que vai desde os que causam o máximo de ansiedade até aos que produzem o mínimo de ansiedade. A primeira fase desse tratamento consiste, geralmente, na familiarização com as técnicas de relaxamento enquanto que a segunda fase consiste na apresentação da hierarquia de medos, começando-se pelos estímulos que causam menos ansiedade (e que o paciente deve imaginar enquanto tenta manter-se calmo) e avançando-se depois, pela escala fora, até se chegar aos estímulos que produzem medo intenso.

A INFLUÊNCIA COGNITIVA

A influência cognitiva no condicionamento humano clássico deve-se tanto à terapia do comportamento como ao interesse que os psicólogos de orientação cognitivista manifestaram pelos processos mentais. Os terapeutas do comportamento reagiram vigorosamente à ideia de que as pessoas aprendem mecanicamente e sem o recurso a processos cognitivos. Para eles a maneira como se obtinha o condicionamento em situações de laboratório era muito diferente da que eles encontravam no mundo real, onde frequentemente se torna difícil distinguir o estímulo condicionado do estímulo incondicionado. Os acontecimentos do mundo real têm uma textura muito rica, ocorrem em contextos específicos, e as reacções que eles provocam vêm de indivíduos que os processam e interpretam duma maneira muito pessoal.

Por sua vez, os investigadores de orientação cognitivista defendem que o condicionamento é inteiramente determinado pela percepção e verbalização conscientes da relação entre os estímulos e que, por consequência, não há lugar para aprendizagens automáticas e não-conscientes. Assim, a concepção tradicional do carácter automático da aprendizagem foi questionada tanto por terapeutas do comportamento como pela psicologia cognitiva. Inicialmente, o problema era discutido a partir de duas posições exclusivas e inconciliáveis: o condicionamento era visto, quer como um processo automático sobre o qual se tinha pouco ou nenhum controlo, quer como um processo cognitivo inteiramente determinado pela consciência que o indivíduo tem das relações entre estímulos e pela sua capacidade de a verbalizar. O resultado dessa controvérsia foram décadas de investigação sobre o papel de factores conscientes e cognitivos nas respostas condicionadas e mais especificamente nas respostas condicionadas autonómicas.

Estas investigações têm utilizado, geralmente, um paradigma de discriminação, no qual os sujeitos são expostos a dois ECs diferentes: o EC + seguido de um choque eléctrico desagradável ou um ruído forte, e o EC – que não é seguido de nada. Se se informarem as pessoas desta relação antes de se lhes apresentar os estímulos verificar-se-á, logo desde o início da experiência, um número muito maior de respostas ao EC + do que ao EC –. Mas, se essa informação não for comunicada e, por consequência, as pessoas tiverem de descobrir através de ensaios sucessivos que o EC + (mas não o EC –) é seguido dum choque, então verificar-se-á que há mais respostas ao EC + naqueles que descobriram a relação entre os estímulos do que naqueles que dela continuam inconscientes. Apresenta-se, na Fig. 2, uma ilustração desse fenómeno com base numa experiência de condicionamento das pálpebras. Como se pode ver, os sujeitos que foram informados de quais os EC que seriam seguidos de um choque (EC +) e quais não seriam seguidos por um choque, usam, desde muito cedo, esta informação nas suas respostas. Todavia, o nível final de condicionamento dos dois grupos é semelhante, o que sugere que a consciência da relação não é a única nem a mais importante causa da resposta.

Se os sujeitos não receberem informação pré-experimental, a avaliação de quem tomou ou não consciência da relação entre o EC e o EI, no fim da sessão de condicionamento, será feita com base em técnicas tais como as entrevistas pós-experimentais ou os questionários. Tais métodos são, porém, inadequados, pois é difícil os sujeitos lembrarem-se com exactidão, na fase pós-experimental, de quando se aperceberam da relação entre os estímulos. Para se medir mais exactamente a relação temporal entre o desenvolvimento das CRs autónomas e a tomada de consciência das relações entre estímulos, tem-se utilizado uma medida contínua da expectativa dos sujeitos. Essa medida consiste em deslocar um mostrador da posição "espero muito", numa extremidade, para a posição "não espero nada" na outra extremidade. Deste modo, se o sujeito expressar consistentemente uma expectativa maior de choque durante o EC+ do que durante o EC−,

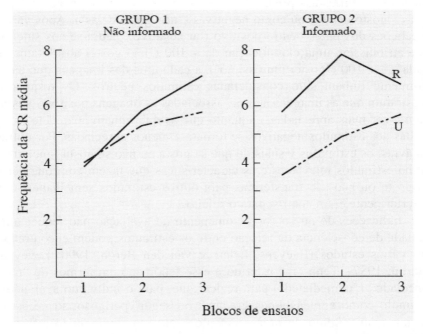

Figura 2. Respostas condicionadas das pálpebras, em função dos blocos de ensaios durante a fase de aquisição num grupo de sujeitos não informados (Grupo 1) ou num grupo de sujeitos informados (Grupo 2), acerca dos ensaios nos quais o estímulo incondicionado seria reforçado (R) ou não (U).

pode-se concluir que ele estava consciente da relação EC-EI. Dawson e Bifferno (1973) verificaram que o condicionamento diferencial electrodérmico ocorria apenas quando os sujeitos estavam conscientes daquela relação. Isso levou-os a concluir que a consciência da relação EC-EI é necessária ao condicionamento clássico autónomo nos humanos, e que a aquisição das CRs autónomas não é um processo automático mas, ao contrário, requer um processamento consciente da contingência dos estímulos.

Todavia, nem todos os dados são consistentes com esta interpretação. É possível que certas respostas autónomas (*v. g.,* a actividade electrodérmica) reflictam, de maneira bastante directa, as expectativas dos sujeitos, enquanto que noutros casos há indicações claras de que o conhecimento pode ocorrer sem essa tomada de consciência. As minhas próprias investigações sobre o condicionamento de avaliação apontam neste sentido. Nessas experiências mostravam-se aos sujeitos pares de imagens classificadas, pré-experimentalmente, como neutras, como positivas ("gosto delas") ou como negativas ("não gosto delas"). Após várias repetições dos pares neutro-positivo (ou negativo), pedia-se aos sujeitos que atribuíssem uma classificação de – 100 ("não gostei absolutamente nada") a + 100 ("gostei muitíssimo"), a cada uma das imagens que anteriormente tinham sido consideradas estímulos neutros. Os resultados mostraram que as imagens neutras associadas às imagens positivas passavam a ser mais apreciadas, enquanto que as que tinham aparecido associadas aos estímulos negativos se tornaram menos apreciadas. Por outras palavras, os estímulos visuais de que se gosta ou não se gosta funcionam como estímulos relevantes e as características que fazem com que deles se goste ou não são transferidas para outros estímulos semelhantes que anteriormente eram neutros para o sujeito.

Indicações de que o condicionamento de avaliação não requer uma tomada de consciência da relação entre os estímulos podem encontrar-se em vários estudos (Baeyens, Eelen & van den Bergh, 1990; Levey & Martin, 1987). Tenho-me referido a esse fenómeno em termos de "não--mediado" ("unmediated") para realçar que, para o indivíduo avaliar um estímulo como agradável/desagradável ou seguro/perigoso, só necessita de um grau mínimo de processamento e que, se algum juízo reflexivo (cognitivo) ocorrer, terá muito provavelmente um papel secundário nesse processo. Recentemente, a controvérsia não-mediado/mediado foi reactivada pela posição de Zajonc sobre a primazia das reacções avaliativas e a necessidade de as distinguir dos juízos cognitivos que se lhes seguem. Zajonc (1980) afirma que as reacções a estímulos salientes e altamente avaliados requerem apenas um processamento mínimo. Trata-se da primeira reacção do indivíduo, a qual pode ocorrer sem grande codificação perceptiva ou cognitiva. O problema está então em saber qual a quantidade de processamento necessária para que um indivíduo goste ou não dum acontecimento ou de um estímulo.

A minha posição é que o organismo dá prioridade ao processamento de certos atributos dos estímulos salientes, constituindo isso a componente avaliativa capaz de produzir o condicionamento antes de o estímulo ser completamente analisado. Sugeri também que quando um organismo encontra um estímulo ou uma situação salientes guarda os conteúdos da memória imediata no armazém comparador. O termo memória "imediata" refere-se simplesmente a um estado de registo do estímulo, definido pela continuidade temporal entre o acontecimento saliente e o acontecimento que imediatamente o precedeu (Martin & Levey, 1987).

Apresenta-se na Figura 3 um modelo do condicionamento avaliativo, o qual permite várias interpretações do que é armazenado e do que se pode entender por "saliência". Assume-se que o complexo EC/EI é um armazém no qual os vários acontecimentos estímulos aparecem indiferenciados, de tal modo que o estímulo-modelo é integrado dum modo holístico. Embora ao nível verbal o sujeito possa identificar e rotular o EC e o EI, os estímulos são representados ao nível dos neurónios como unidades sem uma identidade específica.

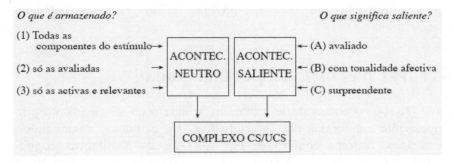

Figura 3. Diagrama ilustrativo das possíveis componentes neutras e salientes dos acontecimentos que são registados num complexo EC-EI.

É provável que o registo e a selecção dos estímulos sejam mais refinados no caso de sistemas nervosos mais complexos, de tal modo que o subconjunto dos estímulos relevantes e suas características sejam analisados mais pormenorizadamente. No início, haveria uma representação imediata e primitiva do complexo EC/EI enquanto que, mais tarde, a análise cognitiva processaria selectivamente os elementos utilizados nas fases subsequentes da aprendizagem.

Este modelo do condicionamento assume que o organismo dá prioridade de processamento a certos atributos avaliativos dos estímulos e que estes podem produzir o condicionamento antes de o estímulo ser completamente analisado. A este respeito, a formulação de Marcel (1983) tem implicações importantes. Sugere este autor que as componentes não-conscientes e automáticas do processamento dos estímulos ocorrem imediatamente e sem mediação perceptiva. A questão que então se coloca é a da possibilidade do condicionamento, nos casos em que se impede completamente o acesso ao conhecimento consciente da contingência EC/EI. Para estudar esse problema podem-se utilizar técnicas de disfarce perceptivo, que garantem que não há nenhuma consciência verbalizável do conteúdo do estímulo sem afectar o processamento não-consciente (Cheeseman & Merikle, 1986; Marcel, 1983). Estudos recentes que envolviam disfarces retroactivos *(backward masking)* dos estímulos condicionados, de tal modo que os sujeitos eram incapazes de referir que os tinham visto, sugerem que pode haver condicionamento quando um tal procedimento é utilizado. Öhman (1991) defende que isso apenas se verifica quando o estímulo-alvo for relevante em relação ao medo, e interpreta os seus resultados em termos de um modelo de processamento pré-atencional preferencial dos estímulos potencialmente fóbicos.

O PAPEL DAS DIFERENÇAS INDIVIDUAIS

Os comportamentalistas tentaram explicar o condicionamento principalmente em termos das características dos estímulos e sem prestar atenção a factores cognitivos. Por sua vez, as abordagens cognitivistas têm realçado principalmente os aspectos do tratamento da informação pelo sujeito. Todavia, nem uns nem outros têm dado relevo suficiente ao papel das diferenças individuais nesse processo, embora os estudos sobre o condicionamento humano nos mostrem que há grandes variações nas respostas, tanto a nível interindividual como a nível intra-individual. Certas pessoas ficam condicionadas imediatamente, após uma ou duas tentativas, enquanto que outras são impossíveis de condicionar; e dentre as pessoas fáceis de condicionar, umas podem extinguir a resposta condicionada ao primeiro ensaio de extinção enquanto que outras continuam a responder, parecendo incapazes de extinguir a resposta condicionada. Além disso, as pessoas fáceis de condicionar podem variar, de ensaio para ensaio, na sua susceptibilidade ao condicionamento.

Curiosamente, há muito poucos estudos de laboratório dedicados à análise destas variáveis. Uma das teorias mais influentes no estudo da relação entre personalidade e condicionamento é a de Eysenck. Esta teoria baseia-se no estudo, através da análise factorial, de diversos testes objectivos e questionários, bem assim como numa tentativa para reconceptualizar o diagnóstico psiquiátrico tradicional em termos de dimensões da personalidade. A sua análise inicial revelou duas dimensões ortogonais da personalidade — Extroversão/Introversão e Neuroticismo — às quais corresponderia, segundo Eysenck, um sistema de excitabilidade com dois níveis.

A dimensão de Extroversão/Introversão andaria associada a diferenças nos níveis de actividade do feixe córtico-reticular, o qual regularia a excitação e a inibição corticais. Assim, os introvertidos caracterizar-se-iam por elevados níveis de actividade, verificando-se o oposto em relação aos extrovertidos (Eysenck, 1967). O Neuroticismo foi definido como a dimensão da instabilidade/estabilidade emocional e andaria associado a diferenças de actividade do sistema límbico, hipotálamo incluído e, em particular, a diferenças de sensibilidade do sistema nervoso simpático. Pontuações elevadas em Neuroticismo andam frequentemente associadas a uma maior reactividade do sistema autónomo.

Eysenck sublinhou que as hipóteses sobre a relação personalidade/condicionamento devem especificar cuidadosamente as condições ou parâmetros em relação aos quais serão testadas. Os Extrovertidos, que se caracterizam por baixos níveis de excitação, seriam difíceis de condicionar quando se utilizassem EIs fracos, uma vez que estes teriam um reduzido efeito, mas seriam fáceis de condicionar quando se usassem EIs fortes porque isso aumentaria o seu nível de excitação. Por sua vez, os Introvertidos, que já têm níveis elevados de excitação, serão fáceis de condicionar, mesmo quando se utilizam EIs fracos. Defendeu-se que certas condições do paradigma experimental, tais como a intensidade e o tamanho dos reforços (parcial ou contínuo) ou o intervalo entre o EC e o EI poderiam combinar-se de maneira a maximizar ou a minimizar a excitação, afectando-se assim, de maneira diferenciada, o rendimento dos Introvertidos e dos Extrovertidos.

Quando essa combinação é feita de modo a produzir o mínimo de excitação, os Introvertidos são fáceis de condicionar e os Extrovertidos difíceis. Quando essa combinação produz o máximo de excitação, os Extrovertidos condicionam-se bem, enquanto que os Introvertidos mostram pouco ou nenhum melhoramento, pois ficam com níveis máximos de excitação. Com efeito, Eysenck postulou que neste último caso tais condições podem produzir tanta excitação nos Introvertidos que isso levará à ocorrência de uma forma de "inibição protectora" a qual trará, como resultado, uma diminuição no desempenho.

O mesmo tipo de raciocínio tem sido utilizado em relação ao Neuroticismo. Quando os sujeitos são expostos a condições causadoras de stresse de intensidade variável obtêm-se graus variáveis de respostas emocionais em função das suas pontuações na escala de Neuroticismo. Em situações ansiógenas, os indivíduos com pontuações elevadas na escala de Neuroticismo serão mais fáceis de condicionar do que os que têm pontuaçõe baixas. Em situações não ansiógenas, as diferenças no Neuroticismo não afectarão o desempenho dos sujeitos.

Estas hipóteses foram testadas em diversos estudos efectuados no laboratório de Eysenck, para tal se utilizando frequentemente o condicionamento das pálpebras. Os resultados foram discutidos por Levey e Martin (1981) e, em geral, confirmam as hipóteses de que os parâmetros relativos aos estímulos são decisivos no condicionamento, afectando, de maneira diferenciada, Introvertidos e Extrovertidos. Porém, a escala de Extroversão utilizada nos primeiros estudos consistia de dois factores de ordem inferior: Sociabilidade e Impulsividade. Análises subsequentes sugeriram que era a Impulsividade que mais afectava o condicionamento.

Desde o aparecimento dos primeiros estudos até agora, o modelo da personalidade de Eysenck sofreu várias modificações. Uma delas consistiu na inclusão da dimensão Psicoticismo, ortogonal em relação à Extroversão e ao Neuroticismo. A base biológica deste novo factor ainda não está claramente identificada. Como a agressividade faz parte desse traço e como os homens são nitidamente mais agressivos do que as mulheres, Eysenck avançou a hipótese de que o Psicoticismo se baseia, pelo menos em parte, no balanço entre as hormonas sexuais testosterona e estrogéneos, considerando-se que os indivíduos com pontuações mais elevadas em Psicoticismo terão uma predominância mais acentuada de testosterona. Todavia, não há ainda hipóteses bem definidas sobre a relação entre Psicoticismo e condicionamento.

Uma outra modificação prende-se com a Extroversão. Como atrás se referiu, esta dimensão incluía inicialmente dois subfactores: Impulsividade e Sociabilidade. Subsequentemente, Eysenck construiu uma escala independente de Impulsividade que, por sua vez, engloba três factores: Impulsividade, Ousadia e Empatia (Eysenck & Eysenck, 1978). Além disso, alguns dos itens de Impulsividade que inicialmente faziam parte da escala de Extroversão foram posteriormente colocados na escala de Psicoticismo, ficando a escala actual de Extroversão, basicamente com os itens que medem a Sociabilidade.

Com o intuito de examinar o papel que a Extroversão, a Impulsividade e o Psicoticismo têm no condicionamento, Frcka e Martin (1987) efectuaram um estudo sobre o condicionamento das pálpebras que envolveu um grande número de sujeitos distribuídos por grupos que pontuaram *alto* ou *baixo* em Psicoticismo, em Extroversão e em Impulsividade. O estímulo incondicionado era um sopro de ar (forte ou fraco) sobre a córnea. Os resultados mostraram uma interacção complexa entre Psicoticismo e Extroversão: indivíduos que pontuavam alto simultaneamente em Extroversão e Psicoticismo condicionavam bem, o mesmo se passando com os indivíduos que pontuavam baixo nessas duas dimensões. Além disso, verificou-se que os indivíduos com baixos escores em Impulsividade eram mais fáceis de condicionar quando se utilizavam EI de fraca intensidade.

Vários outros estudos destinados a examinar a relação entre personalidade e condicionamento das pálpebras têm sido efectuados. Os resultados têm mostrado que o condicionamento anda associado, segundo os casos, à Extroversão, ao Psicoticismo ou à Ousadia. Além disso, esses estudos têm mostrado que certas características dos estímulos (*v. g.*, a intensidade dos EIs, o sistema de reforços, ou o intervalo de tempo entre os estímulos) podem afectar de maneira diferente os diversos tipos de pessoas e, por consequência, devem ser tidos em consideração. Finalmente, é possível que a personalidade interaja com factores cognitivos tais como as percepções e atenção dos sujeitos ou a sua atitude em relação à experiência. Mas isso está ainda por explorar. Finalmente, convém notar que não há ainda acordo sobre quais são as dimensões básicas de personalidade, havendo autores que propõem modelos alternativos ao de Eysenck (Gray, 1981). Contudo, esta teoria ainda não produziu dados sobre a relação condicionamento e personalidade.

BIOLOGIA, FACTORES COGNITIVOS E DIFERENÇAS INDIVIDUAIS

Em busca de uma integração

Hoje em dia as teorias mais comuns de condicionamento estão profundamente marcadas pelas correntes cognitivas contemporâneas, que constituem um complemento necessário às teorias comportamentalistas tradicionais. Os investigadores neste domínio interessam-se agora em saber como os indivíduos reagem aos pedidos de informação, como prestam atenção selectiva a certos estímulos e como estruturam e armazenam a informação. Por outras palavras, os estudos sobre o condicionamento utilizam técnicas derivadas da psicologia cognitiva para examinar que aspectos dos estímulos são percebidos e registados.

Mas, ao mesmo tempo, convém não esquecer o que se aprendeu na era comportamentalista. A atenção prestada às características dos estímulos e o esforço feito para se estabelecerem leis do comportamento, através da análise das regularidades estímulos-respostas, representam um contributo importante para o estudo do condicionamento. Além disso, o estudo de factores biológicos e fisiológicos tem-se mostrado fecundo revelando, por exemplo, que há várias respostas psicofisiológicas que podem ser condicionadas: respostas autónomas, musculares, do sistema imunológico, etc. Os psicólogos cognitivistas não poderão ignorar a importância das componentes motivacionais e emocionais do condicionamento, sob pena de ficarem com uma visão demasiado estreita do processo de aquisição do conhecimento.

Finalmente, os investigadores, tanto os de orientação comportamentalista como os de orientação cognitivista, devem prestar maior atenção à análise das diferenças individuais. Só quando se integrarem estes diferentes aspectos poderemos começar a compreender de que modo e em que circunstâncias as pessoas podem ser condicionadas e que efeitos terá esse processo nas nossas acções ou no nosso comportamento.

Bibliografia

Baeyens, F., Eelen, P. & van den Bergh, O. (1990). Contingency awareness in evaluative conditioning: A case of unaware affective-evaluative learning. *Cognition and Emotion*, *4*, 3-18.

Bernstein, I. L. (1978). Learned taste aversion in children receiving chemotherapy. *Science, 2000*, 1302-1303.

Cannon, W. B. (1920). *Bodily changes in pain, hunger, fear and rage. An account of recent researches into the function of emotional excitement.* New York: Appleton.

Cheeseman, J. & Merikle, P. M. (1986). Distinguishing conscious from unconcious perceptual processes. *Canadian Journal of Psychology, 40*, 343-367.

Dawson, M. E. & Biferno, M. A. (1973). Current measurement of awareness and electrodermal classical conditioning. *Journal of Experimental Psychology, 101*, 55-62.

Eifert, G. H. (1987). Language conditioning. Clinical issues and applications in Behavior Therapy. In H. J. Eysenk & I. Martin (Eds.), *Theoretical Foundations of Behavioral Therapy* (pp. 167-193). New York: Plenum Press.

Eysenck, H. J. (1967). *The Biological Basis of Behaviour.* Springfield, Ill.: Thoms.

Eysenck, S. B. G. & Eysenck, H. J. (1978). Impulsiveness in a dimensional system of personality description. *Psychological Reports, 43*, 1247-1255.

Frcka, G. & Martin, I. (1987). Is there — or is there not — an influence of Impulsiveness on classical eyelid conditioning? *Personality and Individual Differences, 8*, 241-252.

Gray, J. A. (1981). A critique of Eysencks's theory of personality. In H. J. Eysenck (Ed.), *A Model for Personality* (pp. 246-276). Berlin: Springer-Verlag.

Levey, A. B. & Martin, I. (1981). Personality and Conditioning. In H. J. Eysenck (Ed.), *A Model for Personality* (pp. 123-168). Berlin: Springer-Verlag.

Levey, A. B. & Martin, I. (1987). Evaluative conditioning: A case for hedonic transfer. In H. J. Eysenck & I. Martin (Eds.), *Theoretical Foundations of Behaviour Therapy* (pp. 113-131). New York: Plenum Press.

McNally, R. (1987). Preparedness and phobias: A review. *Psychological Bulletin, 101*, 283-303.

Marcel, A. (1983). Conscious and unconsious perception. Experiments on visual masking and word recognition. *Cognitive Psychology, 15*, 197-237.

March, J. S. (1990). The nosology of post-traumatic stress disorder. *Journal of Anxiety Disorders, 4*, 61-82.

Martin, I. & Levey, A. B. (1987). Learning what will happen next: Conditioning, Evaluation and Cognitive Processes. In G. Davey (Ed.), *Cognitive Processes and Pavlovian Conditioning in Humans* (pp. 57-81). Chichester: Wiley.

Öhman, A. (1991). Orienting and attention: Preferred preattentive processing of potentially phobic stimuli. In B. A. Campbell, R. Richardson & H. Hayne (Eds.), *Attention and information processing in infans and adults: Perspectives from human and animal research*. Hillsdale, NJ: Erlbaum.

Öhman, A., Dimberg, U. & Ost, L. (1985). Animal and social phobias. Biological constraints on learned fear responses. In S. Reiss & R. R. Bootzin (Eds.), *Theoretical issues in Behaviour Therapy* (pp. 123-175). London: Academic Press.

Seligman, M. E. P. (1971). Phobias and preparedness. *Behavior Therapy, 2*, 307-321.

Zajonc, R. B. (1980). Feeling and thinking: Preferences need no inferences. *American Psychologist, 35*, 151-175.

Este Capítulo retoma, com ligeiras alterações, um texto publicado na *Revista Portuguesa de Pedagogia* — 1991, *25* (1).

4

A atenção flutuante
e o método psicanalítico

José P. Ferreira da Silva

Nas homenagens pelo seu septuagésimo aniversário, ao ser celebrado como o grande descobridor do inconsciente, Freud, certamente em maré de modéstia, entendeu dever corrigir:

"Os poetas e os filósofos descobriram o inconsciente antes de mim; o que eu descobri foi o método científico que permite estudar o inconsciente" (cit. in J. Starobinski, 1970, p. 266).

O que Freud reivindica para si, o seu contributo mais importante, não é pois a descoberta do inconsciente, deixada aos poetas e filósofos, mas o método para explorar o inconsciente. Tudo leva a crer que Freud considerava o método a parte mais válida e duradoura da sua obra. No artigo que escreveu para a Enciclopédia Britânica afirma que "o futuro atribuirá provavelmente muito maior importância à psicanálise como ciência do inconsciente do que como processo terapêutico" (1926, S. E. 20, p. 265). Ora, como asseverara anos antes, "o que caracteriza a psicanálise como ciência não é a matéria sobre que trabalha mas a técnica de que se serve" (1916-1917, S. E. 16, p. 389), isto é, o método. Noutra passagem da mesma obra é bem mas explícito: "Mesmo que a psicanálise se mostrasse ineficaz em todas as outras formas de doença nervosa e física como o é nos delírios, continuaria ainda completamente justificada como instrumento insubstituível da investigação científica" (*ibid*. p. 255).

O método básico da psicanálise é, como é bem sabido, a associação livre. Freud e os psicanalistas em geral crêem-no susceptível de desvendar os mistérios do espírito humano, de perscrutar as suas mais insondáveis profundidades.

S. Crown, por exemplo, afirma que "neste método aparentemente simples, sem alterações até aos nossos dias, [Freud] deu-nos o mais poderoso instrumento de investigação jamais imaginado para explorar o espírito humano em extensão e profundidade. A associação livre está para a psiquiatria como o microscópio electrónico está para o estudo minucioso da estrutura dos tecidos corporais; um método único de observação" (1968, pp. 46-47).

Eissler retoma a ideia do microscópio: "Com este método de associação livre foi criado um instrumento comparável ao microscópio. Com este método podemos observar processos mentais que de outro modo permaneceriam invisíveis" (1978, p. 34).

A imagem do microscópio parece ser do particular agrado dos psicanalistas. Também Francher a usa: "Esta técnica, conhecida como associação livre, era para Freud o que o microscópio tinha sido para uma geração anterior de biólogos, levando-os a ver e compreender coisas que antes tinham sido fonte de grande mistério" (1973, p. 5).

Com Case a imagem muda mas o panegírico continua: "O método psicanalítico não é simplesmente um telescópio ou um microscópio que torna visível alguma coisa que já está lá; é mais semelhante a um alambique em que os materiais são transformados, destilados e fraccionados ou, se se preferir, analisados" (in Shevrin, 1995, pp. 970-971).

Microscópio, telescópio ou alambique, o facto é que a confiança de Freud no seu método parece não conhecer limites. Não receia afirmar, sem hesitação nem qualquer reserva, que "a psicanálise é na realidade um método de investigação, um instrumento imparcial, semelhante por assim dizer, ao cálculo infinitesimal" (1927, S. E. 21, p. 36). Um pouco mais tarde dirá: "Descobrimos certos processos técnicos que nos permitem preencher as lacunas dos fenómenos da nossa consciência e fizemos uso destes métodos como os físicos se servem da experimentação" (1940, S. E. 23, pp. 196-197). No que especificamente à associação livre se refere, afirma peremptoriamente que "dá as mais amplas garantias que *nenhum* factor na estrutura da nevrose escapará e que *nada* nela será introduzido pelas expectativas do analista" (1925, S. E. 20, p. 41, sublinhados nossos). Assim, de uma penada, se exclui a intervenção da sugestão e se atribui ao método uma quase infalibilidade; nada de estranho introduz, nada lhe escapa.

O método teria ainda outros méritos. Embora, sob o tarde, Freud afirme que "o trabalho do psicanalista é árduo e exigente" (1933, S. E. 12, pp. 152-153), antes assegurara, no entanto, que a técnica psicanalítica "é muito simples (...) proscreve qualquer meio subsidiário, mesmo a tomada de notas" (1912, S. E. 12, p. 111; é simples e "fácil de aplicar, uma vez aprendida" (1904, S. E. 7, p. 252). A técnica de interpretação, por seu lado, "exige decerto tacto e exercício mas (...) não é difícil de aprender" (1925, S. E. 20, p. 41). Suprema vantagem do método, pode aplicar-se sempre e em todos os casos, pois "em teoria deve ser sempre possível ter uma ideia, fazer uma associação" (1925, S. E. 20, p. 42). De facto, temos de convir, o campo de consciência vígil está sempre ocupado com alguma coisa a partir da qual é sempre possível fazer associações.

Simples, fácil de aprender e de aplicar, de aplicação universal, com o rigor e a precisão das matemáticas ("semelhante, por assim dizer, ao cálculo infinitesimal"...) equivalente à experimentação dos físicos, imune à sugestão, sem deixar escapar qualquer factor na estrutura da nevrose.

Quem é que pretendeu que a perfeição é inatingível?

Nada de tão excelso e prodigioso fora ainda encontrado na história da ciência.

Ironia à parte, nem mesmo nos arraiais psicanalíticos mais optimistas se suporá seriamente que o método psicanalítico tem qualquer semelhança com o cálculo infinitesimal ou se serve da experimentação como é praticada em Física. Em estudo anterior procurámos mostrar, sem com isso ter pretensões a grande originalidade, que está longe de excluir a sugestão, para além de praticar uma drástica selecção dos fenómenos a ter em conta e um maciço endoutrinamento (Ferreira da Silva, 2005). A associação livre é feita pelo paciente. Mas a pretensão de que "nada é introduzido pelas expectativas do analista" é puramente ilusória. As associações do paciente estão contaminadas pela sugestão e o endoutrinamento.

Não iremos retomar aqui essa crítica. O nosso objectivo é mais limitado. Reduzir-se-á a uma análise da chamada atenção flutuante e das consequências que dela derivam para o método psicanalítico.

O paciente associa; o psicanalista escuta (é o seu modo de observação) e interpreta. Mas a forma como escuta, isto é, como observa, não é indiferente neste processo. Aqui intervém a "atenção flutuante" ou "atenção uniformemente suspensa" (*gleichschwebende Aufmerksamkeit*) a que a associação, como Freud a entende e pratica, se encontra indissociavelmente ligada.

Conhece-se a situação clássica no gabinete de um psicanalista: o paciente deitado no divã, tanto quanto possível descontraído e livre de constrangimentos, o psicanalista sentado atrás, ouvindo.

Antes de prosseguir permita-se-nos um extenso parêntesis sobre esta estranha posição que só uma longa prática pôde levar a aceitar como natural.

Poder-se-ia pensar que se tem em vista a comodidade do(a) paciente. Freud concorda que se trata de uma questão de comodidade, mas não propriamente da comodidade do paciente. A posição permite ao psicanalista ver sem ser visto. E comporta uma vantagem iniludível. Como Freud diz a Blanton: "A posição não passa de uma questão de comodidade, mas um ponto resta essencial: o analisado não deve ver o rosto do analista; de outro modo a expressão do analista influenciá-lo-ia" (cit. in Mijolla, 1982, p. 254). Isto é confirmado por um texto publicado de Freud que, todavia, acrescenta outros elementos que o tornam digno de ser citado: "Pretendo que o doente se estenda num divã e que o médico esteja sentado atrás dele, de modo a não poder ser olhado. Este uso tem um significado histórico, representa o vestígio do método hipnótico donde brotou a psicanálise. Mas merece ser conservado por várias razões. Falemos em primeiro lugar de um motivo pessoal, mas provavelmente válido para outros, além de mim: *não suporto que estejam a olhar para mim durante oito horas por dia (ou mais). Como no decurso das sessões me entrego aos meus pensamentos inconscientes*, não quero que a expressão do meu rosto possa fornecer aos pacientes certas indicações que ele poderia interpretar ou que teriam uma influência sobre o que ele diz [1]. Em geral *o analisado considera a obrigação de estar deitado uma dura provação e insurge-se contra isso* (...)" (1913a S. E. 12, pp. 133-134, sublinhados nossos).

Mais prosaica e simplesmente, Freud não suporta, como também confessa Wortis (1954, p. 20) que o olhem cara a cara; e quando Eduardo Weiss consentiu que uma sua doente ficasse sentada em frente dele, Freud, consultado, responde: "Não lhe devia ter permitido trocar a posição prescrita por outra mais agradável para ela" (carta de 19.02.1934,

---

[1] Freud receia que a expressão do seu rosto influencie o analisado. Não receia no entanto que as interpretações que lhe transmite constante e insistentemente o influenciem. Estranha parcialidade.

in E. Weiss, 1970, p. 76). O Homem dos Ratos, um dos casos famosos de Freud, deve tê-lo sentido bem porque se levantava durante as sessões de análise.

Convenhamos que é difícil, depois disto, pretender que o paciente está descontraído e livre de constrangimentos.

Sob o pretexto válido da influência exercida sobre o paciente — mas uma tal influência pode ser exercida por outras vias, umas mais óbvias outras mais subtis — a "posição prescrita" é uma questão de comodidade apenas para o analista.

É também estranha (sintomática?) a invocada dificuldade de Freud em olhar o seu cliente cara a cara, olhos nos olhos e ser olhado por ele. A justificação apresentada tem todo o aspecto de uma desculpa ou, em termos freudianos, de uma racionalização. Quanto ao "entregar-se aos seus pensamentos inconscientes" é um bom eufemismo para estar distraído ou absorto, sem pensar em coisa nenhuma. Não desejaria obviamente que o doente se desse conta disso.

Afinal a situação no divã é muito cómoda, repetimos, mas para o analista que até se pode dar ao luxo de não fazer nada, ou mesmo dormitar. E parece que acontecia a Freud dormitar durante as sessões. No relato da sua análise com Freud, Kardiner conta um encontro com J. Strachey e J. Rickman, admirados por Freud falar com ele durante a análise: "Rickman disse-me: 'Ouvi dizer que Freud fala consigo' — 'É verdade, fala continuamente', respondi. Ambos disseram de comum acordo: 'Freud nunca diz uma palavra'. Rickman acrescentou: 'Suspeito que dorme. De facto, sei que dorme, porque sei o que é necessário fazer para o acordar. Deixo simplesmente de falar e ao fim de alguns instantes de silêncio, Freud sobressalta-se e diz: 'Sim... sim... continue se faz favor'. Um dia cheguei a dizer-lhe: 'O que estava a dizer não é muito importante, caro Professor, pode continuar a dormir" (cit. in Van Rillaer, 1980, p. 254).

Freud confirma a suspeita. Em carta a Fliess (15.03.1989) diz explicitamente: "Durmo durante as minhas análises da tarde". É certo que o contexto pode levar a crer que seria excepcional, consequência de estar longe de uma das reuniões, o que eles chamavam "congressos", com aquele seu amigo, a residir em Berlim. Mas a confissão resta. Compreende-se que lhe fosse impossível fazer igual confissão nos escritos publicados. Freud dava-se ao luxo de se "entregar aos seus pensamentos inconscientes", isto é, em linguagem corrente e clara, estar distraído ou mesmo dormitar e fazer-se pagar por isso. Não o podia obviamente fazer com o cliente a olhar para si. Admirável coisa o divã; prodigiosa associação livre.

Encerremos este parêntesis não tão inútil assim para a compreensão da atenção flutuante, como espero que se veja quando se caracterizar esta última.

Deitado no divã, o paciente deve — é o que Freud designa por "regra psicanalítica fundamental" ou "regra técnica fundamental" — dizer livremente tudo o que lhe vier à cabeça, eliminando qualquer objecção lógica ou afectiva, moral ou de conveniência, renunciando a qualquer crítica, sem escolher ou omitir o que quer que seja por desagradável, sem sentido, insignificante ou irrelevante, impertinente ou até escabroso que lhe pareça (cf. Freud, 1912, S. E. 12, p. 115; e Freud, 1923, S. E. 18, p. 238).

Em contrapartida, o psicanalista promete apenas discrição, independentemente de poder vir a utilizar os materiais recolhidos para fins científicos e eventual publicação [2].

Freud desaconselha que se tomem notas durante a sessão psicanalítica. Mas o modo como justifica não tomar notas é revelador e remete para a atenção flutuante. Por um lado, diz ele, "a distracção da atenção do médico prejudica mais os pacientes do que o acréscimo de exactidão na exposição das observações poderia justificar" (1909, S. E., 10, p. 159, n. 2); por outro lado, "ao tomar notas ou estenografar, corre-se o risco de impressionar desfavoravelmente certos doentes e (...) além de que se faz necessariamente uma escolha prejudicial nos materiais, está-se a esbanjar desta forma uma parte da actividade intelectual que encontraria uma melhor utilização na interpretação do que o analisado diz" (1912, S. E. 12, p. 113).

Em vez de tomar notas, o psicanalista deve seguir as associações dos pacientes com uma "atenção flutuante", "sem dar importância particular a nada e prestar a mesma 'atenção uniformemente suspensa' (como lhe chamei) a tudo o que ouve" (1912, S. E. 12, pp. 111-112).

A comparação que disto faz para Wortis não deixa de ser esclarecedora: "Aprende-se rapidamente a seguir uma narração durante horas

---

[2] A discrição de Freud era, de resto, relativa. Tudo leva a crer que a verdadeira identidade dos seus casos publicados era um segredo de polichinelo nos círculos psiquiátricos e *mentideros* vienenses. Conhece-se hoje essa identidade assim como a de muitos outros doentes mencionados na sua obra sob uma sigla ou uma letra.

A atenção flutuante e o método psicanalítico 85

sem ter que fazer para isso um esforço particular. Só os pensamentos pessoais são fatigantes. Quando se tem apenas de ter um papel passivo, a situação não é diferente da de um viajante que, sentado num comboio, vê a paisagem desfilar; rapidamente reconhece o que é significativo, o que vale a pena recordar e é sempre interessante" (cit. in Van Rillaer, 1980, p. 253) [3].

Esta singular ideia da atenção flutuante ou atenção uniformemente suspensa implica algumas especificidades e características do método psicanalítico que geralmente os críticos da psicanálise não têm o hábito de sublinhar, mas que é conveniente ter em consideração. As justificações invocadas por Freud merecem uma atenção particular. Em primeiro lugar, traria consigo uma enorme vantagem:

"Economiza-se assim um esforço de atenção que não seria possível manter quotidianamente durante horas e horas e escapa-se deste modo ao perigo inseparável de toda a atenção voluntária, o de escolher entre os materiais fornecidos. É com efeito isto o que acontece quando se fixa deliberadamente a atenção; o analista grava na memória o ponto que o impressiona, elimina outro e esta escolha é ditada por expectativas ou tendências. É isso que é necessário evitar. Ao conformar-se a escolha com a expectativa, corre-se o risco de só encontrar o que de antemão se sabia. Ao obedecer às suas próprias inclinações, o analista falsifica tudo o que lhe é oferecido" (1912, S. E. 12, p. 112).

Tanta candura é desarmante. A atenção, bem se sabe, é selectiva. Mas Freud pressupõe que a atenção consciente só regista o que impressiona favoravelmente, o que pode vir de encontro à expectativa, tendência ou hipótese do observador. Nem sequer considera a possibilidade e muito

---

[3] Freud parece não se dar conta que um geólogo, um botânico, um zoólogo, um industrial ou um agricultor, um pintor ou um arquitecto reconhecerão na paisagem diferentes coisas como significativas e que valha a pena recordar. O mesmo se diga, no caso vertente, do que um freudiano, junguiano, adleriano, kleiniano, lacaniano, etc., etc. podem ver e recordar através da "atenção flutuante". O "inconsciente" de cada um "verá" e recordará o que os seus preconceitos teóricos ditarem.

O homem de ciência não é um turista que viaja através dos fenómenos que deve observar. O que se diria *e. g.* de um botânico que observasse as suas plantas ou o que quer que quisesse estudar com a mesma displicência "turística"? Aplique-se esta observação a outro qualquer domínio científico, da Física à Geologia, da Astronomia à Biologia, da Sociologia à Psicologia.

menos recomenda (o que não deixa de ser sintomático) que o analista esteja atento aos elementos que contrariem ou contradigam as suas expectativas ou hipóteses.

A atenção deliberada e consciente é posta de parte por selectiva. Mas como uma selecção tem, apesar de tudo, de fazer-se, Freud prefere deixá--la ao inconsciente. Suporá ele candidamente que assim as expectativas, tendências ou hipóteses do analista são anuladas ou neutralizadas?

Bem parece ser o caso. A regra que Freud impõe ao analista é esclarecedora: "Evitar que deixe exercer sobre a sua faculdade de observação qualquer influência e fiar-se inteiramente na sua 'memória inconsciente' ou, em linguagem técnica simples, escutar sem se preocupar se vai ou não reter o que quer que seja" (1912 S. E. 12, p. 112) [4]. A influência que assim se exclui na observação é naturalmente a influência consciente. Já o mesmo não acontece quanto ao inconsciente. Nas palavras de Freud, "o analista deve estar em condições de interpretar tudo o que ouve para poder descobrir tudo o que o inconsciente dissimula, sem substituir à escolha a que o paciente renunciou a sua própria censura. Em resumo, deve colocar o seu próprio inconsciente na situação de um órgão receptivo em relação ao inconsciente emissor do paciente, deve estar para o paciente como o receptor telefónico está para o microfone emissor. Do mesmo modo que o receptor transforma em ondas sonoras as vibrações eléctricas que emanam das ondas sonoras do emissor, assim também o inconsciente do médico consegue, a partir dos derivados do inconsciente do doente que chegam até ele, reconstituir este inconsciente que determinou as associações livres do paciente" (1912, S. E. 12, pp. 115-116). De facto, os inconscientes podem comunicar entre si: "O *Ics* [inconsciente] de um ser humano pode reagir ao *Ics* de outro sem passar pelo *Cs* [consciente]" (1915, S. E. 14, p. 194) pois que "todos têm no seu próprio inconsciente um instrumento com que podem interpretar as expressões do inconsciente dos outros" (1913b, S. E. 12, p. 320) [5]. Institui-se assim uma

---

[4] Compreende-se que o psicanalista não dê grande importância ao registo ou gravação da sessão, como a não dá à tomada de notas. Só lhe interessa o que o seu próprio inconsciente retém, isto é, em linguagem não psicanalítica, o que espontaneamente retém.

[5] O inconsciente tem o que ao psicanalista bem aprouver atribuir-lhe. É que o inconsciente tudo aceita, nada rejeita. "Um 'não' inconsciente não existe de modo nenhum" (S. Freud, 1905, S. E. 7, p. 57). É por isso que o inconsciente é uma hipótese excessivamente cómoda. Permite explicar tudo.

espécie de "diálogo dos inconscientes", embora, no caso vertente, parece que num sentido só, do inconsciente do analisado para o do analista. Em sentido inverso a via dir-se-ia estar convenientemente obstruída ou bloqueada. Freud parece esquecer (aceitando a sua lógica e linguagem) o que o "inconsciente" do analista pode transmitir ao "inconsciente" do analisado. Sintomático esquecimento. Permite-lhe escamotear o prejudicial problema da sugestão. Isto não retira que a atenção flutuante, ao atribuir ao inconsciente o papel essencial na observação, implica toda a psicanálise. O método pressupõe a teoria, não é independente dela.

As singularidades da atenção flutuante não se ficam por aqui.

Para que "o analista possa (…) servir-se do seu próprio inconsciente como de um instrumento" (Freud, 1912, S. E. 12, p. 116) ou para que se possa servir da melhor maneira do instrumento com que, como todos os demais, pode interpretar as expressões do inconsciente alheio, é obviamente necessário que esteja à escuta, esteja aberto ao inconsciente do doente (ou aos seus derivados) e em sintonia com ele. É outrossim necessário que a consciência do analista esteja aberta e em consonância com o seu próprio inconsciente, sem barreiras, constrangimentos nem recalcamentos e respectivas resistências. Um verdadeiro estado de graça, a alcançar, segundo o genial criador da psicanálise, por uma *purificação psicanalítica*, (a expressão é sua, 1912, S. E. 12, p. 116). Na verdade, para que o analista possa, com proveito, ouvir o paciente com o seu próprio inconsciente, é necessário que se tenha libertado de toda e qualquer resistência que impeça "as percepções do seu inconsciente de chegarem ao seu consciente" sem o que se introduziria na análise uma nova forma de selecção e de deformações, bem mais nefastas do que as que são provocadas por um esforço da sua atenção consciente (cf. *ibid.*, p. 116). "Qualquer recalcamento não liquidado, acrescenta Freud, constitui (…) um *punctum cæcum* nas faculdades de percepção analítica que basta para desqualificar qualquer analista" (*ibid.*, p. 116).

Até 1909-1910 pelo menos, aquela "purificação" podia alcançar-se "pela análise dos seus próprios sonhos". É o que Freud recomenda para alguém se tornar psicanalista (1910, S. E. 11, p. 33). Entretanto vai ocorrer a dissidência e a defecção de Adler e seus apoiantes. "A análise dos seus próprios sonhos" passa a ser "suficiente para muitas pessoas mas não para todos os que desejam aprender a análise" (1912, S. E. 12, p. 116). Uma ajuda externa por alguém já experiente é recomendada.

Seguem-se as dissidências de Stekel e sobretudo de Jung. Torna-se evidente que é necessário preservar a ortodoxia freudiana. Ironicamente é

Jung (parece que impressionado pelas reacções neuróticas de Freud) que em 1912 recomenda a análise prévia do candidato a analista. A ideia é rapidamente adoptada, embora no texto escrito para se demarcar dos dissidentes, Freud conceda ainda que a análise dos próprios sonhos "pode bastar a um bom sonhador que não se desvie excessivamente do normal" (1914, S. E. 14, p. 20). Mas a psicanálise, que já fora método simples e fácil de aprender e aplicar, passa agora a exigir "uma longa e severa disciplina para obter um perfeito autodomínio" (1914, S. E. 14, p. 25). A psicanálise didáctica torna-se indispensável. Mas esta análise didáctica, com a duração de vários anos, não é inócua. Sob o manto e a pretexto da purificação psicanalítica (a intenção declarada, o seu conteúdo manifesto) comporta o risco de dissimular e esconder uma realidade menos confessável: a defesa e preservação da ortodoxia da escola. É o que um ortodoxo psicanalista como o insuspeito Glover, com alguma clarividência, acaba por reconhecer: "Seja qual for o ideal de análise didáctica é indiscutível que a margem de erro introduzida pelos factores de transferência e contratransferência é extremamente larga. Dificilmente se pode esperar que um estudante que despende alguns anos nas condições artificiais, e por vezes de estufa, de uma análise didáctica, com a carreira profissional a depender da superação da 'resistência' que satisfaça o seu supervisor, possa estar numa posição favorável para defender a sua integridade científica contra teorias e práticas do seu analista. Quanto mais tempo durar a análise didáctica menos possível é que o possa fazer. De facto, de acordo com o seu analista, as objecções do candidato às interpretações são consideradas 'resistências'. Numa palavra, há uma tendência inerente na situação didáctica a perpetuar o erro" (Glover, 1952, p. 403).

Perpetuar o erro, como diz Glover, ou defesa e preservação da orto-doxia, como nós nos exprimimos, são, neste contexto, rigorosamente idênticos, dizem a mesma coisa. É nisto que vem dar a decantada "puri-ficação psicanalítica", necessária à atenção flutuante.

Acrescentar, como é pretensão de Freud, que quem quiser ocupar-se de psicanálise terá de se submeter à mesma iniciação, passar pelas mesmas forcas caudinas, só piora o quadro. Freud tem consciência dos perigos que tal posição acarreta: "Podem acreditar quando lhes digo que não temos qualquer prazer em dar a impressão de ser membro de uma sociedade secreta e de praticar uma ciência mística. No entanto fomos obrigados a reconhecer e a expressar a nossa convicção de que ninguém tem o direito de se ocupar de psicanálise sem antes ter adquirido as

A atenção flutuante e o método psicanalítico

experiências particulares que só uma análise pessoal pode fornecer" (1933, S. E. 22, p. 69).

Uma tal exigência, reconhece Freud, dá pois a impressão de uma sociedade secreta ou de uma ciência mística. Pior no entanto do que esta impressão é que, ao colocar a doutrina ao abrigo da crítica, é obscurantista. De facto, não se concebe facilmente os críticos da psicanálise a submeterem-se de bom grado a uma tão longa e dispendiosa quanto inútil e inusitada provação. Ficam em consequência imediatamente desclassificados, por ucasse freudiano, para se pronunciar sobre ela. As críticas passam a ser degradadas para o nível das resistências que uma boa análise resolveria. A psicanálise é provavelmente a única doutrina que é confortada pelas críticas, em que as críticas, mesmo as mais demolidoras ou pertinentes, são supostas confirmar a teoria.

Estranho privilégio, em todo o caso não mais estranho do que a atenção flutuante em que a observação é suposta fazer-se distraidamente, através do inconsciente e de um incrível e incontrolável "diálogo dos inconscientes". E se nos lembrarmos que a associação livre, método *princeps* da psicanálise, é realizada com recurso a esta atenção flutuante ou uniformemente suspensa, que valor é legítimo atribuir aos factos estabelecidos ou às hipóteses provadas através de uma tal forma de observação?

Na maré encomiástica, M. Edelson coloca a associação livre ao lado do termómetro e do microscópio, qualquer deles instrumentos "susceptíveis de obter factos que servem para provar hipóteses que não dependem de pressupostos teóricos que aqueles métodos pressupõem" (M. Edelson, 1988, p. 255).

Esta é uma exigência metodológica mínima. Infelizmente, o método freudiano não a respeita.

Como ressalta dos textos acima citados em que Freud procura justificá-la, a famigerada atenção flutuante implica (permita-se-nos a repetição) toda a psicanálise. Contamina irremediavelmente a associação livre. O método não é independente da teoria; pressupõe-a. Contrariamente ao que Edelson pretende, o método psicanalítico tem pressupostos teóricos idênticos aos dos factos que obtém e das hipóteses que prova o que o torna grandemente irrelevante e deixa tais factos e hipóteses sem base metodológica consistente.

Compreende-se que, posteriormente, os psicanalistas não tenham insistido nesta comprometedora atenção flutuante embora, tudo leva a crer, a tenham abundantemente praticado. Em todo o caso mesmo que a psicanálise não aplicasse hoje tal processo, foi com ele e através dele que foi descoberta, formulada e estabelecida.

BIBLIOGRAFIA

Crown, S. (1968). Psychoanalysis and problems of scientific method. In J. D. Sutherland (Ed.), *The psychoanalytic approach* (pp. 44-51). London: The Institute of Psychoanalysis.

Edelson, M. (1988). *Psychoanalysis: A theory in crisis.* Chicago: University of Chicago Press.

Ferreira da Silva, J. (2005). O futuro de uma ilusão. *Revista Portuguesa de Pedagogia,* 39(3), 391-416.

Eissler, K. R. (1978). Biographical sketch. In *Sigmund Freud: His life in pictures and words* (pp. 10-37). London: André Deutsch.

Francher, R. E. (1973). *Psychoanalytic psychology. The development of Freud's thought.* New York: W. W. Norton & Company Inc.

Freud, S. (1955-1981). *The Standard Edition of the Complete Psychological Works of Sigmund Freud.* Translated from the German under the General Editorship of James Strachey. In Collaboration with Anna Freud. London: The Hogarth Press and The Institute for Psycho-Analysis.

Freud, S. (1904). Freud's psycho-analytical procedure. S. E. 7, 247-254.

Freud, S. (1905). *Fragment of an analysis of a case of hysteria.* S. E. 7, 1-122.

Freud, S. (1909). *Notes upon a case of obsessional neurosis.* S. E. 10, 151-250.

Freud, S. (1910). *Five lectures on psycho-analysis.* S. E. 11, 1-56.

Freud, S. (1912). Recommendations to physicians practising psycho-analysis. S. E. 12, 109-120.

Freud, S. (1913a). On beginning the treatment. S. E. 12, 121-144.

Freud, S. (1913b). The disposition to obsessional neurosis. A contribution to the problem of choice of neurosis. S. E. 12, 313-326.

Freud, S. (1914). *On the history of the psycho-analytic movement.* S. E. 14, 1-66.

Freud, S. (1915). *The unconscious.* S. E. 14, 161-215.

Freud, S. (1916-1917). *Introductory lectures on psycho-analysis.* S. E. 15, 1-240 e 16, 241-496.

Freud, S. (1923). Two Encyclopædia articles. (A) Psycho-analysis. S. E. 18, 233-254.

Freud, S. (1925). An autobiographical study. S. E. 20, 1-74.

Freud, S. (1926). Psycho-analysis. S. E. 20, 261-270.

Freud, S. (1927). *The future of an illusion*. S. E. 21, 1-56.

Freud, S. (1933). *New introductory lectures on psycho-analysis*. S. E. 22, 5-182.

Freud, S. (1940). *An outline of psycho-analysis*. S. E. 23, 141-207.

Masson, J. M. (1985). *The complete letters of Sigmund Freud to Wilhelm Fliess. 1887-1904*. Cambridge, Mass: The Belknap Press of Harvard University Press.

Mijolla, A. de (1982). Débuts de psychanalyses au temps de Freud. In R. Jaccard (Ed.), *Histoire de la psychanalise* (pp. 245-268). Paris: P.U.F.

Shevrin, H. (1995). Is psychoanalysis one science, two sciences, or no science at all? A discourse among friendly antagonists. *J. of the Amer. Psychoanal. Assn., 43* (4), 963-1049.

Starobinski, J. (1970). *L'œil vivant. II: La relation critique*. Paris: Gallimard.

Van Rillaer, J. (1980). *Les illusions de la psychanalyse* (2.eme éd.). Bruxelles: Pierre Mardaga, Editeur.

Weiss, E. (1970). *Sigmund Freud as a consultant: Recollections of a pioneer in psychoanalysis*. New York: Intercontinental Medical Book Corporation.

Wortis, J. (1954). *Fragments of an analysis with Freud*. New York: Simon and Schuster.

5

Por que são tão diferentes as crianças da mesma família? O ambiente não partilhado, uma década depois*

Robert Plomin, Kathryn Asbury & Judith Dunn

Uma das mais relevantes descobertas da investigação da genética do comportamento tem a ver com a influência do meio *(nurture)*, e não com o papel da carga genética *(nature)*. É na genética do comportamento que podem ser encontrados os melhores dados a favor da importância das influências ambientais, mas estes têm mostrado também que o ambiente actua de uma forma surpreendente. Embora as teorias da socialização assumam que a família é o agente que delimita e filtra as influências do meio, a genética do comportamento tem mostrado, de forma consistente, que as influências ambientais reais não são compartilhadas de igual modo por duas crianças que cresçam na mesma família. O que torna os irmãos semelhantes é a carga genética e não o ambiente familiar. A maneira como o ambiente influencia o desenvolvimento psicológico leva a que duas crianças, educadas no seio da mesma família, não sejam mais parecidas entre si do que duas crianças escolhidas aleatoriamente da população. Isto significa que as experiências partilhadas por duas crianças, criadas em conjunto, não as tornam semelhantes uma à outra. As vivências

---

* Tradução de Cristina M. C. Vieira.

que fazem a diferença são as não comuns, designadas por *ambiente não partilhado*.

É nosso objectivo, aqui, fazer uma revisão dos desenvolvimentos recentes nesta área e delinear novos rumos para a investigação. Começamos por uma breve análise do fenómeno do ambiente não partilhado.

O FENÓMENO

O fenómeno do ambiente não partilhado tem permanecido escondido nos trabalhos da genética do comportamento, desde que estes tiveram início, há cerca de 80 anos atrás. Os estudos que envolviam gémeos e filhos adoptivos eram levados a efeito para determinar a influência da carga genética e do meio na parecença familiar. A esquizofrenia, por exemplo, tem tendência a aparecer em indivíduos da mesma família. Os autores mais conotados com a posição ambientalista são de opinião de que isso acontece por razões relacionadas com o ambiente — os membros da mesma família compartilham o mesmo tipo de vivências passíveis de conduzir à esquizofrenia. As investigações com gémeos e com filhos adoptivos testaram este pressuposto ao estudarem os membros de diversas famílias, os quais partilhavam a carga genética (*nature*) e o mesmo meio (*nurture*), em graus variados. Embora os dados empíricos mais relevantes tenham sido produzidos pelos estudos com gémeos, parece mais fácil compreender a lógica dos trabalhos da genética do comportamento recorrendo aos estudos com indivíduos adoptados. A investigação com indivíduos geneticamente relacionados, criados separadamente, em ambientes não correlacionados (mas não necessariamente diferentes), permite fazer uma estimativa directa do grau em que a parecença familiar é mediada por factores genéticos. Foi este tipo de dados que persuadiu os psiquiatras, no final dos anos 60, a acreditar na importância da influência genética sobre o comportamento. Por exemplo, o estudo clássico de Heston (1966), com filhos adoptivos, mostrou que as crianças separadas à nascença dos seus pais biológicos esquizofrénicos se encontravam, todavia, em risco de se tornarem esquizofrénicas, o que aponta para a influência genética na semelhança entre pais e filhos na esquizofrenia. Na realidade, estas crianças, privadas do contacto com os seus pais biológicos, desde os primeiros dias de vida, eram tão propensas à esquizofrenia quanto os seus irmãos, criados no seio da família de origem, o que mostra que crescer num ambiente potencialmente esquizofrenizante não aumenta o risco genético de desenvolver uma esquizofrenia. Contudo, um teste mais directo do pressuposto que realça o papel do meio reside no outro vértice da investigação que envolve filhos adoptivos: a análise dos indivíduos não geneticamente relacionados, criados em conjunto, na mesma família adoptiva, possibilita uma estimativa directa do grau em que a parecença familiar é mediada pelo ambiente partilhado. No que diz respeito à esquizofrenia, não existe nenhum risco pelo facto de o indivíduo ser criado numa família com um pai ou um irmão esquizofrénico (Kety et al., 1994).

Considerados em conjunto, estes dados provenientes dos estudos com indivíduos adoptados permitem concluir que a parecença familiar, no caso da esquizofrenia, é mediada por factores genéticos e não ambientais. Todavia, o ambiente é importante — por exemplo, os gémeos idênticos são apenas 50% concordantes no risco de esquizofrenia, e não 100%, como seria de esperar se esta perturbação fosse inteiramente devida a factores genéticos. Os gémeos idênticos criados no mesmo ambiente familiar podem ser apenas 50% discordantes no risco de esquizofrenia por razões relativas à influência ambiental, uma vez que estes são geneticamente idênticos. Estas influências ambientais têm sido designadas por não partilhadas, uma vez que elas não são vividas de igual modo pelas crianças que crescem no seio do mesmo contexto familiar. A distinção entre ambiente partilhado e não partilhado tem tido muitas outras designações, tais como comum *versus* único, inter-família *(between family)* *versus* intra-família *(within family)* e E_2 *versus* E_1. O ambiente é importante mas não contribui para a parecença familiar. É de salientar que estes estudos apenas abordaram os factores que contribuem para as semelhanças entre os membros da mesma família, porque o seu objectivo era o de analisar a influência dos factores genéticos e do meio na parecença familiar. É possível que haja uma influência do ambiente familiar originador de esquizofrenia *(schizophrenogenic)* maior do que a que é devida à esquizofrenia dos pais que tiveram a seu cargo a educação dos filhos. Contudo, aquilo que se sabe da investigação sobre o ambiente não partilhado, é que o efeito deste tipo de medidas do ambiente familiar é fazer com que duas crianças, educadas no seio da mesma família, cresçam de modo diferente uma da outra.

Embora a importância do ambiente não partilhado tenha sido ressaltada a partir dos dados produzidos pela genética do comportamento, a propósito do estudo da personalidade e da psicopatologia, desde que estes trabalhos começaram, há um século atrás, ela permaneceu escondida como o fundo, numa ilusão figura-fundo, em que a figura era a genética. Foi somente em 1976 que esta ilusão do tipo figura-fundo conheceu o reverso da medalha, passando a tónica a ser colocada no fundo. Num livro clássico sobre um estudo, de grandes dimensões, levado a efeito com gémeos, Loehlin e Nichols (1976) apresentam a conclusão mais comum relativa à influência genética na personalidade, mas ressalvam o seguinte:

> "uma conclusão consistente — embora surpreendente — está a surgir dos dados (e não é uma característica simplesmente idiossincrática do nosso estudo). O ambiente tem um peso substancial na determinação da personalidade — ele parece ser responsável, pelo menos, por metade da variância — mas esse ambiente é aquele em relação ao qual os pares de gémeos apresentam uma correlação próxima de zero... Em suma, no domínio da personalidade, dá a impressão que observamos os efeitos do ambiente a actuar de uma forma quase aleatória, em função do tipo de variáveis que os psicólogos (e outras pessoas) consideraram tradicionalmente importantes nesta área do desenvolvimento" (p. 92).

Este assunto foi salientado e ampliado num trabalho publicado em 1981 (Rowe & Plomin, 1981). Os dados que apontavam para a importância do ambiente não partilhado na psicopatologia, personalidade e aptidões cognitivas foram apresentados, em conjunto, num artigo escrito para a revista *Behavioral and Brain Sciences* (BBS), intitulado: "Por que é que as crianças da mesma família são tão diferentes entre si?" (Plomin & Daniels, 1987a), o qual foi publicado com 32 comentários e uma resposta aos mesmos (Plomin & Daniels, 1987b). As questões levantadas pelos referidos comentários reapareceram durante a década seguinte (*embora tivessem sido discutidas no artigo da BBS e na resposta aos comentários*): é necessário distinguir o ambiente não partilhado do erro da medida (*sim*), a interacção e a correlação genótipo-ambiente poderão contribuir para o ambiente não partilhado (*não, estas não conseguem explicar a razão pela qual os gémeos idênticos são diferentes*), o ambiente partilhado poderá ter maior influência nos casos extremos, tais como em famílias abusivas (*sim*), as percepções do ambiente poderão constituir uma importante fonte de experiência não partilhada (*sim*), e o ambiente não partilhado é susceptível de envolver factores aleatórios, relacionados com experiências idiossincráticas, incluindo os acontecimentos pré-natais (*sim*). Nenhuma destas respostas foi capaz, quer nessa

Por que são tão diferentes as crianças da mesma família? 97

altura, quer depois, de desafiar a conclusão fundamental relativa à importância do ambiente não partilhado. A mensagem veiculada no artigo publicado era bastante encorajadora: aqui está uma nova maneira de averiguar a influência do meio e uma estratégia metodológica para o fazer, estudando mais do que uma criança por família, para descobrir por que elas são tão diferentes. Neste programa de investigação foram delimitadas três etapas: (1) Identificar as experiências diferenciais que exigem o desenvolvimento de medidas do ambiente familiar, específicas para cada criança; (2) Analisar a associação entre esse tipo de experiências diferenciais e seus respectivos resultados; e (3) Determinar até que ponto a associação entre as experiências e os resultados, referida no ponto anterior, é de natureza causal.

O trabalho publicado em 1987 incluía, também, um quadro onde se encontravam enumeradas as possíveis fontes de ambiente não partilhado (ver Quadro 1). Estas não se restringem, apenas, aos ambientes psicossociais, habitualmente referidos pelos psicólogos, quando usam a palavra *ambiente*. A genética do comportamento define o conceito de *genética* de uma forma muito restrita, pretendendo traduzir-se com este a herança recebida dos pais, à qual normalmente se faz referência quando se diz, por exemplo, que a cor dos olhos é genética.

Quadro 1. Tipos de influências ambientais que levam as crianças de uma mesma família a serem diferentes (adaptado de Plomin & Daniels, 1987a)

Tipos	Exemplos
Erro de medida	Falta de fidelidade teste-reteste
Ambiente não partilhado	
Não sistemáticas	Acidentes, acontecimentos pré-natais diferenciais, doença, traumas
Sistemáticas:	
Composição familiar	Ordem dos nascimentos, diferenças de género
Interacção na fratria	Tratamento ou percepções diferenciadas
Relações pais-filhos	Tratamento ou percepções diferenciadas
Extra-familiares	Experiências diferenciais com os pares, amigos, professores, desportos ou outras actividades e interesses, educação, empregos, conjuges, vida familiar

Em contrapartida, o *ambiente* é definido de uma maneira muito lata, de modo a abranger tudo aquilo que não é genético (considerando a definição estrita deste conceito). Por exemplo, diversos acontecimentos que envolvem o DNA não são genéticos, uma vez que não são herdados, tais como certas anomalias cromossómicas ou mutações somáticas, que não se transmitem de pais para filhos. Assim, a definição lata de ambiente, referida anteriormente, como tudo o que não é genético, inclui todas as influências que actuam dentro e fora do organismo, e que não são herdadas. Enquanto se discutem estes aspectos essenciais, deveremos reiterar a ideia de que a investigação, feita no âmbito da genética do comportamento, faz uma descrição dos factos observáveis (*daquilo que é*), em vez de se dedicar a predizer possíveis observações (*daquilo que poderia ser*). Por exemplo, uma elevada hereditabilidade para a altura significa que as diferenças de estatura, entre os indivíduos, são largamente devidas a diferenças genéticas, dadas as influências genéticas e ambientais que ocorrem numa população particular, num período específico de tempo (*aquilo que é observável*). Mesmo para uma característica fortemente herdada, como é o caso da altura, uma intervenção ambiental, que poderia passar por melhorar a alimentação das crianças ou pela prevenção de certas doenças, era susceptível de influenciar a altura dos indivíduos (*o que poderia ser*). Acredita-se, por exemplo, que estes factores ambientais são responsáveis pelo aumento médio, verificado ao nível da altura, de geração para geração, se bem que as diferenças individuais nesta característica física sejam, em grande parte, devidas à hereditariedade, em cada geração.

Durante a última década, os investigadores têm colocado, muitas vezes, a ênfase em tipos particulares de ambiente não partilhado, tais como a composição da família (Hoffman, 1991), as interacções na fratria (Vandell, 2000), os colegas (Harris, 1998) e factores não sistemáticos (Turkheimer & Waldron, 2000). Todavia, a lista apresentada no Quadro 1 tem permanecido sem alterações, não por presciência, mas porque inclui todos os possíveis tipos de influência não genética:

> "Em certo sentido, acreditar que as influências ambientais são responsáveis pelas diferenças entre as crianças de uma mesma família, conduz a uma dramática reconceptualização dos ambientes psicológicos. Por outro lado, esta reconceptualização não necessita de envolver elementos misteriosos do ambiente: qualquer factor ambiental pode ser encarado, em função da sua contribuição para a variância do ambiente não partilhado. Por exemplo, a expressão dos afectos por parte dos pais pode facilmente ser vista como um motivo causador de diferenças entre duas crianças da

Por que são tão diferentes as crianças da mesma família? 99

mesma família, já que aqueles podem ser mais afectuosos para um filho do que para outro" (Plomin & Daniels, 1987).

A novidade deste trabalho consistiu na importância dada às medidas das vivências que são específicas de cada criança, incluindo as percepções subjectivas da experiência. Tal como será referido posteriormente, se um mesmo acontecimento (*v. g.*, divórcio dos pais) é susceptível de ser vivido de modo diferente por dois irmãos — é-nos possível avaliar a experiência diferencial de cada criança, a respeito deste tipo de situações partilhadas. Porém, um bom ponto de partida, para recomeçar a tentar compreender por que os irmãos são tão diferentes, é investigar as experiências que diferem dentro das próprias famílias.

O artigo publicado na revista *Behavioral and Brain Sciences* deu origem a um livro não académico, editado em 1990, com o título: Vidas Separadas: Por que são tão diferentes os irmãos (*Separate lives: Why siblings are so different*), no qual foi feita uma reinterpretação da investigação relativa à socialização dos irmãos, tendo como pano de fundo os trabalhos sobre o ambiente não partilhado. Esta obra mostrou, de forma geral, que as crianças que crescem no seio da mesma família experienciam diferentes ambientes, na sua interacção com os pais e com os seus irmãos, como se fossem educados em meios familiares distintos (Dunn & Plomin, 1990). Em 1994 foi publicada uma revisão mais detalhada dos métodos utilizados e dos dados obtidos na investigação sobre o ambiente não partilhado, com interesse para a psicopatologia, para a personalidade e para as aptidões cognitivas (Plomin et al., 1994). Diversos estudos neste domínio foram levados a efeito no final dos anos 80 e no início da década de 90, encontrando-se os mais antigos descritos num livro editado em 1994, intitulado: O mundo social separado dos irmãos – O impacto do ambiente não partilhado no desenvolvimento (*Separate social worlds of siblings: Impact of nonshared environment on development*) (Hetherington et al., 1994). Uma meta-análise recente, a que aludiremos mais tarde, permitiu identificar 43 trabalhos que se referem à segunda etapa do programa de investigação sobre o ambiente não partilhado – a identificação das associações entre as experiências não partilhadas e os seus efeitos diferenciais, nos irmãos (Turkheimer & Waldron, 2000). O maior destes estudos foi conduzido no âmbito do projecto sobre a influência do ambiente não partilhado no desenvolvimento do adolescente (NEAD), o qual nasceu das discussões a propósito do trabalho que publicámos, em 1987, na BBS. O NEAD consistiu numa pesquisa que se prolongou por uma década, e que envolveu a colaboração entre um psiquiatra de orientação psicodinâmica, dedicado às questões da família (David Reiss), uma psicóloga infantil, com uma especialização na mesma área (E. Mavis Hetherington) e um geneticista do comportamento (Robert Plomin). O objectivo deste projecto (NEAD) era analisar as três etapas do programa de investigação, atrás referidas, dando-se uma ênfase especial às medições do ambiente familiar e seus efeitos sobre a psicopatologia do adolescente. Para tal, utilizou-se um plano de investigação que permitisse uma análise dos aspectos genéticos. Os resultados obtidos no NEAD vêm descritos mais adiante.

A REACÇÃO

Apesar das implicações algo revolucionárias do reconhecimento da importância do ambiente não partilhado, as reacções da comunidade de psicólogos do desenvolvimento só vieram a público recentemente, talvez porque as respostas ao artigo de 1987 tenham sido dadas de uma forma tão rigorosa. Não obstante, um primeiro 'tiro de aviso' foi disparado em 1991, num trabalho saído no *Psychological Bulletin* (Hoffman, 1991). O artigo deste autor começou com uma crítica geral à metodologia da genética do comportamento, sendo que apenas alguns dos aspectos se mostravam relevantes para a questão do ambiente não partilhado. Defendia-se, nesta publicação, que certos comportamentos, tais como o QI, apresentavam semelhanças nos irmãos adoptivos, facto esse que apontava para a influência do ambiente partilhado, e que outros comportamentos, tais como o auto-conceito, que poderão vir a revelar, igualmente, a influência do ambiente partilhado, ainda não foram estudados. Embora concordemos que os métodos de estudo da genética do comportamento consistem somente em planos quase-experimentais, é surpreendente a convergência de resultados, provenientes de diferentes estratégias metodológicas, utilizadas nos estudos com gémeos e com filhos adoptivos, o que aponta para a importância do ambiente não partilhado (Plomin et al., 2000). Como atrás se referiu, a maneira mais simples de ver a importância do ambiente não partilhado, que evita a maioria das complicações, reside nas consideráveis diferenças observadas entre pares de gémeos idênticos, criados em conjunto, embora os estudos sobre este tipo de indivíduos provavelmente subestimem o ambiente não partilhado, porque há efeitos especiais dos gémeos que contribuem para a sua parecença.

Por que são tão diferentes as crianças da mesma família? 101

No que se refere à hipótese de que o QI e o auto-conceito reflectem a influência do meio partilhado, a regra geral, segundo a qual, os ambientes reais são os não partilhados, não depende da afirmação de que não há excepções à regra. Todavia, um dos resultados mais interessantes nesta área tem a ver com o QI: embora os irmãos adoptivos mais novos se pareçam entre si, os estudos com este tipo de sujeitos, após a adolescência, revelaram de forma consistente a inexistência de semelhanças, mostrando que, a longo prazo, o meio actua através do ambiente não partilhado, mesmo no que diz respeito ao QI (McGue et al., 1993; Plomin, 1988). Esta conclusão aponta para o facto de, na infância, poderem ser encontradas influências ambientais partilhadas, que estão relacionadas com o desenvolvimento cognitivo; todavia, o que deve ser pesquisado neste período de vida são as influências do ambiente não partilhado, as quais poderão predizer as aptidões cognitivas a longo prazo (Chipuer & Plomin, 1992). No que concerne à questão do auto-conceito, o primeiro estudo da genética do comportamento que contemplou esta variável não apresentou dados a favor do ambiente partilhado (McGuire et al., 1994), conclusão esta que foi corroborada em trabalhos subsequentes (McGuire et al., 1999; Roy et al., 1995). Se a crítica, referida anteriormente, tivesse levado em conta o domínio da psicopatologia, poderia ser apontada, pelo menos, uma excepção à regra de que as verdadeiras influências ambientais são as não partilhadas: a delinquência juvenil apresenta alguma influência das experiências partilhadas (Plomin et al., 2001; Gottesman et al., 1994), embora esta constatação possa ser artificial, na medida em que os gémeos poderão actuar como parceiros no crime (Rowe, 1986).

Apesar deste ataque geral à genética do comportamento, a crítica termina com o autor a concordar com o facto de as influências ambientais sobre a personalidade serem não partilhadas:

> "Existe um consenso básico, na área da genética do comportamento e na psicologia do desenvolvimento, de que tanto a carga genética como o meio desempenham um papel no desenvolvimento da personalidade, e de que as influências ambientais não conduzem à semelhança entre irmãos" (Hoffman, 1991, p. 190).

Com esta opinião, o autor parece sugerir que os psicólogos do desenvolvimento já saberiam que o modo de o ambiente actuar passava pelas experiências não partilhadas:

"Os geneticistas do comportamento defendem que este tipo de variáveis, se actuarem, levarão os irmãos a não serem parecidos ao nível da personalidade. Os psicólogos do desenvolvimento, orientados por pressupostos ambientalistas, por seu turno, são de opinião de que estas influências operam de maneira distinta em crianças diferentes, e que por isso a ausência de características comuns entre irmãos não significa que estas variáveis não tenham qualquer efeito" (Hoffman, 1991, p. 190).

Se os desenvolvimentistas sabiam já da importância do ambiente não partilhado, por que razão muito menos de 1% dos estudos, apostados em investigar o processo de socialização, envolvem mais do que uma criança por família, sabendo que esse é o único meio de analisar a influência do meio não partilhado?

Uma intervenção da presidente da Sociedade para a *Investigação do Desenvolvimento da Criança* (*Society for Research in Child Development*) (Scarr, 1992) e o grande impacto causado pelos livros de divulgação de David Rowe (Rowe, 1994) e Judith Harris (Harris, 1998) foram dois acontecimentos que desencadearam uma reacção, com uma década de atraso, por parte da comunidade de psicólogos do desenvolvimento (Vandell, 2000; Collins et al., 2000; Maccoby, 2000). As publicações anteriores não só mostravam, de forma provocadora, as implicações do ambiente não partilhado para as teorias da socialização, como também procuravam dar resposta a questões mais vastas sobre a natureza do meio (*nurture*). O título do livro de Harris era: "O pressuposto do meio" (*The nurture assumption*), e um dos subtítulos que aparecia na sobrecapa era: "Os pais interessam menos do que se pensa e os amigos têm mais importância" (*Parents matter less than you think and peers matter more*). Os ecos da obra deste autor alcançaram as primeiras páginas da imprensa, chegando mesmo a aparecer um artigo publicado na revista *Newsweek*, anunciado na folha da capa, a que foi dado o título: "Quem precisa de pais?" (*Who needs parents?*) (Begley, 1998). O livro recebeu ainda uma entusiástica publicidade, num extenso e influente trabalho que veio a público na revista *The New Yorker* (Gladwell, 1998) [1]. A reacção negativa a estas publicações é largamente direccionada mais para as questões da hereditariedade *vs.* meio (*nature-and-nuture*), do que propriamente para o tema do ambiente não partilhado. Por exemplo, o livro de Harris é

---

[1] Para saber mais sobre a extraordinária cobertura dada pela imprensa a "O pressuposto do meio", consulte http://home.att.net/~xchar/tna/.

criticado por defender que os amigos são mais importantes do que os pais (Vandell, 2000), argumento este a que a autora deu resposta (Harris, 2000). A atiçar esta chama está a interpretação errónea de que se os pais não são um factor que molda a personalidade da criança, então eles não têm qualquer importância. Saber o que torna os irmãos semelhantes ou diferentes é uma questão muito mais restrita do que perguntar se os pais são importantes (Plomin, 1999).

Uma questão específica do ambiente não partilhado, que continua a surgir nas investigações, é o facto de as estimativas acerca do mesmo diminuírem, quando o erro da medida é levado em consideração (*v. g.*, Maccoby, 2000; Rutter et al., 1999). Embora, na publicação de 1987, tenha sido enfatizada a necessidade de separar o ambiente não partilhado do erro da medida, o problema é que a variância do meio (quer se trate de uma proporção da variância total, ou se trate da variância corrigida devido ao erro da medida) é não partilhada — os ambientes reais são não partilhados. Outra das críticas tem a ver com o facto de as famílias adoptivas apresentarem uma variância restrita, e por isso subestimarem o ambiente partilhado relativamente ao QI (Stoolmiller, 1999). Contudo, embora a maioria das famílias estudadas pelos desenvolvimentistas não seja completamente representativa da população, a lógica interna do método da adopção permanece inalterada, quando as famílias adoptivas e as famílias do grupo de comparação possuem variâncias semelhantes, tal como se verificou no *Projecto de Adopção do Colorado* (DeFries, Plomin & Fulker, 1994). E o mesmo acontece, também, no caso das comparações entre gémeos monozigóticos e gémeos dizigóticos. Além disso, a hipótese da variância reduzida ignora dados cruciais dos estudos de adopção, segundo os quais foi encontrada uma correlação de .26 para o QI, em mais de 200 pares de irmãos adoptivos, com uma média de idades de 8 anos, tendo essa mesma correlação, dez anos depois, caído para um valor próximo de zero (Loehlin, 1989). Uma vez que, no seio das mesmas famílias, o ambiente partilhado se mostra importante para o QI, na infância, mas não acontece o mesmo após a adolescência, a limitação da distribuição não pode ser vista como um factor relevante na constatação de que a influência, a longo prazo, do ambiente partilhado é irrelevante. Parece-nos de maior utilidade a ideia de que poderemos encontrar mais quantidade de ambiente partilhado nas famílias de alto risco, o que implica que as de baixo risco tenham tendência a apresentar um número mais elevado de meios não partilhados (O'Connor et al., 2001; McGuire, Clifford & Fink, 2000). Outros aspectos dignos de atenção têm a ver com facto de, por exemplo, o ambiente não partilhado poder envolver factores perinatais, com interesse especial para a psicopatologia (*v. g.*, McGue & Bouchard, 1998), e com a possibilidade de ocorrerem certos processos de comparação social entre irmãos, tais como a rivalidade ou a não identificação (Fienberg & Hetherington, 2000; McGuire, 2001). De acordo com um ponto de vista evolutivo, sobre a competição entre irmãos pela atenção (*investment*) parental, a interacção entre eles, na busca da atenção dos pais, poderia ser vista como uma situação útil para procurar o ambiente não partilhado (Buss, 1987; Lalumiere, Quinsey & Craig, 1996).

Uma crítica mais geral relaciona-se com a necessidade de avaliar o meio na investigação feita no âmbito da genética do comportamento:

> "As análises da genética do comportamento permitem concluir, contudo, que o ambiente não partilhado contribui para as diferenças individuais num determinado domínio; elas não conseguem, no entanto, identificar as relações entre os acontecimentos do meio não partilhado, medidos objectivamente, e o desenvolvimento" (Collins et al., 2000, p. 221).

Pelo contrário, tal como foi debatido no artigo publicado na *Behavioral and Brain Sciences*, um dos pontos fortes da genética quantitativa é o facto de os seus métodos, que envolvem gémeos e filhos adoptivos, permitirem descrever os efeitos interligados das influências genéticas e ambientais, sem ser necessária a impossível tarefa de avaliar genes e meios específicos. O passo seguinte, no programa de investigação acerca do meio, consiste em identificar aspectos particulares deste que sejam responsáveis pelos ambientes não partilhados, assim como a etapa subsequente do programa de investigação genética passa por detectar os genes específicos, responsáveis pela hereditabilidade. Tal como é difícil encontrar os genes particulares que operam nos sistemas multigenéticos (*multiple-gene systems*) (Plomin, Owen, McGuffin, 1994), talvez seja ainda mais complicado descobrir as influências ambientais específicas, responsáveis pelo meio não partilhado. No caso dos genes, sabemos, pelo menos, qual a unidade de transmissão e o modo como a mesma ocorre. Contudo, no que se refere ao meio, especialmente o não partilhado, não se sabe uma coisa nem outra.

Uma ideia construtiva, que sobressai da literatura científica da década passada, é a de que os efeitos do meio não partilhado poderão ser detectados nas respostas diferenciais das crianças a acontecimentos claramente partilhados (Maccoby, 2000). Isto é, os eventos manifestamente

Por que são tão diferentes as crianças da mesma família? 105

vividos em conjunto são susceptíveis de resultar em efeitos de ambiente não partilhado, à medida que vão interagindo com as características das próprias crianças. Esta distinção torna-se extremamente clara em variáveis como a doença dos pais, a educação, a pobreza, o desemprego ou a relação com os vizinhos, as quais são habitualmente medidas, tendo por base a família como unidade. No seio da mesma família, o efeito destes factores poderá diferir de criança para criança, dependendo de certas características destas, como a idade, o sexo e a personalidade. Para dar um exemplo do que acabamos de afirmar, podemos reportar-nos a uma investigação que mostrou ter o efeito do desemprego dos pais, durante a Grande Depressão, dependido da idade e do sexo da criança (Elder, 1974). Desta forma, uma experiência partilhada é susceptível de produzir efeitos não partilhados. Embora pareça bastante provável que este tipo de interacções possa constituir uma fonte de experiência não partilhada, importa salientar que o exemplo do desemprego consiste numa análise inter-famílias e não intra-famílias. Para averiguar se a associação ocorre neste segundo caso, contribuindo assim para as distinções entre irmãos, nos respectivos percursos de desenvolvimento, seria necessário mostrar que os efeitos do desemprego dos pais, nos resultados diferenciais dos filhos, seriam moderados pelas diferenças etárias, ou de género, entre os irmãos. São, por isso, necessárias investigações empíricas que analisem a importância destas interacções para a explicação do ambiente não partilhado. Todavia, na tentativa de descobrir por que razão são os filhos de uma família tão diferentes, parece-nos razoável começar por detectar quais os principais efeitos das experiências que diferem entre irmãos, tais como o tratamento desigual dos pais, em vez de se procurarem interacções em experiências que não são diferentes para os irmãos. Além disso, uma estratégia mais eficaz poderá consistir em estudar os principais efeitos das percepções diferenciadas que os irmãos têm deste tipo de experiências partilhadas.

A hipótese de que os acontecimentos partilhados podem conduzir a efeitos não partilhados leva-nos a concluir que "não há nada nas constatações destes estudos tradicionais que seja invalidado pelo facto de os mesmos terem estudado apenas uma criança" (Maccoby, 2000, p. 16). Esta conclusão é relativamente injustificada, uma vez que o interesse da investigação reside na descoberta das influências do meio que afectam o desenvolvimento, partindo do conhecimento de que os ambientes reais são os não partilhados. As tradicionais associações entre o comportamento dos pais e os resultados das crianças (em estudos inter-famílias) podem servir para explicar o meio não partilhado, se considerarmos que estas relações também podem ser observadas intra-famílias, levando os irmãos de um mesmo núcleo familiar a tornar-se diferentes. Outras explicações, com base no meio não partilhado, das associações entre o comportamento dos pais e os desempenhos dos filhos, nos estudos inter-famílias, incluem a possibilidade de os pais constituírem mais um efeito do que uma causa das diferenças observadas nas crianças, e a possibilidade de as associações se deverem a uma terceira variável, a genética, tal como foi discutido atrás. O objectivo da investigação baseada no meio não partilhado é explicar por que motivo são tão diferentes os irmãos que crescem na mesma família, uma vez que é dessa forma que o meio opera.

NOVAS INVESTIGAÇÕES

Existe consenso quanto ao facto de as crianças que crescem na mesma família experienciarem diferentes meios, o que constitui a primeira etapa do programa, em três fases, de investigação sobre o ambiente não partilhado. No que se refere à segunda etapa — relacionar as experiências diferenciais com os desempenhos diversos — somos impelidos a predizer que todos os factores listados no Quadro 1 dão alguma contribuição para o ambiente não partilhado. Uma meta-análise de 43 trabalhos que se dedicaram ao estudo da segunda etapa do programa de investigação permitiu concluir que "as variáveis do ambiente não partilhado, que foram alvo de medição, não explicam uma proporção substancial da sua variabilidade" (Turkheimer & Waldron, 2000, p. 78). Contudo, analisando as mesmas investigações, um optimista seria levado a concluir que esta pesquisa está a começar bem. A proporção de variância total explicada nos domínios do ajustamento, personalidade e desempenhos cognitivos foi de .01 para a composição da família, .02 para o comportamento diferencial dos pais, .02 para a interacção diferencial dos irmãos e .05 para a interacção diferencial com os pares ou com os professores. Além disso, estes efeitos são largamente independentes porque medições agregadas do ambiente diferencial mostraram ser responsáveis por 13% da variância total. Todavia, estes estudos ainda não tinham levado em consideração a terceira etapa do programa de investigação, a qual preconiza a distinção entre a causa e o efeito. Já foi dito, neste capítulo, que talvez seja mais difícil identificar as influências ambientais específicas, responsáveis pelo meio não partilhado, do que descobrir os genes particulares

Por que são tão diferentes as crianças da mesma família? 107

causadores da hereditabilidade. Apesar de tudo, podemos afirmar que já houve, pelo menos, tanto progresso na identificação do meio não partilhado, como na identificação dos genes (Plomin et al., 2000).

Nesta secção centrámos a nossa atenção nos resultados do projecto NEAD, obtidos ao longo de uma década, uma vez que ele representa o 'supra sumo' da investigação sobre o ambiente não partilhado, numa tentativa de abarcar as três etapas do programa de pesquisa, descritas anteriormente (Reiss et al., 2000). Em duas dessas etapas, os autores fizeram, de 3 em 3 anos, visitas de 2 horas de duração a 720 famílias, cada uma com dois filhos do mesmo sexo, com idades compreendidas entre os 10 e os 18 anos. Aos pais e aos filhos foi administrada uma grande bateria de questionários e de entrevistas, que constituíam medidas do meio familiar, e procedeu-se à gravação em vídeo das interacções pais-filhos, durante uma sessão em que eram discutidos os problemas do relacionamento familiar. Foram combinadas diversas medidas, provenientes de variadas fontes de informação, de maneira a criarem-se medidas compostas, altamente fiáveis. O primeiro passo consistiu em identificar as experiências diferenciais dos irmãos. As correlações entre as informações prestadas pelos irmãos, relativamente às suas interacções na família (por exemplo, os relatos dos filhos a propósito da negatividade dos pais), foram moderadas, acontecendo o mesmo com os dados das observações das interacções pais-filhos e filhos-pais. Em virtude da elevada fidelidade destas medições, estes dados sugerem que estas experiências são largamente não partilhadas. Em contrapartida, os relatos dos pais mostram elevadas correlações entre irmãos, por exemplo, quando os pais se referem à sua própria negatividade para com cada um dos filhos. Embora isto possa dever-se a um efeito do avaliador, já que os pais tiveram de avaliar ambos os filhos, as elevadas correlações entre irmãos nos relatos que os pais fazem dos meios dos filhos, levam-nos a acreditar que os relatos dos pais não são boas medidas para o estudo dos factores que compõem o ambiente não partilhado.

Uma vez identificadas as experiências não partilhadas, específicas de cada criança, o passo seguinte consiste em perguntar se essas vivências (não partilhadas) estão relacionadas com medidas psicológicas. Por exemplo, até que ponto as diferenças no modo como os pais tratam os filhos contribuem para a variância do meio não partilhado, que se sabe ser importante para a personalidade e para a psicopatologia? Embora a investigação nesta área tenha apenas começado agora, já se obteve algum sucesso na predição de diferenças a nível do ajustamento dos irmãos, a partir das diferenças observadas nas suas experiências (Hetherington et al., 1994). O projecto NEAD permitiu obter diversos exemplos, recorrendo a diferentes modelos e métodos para investigar as associações entre as experiências diferenciais dos irmãos e seus respectivos resultados diferenciados [2]. Por exemplo, uma atitude negativa, dos pais para um dos filhos, adolescente (controlando o tratamento que os pais dão ao outro filho), está fortemente relacionada com o comportamento anti-social desse indivíduo e, em menor grau, com a sua depressão (Reiss et al., 2000). A maior parte destas associações envolve aspectos negativos do comportamento dos pais, tais como o conflito, e consequências nefastas, de que o comportamento anti-social é um exemplo. As associações revelam-se, de uma maneira geral, mais fracas no caso das atitudes positivas dos pais, tais como a expressão da afectividade.

Até este momento, parece que o projecto NEAD proporcionou um final feliz à história do ambiente não partilhado: os pais tratam os filhos de maneira diferente e este tipo de tratamento está relacionado com um ajustamento diferencial dos mesmos. Contudo, o enredo tornou-se complicado na terceira etapa deste programa de investigação — é necessário descobrir se o tratamento diferencial dos pais é uma causa ou um efeito do ajustamento apresentado pelos filhos. As análises longitudinais cruzadas (*cross-lagged*) efectuadas não foram muito informativas, porque as medições do comportamento dos pais e do ajustamento dos filhos mostraram-se bastante estáveis ao longo do intervalo de três anos, durante os quais as famílias do projecto NEAD foram estudadas, enquanto o sucesso das análises *cross-lagged* depende da mudança. Uma característica única deste projecto tem a ver com o facto de as numerosas medidas do meio familiar estarem inseridas num plano sensível aos aspectos genéticos, a fim de se avaliar a possível mediação genética nas associações entre o meio não partilhado e a psicopatologia do adolescente. As 720 famílias do projecto NEAD foram seleccionadas de modo a serem incluídos na amostra gémeos monozigóticos e dizigóticos, irmãos verdadeiros (com o mesmo pai e a mesma mãe), meios irmãos (que têm em comum só um dos progenitores) e irmãos não geneticamente relacionados. Estes

---

[2] No artigo de Rodgers et al. (1994) poderá ser encontrada a descrição de uma metodologia geral, simples e bastante útil. Ver também Turkheimer e Waldron (2000).

Por que são tão diferentes as crianças da mesma família? 109

gémeos e irmãos constituíam os indivíduos adolescentes destas famílias (e não os pais), pelo que a mediação genética poderia ser observada na medida em que o tratamento diferencial, dado pelos pais, é uma resposta ao nível de ajustamento diferencial e geneticamente determinado dos filhos.

O NEAD recorreu a análises genéticas multivariadas da covariância, para analisar esta questão (Pike, 1996). Contrariamente à tradicional análise genética univariada da variância de uma só variável, a análise genética multivariada decompõem a covariância, entre as variáveis, em fontes genéticas e ambientais de covariância (Martin & Eaves, 1977; Plomin & DeFries, 1979). A ideia básica é a de que, em vez de se compararem as correlações dos gémeos monozigóticos e dizigóticos, numa simples variável, de maneira a decompor a variância da mesma, a análise genética multivariada compara de forma cruzada as correlações desses mesmos gémeos — isto é, a correlação entre a variável X, de um gémeo, e a variável Y, de outro gémeo — de forma a decompor a covariância entre X e Y. A mediação genética da covariância é inferida se a correlação cruzada dos gémeos monozigóticos for superior à correlação cruzada dos dizigóticos (cf. Plomin et al., 2000, para mais informações). No Projecto NEAD foram utilizadas análises genéticas multivariadas, para estudar a covariância entre o meio familiar e os resultados dos adolescentes, no caso das famílias com irmãos verdadeiros, meios irmãos e irmãos não geneticamente relacionados, para além das famílias com gémeos monozigóticos e dizigóticos. Este procedimento permite fazer uma estimativa da mediação genética da covariância entre o meio familiar e os desempenhos dos adolescentes e, igualmente importante, possibilita averiguar quais as contribuições do meio partilhado e não partilhado para a covariância independente dos factores genéticos. Além disso, se o pressuposto padrão for respeitado, ou seja, que o erro da medida não se encontra correlacionado entre as diversas medidas, pode afirmar-se que a contribuição do ambiente não partilhado para a covariância está livre do erro da medida.

A análise genética multivariada da associação entre a negatividade dos pais e o tipo de ajustamento do adolescente levou a um resultado inesperado: a maior parte destas associações era mediada por factores genéticos. Dificilmente qualquer um dos efeitos mediadores do ambiente não partilhado permanecia independente da mediação genética. A conclusão de que o ambiente não partilhado falhava em mediar estas associações é sustentada por análises mais simples, as quais permitiram constatar a fraca associação entre as diferenças dos gémeos idênticos no ambiente familiar e as diferenças desses mesmos indivíduos nos desempenhos durante a adolescência. Esta abordagem é de tipo analítico e avalia directamente a mediação que o ambiente não partilhado exerce naquela associação (Pike et al., 1996). A descoberta da mediação genética aponta para o facto de o tratamento diferencial, dos pais para com os filhos, reflectir de uma forma alargada as diferenças entre irmãos influenciadas geneticamente. Tão improvável quanto esta conclusão possa parecer, à primeira vista, é-o também a segunda grande descoberta da investigação genética acerca da interface entre a carga genética e o meio — a genética contribui substancialmente para a experiência (Plomin, 1994). O estudo do ambiente não partilhado, no âmbito do projecto NEAD, conduziu a uma correlação genótipo-ambiente, querendo isso significar que as crianças seleccionam, modificam, constroem e reconstroem as suas experiências, com base, em parte, nas suas predisposições genéticas. Muitas das reacções recentes, mencionadas anteriormente (Vandell, 2000; Collins et al., 2000; Maccoby, 2000), concentravam a sua atenção na questão mais ampla da relação entre o genótipo e o ambiente, em vez de se focarem no ambiente *per si*. O motivo pelo qual o livro resultante do projecto se chama: *A relação código* (*The relationship code*), é porque a correlação genótipo-ambiente restitui à família parte da sua influência, perdida para o ambiente não partilhado, na medida em que as predisposições genéticas são expressas no ambiente familiar. A correlação genótipo-ambiente não é só genética ou ambiental — traduz a influência de ambos os factores. Contudo, isto é um assunto para desenvolver noutra altura.

O FUTURO

A relevância dos resultados do NEAD, no estudo do ambiente não partilhado, tem a ver com o facto de estarmos de volta à prancheta de desenho, na identificação do ambiente não partilhado. As medidas tradicionais do ambiente familiar, utilizadas no NEAD, não foram bem sucedidas na identificação da relação entre o meio não partilhado e os desempenhos diferenciais dos irmãos. Talvez outro tipo de avaliações do ambiente familiar conduzam a resultados mais satisfatórios. É provável que, no âmbito do NEAD, possam ser encontradas ainda outras fontes de meio não partilhado, nas interacções da idade e do género com factores do ambiente partilhado, tal como foi sugerido em trabalhos recentes.

Todavia, em retrospectiva, tal como Harris (1998) referiu de maneira contundente, parece pouco inteligente ter procurado as experiências diferenciais dos irmãos, somente no contexto familiar, uma vez que estes vivem na mesma família. Em defesa do NEAD, poderemos afirmar que a investigação do ambiente familiar, sendo o primeiro passo no estudo do problema do ambiente não partilhado, permitiu ao projecto dar uma notoriedade ímpar aos esforços realizados para medir aquela variável. Na realidade, foi possível verificar que os irmãos experienciam de maneira bastante diferente os ambientes familiares e que estas vivências estão fortemente relacionadas com os resultados diferenciais, por eles obtidos. O problema é que a mediação genética é largamente responsável por estas associações.

Tal como foi sugerido pelas conclusões da meta-análise, descrita anteriormente (Turkheimer & Waldron, 2000), os factores extra-familiares parecem bons candidatos a ambientes não partilhados, e ainda não foram tão estudados quanto o ambiente familiar. Harris coloca as suas esperanças nos pares. Embora a influência genética tenha a ver com o facto de se escolher e de se ser escolhido pelos amigos e colegas (Baker & Daniels, 1990; Daniels & Plomin, 1985; Manke et al., 1995; Pike et al. 2000), uma pesquisa recente, que envolveu tanto o NEAD como um estudo sobre adopção, permitiu verificar que os grupos de pares estão amplamente relacionados com o ambiente não partilhado, independente da influência genética, tal como foi previsto por Harris (Iervolino et al., 2000). Não obstante, o ambiente não partilhado parece exercer desde bastante cedo a sua influência no desenvolvimento individual, muito antes de as crianças conviverem com os pares. Esta constatação leva-nos a acreditar que os factores do ambiente não partilhado podem diferir de idade para idade, questão esta a que voltaremos a dedicar a nossa atenção.

Independentemente da dificuldade de tentar encontrar factores específicos do ambiente não partilhado, importa realçar que é através deles que o meio exerce a sua verdadeira influência. É necessária, todavia, muito mais investigação para se compreenderem estes mecanismos. O preço a pagar, para que ao trabalho desenvolvido sobre o ambiente não partilhado, possa ser reconhecida importância, consiste em estudar mais do que uma criança por família. Esta tarefa não nos parece complicada, já que mais de 80% das famílias possuem mais de um(a) filho(a), o que proporciona aos investigadores a oportunidade de estudar duas crianças por um pouco mais do que o preço de uma. Os irmãos dão sinergia a qualquer plano de investigação: pode estudar-se qualquer uma das variáveis comuns aos tradicionais estudos inter-famílias, e depois analisar os dados a partir de uma perspectiva intra-família, a qual poderá ser útil para clarificar a interpretação de resultados provenientes dos primeiros (Dick et al., 2000). Todos os estudos com irmãos poderão ser utilizados para investigar as primeiras duas etapas do programa, descrito anteriormente, no sentido de se compreenderem as experiências diferenciais e de se identificar a associação entre estas e os resultados diferenciais obtidos. Estudos do tipo longitudinal podem começar por pôr em marcha a terceira etapa, tendo em vista a interpretação da direcção dos efeitos, para a associação, por exemplo, entre o comportamento (*parenting*) dos pais (X) e os desempenhos da criança (Y) — saber se X causa Y ou se Y é a causa de X, ou se existe uma terceira variável, responsável pela associação entre X e Y. Os estudos com gémeos e com indivíduos adoptados, feitos pela genética do comportamento, revestem-se de toda a utilidade para investigar a genética, enquanto possível 'terceiro factor', mediador de tais associações.

Torna-se, ainda, necessário levar em consideração a perspectiva pouco animadora de que o acaso contribui para o ambiente não partilhado, como se se tratasse de interferências, de experiências idiossincráticas ou de um encadeamento, difícil de explicar, de acontecimentos (Dunn & Plomin, 1990; Jensen, Sternberg & Grigorenko, 1998; Molenaar, Boomsma & Dolan, 1993; Plomin & Daniels, 1987; Turkheimer & Waldron, 2000). Francis Galton, o fundador da genética do comportamento, afirmou que o ambiente não partilhado ficava a dever-se largamente a factores do acaso: "Os extravagantes efeitos do acaso na produção de resultados estáveis são suficientemente comuns." Parecendo um pouco como um bolo da sorte, ele salientou que "as cordas emaranhadas contorcem-se de forma variada, tornando-se rapidamente em nós bastante firmes" (Galton, 1889, p. 195).

Duas conclusões, esquecidas, da genética do comportamento relacionam-se com a importância do acaso. A primeira é a de que a investigação genética multivariada aponta para o facto de as influências do ambiente não partilhado, numa determinada característica, como a depressão, serem independentes dessas mesmas influências noutros aspectos, como o comportamento anti-social (Reiss et al., 2000; Boomsma, 1987; Van den Oord et al., 2000). A segunda constatação tem a ver com a aplicação da análise genética multivariada a dados longitudinais, a qual permite avaliar as origens genéticas e ambientais das mudanças e da continuidade do desenvolvimento, associadas à idade (Plomin, 1986). A análise genética longitudinal mostra que as influências do ambiente não partilhado estão associadas à idade, em domínios como a psicopatologia (Kendler et al., 1993; Van den Oord et al., 2000), a personalidade (Loehlin et al., 1990; McGue et al., 1993; Pogue-Geile & Rose, 1985) e as aptidões cognitivas (Cherny et al., 1997). No decurso do projecto NEAD, e no que diz respeito à adolescência, foi encontrada alguma estabilidade, ao longo de um período de 3 anos, na influência do ambiente não partilhado sobre a depressão e sobre o comportamento anti-social, se bem que a maior parte do ambiente não partilhado se tenha revelado instável (Reiss et al., 2000; O'Connor et al., 1998). Ou seja, as influências do ambiente não partilhado, sofridas numa determinada faixa etária, são amplamente diferentes daquelas vividas em outro período da vida.

Quais serão os outros factores ambientais, para além do acaso, capazes de explicar estas duas conclusões? Apesar de tudo, a nossa opinião é a de que o acaso é a hipótese nula, se bem que as medições dos acontecimentos da vida sejam susceptíveis de avaliar alguns aspectos do acaso (Eley & Stevenson, 2000). É necessário analisar, cuidadosamente, as fontes sistemáticas de ambiente não partilhado, antes de podermos encolher os ombros e chamar-lhes acaso. O acaso pode ser, simplesmente, uma designação para a nossa ignorância actual acerca dos processos, pelos quais, as crianças — incluindo os pares de gémeos idênticos — que crescem no seio da mesma família, se tornam tão diferentes. Por exemplo, talvez as crianças possam construir, até certo ponto, a sua própria sorte.

Uma implicação ainda maior da pesquisa sobre o ambiente não partilhado, é que ele oferece um excelente exemplo de que algumas das importantes questões da investigação genética têm a ver com o ambiente e que algumas das importantes questões da investigação relativa aos factores do meio têm a ver com a genética (Rutter et al., 1997). A investigação genética poderá beneficiar se passar a incluir medidas sofisticadas do ambiente, e a investigação relativa a este lucrará se recorrer às estratégias metodológicas da genética. Em virtude disso, a compreensão do desenvolvimento humano conhecerá progressos, dada a colaboração entre geneticistas e ambientalistas. Estes são os termos em que os cientistas do comportamento estão a colocar, perante si, a controvérsia hereditariedade (*nature*) *vs.* meio (*nurture*), fazendo uma abordagem conjunta de ambos no estudo do desenvolvimento, tendo em vista a compreensão dos processos, pelos quais, os genótipos dão origem aos fenótipos.

BIBLIOGRAFIA

Baker, L. A. & Daniels, D. (1990). Nonshared environmental influences and personality differences in adult twins. *Journal of Personality and Social Psychology*, *58*(1), 103-10.

Begley, S. (1998). Who needs parents? *Newsweek*; August, 24-53.

Boomsma, D. I. (1987). Absence or underestimation of shared environment. *Behavior and Brain Sciences*, *10* (1), 19-20.

Buss D. M. (1987). Evolutionary hypotheses and behavioral genetic methods: Hopes for a union of two disparate disciplines. *Behavior and Brain Sciences*, *10*, 20-21.

Cherny, S. S., Fulker, D. W. & Hewitt, J. K. (1997). Cognitive development from infancy to middle childhood. In R. J. Sternberg & E. L. Grigorenko (Eds.), *Intelligence, heredity and environment* (pp. 463-482). Cambridge: Cambridge University Press.

Chipuer, H. M. & Plomin, R. (1992). Using siblings to identify shared and non-shared HOME items. *British Journal of Developmental Psychology*, *10*, 165-78.

Collins, W. A., Maccoby, E. E., Steinberg, L., Hetherington, E. M. & Bornstein, M. (2000). Contemporary research in parenting: The case for nature and nurture. *American Psychologist*, *55*(2), 218-32.

Daniels, D. & Plomin, R. (1985). Differential experience of siblings in the same family. *Developmental Psychology*, *21*(5), 747-60.

DeFries, J. C., Plomin, R. & Fulker, D. W. (1994). *Nature and nurture during middle childhood*. Oxford, UK: Blackwell.

Dick, D. M, Johnson, J. K., Viken, R. J. & Rose, R. J. (2000). Testing between-family associations in within-family comparisons. *Psychological Sciences*, *11*, 409-13.

Dunn, J. F. & Plomin, R. (1990). *Separate lives: Why siblings are so different*. New York: Basic Books.

Elder, G. H. Jr. (1974). *Children of the great depression*. Chicago: University of Chicago Press.

Eley, T. C. & Stevenson, J. (2000). Specific life events and chronic experiences differentially associated with depression and anxiety in young twins. *Journal of Abnormal Child*, *28*(4), 383-94.

Fienberg, M. E., & Hetherington, E. M. (2000). Sibling differentiation in adolescence: Implications for behavioral genetic theory. *Child Development, 71* (6), 1512-1524.

Galton, F. (1889). *Natural inheritance*. London: Macmillan.

Gladwell, M. (1998). Do parents matter? *The New Yorker*. August 17 Ed., 54-64.

Gottesman, I. &, Goldsmith, H. (1994). Developmental psychopathology of antisocial behavior: Inserting genes into its ontogenesis and epigenesis. In C. Nelson (Ed.), *Threats to optimal development* (pp. 69-104). Hillsdale, NJ: Erlbaum.

Harris, J. R. (2000). Socialization, personality development, and the child's environments. *Developmental Psychology*, *36* (6), 699-710.

Harris, J. R. (1998). *The nurture assumption: Why children turn out the way they do*. New York: The Free Press.

Heston, L. L. (1966). Psychiatric disorders in foster home reared children of schizophrenic mothers. *British Journal of Psychiatry*, *112*, 819-25.

Hetherington, E. M., Reiss, D. & Plomin, R. (Eds) (1994). *Separate social worlds of siblings: Impact of nonshared environment on development*. Hillsdale, N.J.: Lawrence Erlbaum Assoc. Inc.

Hoffman, L. W. (1991). The influence of the family environment on personality: Accounting for sibling differences. *Psychological Bulletin*, *110*, 187-203.

Iervolino, A. C., Pike, A, Manke, B., Reiss, D, Hetherington, E. M. & Plomin, R. (2000). *Genetic and environmental influences in adolescent peer socialization: Evidence from two genetically sensitive designs*. Manuscript submitted for publication.

Jensen, A. R. (1998). The puzzle of nongenetic variance. In R. J. Sternberg & E. L. Grigorenko (Eds.), *Intelligence, heredity and environment* (pp. 42-88). Cambridge: Cambridge University Press.

Kendler, K. S., Neale, M. C., Kessler, R.C., Heath, A. C. & Eaves, L. J. (1993). A longitudinal twin study of personality and major depression in women. *Archives of General Psychiatry*, *50*, 853-62.

Kety, S. S., Wender, P. H., Jacobsen, B., Ingraham, L. J., Jansson, L., Faber, B. & Kinney, D. K. (1994). Mental illness in the biological and adoptive relatives of schizophrenic adoptees: Replication of the Copenhagen study in the rest of Denmark. *Archives of General Psychiatry*, *51*, 442-55.

Lalumiere, M. L., Quinsey, V. L. & Craig, W. M. (1996). Why children from the same family are so different from one another – a Darwinian note. *Human Nature*, *7*(3), 281-90.

Loehlin, J. C., Horn, J. M. & Willerman, L. (1989). Modeling IQ change: Evidence from the Texas Adoption Project. *Child Development*, *60*, 993-1004.

Loehlin, J. C., Horn, J. M. & Willerman, L. (1990). Heredity, environment, and personality change: Evidence from the Texas Adoption Study. *Journal of Personality*, *58*, 221-43.

Loehlin, J. C. & Nicholls, J. (1976). *Heredity, environment and personality.* Austin: University of Texas.

Maccoby, E. E. (2000). Parenting and its effects on children: On reading and misreading behavior genetics. *Annual Review of Psychology, 51,* 1-27.

Manke, B., McGuire, S., Reiss, D., Hetherington, E. M. & Plomin, R. (1995). Genetic contributions to adolescents' extrafamilial social interactions: Teachers, best friends, and peers. *Social Development, 4*(3), 238-56.

Martin, N. G. & Eaves, L. J. (1977). The genetical analysis of covariance structure. *Heredity, 38,* 79-95.

McGue, M., Bacon, S. & Lykken, D. T. (1993). Personality stability and change in early adulthood: A behavioral genetic analysis. *Developmental Psychology, 29,* 96-109.

McGue, M. & Bouchard, T. J. Jr. (1998). Genetic and environmental influences on human behavioral differences. *Annual Review of Neuroscience, 21,* 1-24.

McGue, M., Bouchard, T. J. Jr., Iacono, W. G. & Lykken (1993). Behavioral genetics of cognitive ability: A life-span perspective. In R. Plomin & G. E. McClearn (Eds.), *Nature, nurture, and psychology* (pp. 59-76). Washington, DC: American Psychological Association.

McGuire, S. (2001). Nonshared environment research: What is it and where is it going? *Marriage and Family Review, 33*(1), 31-56.

McGuire, S., Clifford, J. & Fink, J. (2000). *Parental differential treatment in different family contexts: Testing multiple risk models.* Unpublished manuscript.

McGuire, S., Manke, B., Saudino, K. J., Reiss, D., Hetherington, E. M. & Plomin, R. (1999). Perceived competence and self-worth during adolescence: A longitudinal behavioral genetic study. *Child Developement, 70,* 1283-96.

McGuire, S., Neiderhiser, J. M., Reiss, D., Hetherington, E. M. & Plomin, R. (1994). Genetic and environmental influences on perceptions of self-worth and competence in adolescence: A study of twins, full siblings, and step-siblings. *Child Development, 65,* 785-99.

Molenaar, P. C. M., Boomsma, D. I. & Dolan, C. V. (1993). A third source of developmental differences. *Behaviour Genetics, 6,* 519-24.

O'Connor, T. G., Dunn, J. F., Jenkins, J. M., Pickering, K. & Rasbash, J. (2001). Family settings and children's adjustment: Differential adjustment within and across families. *British Journal of Psychiatry, 179,* 110-115.

O'Connor, T. G., Neiderhiser, J. M., Reiss, D., Hetherington, E. M. & Plomin, R. (1998). Genetic contributions to continuity, change, and co-occurrence of antisocial and depressive symptoms in Adolescence. *Journal of Child Psychology and Psychiatry, 39,* 323-36.

Pike, A., Manke, B., Reiss, D. & Plomin, R. (2000). A genetic analysis of differential experiences of adolescent siblings across three years. *Social Development, 9* (1), 96-114.

Pike, A., Reiss, D., Hetherington, E. M. & Plomin, R. (1996). Using MZ differences in the search for nonshared environmental effects. *Journal of Child Psychology and Psychiatry, 37*, 695-704.

Plomin, R. (1986). *Development, genetics, and psychology.* Hillsdale, NJ: Erlbaum.

Plomin, R. (1988). The nature and nurture of cognitive abilities. In R. J. Sternberg (Ed.), *Advances in the psychology of human intelligence* (Vol. 4, pp. 1-33). Hillsdale, NJ: Lawrence Erlbaum Associates.

Plomin, R. (1994). *Genetics and experience: The interplay between nature and nurture.* Thousand Oaks, California: Sage Publications Inc.

Plomin, R. (1999). Parents and Personality. *APA Review of Books, 44*(4), 269-71.

Plomin, R., Chipuer, H. M. & Neiderhiser, J. M. (1994). Behavioral genetic evidence for the importance of nonshared environment. In E. M. Hetherington, D. Reiss & R. Plomin (Eds.), *Separate social worlds of siblings: The impact of non-shared environment on development* (pp. 1-31). New Jersey: Lawrence Erlbaum Assoc. Inc.

Plomin, R. & Daniels, D. (1987a). Why are children in the same family so different from each other? *Behavior Brain Sciences, 10*, 1-16.

Plomin, R. & Daniels, D. (1987b). Children in the same family are very different, but why? [response to commentaries]. *Behavior Brain Sciences, 10*(1), 44-55.

Plomin, R. & DeFries, J. C. (1979). Multivariate behavioral genetic analysis of twin data on scholastic abilities. *Behavior Genetics, 9*, 505-17.

Plomin, R., DeFries, J. C., McClearn, G. E. & McGuffin, P. (2000). *Behavioral Genetics.* 4th Edition. New York: Worth Publishers.

Plomin, R., Owen, M. J. & McGuffin, P. (1994). The genetic basis of complex human behaviors. *Science, 264*(5166), 1733-9.

Pogue-Geile, M. F., Rose, R. J. (1985). Developmental genetic studies of adult personality. *Developmental Psychology, 21*, 547-57.

Reiss, D., Plomin, R., Neiderhiser, J. M. & Hetherington, E. M. (2000). *The relationship code: Deciphering genetic and social patterns in adolescent development.* Cambridge, MA: Harvard University Press.

Rodgers, J. L., Rowe, D. C. & Li, C. (1994). Beyond nature versus nurture: DF analysis of nonshared influences on problem behaviors. *Developmental Psychology, 30*, 374-84.

Rowe, D. C. (1986). Genetic and environmental components of antisocial pairs: A study of 265 twin pairs. *Criminology, 24*, 513-32.

Rowe, D. C. (1994). *The limits of family influence: Genes experience, and behaviour*. New York: Guilford Press.

Rowe, D. C. & Plomin, R. (1981). The importance of nonshared (E1) environmental influences in behavioural development. *Developmental Psychology, 17*, 517-31.

Roy, M. A. & Neale, M. C., Kendler, K. S. (1995). The genetic epidemiology of self-esteem. *British Journnal of Psychiatry, 166*(6), 813-20.

Rutter, M., Dunn, J. F., Plomin, R., Simonoff, E., Pickles, A., Maughan, B., Ormel, J., Meyer, J. & Eaves, L. (1997). Integrating nature and nurture: Implications of person-environment correlations and interactions for developmental psychopathology. *Developmental Psychopathology, 9*, 335-64.

Rutter, M., Silberg, J., O'Connor, T. G. & Simonoff, E. (1999). Genetics and child psychiatry: I. Advances in quantitative and molecular genetics. *Journal of Child Psychology and Psychiatry, 40*, 3-18.

Scarr, S. (1992). Developmental theories for the 1990s: Development and individual differences. *Child Development, 63*, 1-19.

Stoolmiller, M. (1999). Implications of the restricted range of family environments for estimates of heritability and nonshared environment in behavior--genetic adoption studies. *Psychological Bulletin, 125*, 392-409.

Turkheimer, E. & Waldron, M. (2000). Nonshared environment: A theoretical, methodological, and quantitative review. *Psychological Bullettin, 126*, 78-108.

Van den Oord, J. C. G., Boomsma, D. I. & Verhulst, F. C. (2000). A study of genetic and environmental effects on the co-occurrence of problem behaviors in three-year-old twins. *Journal of Abnormal Psychology, 109*(3), 360-72.

Van den Oord, J. C. G. & Rowe, D. C. (1997). Continuity and change in children's social maladjustment: A developmental behavior genetic study. *Developmental Psychology, 33*, 319-32.

Vandell, D. (2000). Parents, peers, and others. *Developmental Psychology, 36*(6), 699-710.

Este Capítulo retoma, com ligeiras alterações, um texto publicado na *Revista Portuguesa de Pedagogia* — 2000, *34* (1, 2 e 3).

6

A nova psicologia da criança
depois de Jean Piaget [*]

Olivier Houdé

Em Piaget encontramos uma concepção linear e cumulativa do desenvolvimento intelectual da criança, pois ela está sistematicamente ligada, estádio após estádio, à ideia de aquisição e de progresso (Piaget & Inhelder, 1966). Esta concepção pode ser designada por "modelo da escada", cada novo degrau correspondendo a um nítido progresso, a um estádio bem definido — ou modo particular de pensamento — na génese da inteligência dita "lógico-matemática": da inteligência sensório-motora do bebé (0-2 anos), baseada nos sentidos e acções, à inteligência conceptual e abstracta da criança (2-12 anos), do adolescente e do adulto. A nova psicologia da criança põe em causa este "modelo em escada" ou, pelo menos, sugere que ele não é o único possível (Houdé, 2004). Por um lado, podemos afirmar que existem, desde logo, no bebé, capacidades cognitivas bastante complexas; isto é, conhecimentos físicos, matemáticos, lógicos e psicológicos, ignorados por Piaget e que não são redutíveis a um mero funcionamento sensório-motor (o "primeiro degrau da escada"). Por outro lado, o prosseguimento do desenvolvimento intelectual até à adolescência e idade adulta (o "último degrau"), está marcado por erros, enviesamentos perceptivos, desfasamentos inesperados, não previstos pela teoria piagetiana. Deste modo, em lugar de seguir uma

---

[*] Tradução de Teresa S. Machado.

linha ou percurso que leva directamente do sensório-motor ao abstracto (os estádios de Piaget), a inteligência avança essencialmente de forma irregular, não linear.

A REFUTAÇÃO DO "MODELO DA ESCADA"

Consideremos um exemplo muito do agrado de Piaget e que suscita, ainda hoje, inúmeras investigações: o conceito de *número*. Segundo Piaget, e o seu "modelo em escada", é necessário esperar até aos 6-7 anos, ou seja, até à entrada na escolaridade básica — a "idade da razão" — para que a criança atinja o estádio (o "degrau") que corresponde ao conceito de número. Para o demonstrar, Piaget colocava a criança perante duas filas de bolinhas de igual número, mas de comprimento diferente (devido ao desigual espaçamento entre cada elemento). Nesta situação, a criança pequena (até cerca dos 6-7 anos) considera que há mais bolinhas na fila que é mais comprida. Esta resposta verbal traduz um erro de intuição perceptiva (comprimento igual a número) que revela, segundo Piaget, que a criança desta idade não adquiriu ainda o conceito de número. Porém, entretanto, autores como Jacques Mehler, do CNRS, e Tom Bever, da Universidade Rockefeller, mostraram que, desde os dois anos de idade, as crianças resolvem com sucesso estas tarefas se, por exemplo, substituirmos as bolinhas por números desiguais de bombons/ /rebuçados (Mehler & Bever, 1967). Com efeito, as crianças escolhem para si a fila que tem mais bombons, em detrimento da mais comprida. A emoção e a gulodice, uma vez que se trata então de comer o maior número de doces, transformam a criança num "matemático" e fazem-na, de algum modo, "saltar o degrau", ou o estádio de intuição perceptiva de que falava Piaget. Mas, a investigação sobre as capacidades numéricas precoces foi ainda mais longe ao descobrir, antes da aquisição da linguagem (ou seja, antes dos 2 anos), o nascimento do número no bebé.

BEBÉS ASTRÓNOMOS E MATEMÁTICOS

Ao estudar os bebés, Piaget interessou-se sobretudo pelas suas acções (o estádio sensório-motor), reservando o estudo dos conceitos e dos princípios cognitivos, para as crianças mais velhas. Ora, sendo as acções dos bebés ainda, com frequência, bastante desajeitadas, admite-se

A nova psicologia da criança depois de Jean Piaget   121

hoje que Piaget não tenha podido avaliar, dessa forma, a sua verdadeira inteligência. Nos anos 1980, para avaliar a inteligência dos bebés, os investigadores começaram a interessar-se pelo seu *olhar*, quer dizer, pelas reacções visuais do bebé face a estimulações específicas que o psicólogo provocava. Roger Lécuyer falou, a este propósito, de "bebés astrónomos", querendo com isto dizer que os bebés descobrem o universo e desenvolvem os seus conhecimentos através do olhar, mais do que pelas acções (Lécuyer, 1989). Hoje, graças aos recursos tecnológicos, de que não dispunha Piaget, como o vídeo e computador, podemos medir com bastante precisão estas reacções visuais. Foi desta forma que Renée Baillargeon (da Universidade do Illinois) demonstrou a existência da *permanência do objecto* — capacidade do bebé conceber que um objecto continua a existir quando desaparece do seu campo visual — muito mais cedo (desde os 4-5 meses) do que pensava Piaget (8-12 meses). Baillargeon demonstrou também a presença, em bebés a partir dos 15 meses, da capacidade de inferir *estados mentais* nos outros (crenças verdadeiras ou falsas). Estes dados são bons exemplos de conhecimentos, muito precoces, de tipo físico (sobre os objectos) e de tipo psicológico (sobre os estados mentais); conhecimentos presentes bem antes do desenvolvimento da linguagem articulada.

Regressemos ao exemplo do número. Um estudo de Karen Wynn, da Universidade de Yale, mostrou que, a partir da idade dos 4-5 meses, os bebés fazem sem dificuldade a operação de adição 1+1=2, assim como a subtracção 2-1=1 (Wynn, 1992, 2000). Esta capacidade numérica foi também demonstrada por Marc Hauser, da Universidade de Harvard, em grandes símios que, como os bebés humanos, possuem um cérebro sem linguagem (Hauser, 2000). No estudo de Wynn, foi apresentado aos bebés um pequeno teatro de marionetas (bonecos representando o Mickey), no qual se efectuavam, sob o seu olhar, acontecimentos possíveis (*e. g.* 1 Mickey + 1 Mickey = 2 Mickey) ou acontecimentos mágicos (1 Mickey + 1 Mickey = 1 Mickey ou 1+1=3). A medida do tempo de fixação do olhar dos bebés mostra que estes se apercebem dos erros de cálculo: eles olham durante mais tempo para os acontecimentos mágicos, sugerindo que estão surpreendidos. Tal é interpretado como significando que os bebés retêm, naquilo que designamos pela sua "memória de trabalho", o número exacto de objectos esperados após a "operação". Os bebés exprimem assim, através do olhar, uma forma elementar de raciocínio, de abstracção: temos assim a "primeira idade da razão", bem mais cedo do que Piaget imaginava.

ESTRATÉGIAS COGNITIVAS EM CONFRONTO

Apesar de tudo, é evidente que se os bebés possuem, desde os primeiros meses de vida, capacidades numéricas, elas são ainda bastante rudimentares e irão enriquecer-se progressivamente, nomeadamente quando a linguagem e a escola se apropriarem dessa "matéria prima".

O modelo teórico actual que melhor parece traduzir a complexidade do desenvolvimento numérico na criança de idade "pré-escolar" e "escolar" é o de Robert Siegler, da Universidade de Carnegie-Mellon, (Siegler, 2000, 2006). A propósito da resolução de operações aritméticas mais difíceis do que as que vimos resolvidas por bebés (por exemplo, 3+5 = ?, 6+3 = ?, 9+1 = ? Ou ainda 3+9 = ?), Siegler mostrou que a criança dispõe de uma série de estratégias cognitivas que entram em competição entre si (um pouco à semelhança do que encontramos na evolução biológica). Teremos então estratégias várias como: adivinhar, contar unidade por unidade com os dedos de cada mão para cada parcela (3 e 5, por exemplo) e recomeçar contando o total obtido depois (i.e. 8), contar a partir da parcela maior (*e. g.,* a partir do 9, contar 10, 11, 12), ou ainda encontrar directamente o resultado na memória. Em lugar do "modelo da escada" de Piaget, onde a criança passa subitamente de um estádio para outro, Siegler concebe o desenvolvimento numérico, diga ele respeito a adições, subtracções ou multiplicações, como "ondas que se sobrepõem". Com esta metáfora, cada estratégia cognitiva é vista como uma onda que se aproxima da margem, com outras ondas (i. e. outras formas de resolver o problema), podendo, a qualquer momento, sobrepor--se e entrar em competição. Com a experiência e consoante as situações, a criança aprende a escolher um ou outro modo de proceder. Para além do domínio da aritmética, Siegler ilustra a validade do seu modelo para outras aquisições da criança, tais como a capacidade para ver as horas, a leitura, a ortografia, etc.

QUANDO INIBIR SIGNIFICA PROGREDIR

Com a minha equipa, pude mostrar que o que suscita realmente problemas à criança numa tarefa como a de Piaget (as duas filas de bolinhas), não é o número em si mesmo, uma vez que a criança já o utiliza desde bem mais cedo. O que levanta dificuldades é aprender a inibir a

A nova psicologia da criança depois de Jean Piaget

estratégia perceptiva inadequada (o enviesamento) "comprimento igual a número", estratégia que, com frequência, funciona bem, e que mesmo os adultos aplicam (Houdé & Guichart, 2001). Assim sendo, desenvolver-se não é apenas construir e activar estratégias cognitivas, como pensava Piaget, mas é também aprender a inibir as estratégias que entram em confronto no cérebro (Figura 1). E tal tarefa não será fácil! Recordamos aqui os obstáculos epistemológicos e a "filosofia do não", descritos há muito por Gaston Bachelard (1984-1962) a propósito da história das ciências. Em síntese, destaca-se a ideia de que o desenvolvimento da criança nem sempre ocorre de modo linear, como certamente, aliás, muitos educadores, professores ou pais haviam já pressentido no seu dia a dia. Independentemente de respostas precoces bem sucedidas, podemos encontrar, posteriormente e para uma mesma noção ou conceito a aprender, fracassos tardios originados por incapacidades de inibição.

No decurso dos anos 1990, dois psicólogos "pós-piagetianos", Robie Case, da Universidade de Stanford, e Kurt Fisher, da Universidade de Harvard, fizeram simulações em computador das curvas de desenvolvimento da criança, em termos de sistemas dinâmicos não lineares, isto é, de curvas de aprendizagem menos regulares e que incluíam turbulências, explosões e descidas acentuadas.

A psicologia da criança, para ser bem compreendida, deve estender-se desde o bebé muito pequeno, nalguns pontos comparado aos grandes símios (como vimos para o número sem linguagem), até ao adolescente e adulto. É a totalidade e a dinâmica do percurso de desenvolvimento que é interessante, como aliás já sublinhava Piaget. As nossas experiências de imagiologia cerebral sobre o raciocínio lógico, realizadas com Bernard e Natalie Mazoyer em Caen, permitiram descobrir o que se passa no cérebro de jovens adultos antes e depois da aprendizagem da inibição de uma estratégia perceptiva inadequada, quer dizer, antes e após a correcção de um erro de raciocínio (Houdé et al., 2000; Houdé & Tzourio-Mazoyer, 2003). Nessas situações, pode observar-se uma reconfiguração muito nítida das redes neuronais, da parte posterior do cérebro (parte perceptiva) à sua a parte anterior, dita "pré-frontal". O córtex pré-frontal é responsável pela abstracção, lógica e controlo cognitivo — ou seja, pela inibição. Na sua teoria do desenvolvimento da criança, Piaget afirmava que a partir da adolescência (12-16 anos — o estádio das operações formais) não deveriam ocorrer mais erros de raciocínio lógico. Trata-se do estádio mais elaborado da inteligência conceptual e abstracta, o último "degrau da escada"! Ora, não parece ser esse o caso. De modo espontâneo, o cérebro dos adolescentes e o dos adultos continua a fazer, à semelhança do das crianças mais pequenas, erros perceptivos sistemáticos em determinadas tarefas lógicas, que são todavia bastante simples. Descobrimos de novo aqui, até a este último estádio, como o desenvolvimento da inteligência é irregular e o papel que nele assume a inibição.

O adulto, tal como a criança, pode aprender a inibir as estratégias inadequadas de três modos: pela experiência inerente aos seus fracassos (não confirmação das previsões, constatação do erro), por imitação, ou ainda por instruções vindas de outros.

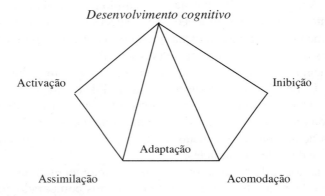

Figura 1. Representação da dupla dinâmica da adaptação no desenvolvimento cognitivo: assimilação/acomodação (retomada de Piaget) e activação/inibição.

Piaget concebia a inteligência como uma forma de adaptação: a adaptação da cognição às coisas. A concepção de adaptação utilizada provinha da biologia, significando integração, ou *assimilação*, das estimulações (informações, *input*) do meio ao organismo, combinada com o ajustamento ou *acomodação* do próprio organismo a essas mesmas estimulações. Segundo Piaget, a dinâmica assimilação/acomodação conduz o cérebro humano para organizações sensório-motoras e cognitivas sucessivamente mais complexas: das acções dos bebés às operações lógicas e abstractas do adolescente e do adulto. No entanto, a dinâmica assimilação/acomodação parece hoje insuficiente para descrever o modo como se desenvolve a inteligência humana. Proponho acrescentar a esse modelo a dinâmica activação/inibição. Nos anos 1920, o jovem Piaget, já inspirado pela perspectiva de uma epistemologia biológica, não encarou a importância da inibição no estudo do desenvolvimento cognitivo. No entanto, esse mesmo conceito pluridisciplinar já tinha sido introduzido na fisiologia e na psicologia desde o início do século XIX e utilizado, posteriormente, no séc. XX, pelas célebres escolas de Sherrington, Pavlov e Freud. Tal explicar-se--á, sem dúvida, porque no espírito de Piaget, esse conceito seria demasiado negativo (significando repressão, oposto a liberdade) para a sua teoria construtivista do desenvolvimento da criança. Esta incompreensão é, certamente, o erro mais significativo de Piaget.

A CRIANÇA PSICÓLOGO

Para além dos exemplos focados no campo da matemática e da lógica, é necessário referir também as teorias (ingénuas) da mente elaboradas pela "criança psicólogo" e mesmo pelo próprio bebé (Astington, 1999; Onishi & Baillargeon, 2005). Na sua vida social real, nas suas interacções com os outros em casa, na escola ou nos tempos livres, a criança tem também de aprender a ser um "pequeno psicólogo". Com efeito, a criança tem de construir constantemente "teorias" acerca do modo como ela própria e os outros em seu redor pensam, de forma a conseguir compreender e prever a dinâmica, por vezes complexa, dos comportamentos e emoções. Alguns psicólogos, como Alan Leslie, da Universidade de Rutgers, sugerem, mesmo, que o nosso cérebro, moldado pela evolução das espécies, possuiria de forma inata um "módulo de teoria da mente", acrescentando que seria este mecanismo que se encontraria deteriorado nas crianças autistas. Compreender que o outro é, tal como nós, um ser intencional, dotado de uma mente, de estados mentais, de crenças, de desejos, etc., é, com efeito, uma capacidade essencial para a aprendizagem cultural humana, como bem mostra Michael Tomasello, do Instituto Max Planck de Leipzig (Tomasello, 2004).

A capacidade de imitação observada no bebé desde o nascimento por Andrew Meltzoff, da Universidade Washington — imitação neonatal dos movimentos da língua e dos lábios, da cabeça e das mãos — algo que Piaget ignorara, constitui, sem dúvida, o ponto de partida desta aprendizagem cultural.

Este tipo de dados e debates acerca da origem e desenvolvimento dos conhecimentos físicos, matemáticos, lógicos e psicológicos, ilustram bem o grande dinamismo da psicologia da criança, com e após Piaget. Falta ainda, para encerrar este balanço 1966-2006, falar no projecto que existe actualmente para fazer uma cartografia cerebral dos estádios de desenvolvimento cognitivo.

IMAGIOLOGIA CEREBRAL:
PARA UMA CARTOGRAFIA DO DESENVOLVIMENTO

Piaget considerava a construção da inteligência na criança (calcular, raciocinar, etc.) como uma das formas mais subtis de adaptação biológica. Na altura, no entanto, estas reflexões permaneciam muito no campo teórico. Hoje, com a imagiologia cerebral (Houdé, Mazoyer & Tzourio-Mazoyer, 2002), podemos começar verdadeiramente a explorar a biologia do desenvolvimento cognitivo.

Desde os finais dos anos 1990, diversos investigadores recorrem à Imagem por Ressonância Magnética *anatómica* (IRMa) para construírem mapas tridimensionais das estruturas cerebrais em desenvolvimento (Toga, Thompson & Sowell, 2005). Sabemos que com o desenvolvimento neurocognitivo da criança ocorre uma multiplicação e, depois, uma *poda*, das conexões (sinapses) entre neurónios; daí que se dê uma diminuição na matéria cinzenta do cérebro. Esta poda corresponde, segundo Jean-Pierre Changeux, do Colégio de França, a uma estabilização selectiva das sinapses por um mecanismo que se designou de "darwinismo neuronal" (cf. capítulo "Le développement neurocognitif" in Houdé, 2004).

Os primeiros resultados da IRMa mostram que a maturação cerebral está longe de ser uniforme. Ela efectua-se por vagas sucessivas, consoante a zona do cérebro: primeiro as regiões associadas às funções sensoriais e motoras de base, depois, até ao final da adolescência, as regiões associadas ao controlo cognitivo superior (nomeadamente, o controlo por inibição).

Recentemente, passou-se também a utilizar a Imagem por Ressonância Magnética *funcional* (IRMf) para avaliar as actividades cerebrais durante a resolução de uma determinada tarefa cognitiva, pela criança ou adolescente, podendo comparar-se o que se passa em diferentes estádios do desenvolvimento (Casey, *et al.*, 2005). É assim possível visualizar a dinâmica cerebral que corresponde à activação/inibição das estratégias cognitivas, em diferentes idades (o que chamamos de "macrogénese"), ou no decurso de uma aprendizagem numa idade particular (a "microgénese). A aposta consiste em estabelecer a primeira cartografia anatómo-funcional dos estádios do desenvolvimento cognitivo. A partir desses novos dados pretende-se ainda desenvolver aplicações psicopedagógicas (Houdé, 2006).

BIBLIOGRAFIA

Astington, J. (1999). *Comment les enfants découvrent la pensée*. Paris: Retz (1.ª ed. 1993).

Casey, B. J., Tottenham, N., Liston, C. & Durston, S. (2005). Imaging the developing brain. *Trends in Cognitive Sciences, 9,* 104-110.

Fournier, M., & Lécuyer, R. (Eds.) (2006). *L'intelligence de l'enfant*. Auxerre: Sciences Humaines Éditions.

Hauser, M. D. (2000). *Wild minds: What animals really think*. New York: Henry Holt/Penguin.

Houdé, O. (2004). *La psychologie de l'enfant*. Paris: PUF.

Houdé, O. (2006). First insights on neuropedagogy of reasoning. *Thinking & Reasoning, 12*.

Houdé, O. & Guichart, E. (2001). Negative priming effect after inhibition of number/length interference in a Piaget-like task. *Developmental Science, 4,* 119-123.

Houdé, O. & Tzourio-Mazoyer, N. (2003). Neural foundations of logical and mathematical cognition. *Nature Reviews Neuroscience, 4,* 507-514.

Houdé, O., Zago, L., Mellet, E., Moutier, S., Pineau, A., Mazoyer, B. & Tzourio--Mazoyer, N. (2000). Shifting from the perceptual brain to the logical brain: The neural impact of cognitive inhibition training. *Journal of Cognitive Neuroscience, 12,* 721-728.

Houdé, O., Mazoyer, B. & Tzourio-Mazoyer, N. (2002). *Cerveau et psychologie*. Paris: PUF.

Lécuyer, R. (1989). *Bébés astronomes, bébés psychologues*. Bruxelles: Mardaga.

Mehler, J. & Bever, T. (1967). Cognitive capacity of very young children. *Science, 158,* 141-142.

Onishi, O. & Baillargeon, R. (2005). Do 15-month-old infants understand false beliefs? *Science, 308,* 255-258.

Piaget, J. & Inhelder, B. (1966). *La psychologie de l'enfant*. Paris: PUF.

Siegler, R. (2000). *Intelligence et développement de l'enfant*. Bruxelles: De Boeck.

Siegler, R. (2006). A chaque âge son mode de pensée? In M. Fournier & R. Lécuyer (Eds.), *L'intelligence de l'enfant* (pp. 35-42). Auxerre: Sciences Humaines Editions.

Toga, A., Thompson, P. & Sowell, E. (2005). La turbulente dynamique de la matière grise. *La Recherche, 388,* 42-48.

Tomasello, M. (2004). *Aux origines de la cognition humaine*. Paris: Retz.

Wynn, K. (1992). Addition and subtraction by human infants. *Nature, 358,* 749-750.

Wynn, K. (2000). Findings of addition and subtraction in infants are robust and consistent. *Child Development, 71,* 1535-1536.

Conferência proferida no *Palácio da Mutualidade* em Paris (em Outubro de 2005), publicada em M. Fournier e R. Lécuyer (2006).

7

Importância dos primeiros anos de vida
— O exemplo dos comportamentos agressivos

António C. Fonseca

INTRODUÇÃO

A ideia de que as experiências dos primeiros anos de vida são determinantes para o futuro desenvolvimento do indivíduo não é nova e encontra-se muito generalizada. Em seu apoio há, para além da sabedoria popular, os resultados de numerosos estudos científicos, alguns deles já bastante antigos. São de recordar, a este propósito, os trabalhos de Itard (1807, 1964), de Spitz (1968), de Bowlby (1944, 1969, 1973) ou de Freud (1905/1996), que constituem referências obrigatórias para os estudiosos da psicologia da criança.

Nas últimas duas ou três décadas tem-se assistido igualmente a um interesse, cada vez maior, por esta problemática em várias disciplinas das ciências sociais e humanas, com particular destaque para os estudos sobre crianças educadas em orfanatos ou crianças que passaram, desde tenra idade, por graves privações e traumas (Rutter, Kim-Cohen & Maughan, 2006). Para tal terão contribuído as novas perspectivas abertas por trabalhos recentes de psicopatologia do desenvolvimento e de genética do comportamento. As questões abordadas nesses trabalhos são muito diversas. Por exemplo: Quais as experiências da infância que exercem uma influência mais marcante no posterior desenvolvimento da criança? Será o efeito dos primeiros anos mediado pelas características genéticas do indivíduo? Haverá períodos críticos para além dos quais o modo de funcionamento da criança permanecerá inalterado, independentemente das experiências a que mais tarde venha a ser exposta? Qual o limite temporal desses períodos sensíveis? Será possível predizer, com algum rigor, a partir das primeiras experiências da criança, qual o seu desenvolvimento futuro em vários domínios importantes? Até que ponto serão alteráveis as trajectórias de desenvolvimento iniciadas na infância? Poderão os acontecimentos e oportunidades da vida adulta neutralizar ou ultrapassar os efeitos negativos dos traumas da infância? Quais os mecanismos mediadores das continuidades e descontinuidades frequentemente registadas no processo de desenvolvimento da infância à idade adulta?

O estudo destes temas tem permitido enormes avanços no domínio do desenvolvimento normal (v.g., inteligência, temperamento, personalidade ou desenvolvimento social), bem como no da psicopatologia e do comportamento desviante em geral (v.g., origens infantis de diversas perturbações da personalidade, esquizofrenia, depressão, toxicodependência ou outras perturbações). Tais progressos têm sido possíveis, em grande parte, graças à realização de estudos epidemiológicos e longitudinais recentes, cada vez mais rigorosos, nos quais se seguem os mesmos indivíduos durante vários anos. Os conhecimentos assim acumulados têm fornecido uma sólida base científica para o desenvolvimento de novas políticas e novos programas de intervenção, tanto na área da saúde mental como nas da educação, da justiça e do bem-estar social.

Contributo dos estudos longitudinais

Um dos problemas das investigações mais antigas sobre a influência dos primeiros anos de vida no desenvolvimento psicossocial do indivíduo residia no facto de frequentemente se apoiarem numa metodologia retrospectiva, se limitarem a grupos especiais (v.g., com graves perturbações de diversa natureza), utilizarem amostras de pequenas dimensões e trabalharem sobre um número muito restrito de variáveis. A informação deste modo recolhida podia ser afectada por factores de vária ordem: receio dos sujeitos interrogados de revelar aspectos mais comprometedores da sua vida, falta de representatividade das amostras, simples falhas de memória ou reconstrução da infância em função das experiências adultas. Assim, nem sempre era fácil separar os efeitos das experiências dos primeiros anos dos efeitos de outras variáveis concorrentes ou de acontecimentos

Importância dos primeiros anos de vida 131

que tiveram lugar posteriormente (v.g., experiências na escola, mudanças na família ou na comunidade).

Estas limitações podem ser, em grande parte, ultrapassadas pelo recurso a estudos longitudinais prospectivos, que permitem acompanhar e avaliar as crianças, em diferentes contextos, durante longos períodos do seu desenvolvimento. Consegue-se, assim, evitar eventuais distorções na reconstituição de acontecimentos passados, bem como pôr em evidência relações de sucessão temporal entre as experiências da infância, por um lado, e o desenvolvimento normal ou desviante do adolescente ou do adulto, por outro lado. Como notam Rutter e Sroufe (2000), os planos de investigação longitudinais são necessários para se diferenciar o que são influências do indivíduo sobre o meio e o que são influências do meio sobre o indivíduo, em diferentes momentos da sua história. Além disso, em certos casos, os estudos longitudinais prospectivos poderão integrar planos de tipo quase-experimental e, dessa maneira, identificar relações de ordem causal entre as experiências da criança e o seu nível de adaptação, mais tarde, em vários domínios. É o que sucede, por exemplo, quando se recorre a planos quase-experimentais naturais, designando-se por essa expressão diversas situações que surgem sem qualquer intervenção do investigador, e nas quais há possibilidade de separar processos que, por razões éticas ou práticas, não poderiam ser normalmente examinados. Vários estudos recentes sobre os efeitos do divórcio dos pais, da depressão materna, do abandono em orfanatos, da exposição à radiação nuclear durante a gravidez e, de maneira mais geral, a exposição precoce a várias situações de grande adversidade (v.g., pobreza, fome, falta de cuidados básicos) constituem uma boa ilustração desse tipo de pesquisa (O'Connor, 2003). Outros exemplos conhecidos de planos quase-experimentais inseridos em estudos longitudinais são as investigações em que se distribuem os participantes por grupos de tratamento e grupos de controlo: se os indivíduos do grupo de tratamento apresentarem mais tarde uma redução do comportamento indesejado, é provável que haja entre a intervenção e essa mudança do comportamento-alvo uma relação de causalidade, desde que o efeito de outros factores concorrentes tenha sido devidamente controlado. E nessa situação poder-se-á mesmo determinar, com alguma certeza, qual a variável, ou conjunto de variáveis, que mais contribuíram para a resposta favorável obtida em cada tipo de tratamento proporcionado. Por exemplo, poder-se-ia utilizar programas de prevenção nos quais as famílias de risco são ensinadas a prestar melhores cuidados aos filhos durante os primeiros meses, para estudar os mecanismos que contribuem para evitar que as crianças se comportem de maneira agressiva ou desviante. Uma tal estratégia metodológica tem sido utilizada para comparar e testar diferentes modelos em psicopatologia do desenvolvimento (Lacourse et al., 2002; Rutter, 2004; Rutter, Kim-Cohen & Maughan, 2006).

Uma das vantagens dos estudos longitudinais prospectivos está, pois, em que eles ajudam não só a descobrir a existência de eventuais continuidades dos primeiros anos da infância até à idade adulta, mas também contribuem para identificar diferentes factores que, isolados ou em conjunto, influenciam o desenvolvimento normal ou desviante do indivíduo, ao longo do seu ciclo de vida.

Factores de risco e factores de protecção

O conceito de risco pode ser definido em termos da probabilidade de um acontecimento negativo ou indesejável surgir em consequência de características individuais ou devido à exposição das pessoas a determinados agentes ou situações numa fase específica da sua história. Estas variáveis, também designadas por factores de risco, podem estar no indivíduo (v.g., temperamento difícil, défices neurológicos) ou no seu meio (v. g., acidentes perinatais, disfunções do meio familiar, influência da escola, falta de recursos na comunidade ou exposição frequente à violência na vizinhança).

Em contrapartida, os factores de protecção são variáveis que contribuem para a diminuição ou mesmo neutralização dos efeitos dos factores de risco. Nesta categoria incluem-se variáveis tão diversas como a capacidade de estabelecer relações, a auto-estima, o sentido de humor, o autocontrolo ou o encontrar alguém que nos apoia ou aconselha. Assim, quando um professor ajuda uma criança de alto risco a ter bom desempenho académico, isso pode contribuir para a descontinuidade dos seus comportamentos anti-sociais e agressivos. Aliás, o mesmo se poderá dizer do efeito da presença de colegas bem comportados que, por um lado, funcionarão como modelos de socialização e, por outro, desaprovarão activamente eventuais comportamentos agressivos ou de natureza anti-social. Em contrapartida, a rejeição da criança com dificuldades de aprendizagem pelos professores ou pelos colegas pode funcionar como factor de risco.

Para alguns autores, o importante não é tanto a natureza dos factores de risco, mas antes o número de factores de risco que as pessoas experimentam e a interacção que entre eles se estabelece. A esse propósito, referindo-se ao desenvolvimento de graves formas de delinquência juvenil, Loeber e Farrington (2001) defendem que quanto maior for a diferença entre o número de factores de risco e o número de factores de protecção, tanto maiores serão as probabilidades de comportamentos anti--sociais graves no adolescente e no jovem adulto. É também sabido que, por vezes, as variáveis que funcionam como factores de risco numa determinada fase do desenvolvimento poderão ser consideradas como factores de protecção noutra idade (v.g., a independência e o afastamento dos filhos em relação aos pais).

Além disso, os estudos longitudinais recentes têm posto em evidência que as características de uma determinada perturbação variam em função do *timing* ou fase de desenvolvimento em que se manifestam. Assim, os maus-tratos da criança podem levar a comportamento anti-social na infância, depressão na adolescência e graves problemas de adaptação interpessoal ou de saúde mental no jovem adulto. Fala-se, nestes casos, de continuidade heterotípica, ou seja, uma determinada característica ou comportamento da infância pode assumir outras expressões em fases posteriores do desenvolvimento que, no entanto, remetem para uma mesma característica original do indivíduo ou pressupõem uma certa coerência no seu desenvolvimento.

Particularmente relevante para a problemática em análise neste capítulo é a constatação feita nessas investigações de que os factores de risco ou experiências negativas dos primeiros anos de vida não comprometem irremediavelmente todo o processo de desenvolvimento normal do indivíduo. De facto, há cada vez mais dados a sugerirem que o desenvolvimento do indivíduo se faz de uma maneira não linear e probabilística, onde a influência dos primeiros anos de vida pode ser alterada por acontecimentos ou experiências posteriores. Por exemplo, Fergusson e colaboradores (1994) verificaram, no seu estudo de Christchurch (Nova Zelândia), que pelo menos 13% das crianças provenientes de famílias disfuncionais tinham um desenvolvimento normal até ao início da idade adulta. Do mesmo modo, Mahoney e Cairns (1997) referem que as crianças de um grupo de risco, que tiveram a oportunidade de participar em actividades extracurriculares na escola secundária, apresentavam menos abandono escolar e menos comportamentos delinquentes do que os seus colegas que não beneficiaram dessa experiência (Mahoney, 2000). Isso significa que o efeito negativo das experiências dos primeiros anos não é directo nem necessário. Como a esse propósito observa Schaffer (2000), "seja qual for a adversidade a que o indivíduo se veja exposto, as situações adversas actuam sobre crianças com diferentes personalidades, em diferentes contextos de vida, que terão no futuro novas oportunidades" (p. 11). Assim, mais facilmente se compreenderá que, perante as mesmas situações de risco, os indivíduos não tenham todos a mesma reacção e que o percurso da infância à idade adulta seja marcado tanto por continuidades como por descontinuidades, desistências e recomeços.

Resumindo, graças aos dados de numerosos estudos longitudinais efectuados durante as duas ou três últimas décadas em psicologia do desenvolvimento, em psicologia clínica, em genética do comportamento ou noutras disciplinas afins, o nosso conhecimento dos factores de risco e de protecção responsáveis, desde cedo, pelo desenvolvimento normal ou desviante do indivíduo é actualmente bastante extenso. Em contrapartida, sabe-se muito menos sobre o modo como tais variáveis ou experiências actuam ao longo do ciclo de vida, embora também aí se tenham registado recentemente progressos importantes (Rutter, 2004; Rutter, Kim-Cohen & Maughan, 2006).

Como se processa essa influência

Para dar conta das continuidades/descontinuidades entre as características ou experiências dos primeiros anos e o nível de funcionamento subsequente do indivíduo vários modelos têm sido propostos, uns de índole muito específica (v.g., modelos de desenvolvimento da depressão, da psicose, de perturbações da conduta), outros de natureza mais global, destinados, por exemplo, à explicação do comportamento desviante (Jessor, 1998).

Apesar da sua grande heterogeneidade, num trabalho recente de revisão da literatura, O'Connor (2003) procura classificar esses modelos em três grandes categorias. A primeira assenta no conceito de períodos sensíveis ou períodos críticos do desenvolvimento. Significa isso que a criança deverá passar por um determinado número de experiências, durante um período de duração limitada, para que possa fazer certas aprendizagens ou adquirir determinadas funções importantes. É o que se verifica com a aquisição da linguagem, que ficará gravemente comprometida se, num período mais ou menos longo, a criança não tiver no seu meio a estimulação ou experiências adequadas. Outros exemplos, bem mais esclarecedores, são fornecidos pela etologia, designadamente a propósito do fenómeno do *imprinting* em certas espécies de animais. Porém, os efeitos deste fenómeno no comportamento social dos humanos são bastante modestos e mesmo difíceis de estabelecer, talvez devido à dificuldade de identificar com rigor os limites desses períodos sensíveis.

A segunda categoria, também conhecida como modelo do desenvolvimento programado, faz referência à adaptação da criança às experiências do seu meio, assumindo-se, nesta perspectiva, que os indivíduos estão predispostos a uma tal adaptação, mas que a sua plasticidade diminui com a idade. Assim, o indivíduo terá dificuldade em adaptar-se ao seu meio, se as características deste último entretanto se modificarem. É, por exemplo, o que acontece com indivíduos que emigram de um país pobre para um país rico e, em consequência, se vêem expostos a novos regimes alimentares. Essa mudança pode contribuir para um aumento do risco de diabetes, porque a capacidade do indivíduo para assimilar a glucose foi regulada para um outro meio no decurso dos primeiros anos de vida e não consegue, depois, reagir de maneira adequada às características do novo meio. Por outras palavras, a programação feita para um meio é difícil de se alterar quando as características do meio, mais tarde, se modificam substancialmente.

A terceira categoria é a dos "modelos de efeitos cumulativos", segundo a qual as experiências dos primeiros tempos só terão efeitos duradouros se forem repetidas e prolongadas durante meses ou anos. Nesta perspectiva, mais importante do que a idade em que surgem as primeiras experiências, ou do que a sua intensidade, será a acumulação progressiva de experiências (factores de risco e de protecção) pelas quais o indivíduo vai passando ao longo do seu desenvolvimento. Neste sentido, uma eventual inadaptação na adolescência ou na idade adulta não resultaria necessariamente do tipo de experiências dos primeiros anos, mas, antes, da continuidade do meio a que o indivíduo se vê exposto. É esta, por exemplo, a posição de algumas teorias do comportamento anti-social, nas quais se defende que as crianças com pequenos défices neuro-psicológicos ou dificuldade de linguagem vão sendo, desde cedo, sujeitas a um número crescente de experiências negativas (v.g., dificuldade em compreender os outros, insucesso escolar, rejeição pelos colegas e professores, dificuldades em encontrar emprego) que, pouco a pouco, as vão empurrando para uma trajectória desviante ou delinquente (Moffitt, 1993, 1996).

Os dados empíricos até agora disponíveis para testar estes modelos são ainda escassos e não nos permitem decidir qual deles melhor se adequa à explicação do efeito das primeiras experiências da infância sobre o desenvolvimento social do indivíduo. Na sua síntese da literatura científica sobre esta questão, O'Connor (2003) conclui que "presentemente não temos nenhuma teoria empiricamente válida sobre a maneira como (e até que ponto) as experiências dos primeiros anos determinam o desenvolvimento, a longo prazo, nem sobre as suas implicações para a intervenção ou prevenção" (p. 686). Os progressos a este nível têm sido dificultados por problemas conceptuais e metodológicos de vária ordem, cuja resolução exige, frequentemente, o contributo de diferentes disciplinas (Belsky, 2006; Rutter, 2004; Rutter, Kim-Cohen & Maughan, 2006) e um grande rigor na explicitação e teste de hipóteses ou explicações alternativas.

Concluindo, embora a influência das primeiras experiências da infância no desenvolvimento psicossocial seja inegável, na maioria dos casos ela não parece ser muito forte nem directa, dependendo antes da sua interacção com vários outros factores, muitos dos quais só mais tarde farão sentir o seu efeito. Importa, a este propósito, lembrar que os resultados de diversos estudos sobre crianças, que viveram muitos anos em orfanatos antes de serem entregues para adopção, têm mostrado que, mesmo após vários anos de severas privações físicas, afectivas e sociais, se registam recuperações impressionantes, tanto a nível afectivo como a nível cognitivo e social. Um tal quadro parece contradizer a ideia, durante muito tempo dominante em psicologia, segundo a qual tais privações deixariam nessas crianças marcas profundas e atrasos irrecuperáveis.

Ultimamente, a atenção dos investigadores tem vindo a deslocar-se do estudo do peso de cada um desses factores ou experiências para o estudo da maneira como eles interagem e como isso pode afectar, diferentemente, o desenvolvimento do indivíduo em vários domínios. Mas, também aí, apesar dos consideráveis progressos já realizados, há ainda muitas questões importantes em aberto. O problema da agressão infantil, que de seguida vamos analisar, ilustra bem a complexidade dessa relação entre os factores/experiências dos primeiros anos de vida e o desenvolvimento/adaptação posterior do indivíduo. A nossa atenção incidirá, de modo particular, em duas questões complementares: Até que ponto os comportamentos agressivos da infância afectam o desenvolvimento social da criança? E até que ponto as primeiras manifestações e a continuidade desses comportamentos serão afectadas por diversas experiências positivas ou negativas vividas nos primeiros anos da infância? Ambas as questões têm sido, objecto de numerosos estudos, cujas implicações teóricas e

Importância dos primeiros anos de vida 137

práticas não foram ainda inteiramente exploradas no domínio da psicologia nem no domínio da educação.

COMPORTAMENTOS AGRESSIVOS DA CRIANÇA

O conceito de agressão refere-se a um conjunto muito heterogéneo de comportamentos (v.g., bater, insultar, ser cruel, ameaçar ou ferir as outras pessoas, destruir ou danificar os seus bens), que têm em comum o facto de intencionalmente causarem sofrimento ou danos a outrem.

Os custos económicos e humanos que a sociedade tem de suportar por esse tipo de conduta podem ser enormes. Por exemplo, relatórios da Organização Mundial da Saúde consideram que os assaltos e a violência dos adolescentes e jovens constituem uma das primeiras causas de morte, ferimentos ou deficiência física nessas idades em vários países (Krug et al., 2002; Barker et al., 2006). Além disso, esses comportamentos andam frequentemente associados a um vasto leque de outros problemas graves: delinquência, consumo de drogas, acidentes graves ou diversas formas de doença mental. Isto ajudará a compreender que a identificação das suas causas e a organização de programas capazes de prevenir ou neutralizar as suas consequências, muitas vezes dramáticas, constituam uma prioridade social e, em consequência, tenham levado à realização de numerosas pesquisas neste domínio durante as últimas décadas.

Uma parte considerável desses estudos é proveniente de países de língua inglesa e envolve grandes amostras de crianças da comunidade, que têm sido seguidas desde os primeiros anos da infância até à adolescência ou mesmo até à idade adulta. Particularmente relevantes para este capítulo são o estudo de Cambridge (Farrington, 2004) e o estudo nacional de Gémeos (Plomin et al., 2002) na Inglaterra, o estudo de Dunedin (Silva & Stanton, 1996) e o estudo de Christchurch (Fergusson, Horwood & Lynskey, 1994) na Nova Zelândia, o estudo de Pitsburgo (Loeber, Farrington, Stouthamer-Loeber, M. & Kammen, 1998), o estudo de Seattle (Peterson, Hawkins, Abbott & Catalano, 1994) e o estudo de Hauai (Werner, Bierman & French, 1973) nos EUA, o estudo longitudinal de Montreal, no Canadá (Tremblay et al., 1992), o estudo de Zuid (Ferdinand & Verhulst, 1994) na Holanda, bem como vários outros estudos longitudinais iniciados desde os anos sessenta, alguns deles ainda em curso (v.g. Huesmann et al., 1984; Loeber & Farrington, 2001; Kokko & Pulkkinen, 2005).

A partir dos dados recolhidos nessas investigações, ao longo de várias décadas, foi possível construir uma visão mais rigorosa e aprofundada do desenvolvimento dos comportamentos agressivos da infância até à adultez e, assim, abrir caminho para a formulação de novos modelos teóricos e para a definição de novas políticas de prevenção, tratamento ou reeducação neste domínio.

Prevalências

Uma das conclusões mais pacíficas desses estudos é que os comportamentos agressivos são muito frequentes na infância, a ponto de serem considerados um fenómeno normal. Num estudo em curso na Universidade de Coimbra verificou-se que 46.3% dos rapazes do 2.º ano do ensino básico referiam *ter batido nos colegas ou lutado com eles* nos últimos 12 meses, acontecendo o mesmo com 59.7% dos rapazes do 4.º ano e 72% dos rapazes do 6.º ano das escolas públicas do concelho de Coimbra. Do mesmo modo, o comportamento de agressão não física (v. g., *tratar mal as outras pessoas ou fazer pouco delas*) era referido por 8.3% dos rapazes do 2.º ano, por 15.4% dos do 4.º ano e por 25.3% dos do 6.º ano. Ainda de acordo com o mesmo estudo, a taxa de prevalência era bem mais elevada nos rapazes que nas raparigas (Fonseca et al., 1995b).

Os dados de investigações levadas a cabo noutros países apontam para percentagens bastante semelhantes ou até mais elevadas (Loeber & Stouthamer-Loeber, 1998; Offord et al., 1991). Além disso, tem-se verificado que esses comportamentos não são exclusivos de crianças mais velhas e adolescentes. Baillargeon et al. (2007), no seu estudo de Montreal, verificaram que 37.7% das crianças do sexo masculino, aos 2 anos, pontapeavam, mordiam e batiam nos outros (o mesmo acontecendo com 33.1% das raparigas dessa idade). Por volta dos 2-3 anos, esses problemas atingiriam um pico, para depois decaírem rapidamente.

Aliás, a tendência para a diminuição dos comportamentos agressivos com a idade continua a observar-se até ao fim da adolescência. Por exemplo, Cairns e Cairns (1989) verificaram que a frequência da agressão diminuía dos 10 aos 18 anos, no seu estudo de Carolina do Norte, enquanto Tremblay e colaboradores (1996) referem uma tendência semelhante, numa amostra entre os 6 e os 15 anos de idade no Quebeque. Um argumento adicional em favor da "normalidade" da agressão nessas idades é o facto desse comportamento ser geralmente de baixa intensidade. Ou seja, embora haja muitos indivíduos que se envolvem em comportamentos

Importância dos primeiros anos de vida 139

agressivos poucos o fazem repetidamente. Assim, no estudo de Baillargeon e colaboradores (2007), só 4.8% dos rapazes e 2.4% das raparigas apresentavam esse tipo de comportamentos com elevada intensidade. No estudo de Coimbra atrás mencionado, apenas 2.9% das raparigas do 2.º ano referiu *ter batidoo várias vezes nos colegas* durante os últimos 12 meses, acontecendo o mesmo com 3.2% das raparigas do 4.º ano e com 3.0% das raparigas do 6.º ano (Fonseca et al., 1995). Felizmente, as formas de agressão que envolvem graves danos ou consequências (v. g., *ameaçar alguém para lhe tirar alguma coisa ou trazer uma arma com intenção de a utilizar*) são ainda mais raros mesmo entre adolescentes e jovens (Fonseca et al., 2006).

Estabilidade dos comportamentos agressivos

Apesar da diminuição de certas formas de agressão com a idade, os indivíduos identificados cedo na infância como mais agressivos continuam geralmente a ocupar essa posição relativamente aos seus colegas em subsequentes avaliações. Por outras palavras, é frequentemente referido que a agressão se caracteriza por uma considerável estabilidade temporal. Numa revisão da literatura, muitas vezes citada, sobre esta questão, Olweus (1979) concluía que os coeficientes de estabilidade se situavam, em média, à volta de *. 68* (um valor muito próximo dos valores relativos ao coeficiente de estabilidade da inteligência), embora houvesse grandes variações de um estudo para o outro. Essa publicação teve um impacto considerável, na medida em que forneceu uma das primeiras provas de que o desenvolvimento social (e, neste caso, a agressão) obedeceria a princípios tão rígidos ou regulares como o desenvolvimento cognitivo ou outros aspectos do comportamento humano. Porém, uma tal conclusão tem sido questionada em trabalhos mais recentes e de maior rigor metodológico. Por exemplo, Kokko e Pulkkinen (2005) no seu estudo finlandês obtiveram uma correlação de .19 para as mulheres e .23 para os homens entre os 8 e os 36 anos de idade. Por sua vez, no estudo de Coimbra, obteve-se uma correlação de *.31* para o intervalo dos 7 aos 17-18 anos, valores que se situam bem abaixo da média reportada por Olweus. Tais resultados confirmam, aliás, as conclusões de estudos mais antigos sobre o desenvolvimento da agressão nos quais se obtiveram coeficientes de estabilidade temporal muito mais modestos tanto nos homens como nas mulheres (Huesmann et al., 1984).

Apesar disso, a ideia de que os comportamentos agressivos são estáveis continua bastante generalizada em psicologia, independentemente do intervalo temporal em questão. Alguns autores defendem mesmo a existência de uma continuidade intergeracional (Eron & Huesmann, 1990; Zoccollilo et al., 2005). Por exemplo, no estudo de Londres (também conhecido mais recentemente como estudo de Cambridge), Farrington (2004) verificou que os participantes que aos 12 anos se envolviam em agressões e ameaças aos outros também referiam, quando entrevistados aos 32 anos, que os seus filhos apresentavam comportamentos desse género. É possível que essa continuidade viesse a revelar-se ainda maior se se utilizassem amostras clínicas ou grupos mais extremos da população geral.

Se tal estabilidade é expressão de características intrínsecas do indivíduo, se resulta das experiências dos primeiros anos da infância, ou se é apenas o reflexo da estabilidade do meio em que o indivíduo vive, eis uma questão que não está ainda completamente esclarecida.

Consequências da agressão infantil

Uma outra questão que, paralelamente à da estabilidade, tem interessado recentemente muitos investigadores é a da continuidade entre os comportamentos agressivos da criança e a criminalidade adulta ou outros problemas afins. Por exemplo, Kupersmidt e Coie (1990), no seu estudo de Durham County (Carolina do Norte), verificaram que 50% das crianças agressivas se envolviam, mais tarde, em actos delinquentes que constavam dos registos da polícia ou dos tribunais. Do mesmo modo, no estudo de Christchurch (Nova Zelândia), que incluía mais de 1200 crianças, seguidas do nascimento até aos primeiros anos da idade adulta, os problemas do comportamento na fase intermédia da infância eram um bom preditor do crime, mesmo depois de se controlar o efeito de outros factores tais como a inteligência, o nível socioeconómico e outros problemas associados (Fergusson, Horwood & Ridder, 2005). Por sua vez, baseando-se nos dados do seu estudo longitudinal de Londres, no qual mais de 400 rapazes de uma zona pobre do sudeste dessa cidade foram seguidos desde os 8 até aos 48 anos de idade, Farrington (2004) concluiu que os indivíduos agressivos na infância se revelavam mais desviantes que os seus colegas não-agressivos em vários domínios, no início da idade adulta, incluindo a criminalidade violenta. Mais concretamente verificou-se nessa investigação que, de entre os rapazes que tinham sido condenados como delinquentes juvenis até aos 16 anos de idade, 73% eram condenados novamente entre os 17 e os 24 anos de idade, e 45% entre os 25 e os 32 anos (Farrington, 2005).

Mas as consequências negativas da agressão infantil estendem-se igualmente a vários outros domínios, tais como desemprego, consumo de tabaco ou de marijuana, condução sob efeito do álcool, acidentes, bem como diversos problemas de realização profissional ou de saúde física e mental (Farrington, 1991, 2004). E essas consequências negativas não se limitam aos homens, pois têm sido também encontradas em estudos longitudinais que incluem amostras dos dois sexos (Fergusson, Horwood & Lynskey, 2004; Moffitt, Caspi, Rutter & Silva, 2001). É de referir, a esse propósito, que o efeito da agressão infantil, a médio e longo prazo, pode assumir certas expressões consideradas típicas do grupo das mulheres. Por exemplo, problemas de natureza depressiva, gravidez na adolescência, suicídio, conflitos no casal ou saúde física.

Particularmente relevantes para este capítulo são as relações entre comportamento agressivo na infância e desempenho académico. Como notam Miles e Stipek (2006), a agressão física tem aparecido, em vários estudos, associada a fraco rendimento escolar e com a ocorrência de dificuldades de aprendizagem. Assim, Huesmann e colaboradores (1984) verificaram que a agressão aos 8 anos de idade estava correlacionada com fracas competências de tipo escolar (v.g., leitura, aritmética) até aos 30 anos de idade. Do mesmo modo, Chen e colaboradores (1997), num estudo longitudinal de 2 anos com crianças chinesas, revelaram que os comportamentos agressivos avaliados aos 10 anos ou aos 12 anos apareciam associados com dificuldades académicas dois anos mais tarde. Esta questão foi também analisada no estudo de Coimbra, no qual se seguiram várias centenas de crianças dos primeiros anos do ensino básico até ao fim da escola secundária. Os resultados mostraram que as crianças identificadas por pais e professores como muito agressivas, aos 7 anos de idade, apresentavam, já no 2.º ano de escolaridade, mais problemas do que os seus colegas em variáveis relacionadas com a escola, designadamente uma maior prevalência de repetências ou um índice mais elevado de dificuldades de aprendizagem. Diferenças significativas entre os dois grupos continuaram a aparecer na fase de *follow-up*. Assim, na segunda avaliação, quatro anos mais tarde, os alunos do grupo agressivo apresentavam mais repetências, bem como pontuações mais baixas em diversas provas académicas (v.g., ditado, compreensão de textos escritos, aritmética) e, por outro lado, pontuações mais elevadas nas medidas de problemas emocionais, psicopatologia geral, rejeição pelos colegas, problemas de atenção ou consumo de droga. Na terceira avaliação (aos 14-15 anos) os mais agressivos diferenciavam-se dos colegas pelas suas atitudes negativas em relação à escola, pelo número de negativas e repetências, ou pelos seus planos de continuação ou abandono de estudos para o ano lectivo seguinte. Finalmente, na quarta avaliação (cerca dos 17-18 anos de idade) foram encontradas, novamente, diferenças em variáveis como repetências, abandono escolar, faltas injustificadas à escola, notas negativas, atitudes negativas em relação à escola, ausência de projectos de estudo ou trabalho para o próximo ano e menor envolvimento em actividades extra-escolares. Além disso, na última avaliação, os sujeitos agressivos apresentavam, ainda, pontuações mais elevadas nas medidas de consumo de substâncias e falta de autocontrolo. É de salientar, a este propósito, que aos 17-18 anos, quando se esperava que todos os sujeitos dessa amostra estivessem no 12.º ano, apenas 11% dos indivíduos do grupo mais agressivo aí se encontravam, em comparação com 35.8% do grupo de controlo. Do mesmo modo, 57.6% dos indivíduos do grupo agressivo tinham já abandonado a escola, em comparação com 22.9% do grupo de controlo. Em ambos os casos as diferenças eram estatisticamente significativas.

A relação entre agressão e desempenho escolar ou adaptação à escola é, aliás, um facto bem estabelecido em vários países e culturas, podendo aparecer logo em fases iniciais do percurso escolar. Por exemplo, Tremblay e colaboradores (1996) verificaram que 38% das crianças agressivas, identificadas pelos educadores do jardim de infância, apresentavam insucesso escolar três anos mais tarde, enquanto que essa taxa era de 20% num grupo de controlo, cujos pais participavam num programa de treino parental. O que não está ainda suficientemente esclarecido é se tais problemas resultam da agressão infantil ou são, antes, uma consequência de outros problemas presentes logo na infância. Por exemplo, no estudo de Coimbra, parte das diferenças significativas entre os grupos agressivos e não agressivos desaparecia quando se controlava o efeito da hiperactividade ou das dificuldades de aprendizagem referidas por pais e professores, logo no início da escolaridade básica. Do mesmo modo, no estudo de Christchurch, o efeito da agressão e dos comportamentos anti-sociais da infância no desempenho escolar deixava de ser estatisticamente significativo quando se controlavam outras variáveis da infância, tais como os problemas de atenção e hiperactividade da criança (Fergusson, Horwood & Lynskey, 1993, 1995). Em contrapartida, o efeito da agressão infantil na delinquência e inadapatação social parecia manter-se.

Importância dos primeiros anos de vida 143

Concluindo, os resultados de vários estudos longitudinais recentes mostram que, a médio e a longo prazo, as formas mais graves de agressão e de comportamento anti-social da infância acabam por afectar negativamente o funcionamento do indivíduo em vários domínios. O prognóstico é particularmente pobre quando os comportamentos agressivos fazem parte de uma constelação de múltiplos problemas da infância, tais como os défices de atenção/hiperactividade, as dificuldades de aprendizagem ou o isolamento social. Mais difícil, porém, tem sido determinar qual o peso específico da agressão infantil dentro dessas constelações ou, ainda, por que é que essas consequências negativas, a médio ou longo prazo, se fazem sentir em certos casos e não noutros.

Iniciação tardia e desistências da agressão

Os dados sobre a continuidade da agressão infantil não nos devem fazer esquecer dois outros factos igualmente postos em evidência pelos mesmos estudos longitudinais, a saber: o aparecimento das primeiras manifestações de agressão e do comportamento anti-social na adolescência ou na idade adulta e a frequente desistência dessas formas de conduta em diferentes fases da vida. Isso ajudará a colocar, de maneira mais realista e abrangente, a questão da influência dos primeiros anos sobre o desenvolvimento do indivíduo.

No que diz respeito ao primeiro ponto, há diversos estudos a mostrar que um número considerável de indivíduos inicia o seu percurso agressivo ou delinquente apenas na adolescência ou mesmo depois. São os chamados comportamentos anti-sociais de início tardio, que constituem um elemento central de diversos modelos importantes de desenvolvimento da agressão e comportamento anti-social (Patterson & Yoerger, 2002). Noutros casos ainda, as primeiras manifestações de delinquência e agressão surgem apenas quando os indivíduos se encontram já na idade adulta (Sampson & Laub, 2003). Assim, na sua investigação longitudinal de Londres/Cambridge, Farrington (1991) encontrou um pequeno grupo de adultos violentos que não tinha nenhum antecedente agressivo na infância ou na adolescência. Do mesmo modo, Windle e Windle (1995), num estudo retrospectivo americano com ex-militares da guerra do Vietname, verificaram que cerca de 19% da amostra declaravam ter tido os primeiros comportamentos agressivos na infância, 7% referiam continuidade na agressão da infância até à idade adulta, e 6% diziam ter-se envolvido em tais comportamentos apenas na idade adulta.

As manifestações agressivas de início tardio são geralmente consideradas menos graves que as de início precoce, estando o seu aparecimento normalmente associado a factores externos ao indivíduo e, portanto, mais fáceis de alterar. Na adolescência, esses comportamentos são, para alguns autores, resultado de pressões de grupo (Patterson & Yoerger, 2002), enquanto para outros reflectiriam um desfasamento entre a maturidade biológica dos adolescentes e a falta de reconhecimento de um estatuto social correspondente (Moffitt, 1993). As consequências deste tipo de agressão e delinquência, a médio ou longo prazo, seriam, em princípio, relativamente benignas, pois os jovens desse grupo (contrariamente aos do grupo com agressão de início precoce) teriam adquirido as competências necessárias para uma adaptação social e escolar própria da sua idade, o que os deixaria preparados para mais facilmente fazerem face às exigências das fases posteriores do desenvolvimento. Isso não significa, porém, que os comportamentos anti-sociais de início tardio sejam sempre inofensivos e transitórios. Na verdade, certos actos de agressão juvenil, cometidos de maneira irreflectida ou impulsiva, podem levar ao tribunal e mesmo ao encarceramento e, assim, comprometer seriamente a adaptação social futura dos seus autores. Além disso, estas manifestações tardias podem ser interpretadas como num sinal de que a agressão é uma característica ou "capacidade" natural do indivíduo que pode ser utilizada a qualquer momento ao longo da vida, quando as necessidades (ou oportunidades) a isso levarem o indivíduo (Tremblay & Nagin, 2005).

No que se refere ao segundo ponto, os resultados da investigação longitudinal têm revelado que a maioria dos indivíduos com comportamentos agressivos na infância não apresenta, posteriormente, condutas desse tipo. Como notam Dodge e colaboradores (2006), "nem todos os jovens com comportamentos anti-sociais de início precoce se tornam adultos criminosos ou seguem uma trajectória de ajustamento deficiente no trabalho ou no casamento" (p. 729). Isso coloca diversas questões aos investigadores. Por exemplo, a agressão é algo de natural ou é resultado da educação? Por que é que algumas crianças desistem mais tarde do comportamento anti-social enquanto outras persistem nesse tipo de conduta? Quais as experiências ou características da infância que fazem com que certos indivíduos continuem a recorrer à agressão para resolver os seus conflitos e lidar com as frustrações no dia a dia, enquanto outros recorrem a estratégias socialmente aceitáveis? Estas questões que, durante muito tempo, permaneceram relativamente ignoradas, têm sido objecto de análise num número considerável de estudos recentes realizados em vários países. Os seus resultados mostram, de maneira bastante consistente, que a desistência ou diminuição do comportamento agressivo é um processo, muitas vezes, lento que se inicia relativamente cedo, em particular no caso da agressão física.

Numa revisão desses estudos, Loeber e Stouthamer-Loeber (1998) concluem que um quarto das crianças agressivas desistem desse comportamento entre os 12 e os 18 anos de idade. Mas, para outros investigadores, essa desistência começaria muito antes, por exemplo, à volta do 2.º ou 3.º anos de vida (Tremblay, Hartup & Archer, 2005). A razão desta desistência precoce encontrar-se-ia no facto de, a partir dos dois anos de idade, a criança começar a ganhar capacidade de autocontrolo, registar grandes avanços no desenvolvimento da linguagem ou adquirir novas competências sociais que lhe permitem resolver conflitos de maneira não agressiva. O desenvolvimento cognitivo e a aprendizagem social nos primeiros anos da infância desempenhariam, assim, um papel decisivo nesse processo que seria muito semelhante nos homens e nas mulheres.

Acontece, porém, que esse efeito não é igual em todas as formas de agressão. Como pode ver-se pelos gráficos 1 e 2, relativos ao estudo de Coimbra, há na adolescência uma diminuição clara apenas na agressão física, verificando-se a tendência oposta em relação à agressão não física.

Gráficos 1 e 2. Percentagem de rapazes e raparigas que, durante o último ano, se envolveram em agressões físicas e não físicas, avaliadas pela escala de agressão do *Youth Self Report* (YSR; Achenbach, 1991).

Uma possível interpretação para este fenómeno é que, como notam Tremblay e Nagin (2005), as razões para a agressão permanecem mas as crianças vão aprendendo outras maneiras de lidar com ela, em função das expectativas, modelos e pressões do meio em que vivem.

Ainda de acordo com os dados de estudos longitudinais recentes, a desistência da agressão e do comportamento anti-social não ocorre apenas na infância ou na adolescência. Ela pode verificar-se também na idade adulta, mesmo após uma longa carreira de crimes graves e violentos. Esse ponto foi bem ilustrado por Sampson e Laub (2003) que, seguindo até aos setenta anos de idade, um grupo de jovens delinquentes, inicialmente avaliados na adolescência por Glueck e Glueck (1950), verificaram que muitos deles se tornaram, mais tarde, adultos bem comportados. Esse abandono da carreira delinquente aparecia geralmente associado a pontos de viragem importantes na vida de tais indivíduos. Desse conjunto de experiências decisivas fazem parte o casamento harmonioso, estável e coeso com uma mulher não delinquente; a experiência da vida militar, longe de casa e dos seus colegas desviantes; um emprego gratificante e estável; ou mesmo, mais raramente, o ter beneficiado de apoio numa instituição para delinquentes. O efeito positivo de tais experiências residiria no facto de elas abrirem novas oportunidades, trazerem mudanças radicais no meio de origem, melhorarem a auto-estima e a auto-eficácia e, ao mesmo tempo, serem acompanhadas de uma firme decisão por parte desses indivíduos de tomar o seu destino nas próprias mãos e mudar de vida.

Em síntese, os comportamentos agressivos e anti-sociais da criança são frequentes, apresentam uma considerável estabilidade e podem ter graves consequências a médio ou longo prazo. A maioria dos indivíduos que, na juventude ou na idade adulta, se envolve em actos delinquentes ou violentos já se encontrava em trajectórias de agressão física na infância. Essa continuidade tem sido observada em indivíduos de diferentes níveis socioeconómicos e de diferentes culturas ou países (Broidy et al., 2003). Todavia, as consequências negativas de tais comportamentos podem ser moderadas ou neutralizadas por vários acontecimentos, experiências ou oportunidades que ao longo do ciclo de vida vão surgindo. O risco de uma evolução negativa é particularmente elevado nas crianças que, para além da agressão, experienciam também, desde cedo, várias outras formas de adversidade. Resta, no entanto, saber até que ponto estas mudanças na vida adulta, não serão também elas condicionadas pelas experiências ocorridas cedo na infância.

IMPORTÂNCIA DOS PRIMEIROS ANOS

Um contributo importante dos estudos longitudinais no domínio da agressão está em revelar a existência de numerosas experiências da

Importância dos primeiros anos de vida 147

infância que aumentam a probabilidade de aparecimento posterior de diversas formas de inadaptação social, incluindo violência e crime. Algumas dessas experiências ocorrem muito cedo na vida da criança, por vezes mesmo antes do nascimento. Desse grupo fazem parte acidentes pré-natais ou perinatais (v.g., influência do alcoolismo da mãe, traumatismos ligados ao parto), graves privações na infância (v.g. miséria extrema e subnutrição) ou, ainda, situações de grave negligência, maus-tratos ou abusos (v.g., abusos sexuais). Estes factores de risco desempenhariam um papel particularmente importante nos comportamentos anti-sociais de início precoce e persistentes ao longo da vida (Lahey & Waldman, 2004; Moffitt, 1996), precisamente aqueles com um prognóstico mais pobre. Sobre os processos através dos quais essas variáveis actuam, ainda pouco se sabe. Uma hipótese é que a exposição a algumas dessas experiências, no início da infância, afectaria o desenvolvimento do eixo hipocampo-hipófise-supra-renais, bem como o desenvolvimento do sistema serotoninérgico, cuja baixa actividade tem aparecido associada a manifestações agressivas. Todavia, os dados em favor dessa hipótese são provenientes, sobretudo, de estudos com animais, desconhecendo-se, ainda, até que ponto eles terão a mesma validade quando aplicados aos humanos (van Goozen, 2005). Além disso, é possível que esse efeito não seja o mesmo para todas as formas de comportamento agressivo (v.g., pró-activo *vs.* reactivo ou hostil *vs.* instrumental).

Uma outra categoria é formada por experiências que ocorrem na escola e na comunidade em geral. Podem-se incluir aí factores de risco tão diversos como a influência de colegas desviantes, o pertencer a uma turma de alunos com dificuldades de aprendizagem, ou o frequentar escolas com ambiente marcado pela indisciplina, insegurança, insucesso, falta de objectivos bem definidos ou, ainda, por uma cultura de violência característica da comunidade em que vivem essas crianças. Neste âmbito, têm merecido particular destaque o insucesso escolar e as dificuldades de aprendizagem (v.g., dificuldades de leitura), bem como a vitimação e a rejeição pelos colegas. O efeito destas variáveis na agressão e no comportamento anti-social está bem documentado em diversos estudos de natureza transversal e longitudnal (Dodge, Coie & Lynam, 2006; Maguin & Loeber, 1996; Miles & Stipek, 2006; Stipek, 2001). Essa influência parece ser mais notória nos comportamentos agressivos e anti-sociais típicos da adolescência ou também designados de início tardio, fase em que o papel socializador dos pais vai sendo substituído pelo papel dos pares (Patterson & Yoerger, 2002), e em que o controlo e monitorização da família vão frequentemente diminuindo. Uma dificuldade encontrada em muitos dos estudos sobre estes factores de risco é determinar se são eles que estão na origem da agressão ou se, ao contrário, as crianças mais agressivas e anti-sociais tendem a procurar essas situações.

Ainda uma outra categoria de experiências da infância, muitas vezes referidas no estudo da agressão infantil, diz respeito à estrutura e ao modo de funcionamento da família. O leque de variáveis incluídas nessa categoria é muito extenso: a falta de competências educativas dos pais, exposição à violência no lar, a presença de parentes criminosos ou com toxicodependência, transtornos de personalidade ou diversas outras doenças mentais. Tais variáveis são elementos centrais de alguns dos modelos da agressão mais influentes, designadamente o modelo da aprendizagem social de Patterson dos comportamentos agressivos e delinquentes de crianças e jovens (Patterson & Yoerger, 2002; Webster-Stratton, 2002). E sobre eles incidem também alguns dos programas, até agora mais bem sucedidos, de prevenção e tratamento desses comportamentos (Kazdin, 1997, 2001).

Para além destes, vários outros factores de risco da infância têm sido encontrados (Loeber & Farrington, 1998, 2001; Rutter, Giller & Hagell, 1998), tais como viver em comunidades marcadas pela violência quotidiana nas ruas ou nos *mass media*, fácil acesso a armas, pertencer a minorias estigmatizadas ou marginalizadas, sofrer graves privações materiais ou não dispor de meios adequados de ajuda na sua comunidade (Rutter, Giller & Hagell, 1998; Tremblay, Hartup & Archer, 2005). Todavia, o efeito destas variáveis parece ser mais indirecto, exercendo-se através das dificuldades e do stresse em que elas deixam as famílias dessas crianças, o que por sua vez acabará por limitar as suas competências educativas.

No conjunto, esses estudos mostram que a agressão e o comportamento anti-social podem ser afectados por uma grande diversidade de experiências da infância. Na impossibilidade de aqui se analisar, em pormenor, cada uma delas, apresentam-se a título de ilustração algumas das que parecem ter um efeito mais directo e acentuado na etiologia e continuidade dos comportamentos agressivos e anti--sociais, ou que recentemente se têm revelado das mais fecundas, tanto a nível de novos desenvolvimentos teóricos como a nível da intervenção.

Efeito dos cuidados não parentais durante os primeiros anos de vida

A questão da influência dos cuidados não-maternos no desenvolvimento da criança tem sido, já desde há algum tempo, objecto de intenso debate em diversos países (Belsky, 2006; Guedeney, 2004). Deve-se isso ao facto de, no mundo industrializado, as mães terem cada vez menos tempo, durante o dia, para passar com os filhos que, assim, se vêem entregues aos cuidados de outras pessoas ou instituições (v. g., amas ou creches), nem sempre devidamente preparadas para essa tarefa. Uma ideia muito generalizada a este respeito, e apoiada em dados de diversos estudos empíricos, é a de que a exposição a cuidados fora da família afecta o desenvolvimento socioemocional da criança e pode, mesmo, contribuir para o aparecimento de comportamentos agressivos (Belsky, 2001; NICHD, 2003). Todavia, essa posição tem sido, ultimamente, contestada por vários investigadores com o argumento de que muitos desses estudos apresentam diversas limitações metodológicas, nomeadamente, a dificuldade em separar os efeitos específicos de vários aspectos dos cuidados fora da família (v.g., qualidade *vs* duração). Do mesmo modo, nem sempre se teriam separado os efeitos dos cuidados não maternos durante o dia e os efeitos de outras características da família (v. g., nível socioeconómico, estrutura da família) que levariam os pais a optar por, ou aceitar, este ou aquele tipo de solução fora da família (Brewin, Andrews & Gotlib, 1993; Lamb & Ahnert, 2006; Schaffer, 2000).

Muitas dessas críticas foram tidas em conta na investigação mais recente, designadamente no estudo da *Early Child Care Research Network*, inicialmente financiado pelo *National Institute of Child Health and Human Development* (NICHD, 2003, 2004). Neste estudo, que representa o esforço mais sistemático e completo até agora efectuado para se analisar os efeitos dos cuidados não maternos, participaram mais de mil crianças desde a idade dos 2 anos (bem como os seus pais), utilizaram-se diversas medidas de desenvolvimento sócio-emocional e distinguiram-se diversos aspectos desses cuidados. Apesar disso, os resultados não permitiram, ainda, uma conclusão clara e definitiva. Concretamente, registou-se um efeito negativo da quantidade de cuidados recebidos, aos dois anos de idade, efeito esse que desaparecia aos três anos, para reaparecer aos quatro anos e meio, tornando a desaparecer por volta dos oito anos. Na sua monografia mais recente, os investigadores responsáveis pelo projecto concluem que "nem a qualidade dos cuidados prestados, nem o tempo passado em centros de cuidados para crianças, apareciam directamente associados com o nível de agressão ou com as taxas de mudança da agressão" (NICHD, 2004, p. 110). Porém, dada a origem recente desta investigação longitudinal ou de outros estudos similares, só foi possível analisar os efeitos a curto prazo dessa experiência da infância. Seria interessante verificar, em futuras avaliações dos mesmos indivíduos, se os resultados até agora obtidos se confirmam a médio ou longo prazo.

Entretanto, a ideia defendida por alguns autores, com base em dados iniciais desta investigação (Belsky, 2001; NICHD, 2003), de que os cuidados não maternos estão na origem de diversos problemas do comportamento deve ser considerada com alguma reserva ou distanciamento crítico. Convém, a este propósito, não esquecer que outras publicações provenientes do mesmo estudo do NICHD mostram que o efeito que os cuidados não maternos têm sobre os comportamentos agressivos ou de oposição desaparecem quando aqueles cuidados são de boa qualidade, bem como quando se controlam os efeitos de outros factores ligados à família, ao nível social ou ao meio cultural dos pais (Love et al. 2003; Votruba-Drzal, Coley & Chase-Lansdale, 2004). Para alguns autores, os cuidados não maternos de boa qualidade [1] podem, até, ter efeitos mais positivos que os cuidados maternos. Foi, por exemplo, o que constataram Borge e colaboradores (2004) na sua análise dos dados do *Canadian National Longitudinal Study of Children and Youth*: as crianças que beneficiavam dos cuidados regulares das próprias mães apresentavam índices mais elevados de agressão do que as que estavam ao cuidado de centros para crianças, quando se controlava os possíveis efeitos de outras variáveis, tais como a qualidade dos cuidados recebidos. Mais concretamente, verificou-se que havia mais agressão física nas crianças que ficavam ao cuidado das suas mães em lares de alto risco do que nas crianças provenientes de famílias de baixo risco que ficavam, durante o dia, ao cuidado de outrem que não a mãe.

Numa publicação recente, Lamb e Ahnert (2006) resumem assim o estado da arte sobre os efeitos dos cuidados não maternos no comportamento agressivo da criança: "A exposição precoce a cuidados não

---

[1] A boa qualidade dos cuidados não maternos é um conceito bastante lato, que incluiu parâmetros tão variados como um contexto seguro e saudável, cuidadores que respondem prontamente às necessidades da criança, estimulação e experiências que permitem à criança responder adequadamente aos desafios que, no dia a dia, lhe são colocados.

Importância dos primeiros anos de vida 151

parentais de fraca qualidade também favorece a assertividade excessiva, a agressão e os problemas de comportamento da criança, por razões que não são bem compreendidas. Ao contrário do que anteriormente se pensava, esses efeitos não são modulados pela vinculação filhos-pais, porque as experiências de cuidados não parentais não se encontram associadas, de modo fidedigno, com uma vinculação insegura filho-mãe, verificando-se antes que as relações pobres com o provedor dos cuidados parecem mediar os efeitos dos cuidados não parentais na agressividade da criança. As crianças em centros que garantam uma qualidade superior de cuidados e que beneficiam de uma boa relação com os prestadores estáveis desses cuidados não são mais agressivas do que os seus pares que beneficiaram de cuidados prestados apenas pelos pais" (p. 999). Por outras palavras, o efeito dos cuidados não parentais depende da qualidade da relação estabelecida entre as crianças e os prestadores desses cuidados.

Perturbações da vinculação à mãe

A ideia de que o desenvolvimento socioemocional da criança é afectado pelo tipo de relação emocional que, desde os primeiros meses ou anos de vida, se foi estabelecendo entre ela e a mãe, goza actualmente de grande aceitação em psicologia. Um corolário dessa posição é que perturbações sofridas nesse vínculo precoce poderão, mais tarde, traduzir-se em graves problemas no relacionamento com os outros. Um dos primeiros estudos a colocar e a testar essa hipótese foi realizado pelo próprio Bowlby (1944). Com base nos dados recolhidos num grupo de 44 jovens delinquentes enviados à sua consulta, este autor identificou um subgrupo de adolescentes, que designou por *ladrões sem afecto*, os quais se distinguiam do resto da amostra por diversas perturbações ou défices ao nível da vinculação à mãe, desde cedo na infância.

Devido às suas múltiplas limitações metodológicas, os resultados deste estudo ficaram durante muito tempo relativamente ignorados. Porém, mais recentemente, esta questão foi retomada numa série de investigações metodologicamente mais rigorosas, com vista a explicar o comportamento desviante e agressivo de crianças e adolescentes (DeKlyen & Speltz, 2001; Machado, 2004), embora os seus resultados nem sempre confirmem a hipótese inicial. Assim, Bates e colaboradores (1991), utilizando dados de um estudo longitudinal, verificaram que a vinculação insegura da criança não era bom preditor de comportamento anti-social, mais tarde, na escola elementar. Em contrapartida, Shaw e colaboradores (1996) mostraram que um grupo de crianças com vinculação insegura corria riscos muito mais elevados de apresentar comportamentos agressivos, avaliados pelos pais, aos 5 anos de idade.

Uma possível explicação para estes resultados, aparentemente contraditórios, estaria em que o efeito da vinculação só se faz sentir quando em interacção com outros factores de risco, os quais frequentemente variam de um estudo para outro. Dados em favor desta hipótese são fornecidos por Lyons-Ruth e colaboradores (1997) que constataram que o efeito da vinculação insegura se manifestava apenas quando as mesmas crianças apresentavam também défices de processamento de informação. Por sua vez, Greenberg e colaboradores (1993) verificaram que a vinculação segura exercia um efeito protector mais acentuado nas crianças de classes economicamente mais desfavorecidas, cujas mães se encontravam sujeitas a maior stresse.

Feitas estas ressalvas, parece justificada a posição segundo a qual as perturbações da vinculação andam associadas a diversos problemas de relacionamento interpessoal, designadamente, aos comportamentos agressivos e anti-sociais, enquanto as crianças com vinculação segura tendem a envolver-se em menos conflitos e, além disso, revelam maior capacidade para os resolver de maneira adequada para a sua idade (Machado, 2004). Porém, esse efeito parece, em grande parte, depender da presença de vários outros factores, designadamente, de outras características estruturais e funcionais da família.

Exposição a práticas educativas coercivas

Sabe-se, de numerosos estudos de natureza transversal e longitudinal, que certas práticas educativas dos pais podem ter uma influência directa no aparecimento e persistência de comportamentos agressivos e disruptivos na criança. Este facto constitui um dos elementos centrais do modelo da aprendizagem social do comportamento agressivo que, desde os anos sessenta, Patterson e colaboradores (Patterson, 1982; Patterson & Yoerger, 2002; Snyder, Reid & Patterson, 2003) têm vindo a desenvolver e a testar.

Partindo da observação directa das interacções entre pais e filhos nas suas próprias casas, estes investigadores verificaram que havia certos padrões de funcionamento das famílias das crianças agressivas ou com graves problemas de oposição que as distinguiam das outras. Mais con-

Importância dos primeiros anos de vida

cretamente, as práticas educativas desses pais eram marcadas por relacionamento de tipo coercivo, ausência de envolvimento afectivo, dominação negativa, falta de consistência na administração de prémios e castigos, falta de supervisão e monitorização ou recurso frequente à agressão no seio da própria família. Esse tipo de estratégias educativas é observável desde os primeiros meses ou anos da infância. Por exemplo, Tremblay e colaboradores, no seu estudo de Montreal (2004), verificaram que as interacções negativas e coercivas entre mães e filhos, aos 5 meses, eram um bom preditor de uma trajectória altamente agressiva entre os 17 e os 42 meses. À primeira vista, isso sugere que tais crianças são submetidas, desde os primeiros meses de vida, a uma aprendizagem regular de comportamentos anti-sociais e agressivos.

Procurando explicar como se processa essa aprendizagem, Patterson e colaboradores distinguem várias fases ou passos nas interacções coercivas entre essas crianças e os seus pais. Assim, primeiro, haveria uma intrusão aversiva da mãe/pai no comportamento do filho. Isso desencadearia, por sua vez, uma reacção de contra-ataque do filho. Em consequência, a mãe/pai cessaria a sua intrusão reforçando, assim, negativamente os futuros contra-ataques da criança. Por sua vez, a criança terminaria também o seu contra-ataque, reforçando, deste modo, a renúncia da mãe a intrometer-se na sua conduta. Este processo repetir-se-ia em casa regularmente, ao longo de vários meses ou anos, e depois generalizar-se-ia à escola, ao grupo de colegas ou a outras situações. O resultado seria a aprendizagem de um vasto reportório de comportamentos agressivos e anti-sociais difíceis de alterar ou de tratar.

Ainda de acordo com os mesmos estudos, a probabilidade destas sequências de interacção pais-filhos é muito mais elevada em famílias sujeitas a grande stresse material, social ou psicológico do que em famílias normais. Além disso, nas mesmas situações, as mães de crianças não agressivas recorrem mais frequentemente do que as mães das crianças agressivas aos reforços positivos (v.g., valorizando e encorajando o seu comportamento). Ou seja, as famílias coercivas e com fracas competências parentais podem influenciar os comportamentos agressivos dos filhos de duas maneiras. Por um lado, proporcionando-lhes uma aprendizagem activa desse tipo de conduta, graças a um processo de modelação e de reforço negativo atrás descrito, por outro lado, não os ajudando a desenvolver estratégias ou competências socialmente aceitáveis, necessárias para a resolução de conflitos ou para enfrentar situações de stresse e frustração.

Como notam Dodge e colaboradores (2006), enquanto as crianças das famílias não agressivas aprendem a resolver os seus conflitos de dois modos (i.e., através de estratégias aversivas e não aversivas), as crianças agressivas só têm sucesso através de reacções de tipo aversivo. Dados de estudos de observação directa, bem como de estudos longitudinais, mostram que, de facto, assim é (Rutter, Giller & Hagell, 1998). Mas isso não nos deve fazer esquecer um outro aspecto importante, nem sempre devidamente considerado neste modelo, a saber: a possibilidade de certas crianças, devido ao seu temperamento difícil ou aos seus comportamentos disruptivos de oposição precoces, desencadearem mais facilmente reacções agressivas ou coercivas da parte dos pais.

Maus-tratos e abusos na infância

Finalmente, uma outra questão que, no âmbito das experiências dos primeiros anos de vida, tem merecido a atenção de vários investigadores de diversas disciplinas é a que se prende com as consequências negativas dos maus tratos e abusos sofridos durante infância (designadamente abusos sexuais) no desenvolvimento emocional e social da criança. A literatura sobre este tópico é já bastante extensa, o que reflecte bem a sensibilidade crescente para este problema na sociedade contemporânea. Uma das suas conclusões é a de que os maus-tratos geralmente aumentam o risco de comportamentos anti-sociais e de agressão, a médio ou longo prazo. Por exemplo, Lansford e colaboradores (2002) verificaram que as crianças, da comunidade, que tinham sido identificadas como vítimas de maus-tratos se envolviam, durante a adolescência, em comportamentos violentos mais frequentemente do que os seus pares de um grupo de controlo. Por sua vez, Kessler e colaboradores (1997), na sua análise dos dados do Inquérito Nacional sobre a Comorbidade nos EUA, verificaram que as crianças vítimas de agressão por parte dos pais, quando comparadas com os seus colegas, tinham 2.5 vezes mais distúrbios do comportamento na infância e 4.4 vezes mais perturbações de personalidade na vida adulta. Do mesmo modo, Luntz e Widom (1994), num estudo longitudinal de crianças vítimas de abuso antes dos onze anos de idade, constataram que, vinte anos depois, elas recebiam diagnósticos de personalidade anti-social muito mais frequentemente do que os seus pares de um grupo de controlo.

Para explicar esta relação entre maus-tratos e comportamentos agressivos ou anti-sociais, várias hipóteses têm sido propostas. Algumas das

Importância dos primeiros anos de vida 155

mais frequentemente referidas na literatura colocam a ênfase na perda de confiança, por parte das vítimas, nas pessoas mais próximas, que passam a ser vistas como hostis, imprevisíveis ou até perigosas (mesmo quando para isso não parece haver razão). Outras defendem que há uma aprendizagem das condutas agressivas do abusador adulto como meio preferido ou prevalente de resolução de problemas ou de relacionamento interpessoal. Outras chamam a atenção para défices ou atrasos no desenvolvimento da empatia, a qual normalmente funciona como factor de protecção contra a violência e o comportamento anti-social. Outras, ainda, sugerem que a criança interpreta os maus-tratos como sinal de desvalorização e rejeição por parte dos adultos, o que, por sua vez, conduziria à frustração e à agressão.

Qualquer destas hipóteses tem em seu apoio dados de estudos empíricos. Assim, Dodge e colaboradores (1990, 2006) mostraram que as crianças vítimas de maus-tratos tendem a ser hipersensíveis a indícios de hostilidade no seu meio, a atribuir intenções hostis aos outros (mesmo sem razão para isso) e a reagir facilmente de modo agressivo. Por sua vez, Eisenberg e colaboradores (2003) observaram que a expressão de emoções negativas por parte dos pais, em relação aos filhos, dificultava o desenvolvimento da auto-regulação e do controlo inibitório. Apesar disso, nem sempre é fácil, nesses estudos, saber até que ponto os comportamentos agressivos e anti-sociais observados nas crianças maltratadas são, de facto, uma consequência do abuso sofrido ou têm, antes, a sua explicação noutras variáveis que podem preceder o próprio abuso. Do mesmo modo, nem sempre é claro até que ponto nessas explicações se encontram confundidos vulnerabilidade do indivíduo e factores do meio. Por exemplo, Caspi e colaboradores (2002), baseando--se em dados do estudo de Dunedin, verificaram que os riscos de crime violento e outras características anti-sociais (v.g., distúrbio do comportamento, transtornos de personalidade anti-social, condenações por ofensas violentas) eram maiores nos casos de interacção entre maus--tratos na infância e a presença de uma forma do gene MAOA de baixa actividade nas mesmas crianças. A simples presença desse gene não explicava tais consequências, mas o risco era muito menor nos indivíduos que apenas tinham sofrido abuso mas não apresentavam essa característica genética. Por sua vez, Jeffee e colaboradores (2004), num estudo longitudinal de gémeos, actualmente em curso na Inglaterra, verificaram que o risco de comportamento anti-social era maior no subgrupo de gémeos vítimas de abuso do que no subgrupo dos que não tinham sido abusados, e que o efeito do abuso permanecia quando se controlava a influência genética. Isto sugere que há um importante efeito do meio nas consequências do abuso físico, mesmo em crianças com uma maior vulnerabilidade genética. Embora ainda raros, estes estudos ajudam a compreender melhor por que é que nem todas as crianças vítimas de maus-tratos correm o mesmo risco de subsequentes manifestações de agressão ou de comportamento anti-social e, por isso, quais as que deveriam ser o alvo prioritário de futuros programas de prevenção.

Finalmente, é de salientar que nem todas as experiências de abuso têm as mesmas consequências a médio ou longo prazo. Por exemplo, os riscos de agressão ou violência eram comparativamente menos frequentes nos casos de abuso sexual. Nestes, parecem ser mais comuns os problemas de natureza emocional, designadamente maior retraimento ou isolamento social (Fagot, Hagan, Youngbalade & Potter, 1989). Do mesmo modo, os efeitos dos castigos corporais não são necessariamente os mesmos que os dos maus-tratos ou dos abusos físicos, pois geralmente não têm a mesma intensidade nem a mesma regularidade; além disso, muitas vezes, ocorrem no âmbito de um bom relacionamento afectivo entre filhos e pais, podendo até, em certos meios culturais, ser considerados como uma estratégia normal de educação da criança (cf. Simões, cap. 14, neste volume).

DIFERENÇAS SEXUAIS NO DESENVOLVIMENTO DA AGRESSÃO

Como grande parte dos estudos sobre a agressão tem utilizado apenas amostras masculinas, coloca-se a questão de saber até que ponto as suas conclusões serão igualmente válidas para o sexo feminino. A resposta não é simples, pois depende de vários factores: tipo de comportamento agressivo, idade dos sujeitos que participam nesses estudos, instrumentos de medida, fontes de informação utilizadas ou, simplesmente, a questão a que se pretende responder.

Assim, no que se refere às prevalências, tem-se verificado que os rapazes são mais agressivos do que as raparigas e que essas diferenças, observáveis desde os primeiros anos, se mantêm estáveis até à adolescência ou à idade adulta. Por exemplo, Stanger e colaboradores (1997), com base nos dados provenientes do estudo longitudinal de Zuid (Holanda),

Importância dos primeiros anos de vida

verificaram que os rapazes se mantinham mais agressivos do que as raparigas em qualquer das avaliações realizadas entre os 4 e os 18 anos de
idade. Posição semelhante é defendida num trabalho recentemente publicado por Broidy e colaboradores (2003), que consistiu numa análise comparativa de dados provenientes de estudos longitudinais efectuados em
três países: Canadá, Estados Unidos da América e Nova Zelândia. Em
qualquer desses países, os rapazes obtinham pontuações mais elevadas do
que as raparigas na agressão física. Tais diferenças são já observáveis aos
2 anos (Baillargeon et al., 2007) ou aos 4 anos de idade (Hay, Castle &
Davis, 2000; Hay, 2005). Uma tal constatação parece em desacordo com
as conclusões de estudos anteriores (Keenan & Shaw, 1997), colocando
em questão a hipótese de um efeito diferencial da aprendizagem social na
agressão dos rapazes e das raparigas. Afinal, a análise cuidadosa de diversos estudos de observação directa das crianças revela que a diferença já
se encontraria presente antes que uma eventual aprendizagem desses
comportamentos tivesse ocorrido (Archer & Côté, 2005).

A situação é um pouco diferente nos casos de agressão não-física e
designadamente na chamada agressão dita social (v.g., manipular, espa-
lhar boatos, rejeitar os colegas). Apesar da literatura sobre esse tópico ser
ainda pouco extensa, há alguns dados que sugerem que as raparigas
recorrem mais a esse tipo de agressão do que os rapazes, e essa diferença
aumentaria com a idade, atingindo o ponto máximo no fim da adolescência (Archer & Côté, 2005).

No que se refere aos factores de risco, há alguns dados, embora poucos, que indicam que os homens são mais vulneráveis do que as mulheres
(Moffitt & Caspi, 2000) ou que os seus factores de risco são mais graves
do que os das mulheres. Em particular, parece registar-se uma maior
concentração de factores de risco de natureza neuropsicológica nos indivíduos com comportamento agressivo de início precoce e persistente, um
tipo de conduta tipicamente masculina. Incluem-se nesse grupo de
variáveis a falta de controlo temperamental, fraco controlo dos impulsos,
hiperactividade ou défices de linguagem, problemas cuja prevalência é
reconhecidamente mais elevada nos rapazes. Em contrapartida, não se
encontraram efeitos diferenciados da exposição às variáveis da família
nos dois géneros.

No que diz respeito às consequências da agressão infantil a médio ou
longo prazo e, em particular, na transição para a idade adulta, têm-se
registado também importantes diferenças de género. Nos homens verifica-se que os comportamentos anti-sociais e agressivos da infância são

bons preditores de problemas de adaptação ao trabalho, de abuso de droga e de criminalidade ou de perturbações da personalidade de tipo anti-social, enquanto nas mulheres são bons preditores de dificuldades de adaptação à vida da família, de problemas de saúde e de depressão. Por outras palavras, nas mulheres prevaleceriam perturbações de natureza depressiva ou emocional, enquanto que nos homens parecem predominar as perturbações de personalidade anti-social ou os problemas de externalização.

No que concerne, mais especificamente, às experiências da infância atrás analisadas, a literatura é ainda muito escassa, mas aponta para algumas diferenças sexuais. Por exemplo, os abusos e maus-tratos da infância parecem ter efeitos mais negativos nas raparigas do que nos rapazes (Thompson, Kingree & Desai, 2004). Além disso, as suas manifestações seriam diferentes nos dois grupos: nos rapazes podem conduzir a problemas de natureza anti-social, enquanto nas raparigas se manifestariam, sobretudo, sob a forma de problemas de saúde, designadamente, problemas emocionais. Em contrapartida, não parece haver diferenças significativas entre rapazes e raparigas quando a análise incide sobre os efeitos das estratégias educativas de tipo coercivo, embora seja possível, como notam Rutter e colaboradores (1998), que os rapazes se vejam mais frequentemente do que as raparigas sujeitos a uma educação coerciva e negativa por parte dos pais.

Finalmente, no que se refere às diferenças de género nos processos responsáveis pela continuidade da agressão entre a infância e a idade adulta, também pouco se sabe, dada a escassez dos estudos sobre essa questão, até agora efectuados. Parece, no entanto, que certos factores de risco, associados com as formas mais graves de agressão e comportamentos anti-sociais, são mais comuns nos rapazes do que nas raparigas. É o que se verifica com os comportamentos anti-sociais de início precoce e persistentes ao longo da vida, mais frequentes nos rapazes (Moffitt, Caspi, Rutter & Silva, 2001) que, como já anteriormente se referiu, parecem ter na sua origem pequenos défices de natureza neuropsicológica, observáveis desde cedo na vida da criança. Devido a esses défices (v.g., ao nível do desenvolvimento da linguagem ou do autocontrolo), os rapazes não conseguiriam adquirir diversas competências essenciais para uma socialização normal, vendo-se progressivamente empurrados para uma trajectória desviante. Esse risco seria menor nas raparigas que, desde os primeiros anos da infância, teriam menos problemas de linguagem e menos insucesso escolar. Em contrapartida, nas raparigas o comportamento anti-social e agressivo seria mais afectado pela sua maior dependência de redes restritas de amizade ou pela sua participação, desde a puberdade, em grupos de rapazes com comportamentos desviantes.

Em síntese, as diferenças sexuais no domínio da agressão têm sido observadas desde os primeiros anos da infância e dizem respeito às prevalências e à idade das primeiras manifestações, aos factores de risco e de protecção com ela associados ou, ainda, às suas consequências a médio e longo prazo. Algumas dessas diferenças, frequentemente ligadas a diversas experiências dos primeiros anos de vida, ajudam a compreender melhor por que é que há mais rapazes do que raparigas com comportamentos anti-sociais de início precoce, precisamente aqueles que mais podem comprometer o seu desenvolvimento futuro. Importa, todavia, lembrar que essas diferenças não são absolutas, pois, como notam Archer e Côté (2005), encontram-se rapazes que ao longo do seu desenvolvimento seguem uma trajectória de reduzida agressão e há raparigas que seguem uma trajectória de elevada agressão.

DISCUSSÃO E CONCLUSÕES

O objectivo principal deste capítulo era analisar o efeito dos primeiros anos de vida no desenvolvimento psicossocial do indivíduo, utilizando como ponto de referência a problemática da agressão infantil. Para tal, o texto foi organizado à volta de duas questões principais: quais as consequências, a médio e longo prazo, dos comportamentos agressivos da criança? E quais as experiências ou os factores dos primeiros anos da infância que podem contribuir para o aparecimento, escalada e diminuição desses comportamentos?

Essas questões têm sido analisadas em diversos estudos longitudinais recentes, de rigor metodológico cada vez maior, tanto em psicologia do desenvolvimento como em psicologia clínica. Os dados aí acumulados sugerem que a agressão humana é um fenómeno frequente desde os primeiros anos da infância que, a longo e médio prazo, pode ter importantes consequências negativas em vários domínios do funcionamento do indivíduo. De facto, há numerosas indicações de que os adultos, com formas mais graves e persistentes de criminalidade e violência, já na infância apresentavam diversas características que os diferenciavam das crianças bem comportadas. Tais diferenças apareciam, por exemplo, na hiperactividade e problemas de atenção, nas dificuldades de aprendizagem, na rejeição pelos colegas, no isolamento social e, sobretudo, em manifestações de oposição e desafio ou em comportamentos agressivos. Mas, ao mesmo tempo, tem-se verificado também que, em muitos casos, há uma diminuição, ou mesmo desistência, desse tipo de conduta. Parece, assim, confirmar-se o paradoxo de Robins (1966, 1978): os adultos com graves perturbações de personalidade anti-social já apresentam na infância diversos problemas do comportamento, mas nem todas as crianças com comportamentos anti-sociais se tornam na idade adulta psicopatas ou criminosos violentos. Isso significa que a capacidade que as experiências negativas da infância têm de predizer futuras formas de inadaptação social é bastante limitada. É que, para além do efeito dos primeiros anos, há também o efeito determinante de várias outras experiências que vão surgindo ao longo do desenvolvimento do indivíduo. De resto, a influência de várias experiências dos primeiros anos (v.g., cuidados não-maternos, educação coerciva, perturbação da vinculação) parece bastante modesta ou indirecta. Sabe-se actualmente que a própria criança pode influenciar, de modo activo, as reacções que o seu meio tem para com ela ou simplesmente criar novas possibilidades de adaptação. Vale a pena referir, a este propósito, que a probabilidade de um indivíduo anti-social se casar ou juntar com um parceiro anti-social é maior do que a probabilidade de um pai anti-social ter um filho também anti-social. Do mesmo modo, a criança com temperamento difícil tem maiores probabilidades de originar conflitos, de se envolver em agressões físicas e, assim, desencadear reacções coercivas negativas da parte dos pais. Além disso, o efeito das experiências da infância nos futuros comportamentos agressivos e anti-sociais parece ser consideravelmente maior nas crianças com vulnerabilidade biológica, quer esta tenha resultado de factores genéticos, quer de factores ligados a traumas ou acidentes sofridos nos primeiros meses ou primeiros anos de vida.

Como ao longo deste capítulo se foi repetidamente assinalando, apesar dos grandes progressos efectuados nas últimas décadas, há ainda sobre a importância dos primeiros anos no desenvolvimento da agressão infantil, muitas questões em aberto e muitos resultados contraditórios que aguardam explicação. Esses problemas são, aliás, muito semelhantes aos que têm sido encontrados noutros domínios da psicologia do desenvolvimento e da psicologia clínica (Rutter, 2004, 2006), e a sua resolução exigirá novos desenvolvimentos conceptuais e metodológicos. Em parti-

Importância dos primeiros anos de vida 161

cular, há necessidade de mais investigação sobre os mecanismos pelos quais as experiências dos primeiros anos afectam, de maneira tão diferenciada, o desenvolvimento social do indivíduo. Isso exigirá, por exemplo, a incorporação de *designs* de natureza quase-experimental nos estudos longitudinais, uma análise mais rigorosa da interacção de factores genéticos e factores do meio em diferentes fases do desenvolvimento e o recurso a novas técnicas estatísticas que permitam testar várias hipóteses alternativas, numa mesma investigação. Estas preocupações são já visíveis em numerosos trabalhos contemporâneos sobre o efeito das experiências dos primeiros anos, não só sobre a agressão mas também sobre diferentes tipos de psicopatologia ou mesmo sobre o desenvolvimento geral da criança (O'Connor, 2003). Tais estudos têm-se revelado determinantes, não só porque produziram numerosas informações sobre o efeito das experiências dos primeiros anos, mas também porque identificaram várias questões prioritárias para futuros trabalhos e desenvolveram novas estratégias metodológicas para as investigar.

Mas as implicações da investigação sobre a importância dos primeiros anos de vida não se ficam apenas pelo domínio teórico, conceptual ou metodológico. Elas fazem-se sentir também a nível prático, ajudando a definir novas políticas de apoio à infância ou fornecendo importantes elementos para futuros programas de prevenção no domínio da delinquência e do crime. Bastará lembrar, a esse propósito, que alguns dos programas de prevenção precoce nos domínios da educação, da saúde mental ou da delinquência (v.g., programas de visita às famílias de risco, programas de treino de competências educativas de pais, treino de competências cognitivas de resolução de problemas ou programas de educação pré-escolar) assentam na ideia de que as experiências dos primeiros anos da infância têm uma grande influência no desenvolvimento futuro do indivíduo. Do mesmo modo, muitos desses programas não se concentram apenas sobre um único factor de risco, mas antes sobre constelações de factores de risco e de protecção, que podem variar em função do nível etário da criança ou do contexto em que ela vive. As vantagens de tais programas de intervenção têm sido demonstradas em vários estudos recentes (cf. Gaspar, cap. 15, neste volume).

BIBLIOGRAFIA

Achenbach, T. M. (1991). *Manual for the Youth Self-Report and 1991 Profile.* Burlington, V.T.: University of Vermont, Department of Psychiatry.

Archer, J. & Côté, S. (2005). Sex differences in aggressive behavior: A developmental and evolutionary perspective. In E. Tremblay, W. W. Hartup & J. Archer (Eds.), *Developmental origins of aggression* (pp. 425-446). New York: Guilford Press.

Baillargeon, R. H., Zoccolillo, M., Keenan, K., Côté, S., Pérusse, D., Wu, H.-X. & Tremblay, R. E. (2007). Gender differences in physical aggression: A prospective population-based survey of children before and after 2 years of age. *Developmental Psychology, 43*(1), 13-26.

Barker E. D., Tremblay, R., Nagin, D. S., Vitaro, F. & Lacourse, E. (2006). Development of male proactive and reactive physical aggression during adolescence. *Journal of Child Psychology and Psychiatry, 47*(8), 783-790.

Bates, J. E., Bayles, K., Bennett, D. S., Ridge, B. & Brown, M. M. (1991). Origins of externalizing behavior at 8 years of age. In D. J. Pepler & K. H. Rubin (Eds.), *The development and treatment of childhood aggression* (pp. 3-120). Hillsdale, NJ: Erlbaum.

Belsky, J. (2001). Developmental risks (still) associated with early child care. *Journal of Child Psychology and Psychiatry, 42*, 845-560.

Belsky, J. (2006). Early child care and early child development: Major findings of the NICHD study of early child care. *European Journal of Developmental Psychology, 3*, 95-110.

Borge, A. I. H., Rutter, M., Côté, S. & Tremblay, R. E. (2004). Early childcare and physical aggression: Differentiating selection and social caution. *Journal of Child Psychology and Psychiatry, 45*, 367-376.

Bowlby, J. (1944/2006). Quarante-quatre jeunes voleurs: Leur personnalité et leur vie familiale. *Psychiatrie de l'Enfant, 49*(1), 7-123.

Bowlby, J. (1969/1973). *Attachment and loss.* Vol. 1 (*Attachment*) and Vol. 2 (*Loss*). Londres: The Hogarth Press.

Brewin, C. R., Andrews, B. & Gotlib, I. H. (1993). Psychopathology and early experience: A reappraisal of retrospective reports. *Psychological Bulletin, 113*(1), 82-98.

Broidy, L. M., Nagin, D. S., Tremblay, R. E., Brame, B., Dodge, K., Fergusson, D., Horwood, J., Loeber, R., Laid, R., Lynam, D., Moffitt, T., Bates, J. E., Pettit, G. S. & Vitaro, F. (2003). Developmental trajectories of childhood disruptive behavior and adolescent delinquency: A six site, cross national study. *Developmental Psychology, 39*(2), 222-245.

Caspi, A., McClay, J. J., Moffitt, T. E., Mill, J., Martin, J., Craig, I. W., Taylor, A. & Poulton, R. (2002). Role of genotype in the cycle of violence in maltreated children. *Science, 297,* 851-854.

Chen, X. Rubin, K. H. & Li, D. (1997). Relation between academic achievement and social and adjustment: Evidence from Chinese children. *Developmental Psychology, 33,* 518-525.

Cohn, D. A. (1990). Child-mother attachment of six-year-olds and social competence at school. *Child Development, 61,*152-162.

DeKlyen, M. & Speltz, M. L. (2001). Attachment and conduct disorder. In J. Hill & B. Maughan (Eds.), *Conduct disorders in childhood and adolescence* (pp. 320-345). Cambridge: Cambridge University Press.

Dodge, K. A., Bates, J. E. & Pettit, G. S. (1990). Mechanisms in the cycle of violence. *Science, 250,* 1678-1683.

Dodge, K. A., Coie, J. D. & Lynam, D. (2006). Aggression and antisocial behavior in youth. In W. Damon & R. M. Lerner (Series Ed.) e N. Eisenberg (Vol. Ed.), *Handbook of child psychology.* Vol. 3: *Social, emotional and development* (pp. 719-788). New Jersey: Wiley.

Eisenberg, N., Valiente, C., Morris, A. S., Fabes, R. A., Cumberland, A., Reiser, M., Gershoff, E. Th., Shephard, S. A. & Losoya, S. (2003). Longitudinal relations among parental emotional expressivity, children's regulation, and quality of socioemotional functioning. *Developmental Psychology, 39,* 3-19.

Eron, L. D. & Huesmann, L. R.(1990). The stability of aggressive behavior – even unto the third generation. In M. Lewis & S. M. Miller (Eds.), *Handbook of developmental psychopathology* (pp. 147-56). New York: Plenum.

Fagot, B. I., Hagan, R., Youngbalade, L. M. & Potter, L. (1989). A comparison of the play behaviors of sexually abused, physically abused and nonabused preschool children. *Topics in Early Childhood Special Education, 9,* 88-100.

Farrington, D. P. (1991). Childhood aggression and adult violence: Early precursors and later-life outcomes. In D. Pepler & K. H. Rubin (Eds.), *The development of treatment of childhood aggression* (pp. 5-29). Hillsdale, NJ: LEA.

Farrington, D. P. (2004). O estudo de desenvolvimento da delinquência de Cambridge: Principais resultados dos primeiros 40 anos. In A. C. Fonseca (Ed.), *Comportamento anti-social e crime: Da infância à idade adulta* (pp. 73-132). Coimbra: Almedina.

Farrington, D. P. (2005a). Childhood origins of antisocial behavior. *Clinical Psychology and Psychotherapy, 12,* 177-190.

Farrington, D. P. (2005b). Conclusions about developmental and life-course theories. In D. P. Farrington (Ed.), *Integrated developmental and life-course theories of offending* (pp. 247-256). New Brunswick, NJ: Transaction Publishers.

Ferdinand, R. F. & Verhulst, F. C. (1994). The prediction of poor outcome in young adults: Comparison of the Young Adult Self Report, the General Health Questionnaire and the Symptom Checklist. *Acta Psychiatrica Scandmavica*, *89*, 405-410.

Fergusson, D. M. & Horwood, L. J. (1995). The predictive validity of categorically and dimensionally scored measures of disruptive childhood behaviors. *Journal of the American Academy of Child and Adolescent Psychiatry, 34*, 477-485.

Fergusson, D. M., Lynskey, M. T. & Horwood, L. J. (1993). The effects of conduct disorder and attention deficit in middle childhood on offending and scholastic ability at age 13. *Journal of Child Psychology and Psychiatry, 38*, 471-478.

Fergusson, D. M., Horwood, L. J. & Lynskey, M. T. (1994). The childhoods of multiple problem adolescents: A 15 year longitudinal study. *Journal of Child Psychology and Psychiatry, 35(6)*, 1123-1140.

Fergusson, D. M., Horwood, L. J. & Ridder, E. M. (2005). Show me children at seven: The consequences of conduct problems in childhood for psychosocial functioning in adulthood. *Journal of Child Psychology and Psychiatry, 46(8)*, 837-849.

Fonseca, A. C., Simões, A., Rebelo, J. A. & Ferreira, J. A. (1995). Comportamentos anti-sociais no ensino básico: As dimensões do problema. *Revista Portuguesa de Pedagogia*, XXIX, *(3)*, 85-105.

Fonseca, A. C., Simões, A., Rebelo, J. A., Ferreira, J. A. & Cardoso, F. (1995b). Comportamentos anti-sociais referidos pelos próprios alunos: Novos dados para a população portuguesa do ensino básico. *Psychologica, 14*, 39-57.

Fonseca, A. C., Silva, M. H. L. D. & Rebelo, J. A. (2006). Relatório Científico do Projecto "O desenvolvimento dos Comportamentos Anti-sociais: Factores de risco e factores de protecção", POCTI/36532/PSI/2000. Lisboa; Fundação para a Ciência e Tecnologia.

Freud, S. (1905). *Três ensaios sobre a teoria da sexualidade*. In *Obras Psicológicas Completas*, V. VII. Rio de Janeiro: Imago Editora, 1996.

Glueck, S. & Glueck, E. (1950). *Unraveling juvenile delinquency*. Cambridge, Mass.: Harvard University Press.

Greenberg, M. T., Speltz, M. L. & Deklyen, M. (1993). The role of attachment in the early development of disruptive behavior problems. *Development of Psychopathology, 5*, 191-213.

Guedeney, A., Grasso, F. & Starakis, N. (2004). Le séjour en crèche des jeunes enfants: sécurité de l'attachement, tempéramant et fréquence des maladies. *Psychiatrie de l'Enfant*, 47, 259-312.

Hay, D. F. (2005). The beginning of aggression in infancy. In E. Tremblay, W. W. Hartup & J. Archer (Eds.), Developmental origins of aggression (pp. 107-132). New York: Guilford Press.

Hay, D. F., Castle, J. & Davis, L. (2000). Toddler's use of force against family peers: A precursor of serious aggression? *Child Development*, 71, 457-467.

Huesmann, L. R., Eron, L. D., Lefkowitz, M. M. & Walder, L. O. (1984). Stability of aggression over time and generations. *Developmental Psychology*, 20, 1120-1134.

Huesmann, L. R., Eron, L. D. & Yarmel, P. W. (1987). Intelllectual functioning and aggression. *Journal of Personality and Social Psychology, 52*, 232-240.

Itard, J. M. (1807/1964). Mémoire et rapport sur Victor de l'Aveyron. In L. Malson (Eds.), *Les enfants sauvages: mythe et réalité*. Paris: Union Générale des Éditions.

Jeffee, S. R., Caspi, A., Moffitt, T. E. & Taylor, A. (2004). Physical maltreatment victim to antisocial child: Evidence of an environmentally mediated process. *Journal of Abnormal Psychology, 113*(1), 44-55.

Jessor, R. (1998). *New perspectives on adolescent risk behavior*. Cambridge: Cambridge University Press.

Kazdin, A. E. (1997). Practitioner review: Psychosocial treatment for conduct disorder in children. *Journal of Child Psychology and Psychiatry, 38*, 161-178.

Kazdin, A. E. (2001). Psychotherapy for children and adolescents. *Annual Review in Psychology*, 54, 253-276.

Keenan, K. & Shaw, D. (1997). Developmental and social influences on young girls' early problem behavior. *Psychological Bulletin*, 121, 95-113.

Kessler, R. C., Davis, C. G. & Kendler, K. S. (1997). Childhood adversity and adult psychiatric disorder in the U. S. National Comorbidity Survey. *Psychological Medicine*, 27, 1101-1119.

Kokko, K. & Pulkkinen, L. (2005). Stability of aggressive behavior from childhood of middle age in women and men. *Aggressive Behavior*, 31, 485-497.

Krug, E. G., Dahberg, L. L., Mercy, J. A., Zwi, A. B. & Lozano, R. (2002). *World Report Violence and Health*. Geneva: World Health Organization.

Kupersmidt, J. B. & Coie, J. D. (1990). Preadolescent peer status, aggression, and school adjustment as predictors of externalizing problems in adolescence. *Child Development*, 61, 1350-1362.

166 A. C. Fonseca

Lacourse, E., Côté, S., Nagin, D. S., Vitaro, F., Brendgen, M. & Tremblay, R. E. (2002). A longitudinal-experimental approach to testing theories of antisocial behavior development. *Development and Psychopathology, 14*, 909-924.

Lahey, B. & Waldman, I. D. (2004). Predisposição para problemas do comportamento na infância e na adolescência: Análise de um modelo desenvolvimentista. In A. C. Fonseca (Ed.), *Comportamento anti-social e crime: Da infância à idade adulta* (pp. 161-214). Coimbra: Almedina.

Lamb, M. E. & Ahnert, L. (2006). Nonparental child care: Context, concepts, correlates and consequences. In W. Damon & R. M. Lerner (Series Ed.) and K. A. Renninger & I. E. Sigel (Vol. Ed.), *Handbook of Child Psychology*. Vol. 4: *Child psychology in practice* (pp. 950-1016). London: Wiley.

Lansford, J. E., Dodge, K. A., Pettit, G., Bates, J. E., Crozier, J. & Kaplow, J. (2002). A 12-year prospective study of the long-term effects of early child physical maltreatment on psychological, behavioral and academic problems in adolescence. *Archives of Pediatrics and Adolescents Medicine, 156*, 824-830.

Loeber, R. & Farrington, D. P. (1998). *Serious and violent juvenile offenders: Risk factors and successful interventions*. London: Sage.

Loeber, R. & Farrington, D. P. (2001). *Child delinquents: Development, intervention and service needs*. Thousand Oaks, CA: Sage Publications, Inc.

Loeber, R., Burke, J., Lahey, B., Winters, A. & Zera, M. (2000). Oppositional defiant and conduct disorder: A review of the past 10 years: part I. *Journal of the American Academy of Child and Adolescent Psychiatry, 39*, 1468-1484.

Loeber, R., Farrington, D. P., Stouthamer-Loeber, M. & van Kammen, W. B. (1998). *Antisocial behavior and mental health problems: Explanatory factors in childhood and adolescence*. Londres: LEA.

Loeber, R., Green, S. M., Keenan, K. & Lahey, B. B. (1995). Which boys will fare worse? Early predictors on onset of conduct disorder in a six-year longitudinal study. *Journal of the American Academy of Child and Adolescent Psychiatry, 34*(4), 499-509.

Loeber, R. & Stouthamer-Loeber, M. (1998). Development of juvenile aggression and violence: Some common misconceptions and controversies. *American Psychologist, 53*(2), 242-259.

Love, J. M., Harrison, L., Sagi-Schwartz, A., van Ijzendoorn, M. H., Ross, C. Ungerer, J. A., Raikes, H., Brady-Smith, C., Boller, K., Brooks-Gunn, J., Constantine, J., Kisher, E. E., Paulsell, D. & Chazan-Cohen, R. (2003). Child care quality matters: How conclusions may vary with context. *Child Development, 74*(4), 1021-1033.

Luntz, B. K. & Widom, C. S. (1994). Antisocial personality disorders in abused and neglected children grown up. *American Journal of Psychiatry, 151*, 670-674.

Lyons-Ruth, K., Easterbrooks, M. A. & Cibelli, C. D. (1997). Infant attachment strategies, infant mental lag, and maternal depressive symptoms: Predictors of internalizing and externalizing problems at age seven. *Developmental Psychology, 33*, 681-92.

Machado, T. S. (2004). Comportamentos anti-sociais. In A. C. Fonseca (Ed.), *Comportamento anti-social e crime: Da infância à idade adulta* (pp. 291-322). Coimbra: Almedina.

Maguin, E. & Loeber, R. (1996). Academic performance and delinquency. In M. Tonry (Ed.), *Crime and justice: A review of research* (Vol. 20, pp. 145-264). Chicago: University of Chicago Press.

Mahoney, J. L. (2000). School extracurricular activities as a moderator in the development of antisocial patterns. *Child Development, 71*, 502-516.

Mahoney, J. L. & Cairns, R. B. (1997). Do extracurricular activities protect against early school dropout? *Developmental Psychology, 33*, 241-253.

Miles, S. B. & Stipek, D. (2006). Contemporaneous and longitudinal associations between social behavior and literacy achievement in a sample of low--income elementary school children. *Child Development, 77*, 103-117.

Moffitt, T. (1993). Adolescence-limited and life-course-persistent antisocial behavior: A developmental taxonomy. *Psychological Review, 100*, 674-701.

Moffitt, T. (1996). Delinquency: The natural history of antisocial behavior. In P. A. Silva & W. R. Stanton (Eds.), *From child to adult: The Dunedin multidisciplinary health and development study* (pp. 163-185). Auckland: Oxford University Press.

Moffitt, T. E. & Caspi, A. (2000). Comportamento anti-social persistente ao longo da vida e comportamento anti-social limitado à adolescência: Seus preditores e suas etiologias. *Revista Portuguesa de Pedagogia, 34*, 65-106.

Moffitt, T. E., Caspi, A., Rutter, M. & Silva, P. A. (2001). *Sex differences in antisocial behavior: Conduct disorder, delinquency and violence in the Dunedin longitudinal study.* Cambridge: Cambridge University Press.

National Institute of Child Health and Human Development (NICHD) – Early Child Care Research Network (2004). Trajectories of physical aggression from toddlerhood to middle childhood: Predictors, correlates and outcomes. *Monographs of the Society for Research in Child Development, 278, 69(4)*.

National Institute of Child Health and Human Development (NICHD) – Early Child Care Research Network (2003). Does amount of time spent in child care predict socioemotional adjustment during transition to kindergarten? *Child Development, 74(4)*, 976-1005.

O'Connor, T. G. (2003). Early experiences and psychological development: Conceptual questions, empirical illustrations and implications for intervention. *Development and Psychopathology, 15*, 671-690.

Offord, D., Boyle, M. H. & Racine, Y. A. (1991). The epidemiology of anti--social behavior in childhood and adolescence. In D. Pepler & K. H. Rubin (Eds.), *The development and treatment of childhood aggression* (pp. 31-54). Hillsdale: Erlbaum.

Olweus, D. (1979) Stability of aggressive reaction patterns in male: A review. *Psychological Bulletin, 86*, 852-875.

Patterson, G. R. & Yoerger, K. (2002). Um modelo desenvolvimental da delinquência de início tardio. In A. C. Fonseca (Ed.), *Comportamento anti--social e família: Uma abordagem científica* (pp. 93-156). Coimbra: Almedina.

Patterson, G. R. (1982). *Coercive family processes*. Eugene, OR: Castalia.

Peterson, P. L., Hawkins, J. D., Abbott, R. D. & Catalano, R. F. (1994). Disentangling the effects of parental drinking, family management and parental alcohol norms on current drinking by black and white adolescents. *Journal of Research on Adolescence, 4*, 203-227.

Plomin, R., Price, Th. S., Eley, Th. C., Dale, Ph. S. & Stenvenson, J. (2002). Associations between behaviour problems and verbal and nonverbal cognitive abilities and disabilities in early childhood. *Journal of Child Psychology and Psychiatry, 43* (5), 619-633.

Pulkkinen, L. & Pitkanen, T. (1993). Continuities in aggressive behavior from childhood to adulthood. *Aggressive Behavior, 19*, 249-263.

Robins, L. N. (1966). *Deviant children grow up: A sociological psychiatry study of sociopathic personality*. Baltimore: Williams & Wilkins.

Robins, L. N. (1978). Study childhood predictors of adult antisocial behavior: Replications from longitudinal studies. *Psychological Medicine, 8*, 611-622.

Rutter, M. (2004). Dos indicadores de risco aos mecanismos de causalidade: Análise de alguns percursos cruciais. In A. C. Fonseca (Ed.), *Comportamento anti-social e crime: Da infância à idade adulta* (pp. 11-38). Coimbra: Almedina.

Rutter, M. & Sroufe, L. A. (2000). Developmental psychopathology: Concepts and challenges. *Development and Psychopathology, 12*, 265-296.

Rutter, M., Giller, H. & Hagell, A. (1998). *Antisocial behavior by young people*. Cambridge: Cambridge University Press.

Rutter, M., Kim-Cohen, J. & Maughan, B. (2006). Continuities and discontinuities in psychopathology between childhood and adult life. *Journal of Child Psychology and Psychiatry, 47*(3/4), 276-295.

Sampson, R. J. & Laub, J. H. (2003). Life-course desisters: Trajectories of crime among delinquent boys followed to age 70. *Criminology, 40,* 555-592.

Schaffer, H. R. (2000). The early experience assumption: Past, present and future. *International Journal of Behavioral Development, 24*(1), 5-14.

Shaw, D. S. Owens, E. B., Vondra, J. I. & Keenan, K. (1996). Early risk factors and pathways in the development of early disruptive behavior problems. *Development and Psychopathology, 8,* 679-699.

Silva, P. A. & Stanton, W. R. (1996). *From child to adult: The Dunedin multidisciplinary health and development study.* Auckland, New Zealand: Oxford University Press.

Snyder, J., Reid, J. & Patterson, G. R. (2003). A social learning model of of child and adolescent of child and adolescent antisocial behavior. In B. B. Lahey, T. E. Moffitt, A. Caspi (Eds.), *Causes of conduct disorder and juvenile delinquency* (pp. 27-48). New York: Guilford Press.

Spitz, R. A. (1968/1976). *De la naissance à la parole* (trad. francesa). Paris: PUF.

Stanger, C., Achenbach, T. M. & Verhulst, F. C. (1997). Accelerated longitudinal comparisons of aggressive versus delinquent syndromes. *Development and Psychopathology, 9,* 710-718.

Stattin, H. & Magnusson, D. (1995). Onset of official delinquency: Its co-occurrence in time with educational, behavioral and interpersonal problems. *British Journal of Criminology, 35,* 417-49.

Stipek, D. J. (2001). Pathways to constructive lives: The importance of early school success. In A. C. Bohart & D. J. Stipek (Eds.), *Constructive and Destructive Behavior: Implications for family, school and society* (pp. 291-315). Washington, D. C.: APA.

Thompson, M. P., Kingree, J. B. & Desai, S. (2004). Gender differences in long- -term health consequences of physical abuse of children: Data from a nationally representative survey. *American Journal of Public Health, 94*(4), 599-604.

Thompson, R. A. (2000). The legacy of early attachment. *Child Development, 71,* 145-152.

Trouton, A., Spinath, F. M. & Plomin, R. (2002). Twins Early Development Study (TEDS): A multivariate, longitudinal genetic investigation of language, cognition and behavior problems in childhood. *Twin Research, 5,* 444-448.

Tremblay, R. E., Vitaro, F., Bertrand, L., LeBlanc, M., Beauschene, H., Boileau, H. & David, L. (1992). Parent and child training to prevent early onset of delinquency: The Montreal longitudinal-experimental study. In J. McCord & R. Tremblay (Eds.), *Preventing antisocial behaviour* (pp. 117-138). New York: Guilford.

Tremblay, R. E. & Nagin, D. S. (2005). The developmental origins of physical aggression in humans. In R. E. Tremblay, W. W. Hartup & J. Archer (Eds.), *Developmental origins of aggression* (pp. 83-106). New York: The Guilford Press.

Tremblay, R. E., Boulerice, B., Harden, P. W., McDuff, P., Pérusse, D., Phil, R. O. & Zocolillo, M. (1996). Do children in Canada become more aggressive as they approach adolescence? In Human Resources Development Canada & Statistics Canada (Eds.), *Growing up in Canada: National longitudinal survey of children and youth* (pp. 127-137). Ottawa: Statistics Canada.

Tremblay, R. E., Hartup, W. W. & Archer, J. (2005). *Developmental origins of aggression*. New York: The Guilford Press.

Trzesniewski, K. T., Moffitt, T. E., Caspi, A. Taylor, A. & Maughan, B. (2006). Revisiting the association between reading achievement and antisocial behavior: New evidence of an environmental explanation from a twin study. *Child Development, 77*(1), 72-88.

Tremblay, R. E., Nagin, D. S., Seguin, J. R., Zoccolillo, M., Zelazo, P. D., Boivin, M. Pérusse, D. & Japel, C. (2004). Predictors of high level physical aggression from 17 to 42 months after birth. *Pediatrics, 114,* 43-50.

Turner, P. (1991). Relations between attachment, gender, and behavior with peers in the preschool. *Child Development, 62,* 1475-88.

Van Goozen, S. H. M. (2005). Hormones and the developmental origins of aggression. In R. E. Tremblay, W. W. Hartup & J. Archer (Eds.), *Developmental origins of aggression* (pp. 281-306). New York: The Guilford Press.

Votruba-Drzal, E., Coley, R. L. & Chase-Lansdale, P. L. (2004). Child care and low-income children's development: Direct and moderated effects. *Child Development, 75*(1), 296-312.

Webster-Stratton, C. (2002). Anos incríveis: Séries de treino para pais, professores e crianças: Programas de prevenção e intervenção precoce. In A. C. Fonseca (Ed.), *Comportamento anti-social e família: Uma abordagem científica* (pp. 419-474). Coimbra: Almedina.

Werner, E., Bierman, J. & French, F. (1973). The children of Kauai: A Longitudinal study from the prenatal period to age ten. *Journal of Marriage and the Family, 35*(2), 358-359.

Windle, R. C. & Windle, M. (1995). Longitudinal patterns of physical aggression: Associations with adult social, psychiatric, and personalily functioning and testosterone levels. *Development and Psychopathology, 7,* 563-585.

Zoccolillo, M., Romano, E., Joubert, D., Mazarello, T. Côté, S., Boivin, M., Pérusse, D. & Tremblay, R. E. (2005). The intergenerational transmission of aggression and antisocial behavior. In R. E. Tremblay, W. W. Hartup & J. Archer (Eds.). *Developmental origins of aggression* (pp. 353-375). London: Guilford Press.

Trabalho realizado no âmbito do Projecto "O desenvolvimento dos comportamentos anti-sociais: factores de risco e factores de protecção (POCTI/36532//PSI/2000) e no âmbito do subprojecto n.º 3 "Desenvolvimento Humano e Comportamento de Risco" do Centro de Psicopedagogia da Universidade de Coimbra (FEDER/POCI2010-SFA-160-490).

8

Medos normais em crianças e adolescentes *

Eleonora Gullone

INTRODUÇÃO

O medo normal, definido como uma reacção natural a uma ameaça real ou imaginada, é considerado como um aspecto integral e adaptativo do desenvolvimento (Gullone, 1996; King, Hamilton & Ollendick, 1988). Dado o seu grande valor para a sobrevivência do indivíduo, não é de surpreender que mais de uma centena de investigações tenham tratado dos medos e preocupações dos jovens. Os principais estudos aparecem já nos finais do séc. XIX (Hall, 1897) tendo o seu número continuado a aumentar progressivamente, de modo particular nos anos oitenta do século passado (v. g., Draper & James, 1985; King, et al., 1989; Ollendick, 1983; Silverman & Nelles, 1988; Staley & O'Donnell, 1984).

Importa sublinhar que os medos normais e adaptativos têm sido diferenciados dos medos clínicos ou fobias com base em diversos critérios. É importante, para esse efeito, considerar se, por exemplo, o medo manifestado é ou não específico da idade ou do estádio em que a criança se encontra, se persiste durante um período prolongado de tempo e/ou se interfere com o funcionamento quotidiano do indivíduo (Miller, Barrett & Hampe, 1974). Esta distinção torna-se particularmente relevante se

---

* Tradução de António C. Fonseca e Maria C. Taborda Simões.

considerarmos que o objectivo principal da investigação sobre os medos normais tem sido o de determinar os seus padrões de desenvolvimento, a sua intensidade e a sua duração. São esses os parâmetros em relação aos quais se vão depois identificar os medos patológicos ou as fobias (Gullone, 1996).

Mais especificamente, a investigação normativa no domínio dos medos tem incidido sobre a identificação dos medos normais bem como sobre as variações que tais medos apresentam a nível do conteúdo em função de factores demográficos ou contextuais, tais como a idade, sexo, localização geográfica e estatuto socioeconómico (Graziano, DeGiovanni & Garcia, 1979; Gullone, 1996; King et al., 1988). Nos últimos anos, a investigação transcultural e transnacional tem aumentado. Verifica-se, ao mesmo tempo, que os estudos sobre medos normais da criança e do adolescente têm variado no que se refere à metodologia, incluindo, retrospectivamente, informações prestadas por pais/professores e técnicas de auto--avaliação (entrevistas, listas de medos e escalas para identificação de medos). As diversas metodologias têm produzido dados surpreendentemente consistentes, contribuindo também com informação única para o aumento do nosso conhecimento nesta área. A seguir, apresentam-se os dados dessas investigações, analisando os seus resultados em função de variáveis tão diversas como idade, sexo, diferenças de estatuto socioeconómico, estrutura e duração dos medos, e factores transculturais.

DIFERENÇAS EM FUNÇÃO DA IDADE

Na infância, os estímulos que provocam medos encontram-se no meio imediato, incluindo ruídos muito fortes e perda de apoio (v. g., Scarr & Salapatek, 1970). Desde o fim do primeiro ano de vida regista-se um aumento do medo de pessoas estranhas, objectos estranhos e de lugares altos (v. g., Kagan, 1978; Scarr & Salapatek, 1970). Neste período, assiste-se também à emergência da ansiedade ou angústia de separação. Ao contrário dos medos manifestados nos primeiros meses, os medos que aparecem nesta altura requerem já alguma competência cognitiva, designadamente a capacidade de recordar e de distinguir o que é novo do que é familiar. Na idade pré-escolar, as crianças mostram medo de estar sós e medo do escuro. Os medos de animais são também notórios nesta fase (v. g., Jersild & Homes, 1935a; Pratt, 1945). Por sua vez, o período que corresponde à idade escolar é caracterizado por medos

Medos normais em crianças e adolescentes 175

relacionados com fenómenos sobrenaturais, com o insucesso, com as críticas e com ofensas corporais (v. g., Angelino, Dollins & Mech, 1956; Bauer, 1976; Gullone & King, 1993; Hall, 1987; King et al., 1989). Mais tarde, na adolescência, os medos são de natureza mais global e tendem a incidir em questões económicas e políticas (Angelino & Shedd, 1953).

Assim, na infância, as crianças têm geralmente medo de estímulos cuja natureza é concreta e bem definida, mas à medida que a idade avança, os medos mudam, passando a abranger acontecimentos antecipados e estímulos de natureza imaginária ou abstracta (Campbell, 1986). Em geral, verifica-se que os medos relacionados com animais, fenómenos sobrenaturais e escuridão diminuem com a idade (v. g. Derevensky, 1974; Draper & James, 1985; Gullone & King, 1993, 1997; Hall, 1897; Jersild & Holmes, 1935a; Sidana, 1975). Entre os 6 e os 12 anos, os medos de situações sociais ou de avaliação, de danos físicos, de doenças e da escola tornam-se dominantes (v. g., Angelino et al., 1956; Bauer, 1976; Gullone & King, 1993, 1997; Hall, 1897; Jersild & Holmes, 1935a; King et al., 1989; Pratt, 1945).

Como facilmente se compreenderá, os medos relacionados com a morte e o perigo são os mais frequentemente referidos ao longo do processo de desenvolvimento e continuam até à vida adulta (v. g., Burnham & Gullone, 1997; Gullone & King, 1992, 1993; King et al., 1989; Mizes & Crawford, 1986; Ollendick, 1983). Este dado tem sido referido de maneira bastante consistente particularmente nos estudos que usam questionários de medos.

Mas, de modo geral, tem-se verificado que a frequência e/ou a intensidade dos medos diminuem consistentemente à medida que as crianças crescem (v. g., Burnham e Gullone, 1997; Gullone & King, 1992, 1997). Há também alguns estudos que registam um "pico" do número de medos no começo da adolescência e um declínio subsequente (v. g., Angelino et al., 1956; Angelino & Shedd, 1953; Hall, 1897).

Os estudos mais antigos, que utilizavam métodos de observação directa, fornecem informações acerca da intensidade do medo. Por exemplo, Jersild e Holmes (1935a) verificam que o nível de intensidade do medo das crianças tende a diminuir com a idade. Resultados semelhantes têm sido encontrados em estudos que envolvem informações prestadas por pais e professores (v. g., Cummings, 1946; Jersild & Holmes, 1935b). Porém, deve notar-se que a diminuição no nível de medos da criança, assinalada por observadores externos, não constitui necessariamente um indicador de uma diminuição da intensidade desses mesmos medos, uma vez que à medida que as crianças vão avançando na idade mais facilmente conseguem esconder as suas emoções (Izard & Harris, 1995).

DIFERENÇAS SEXUAIS

As diferenças entre rapazes e raparigas no que se refere ao conteúdo dos medos têm sido menos estudadas do que as que se referem à idade. Algumas das diferenças referidas na literatura indicam que as raparigas têm mais medo do escuro, de sons, objectos ou pessoas estranhas, de ser raptadas, assaltadas ou mortas, de cobras, de sujidade e de animais. Em contrapartida, os rapazes são descritos como tendo particularmente medo de diversas situações, entre os quais se contam o sofrimento, danos corporais, escola, insucesso, pesadelos e criaturas imaginárias (Bamber, 1974; Cummings, 1946; Jersild & Holmes, 1935a; Jersild, Markey & Jersild, 1933; Lapouse & Monk, 1959; Poznanski, 1973; Pratt, 1945; Winker, 1965). Um estudo de Gullone e King (1993) em que participaram 918 sujeitos dos 7 aos 18 anos de idade e em que se utilizou a Escala de Medos para Crianças – II (FSSC-II), mostrou que as raparigas obtinham pontuações mais elevadas do que os rapazes nos 5 factores da FSSC-II (isto é, medo da morte e do perigo, medo do desconhecido, medo do insucesso e das críticas, medo dos animais, e no factor stresse psicológico e médico). Mas, os itens que mais claramente discriminavam os rapazes das raparigas eram os seguintes: ratazanas, aranhas, cobras, ratos, casas velhas ou a cair, estar sozinho e ter maus sonhos. As raparigas recebiam pontuações mais elevadas em cada um destes itens.

Tem sido sugerido por vários autores que as diferenças, ao nível dos medos, entre rapazes e raparigas, são influenciadas por estereótipos relativos aos papéis sexuais. Embora os resultados obtidos por Gullone e King (1993) forneçam algum apoio a esta tese, o suporte mais directo é fornecido por um estudo efectuado especificamente para testar essa hipótese (Pierce & Kirkpatrick, 1992). Pierce e Kirkpatrick administraram uma escala de medos com 72 itens a estudantes dos primeiros anos de Psicologia. Um mês depois, administraram-lhes uma outra escala de 25 itens, catorze dos quais foram tirados da primeira escala. Antes de preencherem a segunda escala, os estudantes foram informados de que lhes ia ser mostrado um vídeo de 7 minutos, onde se viam cenas de peixes, de ratazanas e de montanha russa. Além disso, foi-lhes dito que seria registado o seu ritmo cardíaco durante este tempo e que o ritmo cardíaco era uma das medidas frequentemente utilizadas no teste de detecção de mentiras. Nessas instruções incluía-se a seguinte informação: "É importante avaliar os itens deste questionário o mais rigorosamente possível, porque vamos comparar as tuas respostas com mudanças no ritmo cardíaco" (p. 415).

Subsequentemente, foi colocado um sensor de pulso no dedo indicador da mão dominante de cada sujeito, enquanto ele observava o vídeo. A comparação do primeiro teste e do reteste mostrou que, no reteste, os rapazes aumentaram significativamente as suas avaliações dos medos relacionados com ratos, ratazanas, montanha russa, insectos rastejantes, aranhas inofensivas e lugares altos. Em contraste com isso, as respostas de medos das raparigas não diferiram significativamente, entre o teste e o reteste, em nenhum dos 14 itens. De acordo com a interpretação proposta pelos autores, estes itens, particularmente os três primeiros, eram medos em relação aos quais os homens mais facilmente mentiriam, a fim de preservar a sua imagem de machos.

Para além das diferenças de conteúdo, os estudos têm mostrado, de maneira consistente, que as raparigas referem uma intensidade de medos muito maior do que os rapazes (v. g., Bamber, 1974; Gullone & King, 1993, 1997; Ollendick, 1983; Ollendick, Matson & Helsel, 1985; Scherer & Nakamura, 1968). Além disso, as raparigas apresentam, na sua grande maioria, um número muito mais elevado de medos do que os rapazes (v. g., Bamber, 1974; Burnham & Gullone, 1997; Gullone & King, 1993; King et al., 1989; Lapouse & Monk,1959; Scherer & Nakamura, 1968). Isto é particularmente evidente no caso das crianças mais velhas, mas menos conclusivo no caso das crianças do nível pré--escolar e da escola primária (v. g., Draper & James, 1985; Jersild & Holmes, 1935a).

DIFERENÇAS RELACIONADAS COM O ESTATUTO SOCIOECONÓMICO

Medos tais como os que estão relacionados com animais, pessoas estranhas, abandono pelos pais, navalhas de mola, polícias e ser fustigado têm sido referidos como mais característicos de crianças de baixo nível socioeconómico. Em contraste, medos de lugares altos, de problemas de saúde, comboios, montanha russa e preocupação com a protecção dos animais domésticos têm sido apontados como mais característicos de crianças da classe média ou da classe média superior (v. g., Angelino et al., 1956; Bamber, 1974; Jersild & Holmes, 1935a; Jersild et al., 1933; Nalven, 1970; Orton, 1982; Simon & Ward, 1974). Todavia, estes resultados devem ser interpretados com alguma prudência. E isto porque há dados contraditórios relativos às diferenças de conteúdo dos medos entre grupos de diferentes níveis socioeconómicos, o que provavelmente é devido às variações na metodologia da investigação.

Além disso, a investigação demonstrou também que as crianças e os adolescentes de baixo nível socioeconómico manifestam mais medos do que os seus pares de um nível socioeconómico médio ou superior (v. g., Croake, 1969; Croake & Knox, 1973; Sidana, 1975). Se, por um lado, o número maior de medos pode ser uma indicação de que as crianças e jovens de nível socioeconómico baixo percebem o seu meio como menos seguro do que os sujeitos do nível socioeconómico médio ou superior, por outro lado, esse mesmo resultado pode reflectir a tendência das crianças do nível socioeconómico mais baixo para referir mais medos específicos, por contraste com categorias mais genéricas (Graziano et al., 1979; Nalven, 1970).

A ESTRUTURA DO MEDO

A organização dos medos em diferentes categorias ou tipos tem sido efectuada de muitas maneiras, consistindo a mais comum numa classificação conceptual *post-hoc* dos medos referidos pelas próprias crianças. Contrastando com esta abordagem, as investigações mais recentes, com base em questionários de medos, utilizam procedimentos estatísticos, designadamente a análise de componentes principais (v. g., Burnham & Gullone, 1997; Gullone & King, 1992; Ollendick, 1983).

Um bom exemplo de classificação conceptual é a tipologia construída por Jersild et al. (1933) que incluía, além de outras categorias, a de medo de dano corporal e perigo físico, medo de animais e medo de estar só. Uma outra classificação de medos foi criada por Angelino e Shedd (1953) e incluía categorias tão diversas como as da escola, saúde, problemas económicos e políticos, relações sociais, aparência pessoal, conduta pessoal, segurança, fenómenos naturais, animais e fenómenos sobrenaturais. Ainda uma outra classificação deste género foi proposto por Croake (1967), e incluía animais, o futuro, fenómenos sobrenaturais, fenómenos naturais, aparência pessoal, relações pessoais, escola, casa, segurança e medos políticos. Nestas classificações conceptuais, as cate-

Medos normais em crianças e adolescentes 179

gorias predominantes incluíam danos corporais, relações pessoais, animais, perigo físico, escola, situações económicas e políticas, fenómenos sobrenaturais e naturais. Na realidade, estas categorias não diferem muito das que foram obtidas através de análises estatísticas, designadamente através da análise de componentes principais. Por exemplo, Russell (1967) apresentou soluções separadas para adolescentes, adultos e idosos. Os factores encontrados incluíam a deficiência e a Guerra Fria, coisas macabras (v. g., fantasmas, aranhas, escuridão), alienação social (v. g., estar errado), religião-superstição, animais e perigos racionais. Scherer e Nakamura (1968) referem uma solução com oito factores para a Escala de Medos para Crianças (FSS-FC). São eles: I – Insucesso e críticas; II – Medos maiores (v. g., ataques à bomba, invasões, tremores de terra); III – Medos menores (viajar, vermes ou caracóis, fantasmas ou coisas fantasmagóricas); IV – Medos médicos; V – Morte; VI – O escuro; VII – Casa-escola; e VIII – Miscelânea (v. g., trovoadas, pesadelos, sirenes ruidosas). Por sua vez, Ollendick (1983) apresentou uma solução com cinco factores para a escala FSSC Revista que incluía: I – Medo do insucesso; II – Medo do desconhecido; III – Medo de ferimentos e de pequenos animais; IV – Medo da morte e do perigo; e V – Medos relacionados com coisas médicas.

Numa investigação transnacional, Ollendick, King e Frary (1989) obtiveram uma estrutura factorial muito semelhante para indivíduos da Austrália e dos EUA, excepto no que se refere ao factor de medos médicos. Os sujeitos australianos incluíam, nesse factor, itens que normalmente saturavam no factor de insucesso e críticas. Num estudo que também incluía sujeitos australianos, Gullone e King (1992) obtiveram uma solução com 5 factores para a FSSC-II que era quase idêntica à referida por Ollendick (1983). Os cinco factores eram: I – Medo da morte e do perigo; II – Medo do desconhecido; III – Medo do insucesso e críticas; IV – Medo de animais; V – *Stress* psíquico e medos médicos. Mais recentemente, Burnham e Gullone (1997) confirmaram a estrutura factorial da FSSC-II com uma amostra americana.

Os resultados dos estudos sobre a classificação ou estrutura dos medos são de uma consistência impressionante. De facto, subjacente aos factores mais comummente encontrados, estão dimensões relacionadas com a rejeição social (i. e., insucesso e críticas), morte e perigo (danos corporais), animais, tratamento médico, stresse psicológico, e medo do desconhecido (medos agorafóbicos). Numa revisão da literatura, Arrindell e colaboradores (Arrindell, Pickersgill, Merckelbach, Ardon

& Cornet, 1991) fornecem uma prova adicional da existência destas dimensões do medo. Mais concretamente, estes autores procederam à revisão de mais de 30 estudos analíticos com adultos, 25 dos quais foram considerados fidedignos. Mais de 90% dos 194 factores de primeira ordem aí identificados foram classificados numa das quatro categorias seguintes, definidas *a priori*: I – Acontecimentos ou situações interpessoais; II – Morte, danos, doença, sangue e procedimentos médicos; III – Animais, e IV – Medos agorafóbicos (Arrindell et al., 1991).

DURAÇÃO DOS MEDOS

Dados que apoiam a tese de que os medos normais são de duração relativamente curta têm sido encontrados em diversos estudos. Por exemplo, Jersild e Holmes (1935a) referiram que os medos das crianças de 24 a 71 meses de idade diminuíam durante um período de seis a oito meses. Jersild e Holmes (1935b) verificaram que as crianças de 3 a 7 anos de idade já não mostravam 53% dos seus medos iniciais, treze a trinta e cinco meses mais tarde. Mas apesar do desaparecimento de certos medos, havia mais medos por criança no *follow-up* do que na entrevista original com os pais. Assim, verifica-se que a frequência dos medos aumenta, embora o seu conteúdo seja diferente. No seu estudo de *follow-up*, respectivamente de seis meses e de um ano, com crianças de 2 a 7 anos de idade, Cummings (1946) constatou que, em qualquer dos casos, as crianças mais novas mostravam um declínio mais acentuado do medo do que as crianças mais velhas.

Draper e James (1985) investigaram a estabilidade do medo numa amostra de crianças com idades de 1 a 5 anos e concluíram que havia um aumento no número de medos em dois *follow-ups* de 15 meses, sendo o aumento entre os 31-45 meses maior do que entre os 15-30 meses. À semelhança do que se tinha passado com os resultados de Jersild e Holmes (1935b), também aqui se registou uma diminuição à volta dos 4 anos ou acima dessa idade. No seu estudo com uma amostra de crianças de 8 e 9 anos de idade, Spence e McCathie (1993) encontraram uma diminuição significativa de todos os medos durante um período de dois anos, excepto para os medos relacionados com a morte, o perigo e os ferimentos. Estes permaneceram constantes. Só um dos medos referidos nesse questionário (i. e., transmitir uma mensagem oral) é que aumentava com o tempo.

Dois estudos (Eme & Schmidt, 1978; Silverman & Nelles, 1989) analisaram os medos em sujeitos dos 8 aos 11 anos de idade. No primeiro, Eme e Schmidt (1978) verificaram que 83% dos medos das crianças do 4.º ano de escolaridade ainda não tinham desaparecido um ano mais tarde. Além disso, na entrevista inicial, os rapazes referiram, em média, menos medos do que as raparigas. Na fase de *follow-up,* não se registaram grandes variações neste resultado nem mesmo no conteúdo dos medos relacionados com danos corporais. No segundo estudo, Silverman e Nelles (1989) encontraram também uma grande estabilidade dos medos com o tempo. Porém, em contraste com os resultados obtidos anteriormente por Eme e Schmidt, os autores verificaram que o conteúdo dos medos era diferente. Na avaliação inicial, a maioria dos medos estava relacionada com a morte e com os perigos, enquanto que na fase de *follow-up* os medos mais comuns estavam relacionados com o stresse psicológico ou insucesso e com as críticas.

Por sua vez Dong, Xia, Lin, Yang e Ollendick, (1995) estudaram a estabilidade dos medos numa amostra de 492 crianças e adolescentes chineses, cujas idades iam dos 7 aos 17 anos, verificando que a prevalência geral dos medos diminuía significativamente durante o período de *follow-up* de 1 ano. Também quatro dos cinco tipos de medos avaliados com a Escala Revista de Medos para Crianças (Ollendick, 1983), diminuíam com o tempo. A única excepção encontrada dizia respeito ao factor dos medos médicos. Além disso, verificou-se que os 10 medos mais comuns também apresentavam grande estabilidade temporal. Estes autores concluíram que, embora haja dados a demonstrar uma estabilidade considerável no que se refere ao conteúdo dos medos, o nível geral dos medos e o número de medos extremos diminuem significativamente com o tempo. Mais recentemente, Gullone e King (1997) investigaram a estabilidade do medo durante um período de três anos numa amostra de sujeitos, cujas idades variavam entre os 7 e os 18 anos, encontrando uma diminuição geral do medo entre a avaliação inicial e a avaliação no período de *follow-up.* Esta diminuição era mais acentuada entre os 7 e os 10 anos. Por volta dos 11 anos de idade, já se notava uma certa estabilidade dos medos, excepto para os medos relacionados com o stresse psicológico e para os medos médicos. Em contrapartida, estes últimos medos apresentavam um aumento geral com o tempo. À semelhança dos estudos referidos mais cedo, os medos mais comuns, todos relacionados com a morte e com perigos, eram relativamente estáveis.

Assim, no seu conjunto os estudos de natureza longitudinal têm demonstrado que os medos normais são relativamente transitórios. Em geral, estes resultados são consistentes com os resultados produzidos pelos estudos transversais, e sugerem uma diminuição dos medos à medida que as crianças crescem em idade. Esta diminuição parece ser mais acentuada nas idades mais baixas (Cumming, 1946; Draper & James, 1985; Gullone & King, 1997; Jersild & Holmes, 1935a, 1935b) e continua bastante acentuada até aos 11 anos de idade ou até ao começo da adolescência, altura em que começa a notar-se um certo grau de estabilidade (Gullone & King, 1997). Além disso, esta evolução é observável em todos os tipos de medos, excepto nos que estão relacionados com stresse psicológico e com situações médicas. No que a estes últimos medos se refere, há sinais de um aumento com a idade (Dong et al., 1995; Gullone & King, 1997; Silverman & Nelles, 1989).

ESTUDOS TRANSNACIONAIS E TRANSCULTURAIS

A maioria das investigações sobre medos normais tem sido efectuada na América do Norte. Mesmo assim, um número crescente de investigações tem sido publicado por investigadores de diferentes países ou continentes, designadamente na África (Maduewesi, 1982), Austrália (Gullone & King, 1992; King et al., 1989), no Reino Unido (Ollendick & Yule,1990), na Índia (Sidana, 1975), em Israel (Klingman & Wiesner, 1982. 1983), na Itália (Sanavio, 1989) e na Irlanda do Norte (Bamber, 1974). Porém, é importante assinalar aqui que uma comparação válida dos resultados específicos destes estudos se torna difícil, devido ao facto de as medidas utilizadas nessas investigações serem geralmente diferentes (Fonseca, Yule & Erol, 1994).

Além disso, convém distinguir entre investigações transnacionais e investigações transculturais. As primeiras são importantes para se determinar a generabilidade dos resultados em diferentes populações, mas não necessariamente em diferentes culturas. Em contrapartida, as investigações transculturais possibilitam o estudo de questões relacionadas com a universalidade dos medos normais. Isto é, permitem tirar conclusões sobre se o medo normal e o seu desenvolvimento são constantes, apesar de diferenças na cultura, entendendo-se aqui por cultura "a parte do meio que foi construída pelo homem" (Herskovitz, 1948).

Como atrás se referiu, têm sido publicadas diversas investigações transculturais cujos dados fornecem apoio empírico às principais conclusões que se encontram documentadas na literatura normativa dos medos (Bamber, 1974; Gullone & King, 1993; King et al., 1989). Por exemplo, há vários estudos que têm mostrado que as crianças mais velhas referem significativamente menos medos do que as crianças mais novas. Além disso, verificou-se que o conteúdo dos medos parece ser semelhante nos diferentes países ocidentais. Isto é particularmente verdade para os medos mais frequentes, os quais estão geralmente relacionados com a morte e com o perigo (Davidson, White, Smith & Poppen, 1989; Gullone & King, 1993; King et al., 1989; Ollendick, 1983; Scherer & Nakamura, 1968). Estudos transnacionais têm também produzido resultados consistentes entre si no que respeita às diferenças sexuais. Isto tem sido demonstrado em estudos efectuados na Itália (Sanavio, 1989), no Reino Unido (Ollendick, Yule & Ollier, 1991) e na Austrália (Gullone & King, 1993; King et al., 1989). Em resumo, parece existir um grande consenso transnacional no que se refere aos padrões e correlatos dos medos normais.

No que se refere à possibilidade de uma investigação transcultural válida e informativa, esta dependerá em grande parte duma classificação de culturas que faça sentido. Hofstede (1980), num inquérito em larga escala que incluía 40 países e aproximadamente 117 000 indivíduos, encontrou quatro factores relevantes para a classificação de culturas. Dois desses factores, têm-se revelado particularmente úteis nesse contexto. São eles a *distância do poder* (ou seja, a quantidade de respeito e deferência entre os que estão numa posição superior e os que se encontram numa posição inferior), e *individualismo – colectivismo* (ou seja, a definição de identidade que compreende, quer escolhas e realizações pessoais, quer o carácter do grupo). Mais especificamente, Hofstede verificou que vários países europeus e norte-americanos se caracterizavam pelo seu elevado individualismo e pela sua pequena distância do poder, enquanto que vários países da América Latina e da Ásia apresentavam baixos valores de individualismo e valores altos de distância do poder.

Recentemente, Ollendick e colaboradores (Ollendick, Yang, King, Dong & Akande, 1996) encontraram uma relação positiva entre problemas de hipercontrolo ou problemas interiorizados (i. e., medo, ansiedade, depressão) e as práticas culturais que favorecem o auto-controlo, a inibição social e o respeito por normas sociais (i. e., grande distância do poder e baixo individualismo). Nestas circunstâncias, pode-se concluir que se o medo normal é significativamente influenciado por variáveis de ordem cultural ou de socialização, serão de esperar diferenças significativas entre países, tais como a América do Norte, a Austrália, o Reino Unido, por um lado, e as culturas colectivistas da África ou da China, por outro. Por outras palavras, seguindo esta lógica é de prever que as crianças e adolescentes de culturas não-ocidentais apresentem mais medos, e medos mais intensos, do que os seus pares do mundo ocidental (Dong, Yang & Ollendick, 1994; Ollendick et al., 1996). E, de facto, Dong et al. (1994) testaram esta hipótese numa amostra de 825 crianças e adolescentes chineses, dos 7 aos 17 anos de idade. Os resultados mostraram que, à semelhança do que se tinha verificado nas investigações ocidentais, as raparigas referem não só um grau mais elevado de medo (intensidade), mas também mais medos do que os rapazes. Todavia, contrariamente às predições dos investigadores sobre uma diminuição do medo com a idade, o exame das diferenças entre três níveis etários (i. e., dos 7 aos 10 anos, dos 11 aos 14 anos e dos 15 aos 18 anos) revelou que os indivíduos entre os 11 e os 14 anos reportam níveis mais elevados de medos do que os do grupo mais novo ou do que os do grupo mais velho, os quais por sua vez não diferiam entre si. Em particular, os do grupo dos 11 aos 14 anos de idade referiam mais medo de insucesso e de críticas (i. e., medos de avaliação social). Além disso, estes investigadores referem que as crianças chinesas, dos 7 aos 10 anos de idade, apresentam menos medos do que as crianças americanas e australianas, que as crianças dos 11 aos 14 anos apresentam mais medos, e que não há diferenças entre os adolescentes do grupo mais velho. A explicação, que os autores fornecem para este último resultado, é a de que este se deve provavelmente à tradição cultural chinesa de atribuir um grande valor à necessidade de obter um bom desempenho na escola, e às práticas educativas que desempenham um papel mais importante na vida dos indivíduos no início da adolescência.

No que se refere aos medos mais comuns, os resultados são consistentes com os obtidos em estudos anteriores, na medida em que os alunos chineses referiam medos relacionados com a morte e com o perigo (v. g., não ser capaz de respirar, tremores de terra, ser atropelado por um carro ou por um camião). Mesmo assim, vários dos medos mais comuns estavam relacionados com a avaliação social (v. g., encontrar os pais a ralhar, ficar mal num teste, ter fracas notas na escola).

Numa investigação transcultural mais ampla, Ollendick et al. (1996) compararam directamente os medos de 1200 crianças americanas, australianas, chinesas e nigerianas, dos 7 aos 17 anos de idade. Os resultados

Medos normais em crianças e adolescentes   185

mostraram que as raparigas referem mais medos do que os rapazes em três das quatro amostras, não se registando, no entanto, diferenças entre os sujeitos nigerianos. Diferenças em função da idade foram também encontradas nalgumas amostras. Mais concretamente, as crianças mais novas acusavam mais medos do que as crianças mais velhas e do que os adolescentes, mas apenas nas amostras americanas e australianas. As diferenças etárias, na amostra chinesa, eram consistentes com as reportadas por Dong et al. (1994), enquanto que na amostra nigeriana não se encontravam diferenças em função da idade.

Como seria de esperar, registaram-se diferenças entre as amostras que participaram neste estudo. Mais concretamente, os sujeitos nigerianos e chineses, referiam mais medos relativos a situações de avaliação social do que os sujeitos das amostras australianas e americanas. Os medos mais frequentes estavam, antes de mais, relacionados com a morte e o perigo, sendo alguns deles específicos de cada país (v. g., fantasmas na China, parecer maluco na América, o mar na Nigéria, e armas de fogo na Austrália).

É claro que são necessários mais estudos transculturais, particularmente mais investigação baseada em medidas de avaliação *émica* (i. e., medidas construídas na cultura a que se destinam), por oposição à abordagem ética imposta (i. e., medidas construídas numa determinada cultura e traduzidas para ser utilizadas em culturas diferentes) que tem sido frequentemente utilizada. Mesmo assim, o trabalho já efectuado tem fornecido indicações importantes sobre a influência que a cultura ou a socialização podem ter nas experiências do medo. De modo particular, verifica-se que, por um lado os medos mais comuns são consistentes através das várias culturas, enquanto que por outro lado existem também numerosas diferenças no padrão de desenvolvimento dos medos. Isso explicaria que os jovens das culturas não-ocidentais não apresentem a mesma diminuição dos medos normais relacionada com a idade, que foi encontrada nos seus pares ocidentais. Embora Dong et al. (1994) tenham sugerido que estas diferenças estão provavelmente relacionadas com práticas educativas específicas como as da China, a confirmação e a interpretação dessas diferenças necessita ainda de mais estudos. Em contrapartida, as diferenças sexuais neste domínio parecem ser bastante robustas o que sugere a universalidade, quer nos processos de socialização dos rapazes e das raparigas, quer nas suas predisposições para experienciar medos (*prepared fear experiences*).

CONCLUSÕES E FUTURAS DIRECÇÕES

A investigação sobre medos normais, em crianças e adolescentes, tem revelado um padrão consistente e previsível de desenvolvimento do medo nas culturas ocidentais. De modo geral, a investigação até agora efectuada, embora limitada, tem indicado que os medos normais e as diferenças sexuais são, na maior parte dos casos, consistentes em diversas culturas. Todavia, apesar dos grandes progressos realizados, há ainda diversas questões em aberto. Uma questão importante tem a ver com a avaliação. Especificamente, a investigação neste domínio tem utilizado maioritariamente uma metodologia de auto-avaliação com base em escalas ou questionários de medos. Isso é perfeitamente compreensível dadas as múltiplas vantagens deste método. Por exemplo, os questionários de medos são convenientes, baratos e fáceis de administrar, permitindo ao clínico obter uma grande quantidade de informação num intervalo de tempo relativamente curto (Jensen & Haynes, 1986; Morris & Kratochwill, 1983). Além disso, fornecem uma pontuação objectiva (e, por isso, minimizam os efeitos de possíveis enviesamentos do avaliador), permitem avaliar as respostas dadas a uma grande variedade de estímulos de medo e os resultados são geralmente fáceis de quantificar. A utilização dos FSSs (*Fear Survey Schedules*) tem possibilitado a identificação do *número* de medos extremos e ajudado a determinar a *intensidade* e o *conteúdo* dos medos. E, sobretudo, os dados obtidos através da utilização de questionários devidamente validados permitem muito facilmente efectuar comparações entre diferentes grupos de sujeitos. Mesmo assim, há ainda vários aspectos a esclarecer no que se refere aos parâmetros cognitivos específicos a que os questionários de medos efectivamente dizem respeito. Diversas investigações têm sido efectuadas com o objectivo específico de examinar essas questões. Por exemplo, McCathie e Spence (1991) defenderam que a morte e os acontecimentos relacionados com perigos, que de maneira consistente aparecem entre os medos mais comuns, são de facto acontecimentos com poucas probabilidades de ocorrerem na vida das crianças. Para investigar as bases das elevadas pontuações nos itens relacionados com a morte e o perigo, McCathie e Spence (1991) administraram versões estandardizadas (i. e., intensidade do medo: *nunca*, *às vezes*, *todos os dias*) e adaptações da Escala Revista de Medos para crianças (FSSC-R, Ollendick, 1983), a uma amostra de estudantes australianos, cujas idades variavam entre os 7 e os 13 anos. A sua versão adaptada requeria que cada item fosse respondido no que se

Medos normais em crianças e adolescentes 187

refere à frequência do medo (i. e., *Nunca, Às vezes, Todos os dias*) e no que se refere à frequência de evitamentos de estímulos ou acontecimentos, fazendo-se a predição de que os resultados relativas à frequência e evitamento seriam baixos, dada a fraca probabilidade de que tais acontecimentos ocorressem. Contrariamente às expectativas, os autores não encontraram diferenças significativas entre as versões estandardizadas e as versões adaptadas do FSSC-R. Mas, em contrapartida, encontraram diferenças sexuais consistentes com os resultados de outras investigações anteriores, independentemente das instruções dadas aos sujeitos. Do mesmo modo, verificou-se neste estudo que os quinze medos mais comuns eram semelhantes aos referidos em trabalhos anteriores, que usavam a forma *standard* do FSSC-R (King et al., 1989; Ollendick, 1983), apesar das diferenças introduzidas ao nível das instruções. Em investigações posteriores, Ollendick e King (1994) procuraram saber se o número elevado de medos apresentados por adolescentes em escalas de auto--avaliação era um indicador válido do stresse diário associado a esses medos. Para examinar o stresse diário, pediram a uma vasta amostra de adolescentes, dos 12 aos 17 anos de idade, para avaliar cada item do FSSC-R numa escala *standard* de três pontos de intensidade de medos (*nenhum, algum, muito*) e também numa escala de três pontos, relativa ao grau de interferência desses medos com a vida quotidiana (*nenhuma, alguma, muita*). Os resultados mostraram uma correlação positiva entre o nível de medo referido para cada item do questionário e o nível de interferência desse mesmo item. Para os dez medos mais comuns, a concordância variava entre os 38% para as *cobras* e 71% para o *insucesso nos testes*. Com base nestes dados, os autores concluíram que os medos referidos pelos próprios sujeitos andam associados com níveis elevados de interferência e stresse diários. Mais recentemente, Gullone e Lane (1997) alargaram o âmbito da investigação sobre a validade das respostas às escalas de medos, graças à administração da FSSC-II, de acordo com três tipos de instruções para o seu preenchimento (*standard, numa base diária*, e *imagine-se a si próprio na situação*), cada uma para três amostras diferentes de adolescentes. Adicionalmente, os sujeitos de cada amostra avaliavam cada medo desta escala quanto à intensidade e quanto à frequência. Participaram neste estudo 400 adolescentes dos 11 aos 18 anos de idade. Os resultados não revelaram quaisquer diferenças significativas do tipo de instruções. Todavia, registou-se uma diferença entre as cotações da intensidade dos medos *vs.* a frequência no factor de morte e perigo do FSSC-II. Essa diferença resultava do facto de os adolescentes apresentarem pontuações na intensidade dos medos mais elevados do que na sua frequência. Além disso, as raparigas dos 15 aos 18 anos discriminavam significativamente entre a intensidade dos medos imaginários e diários, apresentando pontuações mais elevadas nos primeiros. A análise dos dez itens de medos mais frequentes, cujo conteúdo estava relacionado com a morte e com o perigo, indicava uma grande consistência, apesar das diferenças nas instruções. Muris, Merckhelbach e Collaris (1997) deram um passo suplementar na investigação dos medos mais frequentes das crianças, perguntando-lhes individualmente "De que é que tens mais medo?" e administrando-lhes subsequentemente a Escala Revista de Medos para Crianças (FSSC-R). No método de escolha livre, as 129 crianças, dos 9 aos 13 anos de idade, referiam primariamente medos de animais, seguidos de medos da morte e do perigo, medos médicos e medos de insucesso e críticas. Além disso, houve uma parte considerável da amostra que referia os medos de aranhas como os mais intensos. Em contrapartida, na FSSC-R, as crianças apresentavam os *scores* mais elevados no factor de morte e perigo.

Numa investigação semelhante, Lane e Gullone (1999) pediram a uma amostra de 439 adolescentes, dos 11 aos 18 anos de idade, para fazer primeiro uma lista com os três maiores medos e, depois, completar a FSS-II (Gullone & King, 1992). Compararam-se então os três itens mais frequentemente referidos no FSSC-II com os três itens que eles tinham nomeado na lista antes do FSSC-II. O que se verificou foi que os 3 itens do FSSC-II estavam todos relacionados com a morte e o perigo. Em contrapartida os 3 medos que eles referiram espontaneamente antes de responderem ao questionário FSSC-II incluiam medos relacionados com outros fenómenos tais como insucesso, animais e medo do desconhecido. À semelhança do que observaram Muris e colaboradores (1997) o item mais frequentemente referido era o das "aranhas". Em contrapartida, os dez medos comuns, produzidos com a escala de medos, estavam todos relacionados com a morte e perigos. Lane e Gullone sugeriram que os seus resultados podiam ser mais facilmente explicados em termos de uma tendência dos indivíduos a dar respostas globais (v. g., morte), quando convidados a identificar espontaneamente os seus medos sem uma grelha pré-estabelecida. Neste caso, seria possível concentrar em poucas categorias os medos específicos, relacionados com a morte, que nas escalas de medos aparecem distribuídos por vários itens. Isso permitiria que outros medos predominantes aparecessem também entre os três medos mais frequentes. À semelhança das conclusões de Muris et al., Lane e Gullone argumentam que será provavelmente através da combinação desses dois tipos de metodologia que se obterá uma imagem mais realista e exacta dos medos mais comuns.

No seu conjunto, estas investigações têm contribuído para aumentar o nosso conhecimento sobre a utilidade e as limitações do uso das escalas de medos. À semelhança do que sucede quando se utiliza qualquer outro instrumento de avaliação neste domínio, os resultados dependem dos parâmetros do instrumento. Isso foi claramente demonstrado pelo trabalho de Muris et al. (1997) e de Lane e Gullone (1999). Estes últimos estudos sugerem que uma avaliação completa exige uma combinação de métodos diferentes e, possivelmente, de múltiplos informadores (Ollendick et al., 1996). Para além destas questões relacionadas com as medidas do medo, há igualmente várias outras questões em aberto sobre os factores que influenciam a evolução do medo. Os estudos longitudinais indicam que, embora os progressos da maturação estejam relacionados com uma diminuição generalizada da tendência a ter medo (*fearfulness*), os indivíduos que pontuam acima ou abaixo da média continuam com o mesmo padrão de respostas ao longo dos anos. Isto é, as diferenças individuais, nos níveis normais de medo, são constantes, sugerindo que o medo pode ser representado como um traço (Gullone & King, 1997). É possível que os indivíduos que experienciam níveis elevados de medo, conjuntamente com outros factores de risco, sejam mais vulneráveis ao desenvolvimento de futuras perturbações. Entre os factores que têm sido sugeridos, mas que não têm sido até agora investigados empiricamente, incluem-se a maneira como os pais desempenham as suas funções de pais, estilos de vinculação e os contextos da família (Gullone, 1996). Assim, necessita-se de mais investigação sobre as relações entre as experiências de medos normais e outras experiências do desenvolvimento (v. g., estilos parentais e experiências da família). Do mesmo modo, são necessários mais estudos sobre a universalidade do desenvolvimento dos medos normais e dos factores com eles associados em diferentes culturas, uma vez que, até agora, não houve verdadeira investigação transcultural, ou seja, investigação que tenha usado medidas *émicas*.

BIBLIOGRAFIA

Angelino, H., Dollins, J. & Mech, E. V. (1956). Trends in the "fears and worries" of school children as related to socioeconomic status and age. *The Journal of Genetic Psychology, 89*, 263-276.

Angelino, H. & Shedd, C. L. (1953). Shifts in the content of fears and worries relative to chronological age. *Proceedings of the Oklahoma Academy of Science, 34*, 180-186.

Arrindell, W. A., Pickersgill, M. J., Merckelbach, H., Ardon, A. M. & Comet, F. C. (1991). Phobic dimensions: III. Factor analytic approaches to the study of common phobic fears: An updated review of findings obtained with adult subjects. *Advances in Behaviour Research and Therapy, 13,* 73-130.

Bamber, J. H. (1974). The fears of adolescents. *The Journal of Genetic Psychology, 125*, 127-140.

Bauer, D. H. (1976). An exploratory study of developmental changes in children's fears. *Journal of Child Psychology and Psychiatry, 17*, 69-74.

Burnham, J. J. & Gullone, E. (1997). The Fear Survey Schedule for Children-II: A psychometric investigation with American data. *Behaviour Research and Therapy, 35,* 165-173.

Campbell, S. B. (1986). Developmental issues in childhood anxiety. In R. Gittelman (Ed.), *Anxiety disorders of childhood* (pp. 24-57). New York: Guilford Press.

Croake, J. W. (1967). Adolescent fears. *Adolescence, 2,* 459-468.

Croake, J. W. (1969). Fears of children. *Human Development, 12*, 239-247.

Croake, J. W., & Knox, F. H. (1973). The changing nature of children's fears. *Child Study Journal, 3*, 91-105.

Cummings, J. D. (1946). A follow-up study of emotional symptoms in school children. *British Journal of Educational Psychology, 16*, 163-177.

Davidson, P. M., White, P. N., Smith, D. J. & Poppen, W. A. (1989). Content and intensity of fears in middle childhood among rural and urban boys and girls. *The Journal of Genetic Psychology, 150*, 51-58.

Derevensky, J. (1974). What children fear. *McGill Journal of Education, 9*, 77-85.

Dong, Q., Yang, B., & Ollendick, T. H. (1994). Fears in Chinese children and adolescents and their relations to anxiety and depression. *Journal of Child Psychology and Psychiatry, 35,* 351-363.

Dong, Q., Yja, Y., Lin, L., Yang, B. & Oliendick, T. H. (1995). The stability and prediction of fears in Chinese children and adolescents: A one-year follow-up. *Journal of Child Psychology and Psychiatry, 36,* 819-831.

Draper, T. W. & James, R. S. (1985). Preschool fears: Longitudinal sequence and cohort changes. *Child Study Journal, 15,* 147-155.

Eme, R. & Schmidt, D. (1978). The stability of children's fears. *Child Development, 49,* 1277-1279.

Fonseca, A. C., Yule, W. & Erol, N. (1994). Cross-cultural issues. In T. H. Ollendick, N. J. King & W. Yule (Eds.), *International handbook of phobic and anxiety disorders in children and adolescents* (pp. 67-84). New York: Plenum Press.

Graziano, A. M., DeGlovanni, I. S. & Garcia, K. A. (1979). Behavioral treatment of children's fears: A review. *Psychological Bulletin, 86,* 804-830.

Gullone, E. (1996). Developmental psychopathology and normal fear. *Behaviour Change, 13,* 143-155.

Gullone, E. & King, N. J. (1992). Psychometric evaluation of a revised fear survey schedule for children and adolescents. *Journal of Child Psychology and Psychiatry, 33,* 987-998.

Gullone, E. & King, N. J. (1993). The fears of youth in the 1990's: Contemporary normative data. *The Journal of Genetic Psychology, 154,* 137-153.

Gullone, E. & King, N. J. (1997). Three year follow-up of normal fear in children and adolescents aged 7 to 18 years. *British Journal of Developmental Psychology, 15,* 97-111.

Gullone, E. & Lane, L. (July, 1997). The validity of fear assessment using the Fear Survey Schedule. Paper presented at the *20th National Conference of the Australian Association of Cognitive and Behaviour Therapy,* Brisbane, Australia.

Gullone, E. & Lane, B. (2002). The Fear Survey Schedule for Children-II: A validity examination across response format and instruction type. *Clinical Psychology & Psychotherapy: An International Journal of Theory and Practice, 9,* 55-67.

Hall, G. S. (1897). A study of fears. *American Journal of Psychology, 8,* 147-249.

Herskovitz, M. J. (1948). *Man and his works.* New York: Knopf.

Hofstede, G. (1980). *Culture's consequences: International differences in work--related values.* Beverly Hills, CA: Sage.

Izard, C. E. & Harris, P. (1995). Emotional development and developmental psychopathology. In D. Cicchetti & D. J. Cohen (Eds.), *Developmental psychopathology,* Vol. I. *Theories and methods* (pp. 467-503). Canada: Wiley & Sons.

Jensen, B. J. & Haynes, S. N. (1986). Self-report questionnaires and inventories. In A. R. Ciminero, K. S. Calhoun, H. E. Adams (Eds.), *Handbook of behavioral assessment* (2nd ed., pp. 150-175). New York: Wiley.

Jersild, A T. & Holmes, F. B. (1935a). *Children's fears*. New York: Teachers College, Columbia University.

Jersild, A. T. & Holmes, F. B. (1935b). Some factors in the development of children's fears. *Journal of Experimental Education, 4,* 133-141.

Jersild, A. T., Markey, F. V. & Jersild, C. L. (1933). Children's fears, dreams, wishes, daydreams, likes, dislikes, pleasant and unpleasant memories. *Child Development Monographs* (Vol. 12). New York: Columbia University Press.

Kagan, J. (1978). On emotion and its development: A working paper. In M. Lewis & L. A. Rosenblum (Eds.), *The development of affect* (pp. 15-41). New York: Plenum Press.

King, N. J., Hamilton, D. I. & Ollendick, T. H. (1988). *Children's phobias: A behavioural perspective*. Chichester, England: Wiley.

King, N. J., Ollier, K., Iacuone, R., Schuster, S., Bays, K., Gullone, E. & Ollendick, T. H. (1989). Child and adolescent fears: An Australian cross--sectional study using the Revised Fear Survey Schedule for Children. *Journal of Child Psychology and Psychiatry, 30,* 775-784.

Klingman, A. & Wiesner, E. (1982). The relationship of proximity to tension areas and size of settlement to fear levels of Israeli children. *Journal of Behavior Therapy and Experimental Psychiatry, 13,* 321-323.

Klingman, A. & Wiesner, E. (1983). Analysis of Israeli children's fears: A comparison of religious and secular communities. *International Journal of Social Psychiatry, 29,* 269-274.

Lane, B. & Gullone, E. (1999). Common fears: A comparison of self-generated and fear survey schedule generated fears of adolescents. *Journal of Genetic Psychology, 160* (2), 194-204.

Lapouse, R. & Monk, M. A. (1959). Fears and worries in a representative sample of children. *American Journal of Orthopsychiatry, 29,* 803-818.

Maduewesi, E. (1982). Nigerian elementary children's interests and concerns. *The Alberta Journal of Educational Research, 28,* 204-211.

McCathie, H. & Spence, S. H. (1991). What is the Revised Fear Survey Schedule for Children measuring? *Behaviour Research and Therapy, 29,* 495-502.

Miller, L. C., Barrett, C. L. & Hampe, E. (1974). Phobias of childhood in a prescientific era. In A. Davids (Ed.), *Child personality and psycho-pathology: Current topics* (Vol. 1, pp. 89-104). New York: Wiley.

Mizes, J. S. & Crawford, J. (1986). Normative values on the Marks and Mathews Fear Questionnaire: A comparison as a function of age and sex. *Journal of Psychopathology and Behavioral Assessment, 8,* 253-263.

Morris, R. J. & Kratochwill, T. R. (1983). *Treating children's fears and phobias: A behavioral approach.* New York: Pergamon.

Muris, P., Merckelbach, H. & Collaris, R. (1997). Common childhood fears and their origins. *Behaviour Research and therapy, 35,* 929-937.

Nalven, F. B. (1970). Manifest fears and worries of ghetto vs middle-class suburban children. *Psychological Reports, 27,* 285-286.

Ollendick, T. H. (1983). Reliability and validity of the Revised Fear Survey Schedule for Children (FSSC-R). *Behaviour Research and Therapy, 21,* 685-692.

Ollendick, T. H. & King, N. J. (1994). Fears and their level of interference in adolescents. *Behaviour Research and Therapy, 32,* 635 -638.

Ollendick, T. H., King, N. J. & Frary, G. (1989). Fears in children and adolescents: Reliability and generalizability across gender, age and nationality. *Behaviour Research and Therapy, 27,* 19-26.

Ollendick, T. H., Matson, J. L. & Helsel, W. J. (1985). Fears in children and adolescents. Normative data. *Behaviour Research and Therapy, 23,* 465-467.

Ollendick, T. H., Yang, B., King, N. J., Dong, Q. & Akande, A. (1996). Fears in American, Australian, Chinese, and Nigerian children and adolescents: A cross-cultural study. *Journal of Child Psychology and Psychiatry, 37,* 213-220.

Oliendick, T. H. & Yule, W. (1990). Depression in British and American children and its relation to anxiety and fear. *Journal of Consulting and Clinical Psychology, 58,* 126-129.

Ollendick, T. H., Yule, W. & Ollier, K. (1991). Fears in British children and their relationship to manifest anxiety and depression. *Journal of Child Psychology and Psychiatry, 32,* 321-331.

Orton, G. L. (1982). A comparative study of children's worries. *The Journal of Psychology, 110,* 153-162.

Pierce, K. A. & Kirkpatrick, D. R. (1992). Do men lie on fear surveys? *Behaviour Research and Therapy, 30,* 415-418.

Poznanski, E. O. (1973). Children with excessive fears. *American Journal of Orthopsychiaty, 43,* 428-429.

Pratt, K. C. (1945). A study of the "fears" of rural children. *The Journal of Genetic Psychology, 67,* 179-194.

Russell, G. W. (1967). Human fears: A factor analytic study of three age levels. *Genetic Psychology Monographs, 76,* 141-162.

Sanavio, E. (1989). The fears of Italian children and adolescents. In D. H. Saklofske & S. B. G. Eysenck (Eds.), *Individual differences in children and adolescents* (pp. 109-118). London: Hodder and Stoughton.

Scarr, S. & Salapatek, P. (1970). Patterns of fear development during infancy. *Merrill Palmer Quarterly, Behavior and Development, 16,* 53 -90.

Scherer, M. W. & Nakamura, C. Y. (1968). A Fear Survey Schedule for Children (FSSFC): A factor analytic comparison with manifest anxiety (CMAS). *Behaviour Research and Therapy, 6,* 173-182.

Sidana, U. R. (1975). Socio-economic status of family and fear in children. *Journal of Social and Economic Studies, 3,* 89-99.

Silverman, W. K. & Nelles, W. B. (1988). The influence of gender on children's ratings of fear in self and same-aged peers. *The Journal of Genetic Psychology, 149,* 17-21.

Silverman, W. K. & Nelles, W. B. (1989). An examination of the stability of mothers' ratings of child fearfulness. *Journal of Anxiety Disorders, 3,* 1-5.

Simon, A. & Ward, L. O. (1974). Variables influencing the sources, frequency and intensity of worry in secondary school pupils. *British Journal of Social and Clinical Psychology, 13,* 391-396.

Spence, S. H. & McCathie, H. (1993). The stability of fears in children: A two- -year prospective study: A research note. *Journal of Child Psychology and Psychiatry, 34,* 579-585.

Staley, A. A. & O'Donnell, J. P. (1984). A developmental analysis of mothers' reports of normal children's fears. *The Journal of Genetic Psychology, 144,* 165-178.

Winker, J. B. (1949). Age trends and sex differences in the wishes, identifi- cations, activities and fears of children. *Child Development, 20,* 191-200.

Este Capítulo retoma, com ligeiras alterações, um texto publicado na *Revista Portuguesa de Pedagogia* — 1998, *32*(2).

9

Diferenças individuais no temperamento — Implicações para o contexto escolar

Maria João Seabra-Santos

Até há poucas décadas, o conceito de temperamento era mal aceite pela psicologia científica, evocando a memória de tipologias da antiguidade clássica, que tiveram os seus ecos ao longo dos séculos, e em que o comportamento individual era visto como inteiramente determinado por causas biológicas, estando a pessoa fatalmente limitada nas suas escolhas e possibilidades de mudança.

O reinvestimento no tema do temperamento, por parte da psicologia contemporânea, deve-se, em grande parte, a Alexander Thomas e Stella Chess que, há cerca de 50 anos atrás, chamaram a atenção para a importância das diferenças interindividuais no comportamento das crianças. Em 1956 aquele casal de psiquiatras iniciou uma investigação longitudinal, que ficou conhecida pela designação de NYLS (*New York Longitudinal Study*), com o objectivo de compreender o impacto que esta individualidade comportamental pode ter sobre a relação que se estabelece entre a criança e os seus pais. No âmbito desse estudo, Thomas e Chess levaram a cabo, a intervalos regulares, entrevistas com pais de crianças de tenra idade e, com base nas informações recolhidas, inferiram as seguintes nove dimensões do temperamento, susceptíveis de explicar as diferenças comportamentais observadas: Nível de Actividade, Aproximação/Evitamento, Adaptabilidade, Humor, Limiar de Reactividade (*Threshold*), Intensidade, Distractibilidade, Ritmicidade e Tempo de Atenção/Persistência. Estas nove dimensões combinar-se-iam em três categorias de ordem mais geral, representando os perfis temperamentais mais comuns nas crianças: a criança Fácil, categoria na qual são classificadas cerca de 40% das crianças da amostra estudada pelos autores; a criança de "Aquecimento Lento" (*Slow-to-Warm-Up*), também designada de Inibida (Kagan, 1994), que engloba cerca de 15% da amostra; e a criança Difícil, categoria que se aplica a cerca de 10% das crianças estudadas (Chess & Thomas, 1996).

Assim, num período em que a Psicologia era marcada por um forte ambientalismo, a equipa de Thomas e Chess foi pioneira ao chamar a atenção para a ideia de que o desenvolvimento de uma criança não é só consequência do modo como é educada, e ao delinear um modelo de interacção dinâmica no qual o contributo da individualidade da criança não pode ser ignorado (Sameroff, Seifer & Elias, 1982).

A investigação com animais tem, igualmente, fornecido um conjunto de dados persuasivos em defesa da legitimidade e interesse do constructo "temperamento", ao mostrar que raças muito próximas, criadas em condições laboratoriais idênticas, se comportam de modo diferente face aos mesmos factores adversos (Kagan & Fox, 2006).

Finalmente, o interesse pelo tema do temperamento está também relacionado com a expectativa de que este conceito desempenhe um papel importante no desenvolvimento da personalidade e das perturbações da personalidade (Rutter, 1994). A confirmar-se esta hipótese, o conhecimento das características do temperamento poderia contribuir para a compreensão e, talvez mesmo, para a prevenção de certos distúrbios psiquiátricos.

Em suma, o temperamento aparece actualmente como um conceito chave para a compreensão do desenvolvimento do indivíduo, seja este normal ou desviante, tendo dado origem, nas últimas décadas, a um número importante de investigações. Neste capítulo apresenta-se uma breve síntese desses trabalhos, com especial destaque para os que visam as implicações do conceito de temperamento sobre as práticas escolares nos primeiros anos de vida.

O QUE É O TEMPERAMENTO?

Em 1987 é publicado na revista *Child Development* um artigo intitulado "*Roundtable: What is temperament?*", no qual se faz um ponto da situação sobre a definição e contornos deste constructo (Goldsmith et al.,

Diferenças individuais no temperamento 197

1987). Para este trabalho contribuíram alguns dos autores mais representativos no domínio, a saber: Goldsmith, Buss e Plomin, Rothbart, Thomas e Chess, Hinde, e ainda McCall. Convidado a fazer uma síntese das ideias propostas pelos restantes autores, McCall refere que "o temperamento consiste em disposições básicas relativamente consistentes, inerentes à pessoa, e que estão subjacentes e modulam a expressão da actividade, reactividade, emocionalidade e sociabilidade. Os principais elementos do temperamento estão presentes desde os primeiros tempos de vida e são fortemente influenciados por factores biológicos. À medida que o desenvolvimento prossegue, a expressão do temperamento torna-se progressivamente mais susceptível à influência da experiência e do contexto" (Goldsmith et al., 1987, p. 524). A maioria dos investigadores concorda, ainda, que manifestações estáveis de níveis elevados ou baixos de irritabilidade, sorriso e actividade, assim como perfis distintos de atenção têm, muito provavelmente, uma base temperamental (Kagan, 2003). Estes são, pois, os elementos mais consensuais relativos ao conceito de temperamento.

Contudo, para além destes, há outros aspectos que suscitam maior controvérsia. Nomeadamente, os pontos de vista dos autores divergem no que diz respeito às fronteiras do constructo "temperamento", isto é, à dimensão do que, no comportamento da criança, pode ser considerado como temperamental (Goldsmith et al., 1987). Este aspecto prende-se directamente com as dimensões do temperamento.

A partir da investigação realizada até ao presente sobre a estrutura do temperamento na infância, Rothbart e Bates (2006) sugerem a revisão das nove categorias iniciais do NYLS, no sentido de considerar as seguintes quatro dimensões gerais: Aproximação/Extroversão (incluindo Afecto Positivo e Nível de Actividade); Emocionalidade Negativa Geral (incluindo Angústia Receosa — *Fearful Distress* — e Angústia Irritável — *Irritable Distress*); Controlo Esforçado/Persistência na Tarefa; e Amabilidade/Adaptabilidade. Estas dimensões são similares a quatro dos cinco grandes factores da personalidade (*Big Five*), nomeadamente Extroversão, Neuroticismo, Conscienciosidade e Amabilidade, assinalando a continuidade parcial existente entre os dois conceitos (McCrae, et al., 2000), a qual tem sido comprovada por diversos estudos empíricos (para uma revisão recente da literatura neste domínio, cf. Rothbart, Ahadi & Evans, 2000; Rothbart & Bates, 2006; Watson, 2000).

Assim, o temperamento diria respeito a traços de personalidade desenvolvidos precocemente e as diferenças individuais no temperamento relativas, por exemplo, às dimensões de reactividade e de auto-regulação, são vistas como uma primeira expressão da variabilidade individual nos padrões de personalidade futuros (Buss & Plomin, 1984; Wachs & Kohnstamm, 2001a). A respeito desta relação entre temperamento e personalidade, também Rothbart e Bates (2006) defendem que o temperamento representa o núcleo afectivo, activacional e atencional da personalidade, incluindo esta vários outros elementos, nomeadamente o conteúdo do pensamento, capacidades, hábitos, valores, mecanismos de defesa, conteúdos morais, crenças e cognição social. Para Caspi e Shiner (2006) esta proximidade entre os dois conceitos justifica, cada vez mais, que eles sejam estudados em conjunto.

Temperamento e personalidade são, pois, encarados como conceitos que se sobrepõem em grande medida, fornecendo o temperamento a base fundamentalmente biológica para o desenvolvimento da personalidade (Rothbart, in Goldsmith et al., 1987). Numa formulação diferente, as dimensões temperamentais são entendidas como constituindo o substrato emocional de algumas características da personalidade futura (Goldsmith et al., 1987). Neste sentido, a tendência temperamental para a ira afectaria o desenvolvimento da agressividade, assim como a persistência afectaria a motivação para o sucesso, e a tendência para sentir medo, a timidez.

Contudo, embora o temperamento constitua apenas uma parcela da personalidade, o facto de o número de experiências relevantes ser ainda reduzido nas primeiras semanas de vida faz com que, nesta fase, as dimensões temperamentais sejam praticamente coincidentes com a totalidade da personalidade, o que torna este período particularmente interessante para o estudo do temperamento (Goldsmith et al. 1987). Daí que muitos autores utilizem o termo "temperamento" associado aos primeiros anos de vida, passando a falar em "personalidade" somente a partir de uma certa idade, em geral a adolescência (Rutter, 1994). Acresce que, contrariamente à personalidade, o temperamento é característico tanto de humanos como de outros animais (Strelau, citado em Rothbart & Bates, 2006).

Ponderados os aspectos de maior e menor consenso, no domínio do temperamento, estamos de acordo com McCall quando, a este propósito afirma que "as definições não são válidas ou inválidas, confirmáveis ou refutáveis. Antes são mais ou menos úteis" (Goldsmith et al., 1987, p. 524). Neste sentido, e independentemente da validade das concepções que entretanto foram avançadas nesta área, as ideias e as pesquisas pioneiras de Thomas e Chess tiveram o mérito de impulsionar todo o domínio para a frente. É assim que, nas últimas décadas, assistimos à proliferação de investigações e publicações na área do temperamento, à criação de diversos instrumentos destinados a avaliá-lo e a avanços importantes, não só do ponto de vista teórico e conceptual, mas também do ponto de vista aplicado.

RELAÇÃO ENTRE TEMPERAMENTO E COMPORTAMENTO

O temperamento é conceptualizado por Thomas e Chess como o componente estilístico do comportamento, isto é, o "como" do comportamento, diferenciado da motivação, que seria o seu "porquê", e das aptidões, que seriam o seu "o quê" ou "quão bem" (Chess & Thomas, 1996). Para Rothbart (Godsmith et al., 1987) as diferenças individuais de temperamento vão para além do estilo comportamental, e dizem respeito a predisposições individuais para reacções particulares — tais como a angústia ou o sorriso e o riso — incluindo diferenças na experiência fenomenológica e no funcionamento psicofisiológico. Muitos investigadores defendem que o significado funcional dos traços de temperamento é demonstrado mais claramente quando a pessoa é confrontada com situações novas, desafiadoras e causadoras de stresse (Rutter, 1994; Strelau, 2001).

As características temperamentais desempenham também um papel fundamental em termos de desenvolvimento, tanto normal como psicopatológico, já que, através delas, a criança vai fazendo uma triagem activa das experiências às quais se vai expondo. Assim, a criança que permanece à margem da sua turma ou de uma festa, está a seleccionar uma experiência diferente daquela que se coloca directamente no centro da excitação social (Rothbart & Bates, 2006).

Neste sentido, o temperamento pode estar envolvido no desenvolvimento de problemas de comportamento de diversas formas, podendo funcionar, quer como factor de risco, quer como factor de protecção (Mathiesen & Prior, 2006; Rothbart & Ahadi, 1994). Características de temperamento como a emocionalidade negativa, por exemplo, podem funcionar como factores de risco, provocando conflito e rejeição. Pelo contrário, características temperamentais positivas, como a sociabilidade, podem ter uma função protectora, ajudando a criança a atrair e manter relações de suporte com outros significativos. Em geral, o bom ajuste entre os atributos do indivíduo e as exigências contextuais tem como efeito um desenvolvimento adaptado (Lerner & Lerner, 1983). Em contrapartida, temperamentos que resultem num ajustamento pobre às exigências do meio (como acontece, com frequência, nos casos classificados como temperamento "difícil") irão aumentar a probabilidade de perturbações do comportamento (Martin, Gaddis, Drew & Moseley, 1988).

O facto de certas características de temperamento representarem factores de risco para o desenvolvimento de diversas formas de psicopatologia na infância tem merecido um considerável interesse por parte da investigação, surgindo o conjunto de características que compõem o tipo "criança difícil" de Thomas e Chess como particularmente predisponente para problemas de comportamento e problemas psiquiátricos (cf. Keogh, 1989; Strelau, 1998). Contudo, os mecanismos através dos quais se processa esta ligação entre temperamento e psicopatologia permanecem controversos. Rutter (1994) elenca três mecanismos possíveis. Em primeiro lugar, podemos pensar que o suposto traço temperamental, na verdade não é mais do que uma manifestação sub-clínica do distúrbio relativamente ao qual se supõe constituir um factor de risco. Seria isso o que se passa em perturbações para as quais o padrão sintomático parece confundir-se com a manifestação extrema do traço, tal como acontece com a inibição comportamental relativamente à ansiedade generalizada, ou com a constelação "criança difícil" em relação ao distúrbio de oposição.

Uma segunda possibilidade é que a característica temperamental possa envolver uma susceptibilidade acrescida para certas adversidades psicossociais. Na inibição comportamental, por exemplo, a presença de respostas excessivamente marcadas ao stresse e ao desafio podem tornar a criança mais susceptível a desenvolver medos ou depressão generalizada.

Uma terceira explicação considera que o temperamento pode exercer o seu efeito através da sua influência nas relações interpessoais, já que o modo como as pessoas se comportam em relação aos outros influencia, de forma decisiva, a maneira de os outros se comportarem relativamente a elas.

A relevância de certas características de temperamento enquanto preditoras do ajustamento comportamental futuro tem, igualmente, sido explorada através de estudos longitudinais (cf. Qi & Kaise, 2003, para uma revisão deste tópico). Por exemplo, demonstrou-se existir uma relação entre a reactividade, avaliada na primeira infância, e a vulnerabilidade a desenvolver sintomas de ansiedade aos 7 anos (Kagan, Snidman, Zentner & Peterson, 1999); ou entre a inibição/desi-

Diferenças individuais no temperamento 201

nibição extremas aos 2 anos e comportamentos de externalização, agressivos ou delinquentes, na adolescência (Schwartz, Snidman & Kagan, 1996).

Resultados de um estudo longitudinal sobre desenvolvimento humano, actualmente em curso em Dunedin, na Nova Zelândia, levaram Caspi (2000) a reiterar a ideia defendida por William Wordsworth, segundo a qual "A criança é o pai do homem". Concretamente, a investigação, conduzida sobre uma amostra de 1037 sujeitos seguidos desde os 3 até aos 21 anos, revelou que os indivíduos que na primeira avaliação haviam sido considerados como tendo "falta de controlo" sobre si próprios, se tornavam, quando jovens adultos, mais agressivos, instáveis e apresentavam taxas mais elevadas de criminalidade e mais conflitos interpessoais. Em contrapartida, aqueles que aos 3 anos haviam sido classificados como inibidos, mostravam maior tendência para falta de assertividade, depressão e escassez de suporte social. E embora as relações encontradas por este estudo sejam de magnitude somente baixa a moderada, o carácter cumulativo dos efeitos observados, bem como o seu impacto pessoal, social e económico levam o autor a sublinhar a importância dos esforços de uma intervenção precoce.

Nos estudos longitudinais deste tipo tem vindo a surgir com um particular relevo a importância da interacção entre variáveis do temperamento e variáveis ligadas à família. Por exemplo, Bates e colaboradores (Bates, 2001; Bates, Pettit, Dodge & Ridge, 1998) demonstram que a característica temperamental "resistência ao controlo" tem relações diferentes com o comportamento externalizante, entre os 7 e os 10 anos, em função do nível de controlo que as mães tentam exercer sobre a criança, nos primeiros anos de vida. Assim, o temperamento resistente apresenta-se mais fortemente relacionado com problemas de externalização em grupos em que o estilo materno é caracterizado pela baixa restrição do que em grupos cujas mães têm um estilo muito restritivo. O estilo parental revelou-se, também, um predictor mais forte de problemas externalizantes e de inibição aos 3 anos, no caso de crianças muito negativas nos primeiros anos da infância (Belsky, Hsieh & Crnic, 1998).

Mais recentemente, Miller-Lewis e colaboradores (2006) demonstram o impacto negativo de níveis elevados de dificuldades temperamentais, assim como de estilos parentais hiper-reactivos, sobre os comportamentos externalizantes aos 6 anos. Também uma investigação levada a cabo por Mathiesen e Prior (2006) revela que, aos 8 anos, uma parte importante da variância de problemas de comportamento e de competências sociais pode ser explicada por factores de risco ou de suporte já presentes aos 18 meses, na criança (variáveis relativas ao temperamento) e na família.

No conjunto, estes estudos permitem concluir que o comportamento futuro é, em parte, determinado por características do temperamento que já estão presentes nos primeiros anos de vida da criança. Para explicar esta continuidade, Caspi (2000) invoca a covariação entre as características pessoais e as especificidades dos contextos. Isto é, de acordo com aquele autor, "nos primeiros anos de vida a covariação pessoa-ambiente ocorre devido à transmissão conjunta de genes e de cultura, dos pais para os filhos. (...) Mais tarde, a covariação pessoa-ambiente surge porque os indivíduos escolhem situações e seleccionam parceiros que se assemelham a eles e que reforçam os seus estilos de interacção, estabelecidos anteriormente" (p. 51).

Mas, ao mesmo tempo, Caspi defende a ideia de que esta "tendência natural para a continuidade" pode ser contrariada de várias formas. Por exemplo, a mudança poderá ocorrer pelo facto de as pessoas responderem aos reforços e punições distribuídos de modo contingente ao comportamento; ou em consequência do cruzamento de certas disposições psicológicas com determinadas características socioestruturais ou ecológicas; ou ainda, devido à relativa aleatoriedade nas experiências com as quais os indivíduos se confrontam ao longo da vida, susceptível de modificar as suas trajectórias.

Por outras palavras, os resultados das pesquisas apresentadas tendem a demonstrar que a influência do temperamento sobre o desenvolvimento não tem um carácter absolutamente determinante, e que o modo com a criança se vai desenvolver emerge, em última análise, da relação dinâmica entre os pais e a criança, e entre esta e o seu meio, bem como das múltiplas experiências que ocorrem desde antes do nascimento (McDevitt, 1994).

TEMPERAMENTO E ESCOLA

Depois da família, a escola representa o meio de socialização mais importante na vida da criança. Esta passa na escola um elevado número de horas durante as quais, para além das aprendizagens formais, tem oportunidades únicas de relacionamento com pares e com adultos. Daí que o contexto escolar tenha surgido como privilegiado para o estudo das variáveis temperamentais e seu possível impacto no desenvolvimento da criança.

As relações entre temperamento e escolaridade têm sido estudadas, principalmente, em dois importantes centros de investigação: um deles, na Universidade de Califórnia, orientado por Barbara Keogh, e o outro, na Universidade de Geórgia, coordenado por Roy Martin.

Um dos principais contributos de Keogh e seus colaboradores foi o conceito de "ensinabilidade" (*teachability*) (cf., por exemplo, Keogh, 1994), que reflecte as características que, do ponto de vista do professor, tornam um aluno ideal. De acordo com Keogh (1994), o acordo entre os professores no que diz respeito a estas características é impressionante.

O conceito de ensinabilidade assenta numa descrição dos alunos que se agrupa em três dimensões primárias: comportamento cognitivo autónomo, comportamento relativo à escola e características pessoais-sociais. A ligação entre este conceito e o temperamento foi posta em evidência por vários estudos com alunos do pré-escolar e do 1º ciclo, nos quais se demonstrou que crianças avaliadas pelos seus professores como sendo baixas em "ensinabilidade" eram caracterizadas por um padrão de temperamento considerado "difícil", que incluía características como a fraca orientação para a tarefa, fraca flexibilidade e elevada reactividade (Keogh, 1989). Verificou-se igualmente, que o modo como o professor encara o aluno como mais ou menos "ensinável" condiciona a qualidade das interacções que estabelece com ele. Assim, as interacções com alunos com baixas pontuações nessa característica tendem a ser limitadas ao controlo do comportamento e à instrução, ao passo que se observaram interacções sociais positivas importantes entre os professores e as crianças consideradas elevadas em "ensinabilidade". Por conseguinte, a vida na sala de aula não será, à partida, igual para todas as crianças, nem o tempo e atenção do professor se encontram necessariamente distribuídos de modo uniforme por todas elas (Keogh, 1994).

Por sua vez, as investigações conduzidas por Martin e colaboradores, sobretudo na década de 1980, centram-se essencialmente sobre as relações entre o temperamento e diversas medidas de realização escolar. Estes autores demonstraram a relação entre dimensões do temperamento e o comportamento de crianças muito novas na sala de aula (Martin, Nagle & Paget, 1983), ficando claro que as crianças activas, menos persistentes e que se distraem facilmente, se envolvem numa variedade de comportamentos que são prejudiciais ao seu desempenho e aprendizagens escolares.

Além disso verificou-se, num outro conjunto de investigações (Martin et al., 1988; Martin, Olejnik & Gaddis, 1994) que algumas dimensões do temperamento (nível de actividade, distractibilidade e persistência), avaliadas na idade pré-escolar ou no início do 1.º ciclo, permitem predizer a realização escolar estimada através de testes estandardizados ou das notas atribuídas pelos professores ao longo do 1.º ciclo, isto é, entre um e quatro anos mais tarde. Estes resultados demonstram que "certas características sociais/emocionais das crianças muito novas podem contribuir significativamente para a predição do rendimento escolar, quando incluídas no conjunto de variáveis preditoras, conjuntamente com o QI" (Martin et al., 1988, p. 135).

Foi também comprovado que, quando a criança tem um temperamento que se caracteriza por baixa atenção e distractibilidade, a interacção entre o professor e o aluno é também penalizada, tendendo os professores a responder de uma forma crítica ao comportamento (Paget, Nagle & Martin, 1984). Este tipo de interacção provavelmente torna a vida na sala de aula menos positiva para a criança que é criticada, e para o professor que tem de controlar este comportamento. De facto, verificou-se que os professores têm uma atitude mais negativa em relação aos seus alunos mais activos, mais distraídos e menos persistentes, indicando-os como elementos dispensáveis da turma (Martin, Nagle & Paget, 1983).

Esta questão da relação entre o temperamento e as interacções professor-aluno (nível pré-escolar e elementar), tem sido igualmente explorada por vários outros investigadores (Keogh & Burstein, 1988; Pullis, 1985; van der Werfhorst, 1985, 1986; todos citados por Keogh, 1989). As conclusões destes estudos são idênticas, isto é, o temperamento dos alunos aparece associado com a frequência das suas interacções com os professores, com as decisões dos professores quanto à disciplina na sala de aula e com as estratégias educativas por eles adoptadas.

Vemos, pois, que nas investigações conduzidas por Martin e colaboradores, três dimensões do temperamento surgem sistematicamente como mais relevantes, no que se refere ao impacto sobre as variáveis escolares. São elas a actividade, a distractibilidade e a persistência (isto é, o conjunto que configura a dimensão a que Keogh atribuiu a designação de "orientação para a tarefa"). A propósito destes resultados, Strelau (1998) comenta que, nas condições de exigência que a escola impõe, a

Diferenças individuais no temperamento 205

combinação de um nível elevado de actividade e distractibilidade, com uma baixa persistência, pode ser encarada como compondo um "temperamento difícil", na medida em que aqueles traços não favorecem o *ajustamento* da criança à situação escolar.

O conjunto de estudos apresentados permite inferir que alguns atributos temperamentais são altamente compatíveis com as exigências da escola, enquanto que outros conduzem a dissonâncias e a interacções disruptivas com os professores e/ou com os pares. Naturalmente, estas conclusões comportam várias implicações práticas para a actuação dos professores, tal como se apresentará no ponto seguinte.

O "BOM AJUSTAMENTO" EM CONTEXTO ESCOLAR

Da investigação realizada na área do temperamento emerge como fundamental o conceito de "bom ajustamento" (*"goodness of fit"*), muito divulgado desde os primeiros estudos conduzidos por Thomas e Chess. Para estes autores, "existe bom ajustamento quando as propriedades do meio e as suas expectativas e exigências estão de acordo com as capacidades, características e estilo comportamental do próprio organismo" (Chess & Thomas, 1999, p. 3). Esta consonância entre o organismo e o meio torna possível o desenvolvimento óptimo, numa direcção progressiva. Pelo contrário, o ajustamento pobre (*"poorness of fit"*) envolve discrepâncias e dissonâncias entre as oportunidades e exigências do meio e as capacidades do organismo, de modo que o desenvolvimento é distorcido e o funcionamento maladaptativo. Assim, facilmente se compreende que o conceito de bom/mau ajustamento tenha sido retomado por vários autores na área da psicopatologia do desenvolvimento.

Para Chess e Thomas (1999) a qualidade do ajustamento não é uma abstracção, mas está sempre relacionada com os valores e as exigências de uma determinada cultura ou grupo socioeconómico. Os autores salientam, igualmente, que as dimensões do temperamento e as suas "constelações" não constituem, por si só, causa de perturbações do comportamento. Neste sentido, não devem ser encaradas como boas ou más, em si, mas devem ser sempre consideradas em relação, ou em interacção, com outras características individuais e factores do meio. Por conseguinte, não faz sentido centrar a pesquisa nesta área exclusivamente ao nível dos atributos temperamentais da pessoa, uma vez que estes só adquirem sentido e importância em interacção com as variáveis do contexto (veja-se, a este propósito, o sugestivo título da obra de Wachs & Kohnstamm, 2001c, "*Temperament in context*").

O conceito de *goodness of fit* abre novas perspectivas quanto à possibilidade de intervenção em contexto escolar, através da actuação do professor. Habitualmente, este encontra-se numa posição privilegiada para observar as diferenças interindividuais no temperamento das crianças, por exemplo no que diz respeito aos seus níveis de energia, capacidade para focalizar a atenção, persistência, reacção face a situações novas e sensibilidade. Deste modo, o professor poderá ajustar o seu desempenho e as condições do meio físico, de forma a poder beneficiar todas as crianças. Lerner e Lerner (1983) reconhecem que, embora as intervenções orientadas para a promoção de *goodness of fit* possam ter como alvo o indivíduo, o contexto ou ambos, com crianças muito pequenas a actuação sobre o contexto poderá ser a única via possível para potenciar o bom ajustamento.

A esse propósito, Kristal (2005) fornece vários exemplos da forma como o professor poderá adequar o ensino e as próprias condições físicas em função das características temperamentais do aluno. Uma criança *muito activa*, por exemplo, precisa de: espaço para se movimentar; intercalar o trabalho com movimento (o que pode ser conseguido pedindo-lhe para fazer pequenos recados que impliquem sair da sala por alguns momentos); poder trabalhar em diferentes posições (e.g., sentada e em pé); e poder expressar a sua energia, desde que não perturbe o funcionamento da aula. Já uma criança de *adaptação lenta* (*slow adapter*) necessita de: rotinas diárias claras (que podem estar disponíveis num calendário); ser prevenida antecipadamente quando há um acontecimento especial (e.g., visita de estudo, assembleia, dia na biblioteca); ser avisada antes de qualquer mudança; ter o seu próprio espaço, livre de intromissões (por exemplo, longe de crianças que têm dificuldade em não mexer nas coisas dos outros); e ser ensinada a expressar essa necessidade ("Preciso do meu espaço"). Por seu turno, uma *criança que se distrai facilmente* necessita de: sentar-se com poucos distractores entre ela e o professor; um espaço restrito para o trabalho individual, longe de distractores; modos de se proteger do ruído vindo de fora (e.g., através de auscultadores); períodos de trabalho calmo; lembretes (e.g., *post-it* colocado sobre a secretária); pistas por parte do professor, enquanto dá instruções (e.g., pôr a mão sobre o ombro da criança ou escrever as instruções no quadro). De modo idêntico, as condições podem ser ajustadas para fazer face a outras características temperamentais, como a elevada sensibilidade, a persistência ou a impulsividade.

A compreensão plena do conceito de "bom ajustamento" na escola implica, pois, a consideração de vários outros componentes, para além das características do aluno, designadamente a natureza das tarefas a aprender, as características do meio físico e as atitudes, expectativas e valores dos professores (Keogh, 1989). O próprio temperamento do docente constitui uma variável importante a ter em conta, neste contexto. Pois enquanto que professores mais activos gostam de crianças enérgicas e intensas, encarando-as como entusiásticas e interessantes, outros professores terão dificuldade em ensinar estas crianças, preferindo alunos mais sossegados e introspectivos (Kristal, 2005). Daí que a qualidade do ajustamento possa ser melhorada se os professores possuírem um melhor conhecimento do seu próprio temperamento e do modo como as suas características afectam os alunos. O conceito de *goodness of fit* pode ajudar-nos a compreender algumas das diferenças nas decisões e comportamentos dos professores, quando interagem com cada criança (Keogh, 1994).

Quando falamos em "contexto" é importante considerar, quer as suas características físicas, quer sociais. Aplicada à escola, esta distinção sugere que algumas exigências e constrangimentos com os quais a criança é confrontada têm a ver com as características físicas e estruturais da classe (e.g., espaço, número de alunos por turma), enquanto que outros estão relacionados com obrigações interpessoais tais como relacionar-se com os colegas, funcionar em grupo ou lidar com as atitudes e expectativas dos outros (Keogh, 1994). É, assim, razoável pensar que crianças muito activas e intensas do ponto de vista das suas reacções emocionais tenham mais dificuldade em ajustar-se a grupos muito numerosos e pouco organizados do que a classes bem ordenadas, com um espaço físico adequado. Por outro lado, as crianças de "aquecimento lento" e com um nível de actividade baixo podem sentir-se mais confortáveis em turmas sossegadas e com rotinas claras do que em grupos rápidos e em mudança (Keogh, 1994).

Para Kristal (2005), a forma como o espaço da sala de aula está organizado deve ter em conta os modos diferenciados como as crianças vivenciam esse espaço, em função das suas próprias características temperamentais. Aspectos importantes a ponderar, neste contexto, são, por exemplo, a disposição das mesas, quem se senta ao lado de quem, a quantidade de objectos que decoram as paredes, a iluminação e os níveis de ruído.

As características temperamentais das crianças devem, igualmente, ser tidas em conta quando os professores planeiam a ocupação dos lugares na sala (Kristal, 2005). Assim, sentar uma criança pouco persistente ao lado de outra mais persistente pode encorajar a primeira a tentar um pouco mais. Enquanto que sentar duas crianças que se distraem facilmente, ao pé uma da outra, pode causar problemas.

Que todos estes ajustamentos do meio, no sentido de enquadrar as características temperamentais da criança, podem favorecer um bom ajustamento e ser decisivos para um desenvolvimento harmonioso, é algo que Chess e Thomas (1996, 1999) documentam amplamente, através de inúmeros e eloquentes exemplos clínicos.

Em suma, os dados da investigação sugerem que, para conseguir um bom funcionamento da sala de aula e para alcançar o rendimento máximo dos alunos, não basta considerar apenas as qualidades dos professores ou os atributos da escola. Estes aspectos são, sem dúvida, fundamentais, mas é necessário ter também em conta as características das próprias crianças, designadamente ao nível do temperamento.

Pelo que até aqui ficou dito, vemos que a noção de temperamento permite reenquadrar o modo como os professores encaram o comportamento da criança, fornecendo uma estrutura positiva para o controlo do comportamento e a organização na sala de aula (Kristal, 2005). Mais concretamente, a maior consciência sobre a base temperamental das diferenças individuais nos comportamentos dos alunos pode permitir aos professores compreender melhor as suas próprias reacções, diminuindo o nível de afecto negativo que alguns comportamentos particulares desencadeiam neles (Keogh, 1989). Até que ponto esses tópicos são suficientemente contemplados nos programas de formação de professores é uma questão que resta averiguar.

Bates (1989) defende, a respeito das interacções familiares, que o conceito de temperamento é útil na medida em que permite reequacionar os problemas surgidos na família "de um modo que escapa a um modelo de culpa, reduzindo, assim, a resistência à mudança" (p. 348). Esta ideia também é aplicável à sala de aula.

CONCLUSÕES

Para concluir, importa sintetizar algumas implicações práticas dos estudos sobre temperamento, isto é, algumas ideias sobre o modo como os conhecimentos actuais nesta área são susceptíveis de tornar as escolas lugares mais agradáveis para alunos e professores e, assim, mais facilmente promover o desenvolvimento e as aprendizagens da criança.

Das investigações aqui apresentadas e discutidas parece poder inferir-se, em primeiro lugar, que as *interacções professor-aluno* podem ser melhoradas se houver uma maior sensibilidade dos professores às diferenças individuais nas características temperamentais dos alunos e uma maior consciência sobre o modo como essas diferenças induzem reacções diferenciadas no adulto (Keogh, 1994). O conhecimento da diversidade temperamental fornece um enquadramento mais positivo à organização da classe e ao controlo do comportamento, ao mesmo tempo que permite diminuir o nível de afecto negativo que alguns comportamentos do aluno desencadeiam no docente, potencia um melhor ajustamento das rotinas da classe às características de cada criança e auxilia os professores a antecipar ou prevenir comportamentos desajustados na sala de aula. Em suma, a atenção ao temperamento da criança constitui a primeira condição para promover o "bom ajustamento".

O temperamento é, pois, concebido no âmbito de um modelo transaccional, em que as características temperamentais podem traduzir-se ou não em comportamentos (sejam estes desejáveis ou indesejáveis), em função do modo como estão organizadas as contingências do meio. Contudo, é razoável supor ser mais viável operar a mudança através desses factores extrínsecos (leia-se, dependentes do adulto ou, neste caso, do professor) do que na criança directamente.

Uma outra implicação prática a retirar dos estudos sobre temperamento em contexto escolar reside na necessidade de o contemplar na *avaliação psico-educacional*. Até ao presente, o método mais utilizado na avaliação do temperamento da criança é o preenchimento de questionários pelos pais e/ou professores (ou ainda pelo próprio, no caso de crianças mais velhas), método este que tira proveito do conhecimento alargado que os prestadores de cuidados têm da criança, com a qual convivem em diferentes situações e durante muito tempo. Para além disso, os questionários são económicos do ponto de vista da preparação, administração e análise (Bates, 1989, 1994). Porém, estão sujeitos a enviesamentos nas percepções ou nas respostas do informador, pelo que se pode dizer que reflectem uma combinação de factores subjectivos e objectivos (Seifer, 2003; Seifer, Sameroff, Barrett & Krafchuk, 1994).

Paralelamente, as características temperamentais podem, também, ser avaliadas através da observação directa, quer seja naturalista — caracterizada por elevada objectividade e validade ecológica —, quer laboratorial — possibilitando, neste caso, um controlo mais preciso das variáveis do contexto, bem como da sequência e intensidade das reacções da criança (Rothbart & Bates, 2006). Contudo, a observação naturalista é dispendiosa e apresenta baixa precisão temporal e, por sua vez, a observação laboratorial limita os tipos de comportamentos que podem ser desencadeados.

Por conseguinte, as desvantagens e limitações associadas a cada um dos dois métodos (questionários, por um lado, e observação directa, por outro) tornam recomendável a utilização conjunta de ambos, para avaliar o temperamento (Kagan & Fox, 2006; Rothbart & Bates, 2006). Porém, quando pensamos nas restrições de ordem prática que se colocam ao trabalho de avaliação psico-educacional nas instituições educativas, temos que reconhecer que aquelas considerações entram em conflito com outras de ordem prática e económica, surgindo os questionários e a observação informal como os métodos mais viáveis, nestes contextos.

Em 1983, Lerner e Lerner referiram-se, de um modo crítico, ao facto de a investigação na área do temperamento tender a focar-se numa concepção personológica e acontextual, em que os instrumentos de avaliação dos atributos temperamentais medem estas características isoladamente, ignorando o contexto no qual o temperamento se expressa e, mais importante ainda, a relação entre temperamento e contexto. Esses dois autores defendem, tanto ao nível da avaliação como da pesquisa sobre temperamento, a inclusão de medidas relativas a variáveis contextuais.

Nos últimos anos, como vimos, esta exigência tem-se tornado cada vez mais consensual. Assim, e dado que tanto os contributos individuais como contextuais são determinantes em termos de um bom ou mau ajustamento, vários autores chamam a atenção para a necessidade de avaliar não só as características temperamentais das crianças, mas também as características situacionais — na sua vertente física (e.g., organização do espaço, decoração da sala, iluminação, nível de ruído) e social (e.g., crenças, atitudes e valores dos professores) (Keogh, 1994; Kristal, 2005). Esta tendência levou Kagan e Fox (2006, p. 216) a ponderar que "os psicólogos podem vir a substituir os constructos actuais, que descrevem as crianças e os seus meios (pais, irmãos e contextos escolares) separadamente, por constructos sintéticos e únicos, que representem um tipo temperamental particular, que se desenvolve num conjunto particular de contextos". E os mesmos autores prosseguem exemplificando: "em vez de escrever acerca de bebés hiper-reactivos, por um lado, e de famílias permissivas, por outro, os psicólogos poderão inventar um novo constructo que descreva o 'pacote' de possíveis perfis para a categoria de criança a desenvolver-se neste meio" (pp. 216-217).

Finalmente, importa reforçar a ideia já anteriormente expressa de que, embora as características temperamentais tenham uma base biológica, isso *não significa que elas sejam imutáveis* ao longo do ciclo de vida ou se manifestem sempre do mesmo modo em todos os contextos e em todos os momentos. Para alguns autores, aquilo que muda não é tanto o temperamento mas, antes, as suas manifestações, que serão diferentes consoante os contextos ou a etapa do desenvolvimento. É assim que Bates (in Goldsmith et al., 1987) defende que, embora o temperamento resida no indivíduo, a sua expressão está sujeita às circunstâncias do meio e às experiências passadas, o que explica que a consistência dos traços temperamentais de umas situações para outras seja somente moderada. Também para Caspi (2000) aquilo que, por vezes, é interpretado como modificação no temperamento, ao longo das diferentes fases do desenvolvimento, na verdade não é mais do que a diversidade de manifestações comportamentais que os mesmos traços de temperamento podem assumir.

Porém, esta posição não é consensual, havendo autores, tais como Wachs e Kohnstamm (2001b), que defendem a existência de mudanças mais estruturais do temperamento ao longo da vida. De acordo com aqueles autores, os estudos relativos às influências do contexto sobre o temperamento documentam o modo como aquele pode influenciar não somente as manifestações do comportamento individual mas, também, as próprias disposições biológicas do indivíduo. Do mesmo modo, Martin e colaboradores (1988, p. 136) consideram que "a única posição que é claramente falsa é que o temperamento não seja modificável". Alguns estudos (por exemplo, Halverson & Deal, 2001) sugerem, mesmo, que certos padrões de mudança no temperamento ao longo da vida são característicos do funcionamento individual e podem, até certo ponto, ser antecipados a partir, quer de variáveis relacionadas com contextos familiares (e.g., funcionamento conjugal, ajustamento parental, risco), quer de outros traços de temperamento.

Por conseguinte, dado que os sistemas temperamentais são abertos à experiência, será necessária uma socialização apropriada, no momento certo, para atingir resultados positivos. E a escola terá, certamente, uma responsabilidade importante neste domínio.

BIBLIOGRAFIA

Bates, J. E. (1989) Applications of temperament concepts. In G. A. Kohnstamm, J. E. Bates & M. K. Rothbart (Eds.), *Temperament in childhood* (pp. 321-355). New York: John Wiley.

Bates, J. E. (1994). Parents as scientific observers of their children's development. In S. L. Friedman & H. C. Haywood (Eds.), *Developmental follow-up: Concepts, domains, and methods* (pp. 197-216). New York: Academic Press.

Bates, J. E. (2001). Adjustment style in childhood as a product of parenting and temperament. In T. D. Wachs & G. A. Kohnstamm (Eds.), *Temperament in context* (pp. 173-200). Mahwah, NJ: Lawrence Erlbaum Associates, Publishers.

Bates, J. E., Pettit, G. S., Dodge, K. A., & Ridge, B. (1998). Interaction of temperamental resistance to control and restrictive parenting in the development of externalizing behaviour. *Developmental Psychology, 34*(5), 982-995.

Belsky, J., Hsieh, K. H., & Crnic, K. (1998). Mothering, fathering, and infant negativity as antecedents of boys' externalizing problems and inhibition at age 3 years: Differential susceptibility to rearing experience? [on-line]. *Development and Psychopathology, 10*(2). Abstract consultado de Cambridge Journals Online, doi:10.1017/S095457949800162X.

Buss, A. H., & Plomin, R. (1984). *Temperament: Early developing personality traits*. Hillsdale, NJ: Lawrence Erlbaum Associates, Publishers.

Caspi, A. (2000). A criança é o pai do homem: Continuidades na personalidade, da infância à vida adulta. *Psychologica, 24*, 21-54.

Caspi, A., & Shiner, R. (2006). Personality development. In W. Damon, R. M. Lerner (Eds.-in-chief) & N. Eisenberg (Vol. Ed.), *Handbook of child development: Vol. 3. Social, emotional and personality development* (6th. ed., pp. 300-365). New York: John Wiley & Sons.

Chess, S., & Thomas, A. (1996). *Temperament: Theory and practice*. New York: Brunner/Mazel.

Chess, S., & Thomas, A. (1999). *Goodness of fit: Clinical applications from infancy through adult life*. Philadelphia, PA: Brunner/Mazel.

Goldsmith, H. H., Buss, A. H., Plomin, R., Rothbart, M. K., Thomas, A., Chess, S., Hinde, R. A., & McCall, R. B. (1987). Roundtable: What is temperament? Four approaches. *Child Development, 58,* 505-529.

Halverson, C. F., & Deal, J. E. (2001). Temperament change, parenting, and the family context. In T. D. Wachs & G. A. Kohnstamm (Eds.), *Temperament in context* (pp. 61-79). Mahwah, NJ: Lawrence Erlbaum Associates, Publishers.

Henry, B., Caspi, A., Moffitt, E., Harrington, H. & Silva, P. A. (1999). Staying in school protects boys with poor self regulation in childhood from later crime : A longitudinal study [on line]. *International Journal of Behavioral Development , 23* (4), 1049-1073. Abstract consultado de Sage Journals Online, DOI: 10.1080/016502599383667.

Kagan, J. (1994). Inhibited and uninhibited temperaments. In W. B. Carey & S. C. McDevitt (Eds.), *Prevention and early intervention: Individual differences as risk factors for the mental health of children* (pp. 35-41). New York: Brunner/Mazel.

Kagan, J (2003). Biology, context, and development inquiry. *Annual Revue of Psychology, 54,* 1-23.

Kagan J., & Fox, N. A. (2006). Biology, culture and temperamental biases. In W. Damon, R. M. Lerner (Eds.-in-chief) & N. Eisenberg (Vol. Ed.), *Handbook of child development: Vol. 3. Social, emotional and personality development* (6th. ed., pp. 167-225). New York: John Wiley & Sons.

Kagan, J., Snidman, N., Zentner, S., & Peterson, E. (1999). Infant temperament and anxious symptoms in school age children. *Development and Psychopathology, 11,* 209-224.

Keogh, B. K. (1989). Applying temperament research to school. In G. A. Kohnstamm, J. E. Bates & M. K. Rothbart (Eds.), *Temperament in childhood* (pp. 437-450). New York: John Wiley & Sons.

Keogh, B. K. (1994). Temperament and teachers' views of teachability. In W. B. Carey & S. C. McDevitt (Eds.), *Prevention and early intervention: Individual differences as risk factors for the mental health of children* (pp. 246-254). New York: Brunner/Mazel.

Kristal, J. (2005). *The temperament perspective: Working with children's behavioral styles*. New York: Paul Brookes Publishing.

Lerner, J. V., & Lerner, R. M. (1983). Temperament and adaptation across life: theoretical and empirical issues. In P. B. Baltes & O. G. Jr. Brim (Eds.),

Life-span development and behavior (Vol. 5, pp. 197-231). New York: Academic Press.

Martin, R. P. (1989). Activity level, distractibility, and persistence: Critical characteristics in early schooling. In G. A. Kohnstamm, J. E. Bates & M. K. Rothbart (Eds.), *Temperament in childhood* (pp. 452-461). New York: John Wiley & Sons.

Martin, R. P., Gaddis, L. R., Drew, K. D., & Moseley, M. (1988). Prediction of elementary school achievement from preschool temperament: Three studies. *School Psychology Review, 17*(1), 125-137.

Martin, R. P., Nagle, R., & Paget, K. (1983). Relationship of temperament characteristics to the academic achievement of first-grade children. *Journal of Psychoeducational Assessment, 3,* 131-140.

Martin, R. P., Olejnik, S., & Gaddis, L. (1994). Is temperament an important contributor to schooling outcomes in elementary school? Modeling effects of temperament and scholastic ability on academic achievement. In W. B. Carey & S. C. McDevitt (Eds.), *Prevention and early intervention: Individual differences as risk factors for the mental health of children* (pp. 59-68). New York: Brunner/Mazel.

Mathiesen, K. S., & Prior, M. (2006). The impact of temperament factors and family functionning on resilience processes from infancy to school age [Versão electrónica]. *European Journal of Developmental Psychology, 3*(4), 357-387.

McCrae, R. R., Costa, P. T., Ostendorf, F., Angleitner, A., Hrebickova, M., Avia, M. D., Sanz, J., Sánchez-Bernardos, M. L., Kusdil, M. E., Woodfield, R. Saunders, P. R. & Smith, P. B. (2000). Nature over nurture: Temperament, personality, and life span development. *Journal of Personality and Social Psychology, 78*(1), 173-186.

McDevitt, S. C. (1994). Assessment of individual differences in the temperament of children: Evaluation of interactions. In W. B. Carey & S. C. McDevitt (Eds.), *Prevention and early intervention: Individual differences as risk factors for the mental health of children* (pp. 193-201). New York: Brunner/Mazel.

Miller-Lewis, L. R., Baghurst, P. A., Sawyer, M. G., Prior, M. R., Clark, J. J., Arney, F. M., & Carbone, J. A. (2006). Early childhood externalising behaviour problems: Child, parenting, and family-related predictors over time [on-line]. *Journal of Abnormal Child Psychology, 34*(6). Abstract consultado de ProQuest Psychology Journals, ID 1175683501.

Paget, K. D., Nagle, R. J., & Martin, R. P. (1984). Interrelationships between temperament characteristics and first-grade teacher-student interaction. *Journal of Abnormal Child Psychology, 12,* 547-560.

Qi, C. H., & Kaise, A. P. (2003). Behavior problems of preschool children from low-income families : Review of the literature. *Topics in Early Childhood Special Education* [on line], *23*(4), 188-207. Consultado em 17 de Janeiro de 2007, da base de dados ProQuest Psychology Journals.

Rothbart, M. K., & Ahadi, S. A. (1994). Temperament and the development of personality. *Journal of Abnormal Child Psychology, 103*(1), 55-66.

Rothbart, M. K., & Bates, J. E. (2006). Temperament. In W. Damon, R. M. Lerner (Eds.-in-chief) & N. Eisenberg (Vol. Ed.), *Handbook of child development: Vol. 3. Social, emotional and personality development* (6th. ed., pp. 99-166). New York: John Wiley & Sons.

Rothbart, M. K., Ahadi, S. A., & Evans, D. E. (2000). Temperament and personality: Origins and outcomes. *Journal of Personality and Social Psychology, 78* (1), 122-135.

Rutter, M. (1994). Temperament: Changing concepts and implications. In W. B. Carey & S. C. McDevitt (Eds.), *Prevention and early intervention: Individual differences as risk factors for the mental health of children* (pp. 23-34). New York: Brunner/Mazel.

Sameroff, A. J., Seifer, R., & Elias, P. K. (1982). Sociocultural variability in infant temperament ratings. *Child Development, 53,* 164-173.

Schwartz, C. E., Snidman, N., & Kagan, J. (1996). Early childhood temperament as a determinant of externalizing behaviour in adolescence. *Development and Psychopathology, 8,* 527-737.

Seifer, R. (2003). Twin studies, biases of parents, and biases of researchers. *Infant Behavior and Development, 26,* 115-117.

Seifer, R., Sameroff, A. J., Barrett, L. C., & Krafchuk, E. (1994). Infant temperament measured by multiple observations and mother report. *Child Development, 65,* 1478-1490.

Strelau, J. (1998). *Temperament: A psychological perspective.* New York: Plenum.

Strelau, J. (2001). The role of temperament as a moderator of stress. In T. D. Wachs & G. A. Kohnstamm (Eds.), *Temperament in context* (pp.153-172). Mahwah, NJ: Lawrence Erlbaum Associates, Publishers.

Wachs, T. D., & Kohnstamm, G. A. (2001a). Introduction. In T. D. Wachs & G. A. Kohnstamm (Eds.), *Temperament in context* (pp.vii-xi). Mahwah, NJ: Lawrence Erlbaum Associates, Publishers.

Wachs, T. D., & Kohnstamm, G. A. (2001b). The bidirectional nature of temperament-context links. In T. D. Wachs & G. A. Kohnstamm (Eds.), *Temperament in context* (pp.201-222). Mahwah, NJ: Lawrence Erlbaum Associates, Publishers.

Wachs, T. D., & Kohnstamm, G. A. (Eds.) (2001c). *Temperament in context.* Mahwah, NJ: Lawrence Erlbaum Associates, Publishers.

Watson, D. (2000). *Mood and temperament.* New York: Guilford Press.

Trabalho efectuado no âmbito do Centro de Psicopedagogia da Universidade de Coimbra (FEDER/POCI2010-SFA-160-490).

10

Desenvolvimento do pensamento reflexivo e educação de adultos — Uma revisão de modelos teóricos

Albertina L. Oliveira

No âmbito da educação de adultos, diversos teóricos têm apontado para dimensões do funcionamento cognitivo, específicas da adultez, com importantes reflexos para a compreensão da aprendizagem e do desenvolvimento nessa idade. Essas dimensões abrangem, concretamente, formas de pensamento dito reflexivo, designado diversamente por conceitos, tais como os de reflexividade crítica (Mezirow, 1991, 1998, 2000), pensamento crítico (Brookfield, 1995) ou, ainda, o de cognição epistémica (Lohman & Scheurman, 1992).

O desenvolvimento desse tipo de pensamento é, efectivamente, entendido como a missão principal da educação de adultos, que consistiria em ajudar as pessoas a tornarem-se mais reflexivas na colocação e solução de problemas, "de modo a participarem mais completa e livremente no discurso e na acção racional, e de maneira a desenvolverem-se em direcção a perspectivas mais consistentes" (Mezirow, 1991, p. 214). Para compreendermos o desenvolvimento nesta direcção, encontramos nas designadas teorias da epistemologia pessoal (Hofer & Pintrich, 1997; Hofer, 2004) um campo fértil em conceptualizações, robusto em investigações empíricas e desafiante em relação às práticas educativas em geral, mas muito particularmente às que respeitam à educação de sujeitos adultos.

Cabendo à educação de adultos um papel tão importante na promoção do pensamento reflexivo e da autonomia pessoal, que lhe está associada, este trabalho centra-se na revisão dos modelos teóricos que têm explorado o desenvolvimento da reflexividade na idade adulta, conhecidos por modelos da epistemologia pessoal ou das concepções sobre o conhecimento e a aprendizagem.

PERSPECTIVAS TEÓRICAS ACERCA DAS CONCEPÇÕES DO SUJEITO SOBRE O CONHECIMENTO E A APRENDIZAGEM

Os diversos quadros de leitura teórica da epistemologia pessoal são, habitualmente, inseridos no âmbito da corrente do pensamento pós-formal, representando os contributos da exploração, marcadamente qualitativa, das dimensões cognitivas do funcionamento adulto (e.g., Lohman & Scheurman, 1992; Simões, 1994; Sinnot, 1994; Marchand, 2001; Lourenço, 2002). Do ponto de vista dos teorizadores desta corrente, os processos cognitivos implicados nas operações formais (de natureza lógico-matemática) são de valor limitado para compreender o pensamento adulto maduro que, em virtude de dar resposta às necessidades pragmáticas da vida e à sua complexidade, requer outro tipo de capacidades: "mais do que rigor abstracto e descontextualizado, são os temas da *responsabilidade* assumida e dos *compromissos* estabelecidos que estruturam parte substantiva" (Lourenço, 2002, p. 473) da vida do adulto. Este tipo de pensamento distinguir-se-ia do formal por: (1) postular a natureza relativista do conhecimento; (2) aceitar a contradição como componente essencial da realidade; e (3) integrar a contradição e outros aspectos em sistemas mais amplos e coerentes (Simões, 1994; Marchand, 2001; Lourenço, 2002).

Não havendo lugar, neste trabalho, para a consideração de todos os enquadramentos teóricos do pensamento pós-formal, abordaremos apenas os que se centram, especificamente, no estudo das concepções epistemológicas — aqueles com mais interesse para a compreensão da aprendizagem e dos fenómenos educacionais — com destaque para o trabalho fundador de Perry e as linhas de investigação que dele emanaram. Assim, em primeiro lugar, faremos uma apreciação do *Esquema de Perry sobre o desenvolvimento intelectual e ético* do estudante universitário, em segundo lugar, focaremos o *Modelo do juízo reflexivo* de King e Kitchener, em terceiro lugar, o *Modelo de reflexão epistemológica* de Baxter Magolda e, por fim, consideraremos o *Modelo das crenças epistemológicas* de Schommer.

Desenvolvimento do pensamento reflexivo e educação de adultos   219

O esquema de Perry sobre o desenvolvimento intelectual e ético do estudante universitário

Perry (1981) é considerado pioneiro nas investigações sobre o desenvolvimento epistemológico do jovem adulto. O seu programa de investigação teve origem na constatação de que os alunos da Universidade de Harvard percebiam os professores de forma bastante variada e contraditória. Atribuindo essa diversidade de percepções a diferenças de personalidade, Perry e os seus colaboradores começaram a entrevistar jovens estudantes, desde o primeiro ano do curso, seguindo-os até ao fim do mesmo. Verificaram, então, que os mesmos alunos, ano após ano, reinterpretavam as suas experiências educativas de uma forma que parecia configurar uma progressão lógica, vindo a concluir, após quase duas décadas de investigações, que o modo como os estudantes construíam o seu mundo resultava, essencialmente, de um processo de desenvolvimento cognitivo, lógico e coerente. Em consequência, aquele autor elaborou um esquema de desenvolvimento intelectual e ético, que postula uma reorganização qualitativa de estruturas de atribuição de significado, representadas por uma sequência de nove posições, cada uma das quais, incluindo e superando a anterior. Essas nove posições foram integradas em quatro categorias mais gerais: o dualismo, a multiplicidade, o relativismo e o compromisso no relativismo.

Os indivíduos que apresentam estruturas de significado *dualistas*, manifestam, geralmente, um pensamento dicotómico e absolutista, e percebem a realidade em termos de bem e de mal, de certo e errado. Acreditam que existe uma solução certa para cada problema, solução que é conhecida pelas autoridades no domínio, devendo os alunos, para aprenderem, dedicar-se à árdua tarefa de memorizar o que é referido por essas autoridades. O seguinte depoimento de um aluno reflecte, claramente, a confiança plena na autoridade, como fonte de conhecimento verdadeiro e incontestável: *"quando fui à minha primeira aula, o que o professor dizia era como a palavra de Deus. Acreditei em tudo o que ele disse, porque ele era o professor, um professor de Harvard, e isto era uma posição respeitável"* (Perry, 1981, p. 81).

A *multiplicidade* surge à medida que os sujeitos começam a modificar o seu pensamento absolutista, reconhecendo a incerteza e a diversidade de opiniões. Numa primeira fase, acreditam que a incerteza é temporária e que as autoridades no domínio chegarão a conhecer a verdade. Ulteriormente, os alunos passam a admitir que há áreas, em relação às quais, nem mesmo as autoridades conseguem encontrar respostas absolutas, podendo cada pessoa exprimir a sua opinião (Perry, 1981; Hofer & Pintrich, 1997). Apesar desta evolução, mantém-se a estrutura dualista, uma vez que o conhecimento é dividido em dois domínios — um que é passível de ser conhecido pelas autoridades na matéria, em termos absolutos, e outro em que existe liberdade absoluta de opinião.

O alcance do *relativismo* representa o verdadeiro afastamento da perspectiva dualista. Os sujeitos passam a considerar o conhecimento como relativo, contingente e contextual, e a diversidade de opiniões, valores, lógicas e sistemas começa a ser, seriamente, tida em conta, ponderando-se diversas abordagens a um problema, ou comparando-se sistemas diferentes de pensamento. Com o pensamento relativista, verifica-se uma mudança substancial na percepção do *self,* deixando o indivíduo de se perceber como depositário do significado, para se ver, igualmente, como o seu constructor activo. É também nesta fase, que emerge, segundo Perry, o *metapensamento,* que permitirá comparar pressupostos, processos e sistemas lógicos. As interpretações deixam de ser certas ou erradas, para serem consideradas algumas melhores, outras piores. Com todas estas mudanças, o sujeito adquire a consciência de que a incerteza é irredutível, abrangendo tudo o que é esfera do conhecimento. Outra grande mudança, talvez a mais importante para se compreender a autonomia na aprendizagem, é a interiorização progressiva da responsabilidade e da iniciativa que, até aqui, era do domínio da autoridade, e que se exprime, em primeiro lugar, "pelo cuidado com a precisão do pensamento, num dado contexto" (Perry, 1981, p. 89). Como defendia Brookfield (1995), só, provavelmente, com uma estrutura de pensamento relativista é que o sujeito se encontra psicologicamente apto a abrir-se à consideração de perspectivas alternativas e à diversidade de pontos de vista.

Segundo Perry (1981), uma elaboração positiva da fase relativista conduz o sujeito a perceber que terá de fazer as suas escolhas e afirmar os seus próprios pontos de vista, justificando-os, isto é, terá de encontrar o seu caminho dentro do "mar relativista". Se tal acontecer, dá-se o avanço para as últimas posições, enquadradas pelo compromisso no relativismo. Porém, de acordo com o autor citado, muitos sujeitos apresentam grandes dificuldades em fazer a transição, mergulhando, muitas vezes, na apatia, ansiedade, depressão, insegurança, ou aumentando a probabilidade de adoptarem atitudes cínicas, em termos educativos. A fase relativista pode conduzir a diversos caminhos, tais como o retrocesso para posições

Desenvolvimento do pensamento reflexivo e educação de adultos 221

anteriores, a suspensão do desenvolvimento (permanecendo os sujeitos muito tempo no relativismo), ou o avanço real para o compromisso no relativismo.

A superação do relativismo implica um investimento de energias e esforços no compromisso com determinados valores, relacionamentos, carreiras, sistemas, etc., evoluindo o sujeito para as posições mais avançadas do esquema de Perry, que se caracterizam pelo *compromisso no relativismo,* como traduz a seguinte citação de Perry: "os nossos alunos, no mar do relativismo, percebem agora que têm de escolher, por sua própria conta e risco, entre sistemas díspares de navegação" (1981, p. 94). A identidade pessoal do sujeito torna-se mais consistente e os níveis de responsabilidade e de envolvimento tendem também a aumentar. Neste novo patamar de desenvolvimento, os indivíduos percebem-se, verdadeiramente, como a fonte originária de significado, que, previamente, esperavam encontrar fora deles próprios. Nas últimas posições do esquema, o sujeito, perante a necessidade de prosseguir os seus compromissos, sente que precisa de definir prioridades entre eles, em termos de energia, acção e tempo a despender. Embora seja difícil, muitas vezes, estabelecer prioridades, tais decisões "podem conduzir a experiências periódicas de serenidade e bem-estar, no meio da complexidade" (Perry, 1981, p. 95). O compromisso surge, assim, como o elemento estruturante ou elaborador do relativismo, possibilitando ao sujeito concentrar as suas energias e dirigir o seu comportamento.

Este modelo de desenvolvimento intelectual e ético de Perry e colaboradores é a vários títulos notável. Primeiro, porque estes autores salientaram que a forma como os estudantes universitários dão sentido e significado às experiências académicas depende de um processo de desenvolvimento, resultante da interacção do aluno com o ambiente universitário. Segundo, porque descreveram esse desenvolvimento, em termos de um processo lento, que articula, de forma compreensiva e consistente, o pensamento dualista, múltiplo e relativista. Terceiro, porque chamaram a atenção para uma relação provável e importante entre o desenvolvimento epistemológico e a aprendizagem dos sujeitos (relação que não foi testada, empiricamente, por Perry, mas que se veio a revelar de grande relevância, em investigações posteriores, como veremos, mais à frente). Quarto, porque realçaram que o desenvolvimento se assemelha a uma configuração em espiral, em que os "mesmos velhos assuntos" são abordados a partir duma perspectiva diferente e mais abrangente. Quinto, porque verificaram que as transições entre posições, ao representarem períodos de desorganização-organização, levam os estudantes a sentirem-se, frequentemente, desorientados, podendo os mesmos ser vividos com uma forte afectividade negativa e prolongar-se durante bastante tempo. Por fim, mas não menos importante, documentaram, de forma bastante clara, que, só depois do alcance de uma estrutura de pensamento relativista, com a emergência do metapensamento, é que estão criadas as condições psicológicas para que os sujeitos relativizem a autoridade e interiorizem a responsabilidade e a iniciativa, passando a evidenciar comportamentos de proactividade, reveladores de verdadeira autonomia. A seguinte afirmação de Perry (1981) é bem ilustrativa do que se acaba de afirmar: *"no seu renascimento [os alunos] experienciam em si próprios a origem dos significados, que previamente esperavam vir do exterior"* (p. 92) [1].

Porém, à semelhança de outras propostas teóricas, o modelo de Perry não está isento de críticas. A amostra do estudo original é problemática, do ponto de vista da validade externa, tendo em conta que os alunos investigados eram voluntários, frequentavam a mesma universidade e pertenciam, maioritariamente, ao sexo masculino. Por outro lado, se a passagem do dualismo para o relativismo foi claramente demonstrada, aparecendo associada a um aumento da complexidade cognitiva, o mesmo não se pode afirmar a respeito das posições mais avançadas, em que são indistinguíveis, como reconheceu o próprio Perry (1981), o desenvolvimento epistemológico, intelectual, ético ou da identidade (King & Kitchener, 1994; Hofer & Pintrich, 1997). Outro conjunto de limitações prende-se com as dificuldades de operacionalização do modelo e com a avaliação das mudanças de posição epistemológica. Embora Perry e os seus colaboradores tenham desenvolvido um instrumento de papel e lápis (*Checklist of Educational Views*) para o efeito, as entrevistas não estruturadas constituíram a técnica predominante de recolha de dados, o que dificultou a investigação com grandes amostras, dado requererem mais tempo, esforços e meios do que a maioria dos investigadores habitualmente dispõe.

A tentativa de superar as limitações teóricas e metodológicas apontadas constituiu um importante incentivo para linhas de investigação subse-

---

[1] O sublinhado é nosso.

Desenvolvimento do pensamento reflexivo e educação de adultos   223

quentes, as quais se basearam, solidamente, nos trabalhos precursores de Perry e colaboradores. Uma dessas linhas foi a de King e Kitchener (1994, 2004).

O modelo do juízo reflexivo de King e Kitchener

King e Kitchener (1994, 2004) centraram as suas investigações no estudo dos pressupostos epistemológicos subjacentes ao raciocínio dos sujeitos (ou cognição epistémica), inspirando-se nos trabalhos de Perry (1981) e na obra de Dewey (1933), sobre o pensamento reflexivo. A *cognição epistémica* que, do ponto de vista desses autores, se desenvolve, progressivamente, ao longo da infância e da adultez, foi definida como "o modo como as pessoas percebem o processo de conhecer e as formas correspondentes de justificação das suas crenças sobre problemas deficientemente definidos" (King & Kitchener, 1994, p. 13) [2]. O enquadramento teórico que procura representar este desenvolvimento da cognição epistémica foi designado de *modelo do juízo reflexivo,* compreendendo sete estádios sequenciais, qualitativamente diferentes uns dos outros. Cada estádio reflecte uma concepção distinta da natureza do conhecimento e do processo de justificação do mesmo, estando, no seu conjunto, organizados em três níveis de pensamento: pré-reflexivo, quase reflexivo e reflexivo. A progressão traduz-se numa crescente complexidade e sofisticação do raciocínio epistemológico.

No *nível pré-reflexivo,* as estruturas de pensamento dominantes são de natureza absolutista, sendo o conhecimento justificado, essencialmente, através do apelo à observação directa e a figuras tidas como autoridades. Numa etapa já avançada deste nível, *reconhece-se a incerteza,* sendo, no entanto, vista como *temporária.* Os sujeitos acreditam que as autoridades numa matéria são verdadeiras fontes de conhecimento e chegarão, a seu tempo, a descobrir a verdade. Porém, enquanto persiste a incerteza tem-

---

2 Segundo Wood (1983, cit. por King & Kitchener, 1994, p. 10), a estrutura dos problemas define-se "como a medida em que um problema pode ser completamente descrito e a certeza com que se pode identificar uma solução como verdadeira ou correcta". Assim, os problemas deficientemente estruturados distinguem-se dos problemas bem estruturados por não se poderem descrever completamente, por não se poderem resolver com um nível elevado de certeza e por os especialistas dessa matéria discordarem, frequentemente, acerca da melhor solução.

porária, *a opinião pessoal* surge como uma *fonte legítima de justificação* (King & Kitchener, 1994, 2004).

No *nível quase reflexivo* desenvolve-se a consciência clara de que *não é possível conhecer nada com certeza absoluta*. Em consequência, os sujeitos acreditam que qualquer pessoa está autorizada a ter a sua própria opinião, pois consideram que o conhecimento é influenciado por diversas variáveis situacionais, tem uma natureza idiossincrática e está sempre imbuído de alguma subjectividade. Neste nível, o pensamento mais complexo caracteriza-se pela perspectiva de que *o conhecimento é contextual e subjectivo*, no sentido de que os sujeitos são capazes de usar a informação para raciocinar, logicamente, em contextos específicos. Porém, as pessoas não são ainda capazes de integrar vários sistemas abstractos num sistema mais amplo, que permita efectuar comparações entre eles e entre vários contextos (King & Kitchener, 1994, 2004).

No *nível reflexivo,* surge a consciência clara de que *o conhecimento é construído,* que deve ser contextualmente compreendido e que os juízos formulados devem estar abertos a reavaliações. Como tal, estas estruturas epistemológicas criam condições para a *proactividade genuína dos sujeitos*, passando estes a perceber-se como construtores activos de significados. O conhecimento dos especialistas de renome (autoridades) é apreciado, uma vez que a sua opinião é vista como mais fundamentada, não deixando, porém, de ser submetido a escrutínio crítico. Neste nível, o pensamento mais avançado manifesta-se pela capacidade de sintetizar as evidências num sistema explicativo mais abrangente, coeso e integrativo de diversos elementos. Estes sujeitos envolvem-se activa e criticamente em processos de pesquisa sobre o conhecimento que já foi alcançado num determinado domínio e são capazes de gerar novas hipóteses ou de elaborar sínteses, com base em provas que se organizam em explicações coerentes. A sua capacidade de crítica incide, tanto nos outros (e nas suas ideias), como em si próprios, estando abertos, permanentemente, a reavaliações, a alternativas e a contra-provas. Assim, para estes sujeitos, o conhecimento (que é sempre inesgotável e revisível), ou as soluções para os problemas são justificadas probabilisticamente, em função de um conjunto de considerações, entre as quais se incluem o peso da evidência, o valor explicativo das interpretações, o risco das decisões, as consequências de soluções alternativas e a inter-relação de todos estes factores.

Contrariamente à conceptualização de Perry, King e Kitchener testaram o seu modelo em diversos estudos empíricos, de natureza longitu-

Desenvolvimento do pensamento reflexivo e educação de adultos   225

dinal e transversal. Para o operacionalizarem, as autoras elaboraram a entrevista do juízo reflexivo (*Reflective Judgement Interview*), constituída por questões semi-abertas, em que são apresentados aos sujeitos quatro problemas dilemáticos (deficientemente estruturados) que abordam temas familiares e de interesse geral. Para cada dilema é pedido aos sujeitos que respondam a seis questões, que os levam a explicar e a defender os seus raciocínios, assim como a justificar de que forma as suas interpretações são verdadeiras. As entrevistas, assim como a cotação das respostas aos dilemas, só podem ser realizadas por pessoas especificamente treinadas para o efeito e certificadas. Os coeficientes de fidelidade encontrados em diversos estudos têm-se revelado aceitáveis ou bons (cerca de .70 para a fidelidade inter-juízes; fidelidade teste-reteste situada entre .71 e .87; e consistência nas respostas interdilemas com um alfa médio de .77) (King & Kitchener, 1994; Hofer & Pintrich, 1997).

Foram várias as questões que King e Kitchener procuraram esclarecer nas suas investigações, das quais destacamos as seguintes: 1) Será que se pode afirmar que a cognição epistémica dos estudantes do ensino secundário, do ensino superior e dos alunos de pós-graduação é diferente? 2) Observar-se-ão melhorias no raciocínio epistemológico dos alunos do ensino superior, à medida que nele avançam? 3) Será que os educandos adultos diferem no raciocínio epistemológico, comparativamente aos educandos tradicionais (jovens adultos)? 4) Será o raciocínio dos adultos que não frequentaram o ensino superior comparável ao dos que obtiveram uma licenciatura? 5) Haverá diferenças de género no desenvolvimento do pensamento reflexivo?

Através de um estudo longitudinal de dez anos, com 80 sujeitos dos dois sexos, entrevistados quatro vezes, e com idades compreendidas entre os 16 e os 28 anos, King e Kitchener (1994) obtiveram respostas afirmativas para as duas primeiras questões. Como estavam interessadas em obter uma visão geral do desenvolvimento da cognição epistémica, no início da adultez, constituíram uma amostra em três subgrupos (alunos do ensino secundário, alunos do ensino superior e estudantes de doutoramento), vindo a verificar, mais especificamente, que: 1) os doutorandos, estudantes de licenciatura e alunos do ensino secundário diferiam, significativamente, no pensamento reflexivo, encontrando-se o estádio mais elevado de pensamento no subgrupo dos doutorandos; 2) as médias do juízo reflexivo seguiram um padrão consistente de aumento, em todas as observações, com excepção do grupo dos doutorandos, cujas médias estabilizaram, a partir da segunda medição; 3) ao longo dos dez anos, não se registou nenhum aumento superior a um estádio e meio no pensamento reflexivo, entre medições, o que sugere que o desenvolvimento do juízo reflexivo com a idade é lento, pelo menos nos sujeitos que se encontram envolvidos na educação formal; 4) a mudança mais substancial, ao longo dos dez anos, verificou-se no grupo de sujeitos que, inicialmente, frequentava o ensino secundário, reflectindo uma progressão de dois estádios e meio, em média; 5) os sujeitos apresentavam, maioritariamente, um estádio dominante e outro subdominante, sendo a posição destes estádios quase sempre, contígua. Só em dois casos os sujeitos foram classificados num único estádio.

Os resultados destes e de outros estudos longitudinais apontaram, de forma consistente, para a natureza desenvolvimentista da capacidade de pensar reflexivamente. Em todas as amostras testadas as pontuações dos sujeitos mantiveram-se estáveis ou aumentaram, duma observação para a outra, verificando-se mudanças significativas no desenvolvimento do juízo reflexivo nos estudos com intervalos de medições iguais ou superiores a um ano (King & Kitchener, 1994).

Relativamente à segunda questão (observar-se-ão melhorias no raciocínio epistemológico dos alunos do ensino superior, à medida que nele avançam?), a frequência bem sucedida do ensino superior parece contribuir, de facto, para o desenvolvimento do raciocínio epistemológico. Ao comparar-se o juízo reflexivo dos alunos que concluíram o bacharelato com o daqueles que se ficaram apenas pelo diploma de estudos secundários, verificou-se que os primeiros obtinham pontuações mais elevadas do que os segundos. Resultados similares foram encontrados num estudo longitudinal, realizado por King, Taylor e Ottinger (1993), em que se comparou o pensamento reflexivo dos alunos que concluíram os estudos superiores e dos que desistiram, verificando-se que os primeiros obtiveram resultados significativamente mais elevados no juízo reflexivo do que os segundos. O conjunto destes dados sugere que o ambiente académico promove o desenvolvimento do pensamento reflexivo. De uma forma geral, os estudos longitudinais e transversais revelaram que, quando os estudantes tradicionais (jovens adultos) obtêm o bacharelato, as suas concepções epistemológicas se situam (em termos modais) no nível quase reflexivo. Significa que estes sujeitos reconhecem a incerteza do conhecimento, aceitando que alguns problemas não têm uma resposta certa, e demonstram compreensão de conceitos abstractos simples, começando a usar, de maneira sistemática, os dados disponíveis para apoiar os seus juízos.

Desenvolvimento do pensamento reflexivo e educação de adultos   227

No que respeita à terceira questão, que procurava saber se os alunos adultos diferiam no raciocínio epistemológico, por comparação com os alunos tradicionais, os resultados obtidos, em cinco estudos, não mostraram diferenças (King, Kitchener & Wood, 1994). Contudo, quando se compararam os alunos adultos, prestes a concluir a licenciatura, com os adultos que a iniciavam, obtiveram-se diferenças significativas, a favor dos primeiros. Por outro lado, verificou-se que as médias do juízo reflexivo, quando se comparavam os alunos tradicionais com os alunos adultos (quer no primeiro ano de estudos, quer no último), eram muito semelhantes. Estes resultados parecem apoiar a ideia de que "a idade não é, por si só, preditiva da capacidade para pensar reflexivamente" (King & Kitchener, 1994, p. 171). Aquilo que parece diferenciar os alunos é o nível de estudos em que se encontram. Todavia, é necessário relativizar estes resultados, visto que o número de alunos adultos investigados (N = 137) foi bastante inferior ao dos estudantes jovens adultos (N = 966).

Como corolário da questão anterior, podemos interrogar-nos sobre o raciocínio epistemológico dos adultos que apenas concluíram os estudos secundários, a fim de verificar se é equiparável ao dos que obtiveram uma licenciatura. Efectivamente, a partir de estudos realizados com adultos cuja escolaridade não ia além do nível secundário, verificou-se, consistentemente, que eles tinham concepções epistemológicas de nível inferior aos adultos com estudos superiores (King & Kitchener, 1994).

Quanto à última questão, em que se procurou saber se existiam diferenças de género no desenvolvimento do pensamento reflexivo, a globalidade dos estudos, em que estas diferenças foram exploradas, produziu resultados inconclusivos. No seu estudo longitudinal, de dez anos, King e Kitchener não verificaram diferenças nas três primeiras medições (1977, 1979 e 1983). Em 1987 (quarta medição), obtiveram um efeito significativo da variável sexo (p <.05), a favor dos homens. Todavia, ao repetirem as mesmas análises, somente com os sujeitos que participaram em todas as quatro medições, não verificaram nenhuma interacção grupo/sexo, nem um efeito principal desta última variável.

No que respeita aos estudos conduzidos por outros autores (em número catorze), com sujeitos de ambos os sexos, em metade deles não se registaram diferenças significativas, quanto ao género, noutros obtiveram-se pontuações significativamente mais elevadas nos homens, e apenas num se verificou uma interacção grupo/sexo, pontuando mais alto as jovens adultas do terceiro ano e as caloiras adultas (estudantes não tradicionais), comparativamente aos grupos correspondentes de indivíduos de sexo masculino (King & Kitchener, 1994). O conjunto destes dados parecia apontar para diferentes ritmos de desenvolvimento entre homens e mulheres. Esta questão foi reexaminada por Wood (1993), que verificou que as mulheres revelaram um grande aumento no pensamento reflexivo na transição do secundário para o superior (18-19 anos), prosseguindo com aumentos moderados nos anos posteriores, enquanto que os indivíduos do sexo masculino mostravam um aumento maior, durante o curso superior e nos estudos de pós-graduação. Em síntese, quanto a diferenças de género no pensamento reflexivo, os resultados das investigações consideradas apontam para conclusões inconsistentes. Além disso, os estudos não permitem compreender se as diferenças encontradas nalgumas investigações se devem a diferentes capacidades, a ritmos distintos de maturação, ou a oportunidades diferentes de exposição a ambientes intelectualmente estimulantes.

Com base no que foi apresentado, é inegável que o modelo do juízo reflexivo representou um contributo substancial para o conhecimento sobre as concepções epistemológicas dos sujeitos, particularmente, daqueles que prosseguiram estudos universitários. Por comparação com o esquema de Perry, este modelo tem diversas vantagens: conduziu a uma base de estudos empíricos (longitudinais e transversais), com resultados bastante consistentes, em apoio da natureza desenvolvimentista da cognição epistémica; utilizou amostras diversificadas, possibilitando uma generalização maior dos resultados; abrangeu sujeitos de ambos os sexos, com representações equivalentes; conseguiu uma operacionalização válida e fiável do modelo teórico (a entrevista do juízo reflexivo); apresentou uma melhor elaboração e definição dos níveis mais elevados da proposta teórica de Perry (Hofer & Pintrich, 1997).

É ainda de referir que os principais resultados das investigações empíricas, realizadas no âmbito deste modelo teórico, se revestem de grande pertinência para a educação de adultos, dado que se centram na influência da idade, da educação formal e das diversas experiências de vida, sobre o pensamento reflexivo. O que atrás mencionámos, a propósito da relação entre a autonomia pessoal e as posições mais avançadas do esquema de desenvolvimento intelectual e ético de Perry, foi corroborado pela linha de investigação de King e Kitchener, que acabámos de considerar. Constata-se, efectivamente, que é no nível reflexivo que o

Desenvolvimento do pensamento reflexivo e educação de adultos   229

sujeito alcança a consciência clara de que o conhecimento é construído, criando-se as condições para a proactividade genuína, ou seja, para que o indivíduo se perceba como o construtor activo de conhecimentos e significados. Verifica-se, ainda, que é nesta fase mais avançada, que o sujeito tem mais capacidade para gerar novos conhecimentos, ou para elaborar sínteses integradoras de diferentes perspectivas, as quais se organizam em explicações coerentes. É ainda de salientar a capacidade das pessoas que atingiram o nível reflexivo para serem críticas e estarem abertas a perspectivas alternativas e a contra-provas — uma capacidade considerada fundamental numa sociedade caracterizada por ambientes de elevada complexidade, como é a nossa.

Fazendo-se uma apreciação crítica do modelo, é de salientar que ele se circunscreve ao domínio dos problemas deficientemente estruturados, não representando o leque mais vasto das crenças epistemológicas. Do ponto de vista metodológico, uma limitação fortemente apontada a esta linha de investigação é o tempo excessivo que a *entrevista do juízo reflexivo* requer para ser administrada e cotada, para além de solicitar treino e certificação específicos (Hofer & Pintrich, 1997; Duell & Schommer--Aikins, 2001). Estas exigências, traduzidas num enorme consumo de tempo, de esforço e de recursos, impediram a realização de investigações com um número mais vasto de sujeitos. Todavia, mais recentemente, foi desenvolvido o *Reasoning About Current Issues Test,* tendo em vista superar as limitações apontadas (King & Kitchener, 2004).

O modelo de reflexão epistemológica de Baxter Magolda

Outra linha de investigação, emanada do trabalho fundador de Perry, foi a de Baxter Magolda (1992, 2004). Esta investigadora procurou saber como é que os pressupostos epistemológicos dos estudantes universitários afectam a interpretação das suas experiências educativas, nomeadamente, em função de seis domínios: o papel dos alunos, dos professores, dos colegas, da avaliação, da natureza do conhecimento e da tomada de decisão. Para o efeito, Baxter Magolda (1992) desenvolveu um estudo com 101 sujeitos universitários tradicionais de ambos os sexos, o qual conduziu à elaboração do seu *modelo de reflexão epistemológica.*

Este modelo postula a existência de quatro *modos de conhecimento* qualitativamente diferentes, abrangendo cada um deles um conjunto específico de pressupostos epistémicos: 1) conhecimento absoluto; 2) conhecimento de transição; 3) conhecimento independente; e 4) conhecimento contextual. Os sujeitos caracterizados por um modo de *conhecimento absoluto* vêem o conhecimento como certo e acreditam que as autoridades no domínio detêm todas as respostas. Os que desenvolveram o *conhecimento de transição* descobriram que as autoridades no domínio não sabem tudo, sendo o conhecimento percebido como parcialmente certo e parcialmente incerto, ou seja, começam a tomar consciência da sua natureza incerta. Ao alcançarem o *conhecimento independente,* os sujeitos já construíram a noção de que o conhecimento é incerto, questionando a autoridade, enquanto única fonte de conhecimento, e abrindo o caminho para o desenvolvimento da noção de que cada um tem as suas próprias ideias e crenças, sendo as suas opiniões igualmente válidas. No último nível, quando se atinge o *conhecimento contextual,* o sujeito torna-se capaz de elaborar a sua própria perspectiva, com base em dados contextualizados, avaliando, igualmente, as informações provenientes das autoridades no domínio. Os indivíduos, neste nível, tendem a desenvolver a noção de que o conhecimento é um processo em contínua reconstrução, dependente de novas evidências e de novos contextos (Hofer & Pintrich, 1997; Baxter Magolda, 2004) [3].

Com base nos resultados desta investigação, para além da formulação dos modos de conhecimento atrás mencionados, verificou-se, à semelhança do estudo de Perry e daqueles que se realizaram no âmbito do modelo do juízo reflexivo, que a maioria dos alunos do primeiro e do segundo ano de estudos supunha que o conhecimento é certo (conhecimento absoluto), ou que algum conhecimento é incerto (conhecimento de transição), enquanto que 80% destes alunos, no último ano do curso (quarto ano), continuavam a usar o conhecimento de transição (King & Baxter Magolda, 1996; Baxter Magolda, 2004). O conhecimento contextual revelou ser raro, verificando-se somente nos anos mais avançados: numa percentagem de 2%, nos alunos do quarto ano, e de 12% nos sujeitos que continuaram a ser seguidos, no quinto ano de duração do estudo (Hofer & Pintrich, 1997).

Estes resultados constituem um apoio adicional ao que os estudos, no âmbito do juízo reflexivo, já haviam mostrado, isto é, que a progres-

---

[3] No contexto deste modelo, a operacionalização utilizada é um questionário estandardizado com perguntas abertas — o *Measure of Epistemological Reflection* (MER) — de Baxter Magolda e Porterfield (1985).

Desenvolvimento do pensamento reflexivo e educação de adultos   231

são nos estudos superiores está associada a um desenvolvimento lento das estruturas epistémicas dos alunos, manifestando-se as mais complexas e sofisticadas nos estudantes de pós-graduação ou após a conclusão dos estudos superiores.

O estudo de Baxter Magolda (1992) trouxe ainda um importante contributo para esclarecer diferenças relacionadas com o género, a nível da reflexão epistemológica. Esta autora verificou que, no que respeita aos primeiros três modos de conhecimento (absoluto, de transição e independente), as mulheres tendiam a usar modos de conhecimento mais relacionais, incidindo mais nas perspectivas dos outros, enquanto que os homens tendiam a recorrer a modos impessoais, centrando-se nas próprias perspectivas. Tais diferenças desapareciam quando os alunos alcançavam o conhecimento contextual. Estes dados sugerem interessantes padrões de conhecimento relacionados com o género, muito embora não se saiba como é que eles se desenvolvem, nem até que ponto são influenciados pela socialização ou pela educação formal, sendo necessárias mais investigações para clarificar estes aspectos.

Mais recentemente, como resultado do seguimento dos sujeitos que fizeram parte do estudo inicial, após a experiência universitária, Baxter Magolda (2004) passou a interpretar os dados a partir do enquadramento teórico construtivo-desenvolvimentista que, do seu ponto de vista, permite compreender melhor as mudanças no pensamento verificadas nos sujeitos. A autora constatou que, quando os sujeitos alcançavam os modos de conhecimento independente e contextual (normalmente, após a conclusão dos estudos superiores), as dimensões cognitiva, da identidade e interpessoal se encontravam profundamente inter-relacionadas. Verificou também que, enquanto uns sujeitos manifestavam um desenvolvimento lento, outros sofriam transformações surpreendentemente rápidas, o que a conduziu a abandonar os pressupostos teóricos de que o desenvolvimento epistemológico é um processo gradual, que segue uma sequência lógica, tal como havia sido salientado, aquando do seguimento dos sujeitos ao realizarem os estudos universitários. Assim, adoptando uma visão contextualista, Baxter Magolda passou a encarar os modelos desenvolvimentistas como descrevendo a forma como os contextos moldam os alunos, e não como explicando o que é possível, em termos de desenvolvimento epistemológico. Do ponto de vista da autora, o ensino superior, ao enfatizar a aquisição de conhecimentos, leva os alunos a desenvolverem o conhecimento de transição. Todavia, a utilização de práticas educativas, com um enfoque diferente — na construção do conhecimento — poderá fomentar modos de pensamento mais complexos em idades mais precoces.

Em síntese, do estudo de Baxter Magolda (1992, 2004) podem retirar-se várias conclusões: 1) conduziu à elaboração de um modelo teórico sobre os pressupostos epistemológicos, que procurou superar algumas das limitações apontadas a conceptualizações anteriores, nomeadamente, discrepâncias relativas aos padrões de pensamento epistemológico, em função do género; 2) reforçou as tendências desenvolvimentistas na cognição epistémica dos estudantes universitários, salientadas pelos trabalhos de investigação anteriores, no âmbito do esquema de Perry e do juízo reflexivo de King e Kitchener; 3) realçou, igualmente, o lento desenvolvimento dos pressupostos epistemológicos, verificando que os mais avançados se expressam no período pós-bacharelato; 4) mostrou que após os estudos superiores, o desenvolvimento epistemológico passava a ser mais diverso e heterogéneo, fugindo ao padrão gradual e linear.

Contudo, há também algumas limitações a registar. Tratou-se de um estudo que se confinou a um único estabelecimento de ensino superior, o que levanta problemas de generalização dos resultados. Esta limitação é tanto mais pertinente, quanto sabemos que os estudantes eram do tipo tradicional e que foram descritos por Baxter Magolda (1992) como tendo características susceptíveis de favorecer a prossecução dos estudos, tais como serem dedicados, terem obtido resultados académicos acima da média e envolverem-se em actividades extra-curriculares (Duell & Schommer-Aikins, 2001). Além disso, e tal como nas conceptualizações anteriormente revistas, o modelo de Baxter Magolda centrou o estudo do desenvolvimento epistemológico apenas numa dimensão — nas concepções acerca do conhecimento, relacionadas com a certeza.

O modelo das crenças epistemológicas de Schommer

Partindo do princípio de que a epistemologia pessoal é um domínio complexo, Schommer (1990) reconceptualizou as concepções epistemológicas, apresentando um modelo multidimensional. De acordo com a autora, a epistemologia pessoal constitui um sistema de crenças que comporta várias dimensões mais ou menos independentes. De entre estas, seleccionou, inicialmente, cinco — três relativas ao conhecimento (à sua estrutura, estabilidade e fonte) e duas relacionadas com a aprendizagem (velocidade de aprendizagem e aptidão para aprender).

Desenvolvimento do pensamento reflexivo e educação de adultos   233

Relativamente ao significado das dimensões, a *estrutura do conhecimento* varia, segundo a autora, entre um entendimento deste como um conjunto de elementos (*bits*) isolados, fragmentados, e outro que o percebe como um certo número de conceitos com um elevado nível de relação ou de integração. A dimensão de *estabilidade do conhecimento* oscila entre uma concepção imutável ou absoluta do mesmo e outra que o entende como provisório. A dimensão de *fonte do conhecimento* foi concebida para representar a crença no conhecimento proveniente da autoridade e aquele derivado da evidência empírica e do raciocínio [4]. A *velocidade de aprendizagem* caracteriza, num extremo, a crença de que, ou se aprende rapidamente, ou não se consegue aprender e, no outro, a concepção de que a aprendizagem é gradual. Quanto à última dimensão — *aptidão fixa para aprender* — esta varia entre a perspectiva segundo a qual a inteligência é uma entidade fixa, à nascença, e outra que a entende como uma capacidade susceptível de ser melhorada, com o tempo e a experiência.

A autora considera que as dimensões se exprimem, ao longo de um *continuum,* sendo designadas, a partir da perspectiva mais simplista. Ao conceber as crenças epistemológicas como um sistema multidimensional, Schommer (1990) adoptou uma perspectiva mais analítica, e deixou de parte a noção de que a cognição epistémica se desenvolve por estádios. A sua linha de investigação apresenta também outra importante diferença, relativamente aos seus antecessores, que reside no facto de ter adoptado uma abordagem quantitativa, ao operacionalizar o seu modelo através de um questionário, com respostas de tipo Likert — o Questionário Epistemológico de Schommer (Schommer, 1990).

Ao perspectivar as crenças como um sistema mais ou menos independente, a autora sublinhou a ideia de que existe mais que uma dimensão a considerar e que elas não se encontram, necessariamente, ao mesmo nível de sofisticação. Por outras palavras, o seu desenvolvimento pode não ser sincrónico, o que é de esperar, especialmente, nas fases de mudança das crenças epistemológicas (Schommer, 1994; Duell & Schommer-Aikins, 2001; Schommer-Aikins & Hutter, 2002). Além disso, Schommer chama a atenção para a necessidade de se considerar os níveis das crenças não como um ponto, ao longo de cada dimensão, mas

---

[4] Porém, atendendo a que este factor não emergiu nas análises factoriais a que a autora submeteu o modelo, este foi revisto, de modo a integrar somente quatro dimensões.

como uma distribuição de frequências, retomando e realçando a ideia, já saliientada noutras investigações (King & Kitchener, 1994; Sprinthall, Peace & Kennington, 2001), de que coexistem nos sujeitos diferentes níveis de sofisticação, sendo um deles dominante. Ou seja, o funcionamento a níveis epistemológicos avançados pode coexistir com o pensamento de nível mais baixo. Explicitando esta ideia com base na dimensão certeza do conhecimento, a autora refere que um educando com crenças mais simplistas, pode acreditar que 70% do conhecimento é absolutamente certo, 20% só é incerto temporariamente, e 10% (ou, até, nenhum) está em contínuo desenvolvimento, enquanto que um sujeito mais sofisticado pode julgar que 10% do conhecimento é absolutamente certo, 20% está ainda para ser descoberto e 70% está em contínuo desenvolvimento (Schommer, 1994; Schommer-Aikins & Hutter, 2002). Assim, uma pessoa epistemologicamente sofisticada tenderá a ser crítica nas suas leituras, questionando o que lê, já que muitos dados podem ser provisórios ou desconhecidos, e necessitará de provas dadas em seu favor. Em contrapartida, um sujeito simplista, por acreditar que a maior parte do conhecimento é absoluto e proveniente das autoridades no domínio, não fará leituras críticas e tenderá a distorcer a informação, apresentando como certo aquilo que é provisório e que requer esclarecimentos adicionais.

O interesse de Schommer em investigar as crenças epistemológicas adveio-lhe, essencialmente, da necessidade de clarificar a sua influência na aprendizagem e no rendimento académico dos alunos, já que diversos estudos anteriores pareciam apontar para uma influência considerável das primeiras nas variáveis acabadas de referir (Pajares, 1992; Schommer, 1994). Assim, o seu programa de investigação partiu dos princípios de que: 1) "os indivíduos têm um sistema de crenças inconsciente sobre o que é o conhecimento e como se adquire" (Schommer, 1994, p. 26), sistema este com efeitos importantes, a nível da compreensão, da monitorização da compreensão, da solução de problemas e da persistência perante tarefas difíceis; 2) apesar das crenças epistemológicas terem efeitos directos sobre o comportamento dos sujeitos (por exemplo, a crença na certeza do conhecimento pode influenciar, directamente, a distorção da informação), a maior parte desses efeitos são indirectos (e.g., a crença sobre a estrutura do conhecimento parece afectar a aprendizagem, indirectamente). A Figura 1 ilustra a acção indirecta da crença sobre a estrutura do conhecimento, quando é mobilizada para uma determinada actividade do sujeito.

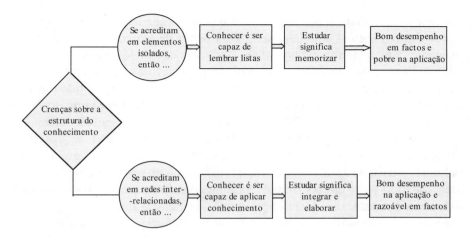

Figura 1. Efeitos indirectos hipotéticos, da crença sobre a estrutura do conhecimento. Figura adaptada de Schommer (1998, p. 132).

À semelhança dos autores dos modelos revistos anteriormente, Schommer (1994) acabou por advogar uma concepção desenvolvimentista das crenças epistemológicas, sendo uma maior sofisticação epistemológica associada a um pensamento de ordem elevada, o qual se revela por os indivíduos considerarem que o conhecimento é incerto, por manifestarem abertura a novas informações e por requerem argumentos substanciais para mudarem as suas perspectivas. No que respeita à aprendizagem, os indivíduos epistemologicamente mais desenvolvidos, segundo Schommer (1994), acreditam que ela é gradual, requer esforço e que a capacidade de aprendizagem pode ser melhorada.

O papel das crenças epistemológicas na aprendizagem

Dada a facilidade de operacionalização do modelo teórico de Schommer (1990), e a sua aplicação privilegiada ao domínio da educação e da aprendizagem, rapidamente se constituiu uma base extensa de estudos empíricos, que permitiu aprofundar, clarificar e apoiar as ideias da autora, quanto ao importante papel que as crenças epistemológicas desempenham em vários domínios, muito particularmente, no plano da aprendizagem.

Schoenfeld (1983) verificou, numa investigação com alunos do ensino secundário, que muitos deles acreditavam que os problemas de

Matemática deviam ser resolvidos em menos de dez minutos, e que qualquer esforço mental adicional seria uma perda de tempo. De forma consistente com esta crença, supunham que os matemáticos nascem já com aptidão para a Matemática, sendo capazes de resolver os problemas, rapidamente. Concentrando-se não nesta crença, mas na da aptidão para aprender — fixa *versus* maleável — Dweck e Leggett (1988) procuraram identificar quais os seus efeitos na resolução de tarefas escolares fáceis e difíceis, por parte de crianças que frequentavam um nível de estudos equivalente ao nosso terceiro ciclo. Constataram que os dois grupos de alunos (crença na aptidão fixa e maleável) obtinham resultados semelhantes, tratando-se de tarefas simples. Porém, quando as actividades se tornavam mais complexas, as crianças com a crença de que a aptidão para aprender é fixa acreditavam ter falta de inteligência, envolviam-se num diálogo interno negativo e desistiam de resolver a tarefa, enquanto que o outro grupo de crianças percebia a dificuldade da tarefa como um desafio, mantinha um diálogo interno positivo e persistia na resolução da tarefa, variando as suas estratégias e considerando que tinha de se esforçar mais e por mais tempo. Os resultados destas investigações chamaram a atenção de Schommer para o importante papel que as crenças epistemológicas poderiam desempenhar nas actividades de aprendizagem e nos seus resultados, motivando-a para dar início à sua linha de investigação.

Efectivamente, a nível do rendimento escolar, Schommer (1993) verificou, ao estudar uma amostra de 1 000 alunos do ensino secundário, depois de controlar a inteligência geral, que, quanto mais forte era a crença na aprendizagem rápida, mais os alunos tendiam a apresentar resultados escolares baixos, o que revelou, em consonância com dados das investigações acima mencionadas, o importante papel das crenças epistemológicas. As investigações iniciais revelaram, de facto, a influência significativa das crenças epistemológicas nas actividades de aprendizagem, bem como efeitos directos. Numa dessas investigações, Schommer (1990) envolveu alunos do ensino superior na tarefa da leitura de textos científicos, com informações inconclusivas, tendo-lhes pedido que avaliassem a sua confiança na compreensão dos mesmos e que completassem o último parágrafo de cada secção (que tinha sido, intencionalmente, omitido). Estes alunos preencheram, igualmente, o questionário epistemológico de Schommer (SEQ). Verificou-se que quanto maior era a crença no conhecimento certo, maior era também a tendência dos estudantes para escreverem conclusões de carácter absoluto, em desacordo com o conteúdo do texto. Por outro lado, a autora constatou ainda que, quanto mais

Desenvolvimento do pensamento reflexivo e educação de adultos   237

acreditavam na rapidez da aprendizagem, mais distorcidas eram as suas conclusões, mais baixo era o seu desempenho num teste de avaliação e mais exagerada era a sua confiança na compreensão do texto.

Num estudo posterior, Kardash e Scholes (1996) validaram os resultados obtidos por Schommer (1990), relativamente ao efeito da crença no conhecimento certo, quanto à interpretação de informações inconclusivas. Estes investigadores apresentaram a sujeitos universitários (incluindo estudantes de pós-graduação) um texto com dois pontos de vista conflituosos sobre a relação entre o HIV e a SIDA, provenientes de dois especialistas na matéria. Verificaram que quanto mais os sujeitos eram propensos a acreditar na *natureza certa do conhecimento,* mais *distorciam as informações contraditórias,* tendendo a apresentá-las como absolutas e definitivas. Inversamente, a prevalência da crença na natureza incerta do conhecimento revelou-se associada a uma perspectiva inicial menos extrema, relativamente à relação entre o HIV e a SIDA, à apreciação do envolvimento em tarefas cognitivamente estimulantes e à precisão das conclusões que os sujeitos escreviam, as quais traduziam a impossibilidade de concluir algo, a partir dos dados referidos no texto.

Procurando explorar, para além dos efeitos directos das crenças epistemológicas, os seus efeitos indirectos, Schommer e colaboradores (1992), noutra investigação com estudantes universitários, pediram-lhes que preenchessem o SEQ e um inventário de estratégias de aprendizagem, que lessem um passo de um texto de estatística, que avaliassem a sua confiança na compreensão do texto e que respondessem a um teste de realização. Os autores verificaram que, quanto menor era a crença no conhecimento simples, melhores eram os resultados obtidos no teste e mais exactos os indicadores de confiança na compreensão do texto. Adicionalmente, com recurso à análise de trajectórias, foram revelados efeitos directos e indirectos: a *crença no conhecimento simples* influenciava os *resultados no teste,* quer directa, quer indirectamente, por intermédio das *estratégias de aprendizagem.* Isto é, quanto menos os sujeitos acreditavam no conhecimento simples, mais sofisticadas eram as suas estratégias de estudo, que, por sua vez, se encontravam associadas a bons desempenhos no teste.

A relação entre as crenças epistemológicas e as estratégias de aprendizagem foi investigada também por Kardash e Howell (2000), que procuraram saber se a primeira variável influenciava o tipo e a frequência dos processos cognitivos e estratégicos usados por alunos universitários para compreender um texto, com pontos de vista contraditórios. Neste estudo, os processos estratégicos dos alunos foram observados directamente pelos investigadores, já que eles tinham de raciocinar em voz alta. Os resultados obtidos evidenciaram que a *crença na aprendizagem rápida e com pouco esforço* se encontrava associada, de forma negativa, à *variedade de processos cognitivos e estratégicos* utilizados pelos estudantes. Significa isto que a frequência com que os alunos utilizavam estratégias de aprendizagem diversificadas era tanto maior, quanto maior era a sua crença de que aprender leva tempo e requer esforço. Contrariamente à expectativa dos investigadores, neste estudo, o tipo de estratégias utilizadas pelos estudantes não se revelou relacionado com as crenças epistemológicas. Algumas categorias de processamento cognitivo da informação eram utilizadas mais frequentemente do que outras, por todos os sujeitos da amostra. Com base nestes resultados, os autores concluíram que é, sobretudo, um tipo particular de crenças que está relacionado com a utilização de estratégias de aprendizagem — as crenças na velocidade e no esforço implicado na aprendizagem — e que o seu efeito parece ser mais de ordem quantitativa que qualitativa.

Os resultados destas investigações, bem como de outras mais recentes (e.g., Schommer-Aikins & Easter, 2006) apoiam o princípio defendido por Schommer de que as crenças epistemológicas exercem uma influência directa e indirecta nas actividades de aprendizagem e nos resultados académicos. Apontam, também, de forma bastante consistente, para o importante papel que as crenças epistemológicas desempenham, a nível da aprendizagem.

Efectivamente, sabendo-se que os indivíduos com concepções sobre o conhecimento pouco sofisticadas ou simplistas tendem a distorcer informações contraditórias ou inconclusivas [5], e a utilizar estratégias de estudo pouco elaboradas e diversificadas, podemos considerar que é desejável promover o desenvolvimento das crenças epistemológicas dos alunos, na medida em que tal for possível, através de intervenções educativas apropriadas. Isto é tanto mais importante, quanto sabemos que os benefícios de se possuírem crenças sofisticadas não se restringem ao meio académico, mas parecem aplicar-se, também, ao contexto de vida real, tal como sugerem os resultados do estudo de Schommer-Aikins e

---

[5] Segundo Kardash e Howell (2000), estes sujeitos distorcem as informações, de modo a adequá-las às suas crenças e atitudes dominantes, e utilizam-nas, inclusivamente, "para reforçar as suas convicções" (p. 525).

Hutter (2002). Efectivamente, investigando 174 adultos que, para além de preencherem o SEQ, responderam a uma série de questões sobre assuntos controversos, que estavam em discussão na imprensa local, estes autores verificaram que, quanto mais os sujeitos acreditavam no conhecimento complexo e provisório, mais tendiam a assumir múltiplas perspectivas, a manifestar vontade de modificar o seu pensamento, a abster-se de tomar decisões finais, sem que a informação completa estivesse reunida, e a reconhecer a natureza complexa e provisória dos assuntos controversos. Ou seja, os resultados desta investigação mostraram que as crenças epistemológicas parecem estar significativamente associadas ao pensamento utilizado para abordar os temas complexos e controversos, que fazem parte do dia a dia da vida das pessoas.

Relativamente aos factores explicativos do desenvolvimento, Schommer postula que o desenvolvimento epistemológico é influenciado, tanto pela maturação, como pela educação (Schommer, 1994; Schommer *et al.,* 1997). Assim, com o objectivo de averiguar a contribuição da maturação (aferida pela idade) e da educação para as crenças epistemológicas, Schommer (1998) inquiriu 418 adultos de diversas profissões (domésticas, carpinteiros, agricultores, bombeiros, professores, escritores, executivos, etc.), que se distribuíam por três grupos, em função da educação formal obtida — estudos secundários, estudos de licenciatura e de pós-graduação. Os resultados mostraram que a idade predizia o desenvolvimento das crenças sobre a aprendizagem e que o nível de instrução explicava o desenvolvimento das crenças sobre o conhecimento. Com base nestes resultados, a autora concluiu que a maturação é um factor crítico no desenvolvimento das crenças sobre a aprendizagem e que, com educação formal reduzida, é pouco provável que as crenças sobre o conhecimento alcancem níveis avançados.

Os resultados desta investigação, combinados com alguns outros, provenientes de pesquisas já referidas, nomeadamente os de King e Kitchener (1994), apontam, de forma bastante consistente, para uma forte influência das experiências académicas (educação formal) nas crenças epistemológicas, particularmente, nas crenças sobre o conhecimento.

No entanto, importa referir a este respeito que há práticas educativas que parecem contribuir mais para o desenvolvimento epistemológico do que outras. Por exemplo, Beers (1988) verificou que os professores que tinham como objectivo educativo desenvolver epistemologicamente os seus alunos evidenciavam práticas de ensino menos orientadas para o conteúdo e mais para uma determinada orientação filosófica. Para que se promova a sofisticação epistemológica, vários autores referem que é necessário introduzir a controvérsia, na sala de aula, apresentando perspectivas e pontos de vista diferentes, bem como ajudar os alunos a avaliar os fundamentos desses pontos de vista (King, 1992, 1994; Fredericks & Miller, 1993; Schommer & Walker, 1995; Schommer & Hutter, 2002). Fredericks e Miller (1993) consideram mesmo que tal é uma obrigação ética dos educadores. Partilhando a mesma opinião, Schommer-Aikins e Hutter (2002) defendem que desenvolver as crenças epistemológicas dos alunos é torná-los mais aptos a considerarem múltiplas perspectivas, a evitar decisões impulsivas e a lidar com assuntos de grande complexidade, quer dentro, quer fora da sala de aula.

Uma autora que testou, experimentalmente, o efeito de práticas pedagógicas, que tinham como objectivo levar os alunos (estudantes universitários) a reflectir sobre as suas perspectivas epistémicas e a modificá-las, foi Kronholm (1996). Submeteu um grupo experimental a uma intervenção estruturada, com duração de um semestre, tendo verificado que os sujeitos deste grupo, quando comparados com os dos grupos de controlo, apresentavam resultados no juízo reflexivo significativamente mais elevados. Esta investigação aponta para a importância do contexto, tal como veio a defender Baxter Magolda (2004), e mostra que é possível, através de abordagens educativas inovadoras, desenvolver as concepções epistemológicas dos alunos, acelerando-se, assim, a lenta evolução da sofisticação epistemológica, documentada por diversas investigações no contexto de múltiplos enquadramentos teóricos revistos neste capítulo.

DISCUSSÃO E CONCLUSÃO

Ao longo deste capítulo, fizemos uma revisão dos principais modelos teóricos do desenvolvimento epistemológico dos sujeitos adultos, com objectivo de ilustrar como se desenvolve o pensamento reflexivo, que diversos especialistas da educação de adultos consideram estreitamente relacionado com conceitos de grande importância para este domínio, tais como os de independência de pensamento, pensamento crítico, autonomia intelectual, reflexividade crítica, entre outros (Candy, 1991; Garrison, 1997; Mezirow, 1998, 2000; Brookfield, 1995; Oliveira, 2005). Efectivamente, para autores como Candy (1991), ou Garrison (1997), um sujeito não pode ser considerado autónomo ou autodirigido na aprendizagem, sem que tenha desenvolvido concepções relativistas, acerca do conheci-

Desenvolvimento do pensamento reflexivo e educação de adultos   241

mento e da aprendizagem, e interpretações e perspectivas pessoais, em áreas caracterizadas pela contradição e pela ambiguidade, nem tão pouco se não tiver desenvolvido a capacidade de tolerar a incerteza e a contradição.

Procurámos, assim, mediante a análise de modelos teóricos aborda- dos neste capítulo, compreender as estruturas cognitivas que parecem estar subjacentes à construção da autonomia intelectual do adulto. Para o efeito, considerámos, em primeiro lugar, o esquema de Perry sobre o desenvolvimento intelectual e ético do estudante universitário, que postula a passagem de estruturas dualistas de conhecimento, para outras, mais complexas e avançadas, como o relativismo e o compromisso no relativismo. Como vimos, de acordo com este quadro teórico, só na etapa do relativismo é que o indivíduo começa a conceber-se a si próprio como construtor activo de significados, emergindo o metapensamento, a responsabilidade pessoal e a iniciativa na aprendizagem, que até esta fase é considerada pertença exclusiva das figuras reconhecidas como autoridade.

Em segundo lugar, abordámos o modelo do juízo reflexivo de King e Kitchener, que apresenta a vantagem principal, em relação ao de Perry, de se ter baseado num conjunto bastante mais abrangente de investiga- ções transversais e longitudinais. Dos três níveis de pensamento, propos- tos pelas autoras (pré-reflexivo, quase reflexivo e reflexivo), é de salien- tar, especialmente, o último, na medida em que é nele que o sujeito desenvolve e consolida a noção de que o conhecimento é construído e contextual (estabelecendo-se as estruturas epistemológicas necessárias à sua proactividade genuína, ou seja, à construção activa e pessoal de signi- ficados). Assim o sujeito torna-se capaz de reflectir, criticamente, sobre o conhecimento, sobre as autoridades num domínio do saber, e ainda sobre si próprio, procurando, constantemente, de forma activa, construir sentido e explicações coerentes. A abertura manifestada pelos sujeitos que atingi- ram o pensamento reflexivo à consideração de perspectivas alternativas e de contra-evidências, muito se assemelha ao conceito de reflexividade crítica, proposto por Mezirow (1991), tal como reconhece o próprio autor, numa obra posterior (Mezirow, 2000). As investigações à luz do modelo referido contribuíram, ainda, para sustentar a ideia de que a idade, por si só, não parece estar associada ao pensamento reflexivo. Isto porque, quando se compararam alunos adultos a frequentar o ensino superior com os seus colegas mais novos (jovens adultos), a frequentar o mesmo nível de estudos, a sua sofisticação epistemológica não se distinguia, designadamente, no que diz respeito às concepções sobre o conhecimento.

O modelo de reflexão epistemológica de Baxter Magolda (1992, 2004) igualmente apontou para o lento desenvolvimento dos pressupostos epistemológicos, ao longo do curso superior (sendo os mais avançados raros durante os anos de bacharelato). Todavia, com base no seguimento dos sujeitos após a conclusão dos estudos superiores, a autora identificou interessantes problemas de investigação, ao formular a hipótese de que o lento desenvolvimento epistemológico se pode dever ao efeito do ambiente académico — uma hipótese que não é estranha ao pensamento de outros autores (e.g., Kronholm, 1996; Felder & Brent, 2004). Abre-se, com efeito, uma importante via de investigação, que procura clarificar a influência de diferentes ambientes no desenvolvimento do pensamento reflexivo.

A consideração das investigações em torno do modelo das crenças epistemológicas de Schommer (1990), pese embora as suas substanciais diferenças em relação aos anteriores, reforça o que já havia sido mostrado pelos outros modelos revistos neste capítulo, nomeadamente, que a sofisticação epistemológica está associada a um pensamento de ordem elevada, levando o sujeito a conceber o conhecimento como incerto, revisível, complexo e contextual, e a valorizar a abertura à consideração de novas informações, requerendo, no entanto, evidência substancial para mudar as suas perspectivas. Este programa de investigação tem salientado, como nenhum outro, o papel de relevo que as crenças epistemológicas desempenham em vários domínios, muito particularmente no plano da aprendizagem. Todavia, do ponto de vista conceptual, tem revelado algumas fragilidades, nomeadamente no que respeita à dimensão aptidão para aprender, dado que um dos subconjuntos que teoricamente a integra não tem apresentado saturações sistemáticas na respectiva dimensão. Esta limitação reforça, em parte, a observação de Hofer e Pintrich (1997) de que as crenças epistemológicas acerca da aprendizagem parecem não ser parte integrante do constructo da epistemologia pessoal, pois, segundo a revisão dos autores, esta dimensão não segue o padrão das restantes, nem parece ser um preditor útil desse constructo. Contudo, como têm sido encontrados alguns problemas no instrumento de medida (SEQ), nomeadamente, os baixos níveis de consistência interna das dimensões (e.g., Oliveira, 2005; Schommer--Aikins & Easter, 2006), estas questões carecem de investigações mais esclarecedoras.

Desenvolvimento do pensamento reflexivo e educação de adultos 243

A título de conclusão final, os diversos modelos da epistemologia pessoal abordados neste trabalho, muito embora nos coloquem perante um campo heterogéneo e de elevada complexidade, e independentemente das limitações inerentes a cada um, sugerem que a sofisticação epistemológica se encontra associada a variáveis cruciais para enfrentar os múltiplos desafios que a vida na sociedade actual coloca a todas as pessoas, muito particularmente aos adultos, sendo uma tarefa importante dos docentes do ensino superior e dos educadores de adultos a de contribuir para desenvolver o pensamento reflexivo dos sujeitos. Para tal, privilegiar abordagens educacionais que possibilitem aos educandos o confronto com a complexidade do conhecimento e das situações, e com a multiplicidade de pontos de vista sobre os assuntos abordados, não evitando a ambiguidade e a controvérsia, parece ser incontornável.

BIBLIOGRAFIA

Alexander, P. A. & Dochy, F. J. R. (1994). Adults' views about knowing and believing. In R. Garner & P. A. Alexander (Eds.), *Beliefs about text and instruction with text* (pp. 223-244). Hillsdale: Lawrence Erlbaum Associates Publishers.

Baxter Magolda, M. B. (1992). *Knowing and reasoning in college: Gender related patterns in students' intellectual development.* San Francisco: Jossey-Bass Publisher.

Baxter Magolda, M. B. (2004). Evolution of a constructivist conceptualization of epistemological reflection. *Educational Psychologist, 39*(1), 31-42.

Baxter Magolda, M. B. & Porterfield, W. D. (1985). A new approach to assessing intellectual development on the Perry Scheme. *Journal of College Student Personnel, 26*, 343-351.

Beers, S. E. (1988). Epistemological assumptions and college teaching: Interactions in the college classroom. *Journal of Research and Development in Education, 21*, 87-93.

Brookfield, S. D. (1995). *Developing critical thinkers: Challenging adults to explore alternative ways of thinking and acting* (3.ª ed.). Milton Keynes: Open University Press.

Candy. P. C. (1991). *Self-direction for lifelong learning.* San Francisco: Jossey--Bass Publishers.

Duell, O. K. & Schommer-Aikins, M. (2001). Measures of people's beliefs about knowledge and learning. *Educational Psychology Review, 13*(4), 419-449.

Dweck, C. S. & Leggett, E. L. (1988). A social-cognitive approach to motivation and personality. *Psychological Review, 95*(2), 256-273.

Felder, R. M. & Brent, R. (2004). The intellectual development of science and engineering students. Part 2: Teaching to promote growth. *Journal of Engineering Education, 93*(4), 279-291.

Ferreira, J. A. & Ferreira, A. G. (2001). Desenvolvimento psicológico e social do jovem adulto e implicações pedagógicas no âmbito do ensino superior. *Revista Portuguesa de Pedagogia, 35*(3), 119-159.

Fredericks, M. & Miller, S. I. (1993). Truth in packaging: Teaching controversial topics to undergraduates in the human sciences. *Teaching Sociology,* 160-165.

Garrison, D. R. (1997). Self-directed learning: Toward a comprehensive model. *Adult Education Quarterly, 48*(1), 18-33.

Hofer, B. K. (2004). Introduction: Paradigmatic approaches to personal epistemology. *Educational Psychologist, 39*(1), 1-3.

Hofer, B. K. & Pintrich, P. R. (1997). The development of epistemological theories: Beliefs about knowledge and knowing and their relation to earning. *Review of Educational Research, 67*(1), 88-140.

Kardash, C. M. & Howell, K. L. (2000). Effects of epistemological beliefs, and topic-specific beliefs on undergraduates' cognitive and strategic processing of dual-positional text. *Journal of Educational Psychology, 92*(3), 524-535.

Kardash, C. M. & Scholes, R. J. (1996). Effects of preexisting beliefs, epistemological beliefs, and need for cognition on interpretation of controversial issues. *Journal of Educational Psychology, 88*(2), 260-271.

King, P. M. (1992). How do we know? Why do we believe? Learning to make reflective judgments. *Liberal Education, 78*(1), 2-9.

King, P. M. (1994). Theories of college student development: Sequences and consequences. *Journal of College Student Development, 35*, 413-421.

King, P. M. & Baxter Magolda, M. B. (1996). A developmental perspective on learning. *Journal of College Student Development, 37*(2), 163-173.

King, P. M. & Kitchener, K. S. (1994). *Developing reflective judgment: Understanding and promoting intellectual growth and critical thinking in adolescents and adults.* San Francisco: Jossey-Bass Publishers.

King, P. M. & Kitchener, K. S. (2004). Reflective judgment: Theory and research on the development of epistemic assumptions through adulthood. *Educational Psychologist, 39*(1), 5-18.

Kronholm, M. M. (1996). The impact of developmental instruction on reflective judgment. *The Review of Higher Education, 19*(2), 199-225.

Lohman, D. F. & Scheurman, G. (1992). Fluid abilities and epistemic thinking: Some prescriptions for adult education. In A. Tuijnman & M. Kamp (Eds.), *Learning across the lifespan: Theories, research, policies*. Oxford: Pergamon Press.

Lourenço, O. (2002). *Psicologia do desenvolvimento cognitivo: Teoria, dados e implicações* (2.ª ed.). Coimbra: Almedina.

Marchand, H. (2001). *Temas de desenvolvimento psicológico do adulto e do idoso*. Coimbra: Quarteto Editora.

Mezirow, J. (1991). *Transformative dimensions of adult learning*. San Francisco: Jossey-Bass Publisher.

Mezirow, J. (1998). On critical reflection. *Adult Education Quarterly, 48*(3), 185-198.

Mezirow, J. (2000). Learning to think like an adult: Core concepts of transformational theory. In J. Mezirow & Associates, *Learning as transformation: Critical perspectives on a theory in progress* (pp. 3-33). San Francisco: Jossey-Bass Publishers.

Oliveira, A. L. (2005). *Aprendizagem autodirigida: Um contributo para a qualidade do ensino superior*. Dissertação de doutoramento não publicada. Universidade de Coimbra: Faculdade de Psicologia e de Ciências da Educação.

Pajares, F. (1992). Teachers' beliefs and educational research: Cleaning up a messy construct. *Review of Educational Research, 62*(3), 307-332.

Perry, W. G. (1981). Cognitive and ethical growth: The making of meaning. In A. W. Chickering & Associates, *The modern american college: Responding to the new realities of diverse students and a changing society* (pp. 76-116). San Francisco: Jossey-Bass Publishers.

Pinheiro, M. R. (2004). O desenvolvimento da transição para o ensino superior: O princípio depois de um fim. *Aprender, 29*, 9-20.

Schommer, M. (1990). The effects of beliefs about the nature of knowledge on comprehension. *Journal of Educational Psychology, 82*, 498-504.

Schommer, M. (1993). Epistemological development and academic performance among secondary students. *Journal of Educational Psychology, 85*, 406-411.

Schommer, M. (1994). An emerging conceptualization of epistemological beliefs and their role in learning. In R. Garner & P. A. Alexander (Eds.), *Beliefs about text and instruction with text* (pp. 25-40). Hillsdale: Lawrence Erlbaum Associates Publishers.

Schommer, M. (1998). The influence of age and schooling on epistemological beliefs. *The British Journal of Educational Psychology, 68*, 551-562.

Schommer, M., Calvert, C. Gariglietti, G. & Bajaj, A. (1997). The development of epistemological beliefs among secondary students: A longitudinal study. *Journal of Educational Psychology, 89*(1), 37-40.

Schommer, M., Crouse, A. & Rhodes, N. (1992). Epistemological beliefs and mathematical text comprehension: Believing it is simple does not make it so. *Journal of Educational Psychology, 84*, 435-443.

Schommer-Aikins, M. & Easter, M. (2006). Ways of knowing and epistemological beliefs: Combined effect on academic performance. *Educational Psychology, 26*(3), 411-423.

Schommer-Aikins, M., Brookhart, S. & Hutter, R. (2000). Understanding middle students' beliefs about knowledge and learning using a multidimensional paradigm. *The Journal of Educational Research, 94*(2), 120-127.

Schommer-Aikins, M. & Hutter, R. (2002). Epistemological beliefs and thinking about everyday controversial issues. *The Journal of Psychology, 136*(1), 5-20.

Simões, A. (1994). Desenvolvimento intelectual do adulto. In L. C. Lima (Org.), *Educação de adultos, Fórum I* (pp. 151-161). Universidade do Minho: Unidade de Educação de Adultos.

Sinnott, J. D. (1994). The relationship of postformal thought, adult learning, and lifespan development. In J. D. Sinnott (Ed.), *Interdisciplinary handbook of adult lifespan learning* (pp. 105-119). London: Greenwood Press.

Sprinthall, N. A., Peace, S. D. & Kennington, P. A. D. (2001). Cognitive-developmental stage theories for counseling. In D. C. Locke, J. E. Myers & E. L. Herr (Eds.), *The handbook of counseling* (pp. 109-129). London: Sage Publications.

Trabalho realizado no âmbito do Centro de Psicopedagogia da Universidade de Coimbra (FEDER/POCI2010-SFA-160-490).

11

Abandono escolar na adolescência — Factores comuns e trajectórias múltiplas[*]

Michel Janosz & Marc Le Blanc

INTRODUÇÃO

A criminologia abordou historicamente a questão do abandono escolar como factor associado a comportamentos desviantes, tais como o consumo de psicotrópicos e a delinquência. Há quem se tenha perguntado se o consumo de drogas e a delinquência conduziriam ao abandono prematuro dos estudos (Bachman, Green & Wirtanen, 1971; Elliott & Voss, 1974; Fagan & Pabon, 1990; Farrington, 1995; Friedman, Bransfield & Kreisher, 1994; Friedman, Glickman & Utada, 1985; Janosz, Le Blanc, Boulerice & Tremblay, 1997; Kaplan & Liu, 1994; Krohn, Thornberry, Collins-Hall, & Lizotte, 1995; Newcomb & Blenter, 1986; Weng, Newcomb & Blenter, 1988). Em geral, estas pesquisas confirmam o elo preditivo entre problemas de comportamento e o afastamento da escola. Outros autores preferiram investigar as consequências da desistência escolar verificadas ao nível das condutas desviantes e criminais ulteriores (Farrington, 1995; Hartnagel & Krahn, 1989; Jarjoura, 1993, 1996; Krohn et al., 1995; Pronovost & Le Blanc, 1979, 1980; Thornberry, Moore & Christenson, 1985). Os resultados destes estudos demonstram que o abandono escolar está positivamente relacionado com o consumo

---

[*] Tradução de Maria C. Taborda Simões.

de psicotrópicos e com a criminalidade. Todavia, a causalidade destas relações não está totalmente esclarecida e o impacto da desistência sobre a inadaptação social varia conforme o motivo invocado para ter abandonado os estudos (Jarjoura, 1993, 1996), ou a capacidade do aluno desistente em investir no mercado de trabalho (Pronovost & Le Blanc, 1979, 1980).

O estudo sobre a desistência escolar centrado nas relações deste fenómeno com o consumo de psicotrópicos ou com as condutas desviantes, apesar de em si mesmo ser legítimo, apresenta-se algo limitado, dada a complexidade da problemática. Note-se que este tema atrai a atenção de investigadores e pensadores de várias disciplinas das Ciências Humanas e Sociais. Enquanto que em psicopatologia do desenvolvimento se dá maior ênfase às características pessoais, interpessoais e familiares do aluno desistente (Cairns, Cairns & Neckerman, 1989; Hymel, Comfort, Schonert-Reichl, & McDougall, 1996; Rumberger, Ghatak, Poulos & Dornbusch, 1990; Rumberger, 1995), os sociólogos preferem adoptar uma visão mais distanciada do indivíduo, interessando-se pelas instituições e pelas políticas socioeducativas (Bertrand & Valois, 1992; Gleeson, 1992). Por outro lado, no domínio da educação, vários são aqueles que se debruçam sobre as práticas educativas e pedagógicas mais susceptíveis de favorecer o sucesso escolar (CRIRES-FECS, 1992). É claro que esta divisão é arbitrária. Ao invocá-la, o que se procura, sobretudo, é sublinhar o facto de serem múltiplos e complementares os ângulos a partir dos quais se pode abordar o abandono escolar, bem como o facto deste abandono poder ser estudado de variadas maneiras. Além disso, a complexidade do problema não pode ser ignorada numa época em que emerge a questão da prevenção da desistência escolar na adolescência.

O presente trabalho inscreve-se decididamente no contexto da pesquisa norte-americana. Por esta razão, o leitor não ficará surpreendido ao verificar que as nossas referências teóricas e empíricas se encontram, profunda mas não exclusivamente, marcadas pelos trabalhos realizados no Canadá e nos Estados-Unidos. O texto que se segue está dividido em três grandes secções. Num primeiro momento, abordamos o problema da definição da desistência escolar e o impacto da sua operacionalização na prevalência do fenómeno. Num segundo momento, traçamos um quadro das diferentes determinantes do abandono escolar de acordo com o relevo que nelas assumem os aspectos sociais, organizacionais, familiares ou interpessoais e pessoais. Em terceiro lugar, abordamos a questão da predição do abandono escolar e da despistagem dos potenciais desistentes. Por último, referimos de forma breve os estudos que tratam do problema da heterogeneidade escolar e psicossocial dos alunos desistentes e das suas implicações no desenvolvimento da intervenção diferencial.

DEFINIÇÃO

Da construção social da problemática à sua operacionalização

O abandono prematuro dos estudos nem sempre foi considerado um problema social e o facto de alguém se afastar do sistema escolar nem sempre constituiu um acto desviante ou inquietante aos olhos da sociedade (Rivard, 1991; Schreiber, 1969). Há apenas 30 ou 40 anos, um adolescente podia muito bem deixar a escola sem diploma, encontrar um emprego e ocupar, em pleno, o seu lugar na sociedade. A passagem de um comportamento meramente anódino a um comportamento sintomático de inadaptação social não é, pois, estranha às mudanças económicas e culturais que modificaram as sociedades ocidentais nos últimos decénios (ver Erpicum & Murray, 1975; Rivard, 1991; Schreiber, 1969). A necessidade de estar melhor preparado para gerir a complexidade crescente das sociedades ocidentais e a elas se adaptar, o estrangulamento do mercado de trabalho e a especialização da mão-de-obra, bem como a ausência de centros de recreio e de lazer para os adolescentes fora da escola são outros tantos factores que progressivamente levaram a associar a desistência escolar ao problema da adaptação.

Voltaremos, mais à frente, às determinantes da desistência escolar e à noção de inadaptação. Por agora, insistimos apenas no facto de a preocupação relacionada com a desistência escolar estar intimamente ligada a um determinado contexto social e económico. Se até há bem pouco tempo a desistência escolar não suscitava senão escassa inquietação, a verdade é que essa desistência hoje se apresenta como um problema individual ou social. Dito isto, para se proceder ao estudo científico da desistência escolar, convém operacionalizar antes a definição do conceito. Importa, desde já, aceitar, por um lado, algum reducionismo em relação ao próprio conceito e, por outro, aceitar os enviesamentos sistemáticos no nosso conhecimento sobre a prevalência do fenómeno.

Efeitos da definição sobre a prevalência da desistência escolar

A capacidade de determinar qual o número de alunos desistentes numa dada sociedade, numa certa época, está intimamente relacionada com a operacionalização do fenómeno. Primeiro, a partir de que nível de afastamento devemos falar de desistência escolar? Serão considerados desistentes os alunos que faltam à escola durante algumas semanas, alguns meses ou que a deixam para sempre? Assim, alguns autores propõem reter o número de três semanas de ausências contínuas e não-justificadas para identificar um aluno desistente (Morrow, 1986). Evidentemente, uma tal definição implica que um jovem possa, durante o mesmo ano escolar, ser identificado como aluno regular, desistente ou como tendo regressado à escola. Esta estratégia coloca problemas específicos para estabelecer a prevalência do fenómeno, uma vez que é quase impossível munir-se de um sistema de identificação tão preciso, numa tão larga escala. Um segundo problema reside na natureza da passagem ao acto: o estatuto de desistente assentará tanto àquele que deixa "deliberadamente" a escola, como àquele que dela é expulso? Esta questão pressupõe o problema da intenção, uma noção à qual voltaremos mais à frente, mas que levanta também o problema da atribuição causal e da heterogeneidade do grupo de jovens classificados como desistentes: deveremos colocar no mesmo grupo os alunos que já não querem prosseguir os seus estudos ou que já não podem continuá-los, ou que não têm recursos pessoais ou ambientais para responder às exigências escolares? Este problema de intenção não deixa de colocar dificuldades na identificação dos alunos desistentes. Quem, com efeito, duvidaria das hesitações que os administradores escolares poderiam sentir em divulgar o número de alunos que se tornaram desistentes porque foram expulsos da escola, sinal de uma certa incapacidade desta para responder às necessidades dos jovens? Tanto quanto sabemos, um único estudo empírico longitudinal reconheceu explicitamente esta diferença (Elliott & Voss, 1974) no estatuto dos alunos desistentes sem, no entanto, ir mais além na investigação das características específicas destas duas categorias de desistentes ("pushout dropouts").

A solução habitualmente retida no plano epidemiológico para contornar os problemas precedentes e para estudar a prevalência da desistência escolar consiste em utilizar a obtenção de um diploma como critério de classificação (i. e. diplomado ou desistente). Esta solução não está, contudo, por completo, isenta de confusão, primeiro no plano conceptual e, depois, no operacional. No plano conceptual, torna-se profundamente reducionista propor uma equivalência entre a obtenção de um diploma e o facto de não continuar os estudos (voluntariamente ou não) tal como é prescrito pela lei ou pelas convenções sociais (Roy, 1992). No plano operacional, os riscos de confusão residem principalmente nos múltiplos métodos de cálculo, o que torna muito difíceis as comparações entre os diferentes países, as diferentes províncias ou mesmo as diferentes comissões escolares (Hammack, 1986; Roy, 1992). Por exemplo, Demers (1992) afirma que a taxa de abandono escolar no Quebeque seria a mais elevada do Ocidente com 35,7%, enquanto que esse valor não atinge senão 2% no Japão, 15% na Suécia, 30% nos Estados-Unidos e 28% no Canadá inglês. Contudo, Diambomba e Ouellet (1992) indicam que a taxa de abandono no Quebeque seria comparável ou mesmo inferior à de outros países industrializados. Numa excelente análise estatística sobre desistência escolar, Roy (1992) nota a quase futilidade de tais comparações, tendo em conta a diversidade das formas de cálculo, das definições que as sustentam e dos sistemas escolares próprios às diferentes províncias ou países.

Até ao final dos anos 80, era usual descrever o aluno desistente do Quebeque como aquele que põe termo, voluntária ou involuntariamente, temporária ou definitivamente, ao seu programa de estudos e que se retira, de forma clara, do sistema escolar antes da obtenção do seu diploma (Erpicum & Murray, 1975; Morrow, 1986; Roy, 1992). As comissões escolares eram responsáveis pela identificação, em cada ano, do número de abandonos nas respectivas escolas. O cálculo da taxa de desistência correspondia, então, à relação entre o número total de alunos desistentes identificados e o número total de alunos inscritos nesse ano. Entre 1972 e 1980, as taxas de abandono variaram entre os 10 e os 14% no Quebeque (Roy, 1992).

Desde o início dos anos 90, os demógrafos do Ministério da Educação do Quebeque (MEQ) reúnem os diferentes índices relativos ao abandono escolar, eliminando os problemas de operacionalização e de enviesamentos operacionais. Agora, é comum encontrar a seguinte definição para identificar o aluno desistente: "O aluno está inscrito no sector dos jovens (i.e. no liceu) no início do ano lectivo, já o não está no ano seguinte, não é titular de um diploma de estudos secundários e continua a residir no Quebeque no ano seguinte. As saídas ligadas a fenómenos extra-escolares (mortalidade e saída do Quebeque) não estão incluídas no número de abandonos" (MEQ, 1991).

O único critério retido para definir o aluno desistente é agora o da não obtenção de um diploma ao nível do ensino secundário. Este critério tem como consequência alargar a esfera dos indivíduos identificados como desistentes. Com efeito, como bem o sublinha Roy (1992), "a antiga" definição era mais marcada e inspirada pela "manifestação de indícios concretos de inadaptação social". Esta nova definição corresponde também a uma nova maneira de contabilizar a prevalência da desistência, caracterizada por uma abordagem prospectiva longitudinal e probabilística. Trata-se, neste caso, de seguir um grupo de jovens que começam os seus estudos secundários em simultâneo e de registar o número de abandonos num período de cinco ou mais anos. Este método de cálculo permite falar não tanto de percentagem de desistência, mas antes de "probabilidade de abandonar sem diploma". É assim que os demógrafos do Ministério da Educação do Quebeque (1991) estabelecem agora as probabilidades de abandonar a escola. Enquanto que a probabilidade de abandonar a escola se situava à volta dos 48% em 1976, a mesma foi diminuindo progressivamente até atingir os 28% em 1986. Entretanto, os riscos de abandono escolar aumentam a partir do ano seguinte e, desde então, mantêm-se à volta dos 32% (MEQ, 1991). O aumento repentino verificado depois de 1986 é geralmente atribuído à alteração da nota necessária para transitar de ano que aumentou de 50% para 60%. Mais uma vez, os números acima avançados são relativos. Assim, numa recente nota oficial, o MEQ (1998) indica que se a probabilidade de desistir em 1996-1997 era de 33% para o sector dos jovens, esta probabilidade diminui para 30% se forem incluídos os jovens entre os 15 e os 19 anos inscritos no sector dos adultos e para 17,6% se forem incluídos todos aqueles que obtiveram um diploma depois dos 20 anos.

Roy (1992) lembra não só que o método de cálculo longitudinal conduz, necessariamente, a valores superiores ao do cálculo simples das percentagens, mas também que esse método não se refere à mesma realidade. Enfim, o autor sublinha que o método probabilístico, apesar de aceite no Quebeque, está longe de ter sido adoptado noutros locais (ex: Ontário, Estados-Unidos), o que limita consideravelmente as comparações possíveis (ver Diambomba & Ouellet, 1992, para algumas comparações). Acresce que a definição estabelecida no Quebeque utiliza o critério da obtenção de um diploma num sistema escolar em que o ensino secundário se escalona em cinco ou mais anos, o que não é o caso nem do Ontário, nem dos Estados Unidos.

FACTORES DETERMINANTES DO ABANDONO ESCOLAR

Como antes foi mencionado, não cremos ser possível prevenir o abandono escolar sem primeiro reconhecer a complexidade da problemática. Diferentes factores, pertencendo a diferentes dimensões da experiência humana, influem nesta complexidade. Procuraremos de forma breve mostrar como as leituras sociológica e psicológica permitem dar conta das numerosas determinantes do abandono escolar. Mais do que opor estes níveis de análise (social, organizacional, familiar, interpessoal, intrapessoal), os mesmos devem ser considerados complementares (Janosz & Le Blanc, 1996). Apesar de imbricados uns nos outros, o certo é que cada nível possui a sua própria dinâmica permanecendo, ao mesmo tempo, dependente dos outros níveis de experiência.

Determinantes sociais

Uma análise social e institucional da problemática esclarece o impacto das ideologias, das políticas e da sua operacionalização através das instituições sobre a experiência escolar. Mais precisamente, uma tal leitura permite compreender como é que os sistemas socioeducativos podem tornar-se um factor de risco estrutural da desistência escolar para algumas categorias de alunos. No geral, o sistema escolar pode gerar falta de motivação, insucesso e desistência quando os seus objectivos, a sua estrutura e os seus métodos pedagógicos conduzem à ausência ou à perda de sentido e de valor da escolaridade. O sistema educativo pode também favorecer a desistência escolar quando as vantagens ou os benefícios da escolaridade repousam previamente sobre aptidões ou recursos pessoais e ambientais que não são distribuídos igualmente por todos os alunos de uma mesma sociedade.

Da dominância do paradigma industrial
Bertrand e Valois (1992) interessam-se pela natureza das relações que unem sociedade e escola. O seu quadro de análise baseia-se, por um lado, numa visão sistémica das organizações insistindo na dialéctica dos sistemas e, por outro, na noção de paradigmas socioculturais e educativos. Estes autores concebem o funcionamento da sociedade de forma dialéctica. Por um lado, as orientações gerais da sociedade (campo paradigmático) traduzem-se no plano político pelo enunciado de normas, leis e regras (campo político) que as organizações transformam nas suas prá-

ticas (campo organizacional). Por outro lado, as organizações podem, de igual forma, influenciar as políticas e as orientações de uma sociedade.

Uma sociedade pode ser atravessada por vários paradigmas socioculturais, mas apenas um será verdadeiramente dominante. De cada paradigma sociocultural decorre um paradigma educativo que traduz, no plano da educação, as linhas directoras daquele, assegurando, ao mesmo tempo, a sua conservação e reprodução. Para Bertrand e Valois (1992), o paradigma sociocultural dominante no Ocidente é o paradigma *industrial*. A este estão ligados dois paradigmas educativos: o paradigma racional, centrado na transmissão dos conhecimentos e dos valores dominantes, e o paradigma tecnológico, preocupado com a eficácia da comunicação. Mas uma sociedade nunca está sujeita a um só paradigma sociocultural, por mais dominante que ele seja. Assim, ao paradigma industrial opõem-se contra-paradigmas que veiculam diferentes projectos de sociedade: o paradigma sociocultural *existencial,* que valoriza acima de tudo o crescimento e o bem-estar afectivo das pessoas e cujo paradigma educativo é o paradigma humanista; o paradigma da *dialéctica social,* que visa mudanças sociais através da reorganização da sociedade e cujo paradigma educativo sociointeraccional visa a abolição das desigualdades e da exploração humana; enfim, há o paradigma *simbiossinérgico* que repousa sobre uma visão social, ecológica e espiritual da sociedade e que o paradigma educativo inventivo procura promover através da criação de comunidades.

Segundo Bertrand e Valois (1992), o paradigma industrial caracteriza-se, globalmente, por um modo de conhecimento que valoriza a objectividade e o conhecimento científico. A pessoa é considerada na sua lógica e na sua racionalidade. A experiência afectiva é superficial e transitória. A sociedade está centrada no desenvolvimento económico e tecnológico. Assim, o paradigma educativo racional tem por função transmitir um saber e valores previamente determinados, transmissão essa que é assumida pelo professor. A escola deve então: "valorizar a produção de uma pessoa bem adaptada à sociedade industrial, eficaz e que não contestará as regras do jogo da livre empresa. O estudante quer-se socializado pela aquisição dos conhecimentos que lhe foram transmitidos para assim desenvolver atitudes pertinentes a um funcionamento normal numa sociedade regularizada pelo paradigma industrial" (Bertrand & Valois, 1992, p. 93).

Esta maneira de ver a educação tem como consequência estabelecer uma modalidade pedagógica centrada no professor (responsável pela transmissão dos conhecimentos, pela motivação dos alunos, pela sua avaliação e pelo seu controlo). Neste sistema de educação, o aluno deve submeter-se a um processo idêntico para todos, centrado nas capacidades cognitivas e que orienta o domínio das emoções, da imaginação e da sensibilidade. Para estar adaptado a este sistema, o aluno deve poder produzir os comportamentos esperados e mostrar-se um receptor eficaz do conhecimento pré-determinado: assistir às aulas, ouvir o professor, responder às questões adequadamente. Será, então, avaliado com base no seu grau de normalidade em relação aos conhecimentos adquiridos pelo conjunto dos adolescentes da sua idade, bem como a partir do seu grau de conformidade face aos comportamentos necessários ao bom andamento de um sistema que reproduz a organização da sociedade. No âmbito de uma tal estrutura, torna-se fácil atribuir os problemas de adaptação às características individuais (i. e. ele/ela é incapaz de aprender ou de se comportar como os outros). A adaptação ou inadaptação serão avaliadas por comparação com as normas aceites pela maioria, embora muitas vezes dependentes da apreciação dos professores.

Para melhor ilustrar a forma como um paradigma educativo pode circunscrever as causas da inadaptação escolar, descrevamos sucintamente o sistema educativo proveniente do contra-paradigma educativo humanista. Neste paradigma, o sistema educativo não está centrado na preparação específica do indivíduo para o mercado de trabalho transmitindo conhecimentos e normas de conduta, mas sim no desenvolvimento da pessoa em todas as suas dimensões (cognição, afectividade, intuição, criatividade). Reconhece-se ao aluno toda a capacidade de aprender por si próprio interagindo com o seu ambiente. O professor já não é um fornecedor de conhecimentos, mas sim o acompanhante de um ser que dirige as suas aprendizagens de acordo com o seu próprio ritmo e em função das suas necessidades. A escola, como a sociedade, constitui um meio e um contexto para favorecer o desenvolvimento pessoal. Assim, pelo menos teoricamente, torna-se difícil para uma criança ou um adolescente estar inadaptado à escola devido às suas características individuais (excepto nos casos de deficiência extrema), uma vez que esta organização existe especificamente para permitir o seu desenvolvimento. Dir-se-á então que é a escola que está inadaptada porque não responde e não se adapta às necessidades dos jovens (Caouette, 1992). Poderíamos parafrasear afirmando que é a escola que abandona os jovens e não o inverso.

A vulnerabilidade dos meios desfavorecidos

Walgrave (1992) e Gleeson (1992) insistem nas vulnerabilidades estruturais das famílias provenientes de meios desfavorecidos face à cultura escolar dominante. Gleeson (1992) oferece uma análise socio-histórica consistente em que a instrução obrigatória e a não frequência da escola aparecem como dois fenómenos intimamente ligados um ao outro. O autor começa por lembrar que a escolaridade obrigatória se encontra na confluência de numerosas influências e ideologias que visam o mesmo objectivo: transformar os hábitos de vida, as atitudes e crenças da classe operária. Primeiro que tudo, a escolaridade obrigatória mostra-se interessante para os promotores da industrialização do último século que pretendiam disciplinar os trabalhadores, demasiado inclinados a deixarem-se viver ao ritmo das estações e das festas. Contudo, bem depressa também a classe média, em crescimento, se escandaliza com esta classe trabalhadora, que explora e esquece as crianças e que parece ainda constituir um foco propício ao desenvolvimento da criminalidade, da pobreza, da insalubridade, da doença, etc. Encorajado por diferentes movimentos de cariz religioso e moralizador, procurando salvar as crianças dos "erros dos seus pais", o poder político vê na instrução obrigatória a possibilidade de aumentar o seu controlo sobre a classe trabalhadora. Este controlo será exercido através da identificação dos adolescentes que não frequentam a escola, quando o deveriam fazer.

Gleeson (1992) argumenta também que o problema da frequência escolar, como forma de exclusão social escolhida ou suportada "... não poderá ser separado das formas mais vastas de estratificação racial, económica e sexual vividas pelos jovens, em particular nas áreas economicamente mais carenciadas, onde bolsas de absentismo escolar, de tipo persistente e intermitente, permanecem historicamente altas" (p. 479). Por esta razão, a escola nunca conheceu uma idade de oiro de acessibilidade e êxito universal. Nenhum sistema escolar soube até hoje reduzir as desigualdades sociais ou ainda oferecer-se sem descriminação, por forma a que nenhum sub-grupo ou nenhuma sub-cultura da população fique em posição desfavorecida.

Walgrave (1992) admite, por seu lado, as vantagens da escolaridade que descreve como sendo "a oferta escolar". Para além de ser um lugar de aprendizagem centrado no desenvolvimento cognitivo, no alargamento dos conhecimentos e na preparação para o mercado de trabalho (ou para escolaridade mais exigente), a escola proporciona também o desenvolvimento, a experimentação, a descoberta e a afirmação de uma panóplia de competências e de papéis sociais. A escola oferece um contexto privilegiado de aprendizagens e de socialização. No entanto, esta oferta está sempre condicionada pela capacidade de se submeter às diferentes exigências impostas pela escola: é preciso submeter-se à disciplina escolar, aceitar o funcionamento hierárquico, os conteúdos não interessantes, as interacções dominadas pela competição e a ética do trabalho, única via que pode acarretar méritos... "A escola valoriza menos a inteligência concreta e de realização que a inteligência abstracta. Rejeita as expressões físicas e directas como impertinentes e perturbadoras. (...) A falta de destreza no manuseamento dos 'instrumentos intelectuais', como os livros ou o material para escrever, torna o sucesso ainda mais difícil" (Walgrave, 1992, p. 70). É claro que, para Walgrave, as crianças das classes trabalhadoras e das classes mais desfavorecidas não estão tão bem equipadas para responder a estas exigências de oferta escolar. Walgrave (1992) fala de "vulnerabilidade social" para descrever esta falta de ajustamento entre a cultura dominante e a classe trabalhadora quanto às aspirações individuais e colectivas, assim como quanto às capacidades e modos de vida.

Por outras palavras, a escolaridade obrigatória da juventude comporta em si mesma o problema da frequência e do abandono escolar, sendo incapaz de responder ou de se ajustar às aspirações e necessidades do conjunto da população. O paradigma educativo dominante numa sociedade baliza a responsabilidade individual e organizacional no que diz respeito ao sucesso educativo. Num paradigma industrial racional, a responsabilidade individual é dominante uma vez que o conhecimento está fixado e determinado, do mesmo modo que os seus objectivos. Com o intuito de beneficiar deste conhecimento, cujas vantagens são inegáveis para a entrada no mercado do trabalho e para enfrentar os desafios do séc. XXI, o aluno deve submeter-se a um processo de escolaridade normativo que deixa pouco espaço às diferenças e vulnerabilidades individuais. Neste sentido, concordamos com Gleeson (1992) quando sublinha que a escola, nos moldes actuais, favorece intrinsecamente o abandono escolar daqueles jovens que não dominam os pré-requisitos comportamentais, cognitivos ou mesmo familiares necessários à integração no sistema escolar.

Refira-se ainda que, num paradigma sociocultural industrial, o abandono prematuro dos estudos constitui naturalmente um problema social importante, uma vez que põe em perigo o desenvolvimento económico e tecnológico colectivo. Num paradigma existencial, a responsabilidade do sucesso educativo é ainda mais imputável à qualidade do ambiente educativo e, portanto, àqueles e àquelas que têm o dever de implantar e de alimentar este ambiente. Dado aceitar-se que a curiosidade, o desejo de aprender e de dominar o seu ambiente são necessidades intrínsecas e inatas (Skinner, 1995), então cabe aos agentes de educação suportar o desenvolvimento holístico da criança. Em tal contexto, a desistência escolar traduz a incapacidade de um sistema em responder às necessidades de desenvolvimento dos jovens e em tirar partido da sua motivação intrínseca. Resumindo, não se pode falar de inadaptação ou de desistência escolar sem ter em conta que as concepções do papel da educação na sociedade moldam a concepção de inadaptação e determinam a partilha das responsabilidades.

Determinantes organizacionais

Alguns autores tentaram demonstrar que a escola, pela sua estrutura, organização do currículo ou atmosfera geral, influenciava a experiência escolar dos adolescentes (Bos, Ruijters & Visscher, 1990; Brookover, Beady, Flood, Schweitzer & Wisenbaker, 1979; Entwisle, 1990; Gottfredson & Gottfredson, 1985; Gottfredson, 1986; Hallinan, 1987; Lindstrom, 1992; Purkey & Smith, 1983; Rutter, Maughan, Mortimore, Ouston & Smith, 1979). Ainda que poucos estudos tenham aprofundado especificamente o efeito do meio escolar sobre a desistência, existe já um conjunto de conhecimentos que permite sustentar a tese de que a escola contribui de forma notória para a experiência escolar e, por conseguinte, influencia a qualidade da adaptação e da perseverança escolar.

Uma variabilidade importante entre escolas
A percentagem de abandonos e a qualidade das aprendizagens e das condutas sociais diferem de escola para escola. Na Grã-Bretanha, Rutter et al. (1979) mostraram que a proporção de absentismo variava entre os 6% e os 26% conforme as escolas. Na Finlândia, Bos et al. (1990) observaram variações entre 0,2% e 13,8% no absentismo e entre 0% e 29,6% na desistência em 36 escolas secundárias. No Quebeque, Hrimech Théoret, Hardy e Gariepy (1993) encontraram flutuações comparáveis, mas observaram também uma forte relação entre o meio socioeconómico dos alunos e a percentagem de obtenção de diplomas: os alunos provenientes de meios mais desfavorecidos frequentavam em maior número as escolas que tinham as percentagens mais baixas de obtenção de diplomas. Em contrapartida, o inverso não era assim tão notório. Os alunos

oriundos de famílias mais favorecidas tinham tendência para frequentar escolas mais cotadas, mas uma proporção não negligenciável destes alunos (entre 13,6% e 44,9%, conforme as escolas) frequentava escolas cuja percentagem de obtenção de diplomas se situava dentro da média.

Como explicar tais diferenças entre estabelecimentos de ensino? Gottfredson e Gottfredson (1985) estudaram as características de mais de 600 escolas secundárias (*"junior"* e *"senior high-school"*) em relação com o nível de vitimação dos alunos, dos professores e dos directores das escolas. As suas análises mostram que a proporção de alunos provenientes de meios desfavorecidos afecta negativamente o nível de vitimação na escola, o qual é também mais elevado quando os professores preconizam uma abordagem punitiva, quando as suspensões são frequentes e quando a cooperação entre professores e direcção é reduzida. Estes problemas aumentam quando as regras são confusas, injustas aos olhos dos alunos e de aplicação não constante. A desordem é também mais visível nas escolas onde o clima social e educativo é pobre, ou seja, onde os adolescentes se sentem pouco ligados à sua escola, onde aderem a valores não convencionais, onde as relações inter-étnicas são tensas, etc. Contudo, o sentido de todas estas relações não é claro. Por exemplo, o recurso mais frequente a condutas punitivas por parte dos professores será consequência de uma população estudantil mais turbulenta ou será o inverso? De facto, o problema está em determinar se as diferenças observadas entre escolas são realmente provocadas por factores escolares ou se elas reflectem antes as diferenças causadas pela composição do *corpus* de alunos, das suas características pessoais (capacidades cognitivas e interpessoais), familiares, culturais e socioeconómicas.

Algumas considerações metodológicas
Os investigadores interessados nestas questões tentam geralmente comparar as escolas entre si, controlando as variáveis individuais que podem estar na origem das variações observadas. Foram utilizadas diferentes estratégias para controlar estes efeitos. Assim, Reynolds, Jones, St-Léger e Murgatroyd (1980), após terem controlado as capacidades cognitivas (Q.I.) dos alunos, notaram que as escolas secundárias variavam quanto aos problemas de absentismo, de delinquência e de perseverança escolar. Contudo, aperceberam-se que, embora comparáveis em termos de Q.I., os alunos se diferenciavam no que diz respeito a outras variáveis tidas como cruciais na altura da sua entrada no ensino secundário, tais como as suas capacidades linguísticas ou as suas capacidades

em matemática. Este tipo de lacuna justifica a grande importância de escolher com cuidado as variáveis de controlo. Rutter et al. (1979) avaliaram, por seu lado, os alunos no final do seu sexto ano de escolaridade (antes de iniciarem os estudos secundários) de acordo com diferentes variáveis: capacidades de raciocínio verbal, ocupação dos pais, qualidade dos comportamentos dentro da sala de aula e etnia. O controlo das variáveis efectua-se, também neste caso, com apoio de análises estatísticas, como na maioria dos estudos efectuados noutros lugares (Bos et al., 1990; Lindstrom, 1992; Rutter, 1983). Tanto Rutter (1983) como Purkey e Smith (1983) fazem uma excelente revisão das considerações metodológicas associadas a este tipo de pesquisas. Rutter (1983) aborda, entre outros aspectos, a medida da amplitude dos efeitos das variáveis escolares e a escolha das variáveis dependentes. Por seu turno, Purkey e Smith (1983) mencionam toda uma série de dificuldades metodológicas associadas a este género de pesquisa: pequenas amostras, fraco controlo das caraterísticas individuais, problema de agregação dos dados (i. e., subgrupos de alunos podem reagir de forma diferente a certas características da escola, mas essas diferenças perdem-se pela agregação de todos os alunos num mesmo grupo), comparações impróprias (comparar as boas às más escolas, em vez de comparar as boas escolas às escolas médias), etc.

No entanto, apesar das falhas metodológicas, os resultados das investigações sobre a escola apontam muitas vezes para os mesmos factores dominantes susceptíveis de explicar o sucesso educativo. Note-se que, à excepção de alguns estudos (Bryk & Thum, 1989; McNeal, 1997; Rumberger, 1995; Wehlage & Rutter, 1986), a maioria das investigações aprofundou sobretudo os efeitos do ambiente escolar em indiciadores da adaptação escolar, tais como o rendimento e o comportamento dentro da sala de aula, mais do que na desistência. Iremos resumir os diferentes factores que caracterizam as boas escolas (sucesso educativo e comportamentos) no que se refere à estrutura (número de alunos, agrupamento, etc.) e aos processos organizacionais (relações interpessoais, ambiente, etc.).

Estrutura organizacional

Um dos primeiros factores organizacionais a ser tomado em conta foi a dimensão das turmas e das escolas. Enquanto que algumas investigações não encontram nenhuma relação entre a dimensão de uma escola e o rendimento escolar (Colemans, 1966; Rutter, 1983), outras sublinham o melhor desempenho das pequenas escolas do ensino secundário que favorecem a participação dos alunos nas actividades extracurriculares e

Abandono escolar na adolescência   261

permitem um apoio mais flexível e mais próximo por parte dos adultos (Bryk & Thum, 1989; Entwisle, 1990; McNeal, 1997; Rumberger, 1995; Wehlage & Rutter, 1986). Excepto no que diz respeito às disciplinas de base durante o primeiro e o segundo anos do ensino primário, Rutter (1983), por seu lado, encontra poucas diferenças nas turmas de 20 a 40 alunos, desde que o professor não privilegie uma abordagem tutelar e que a proporção de alunos com dificuldades de aprendizagem permaneça reduzida.

No que diz respeito ao currículo, parece que a excessiva diversidade de vias educativas no ensino secundário (Bryk & Thum, 1989; Purkey & Smith, 1983) e a falta de ênfase na aprendizagem da leitura, da escrita e da matemática no ensino primário afectam negativamente a escolaridade. O agrupamento dos alunos está intimamente ligado ao currículo, uma vez que se relaciona, por um lado, com o modo como os alunos são agrupados para receber o conhecimento organizado pelo currículo e, por outro, com o ajustamento entre o conhecimento a transmitir e as capacidades de um adolescente para o receber. Quanto à primeira dimensão, Caouette (1992) questiona mais a pertinência do agrupamento dos alunos de acordo com a sua idade do que o estabelecimento de grupos multi-idades, mais "naturais" e susceptíveis de estimular o desenvolvimento social dos adolescentes. As diversas experiências efectuadas sobre o ensino tutelar entre pares defendem a heterogeneidade do grupo de alunos já que, pelo menos no ensino primário, tudo indica que esta modalidade pedagógica tem efeitos benéficos nas aprendizagens e comportamentos, tanto junto dos tutores como dos tutelados (Coie & Krehbiel, 1984; Greenwood, Carta & Vance Hall, 1988; Maheady & Sainato, 1985). Outros autores destacam os efeitos perversos e causadores de stresse das mudanças relacionadas com a passagem do básico para o secundário, num momento em que o jovem entra na puberdade (Entwisle, 1990; Simmons & Blyth, 1987). Quanto à segunda dimensão do agrupamento, ou seja, ao lugar previsto para os alunos que apresentam certas dificuldades escolares ou de comportamento, parece que as políticas que consistem em fazer repetir o ano e em distribuir os alunos por áreas de acordo com as suas capacidades têm efeitos nefastos. Consideremos, em primeiro lugar, a situação do repetente que deve recomeçar o seu ano escolar porque não pôde, através das diferentes avaliações a que foi sujeito, demonstrar um domínio mínimo de certos conhecimentos. Na sua meta-análise feita aos estudos longitudinais acerca da repetição do ano escolar, Holmes (1990) compara a adaptação escolar dos alunos que reprovaram à daqueles que passaram de ano (sob condição) embora apresentando perfis escolares e comportamentais semelhantes. Os resultados indicam que os alunos que transitaram de ano, sob condição, não apresentam mais dificuldades subsequentes na sua escolaridade que os alunos reprovados. Sabendo, por exemplo, que os alunos que repetiram pelo menos um ano correm mais riscos de virem a abandonar a escola (Bachman et al., 1971; Cairns et al., 1989; Violette, 1991), torna-se importante questionar esta prática.

A prática que consiste em retirar do currículo normativo os alunos com dificuldades de aprendizagem ou problemas de comportamento não parece ser uma estratégia nem correcta nem necessária. Algumas investigações mostram que as práticas de exclusão (i. e. recurso a turmas especiais) não são mais eficazes do que as estratégias de integração das crianças com dificuldade em turmas regulares (Rutter, 1983). Ademais, Garmoran e Mare (1989) demonstram, com base num estudo longitudinal sobre a escolaridade de 10 980 estudantes do ensino secundário, que a distribuição por áreas de acordo com as capacidades afecta o rendimento escolar na matemática e aumenta os riscos de abandonar a escola. Mais precisamente, os autores demonstram que os alunos com sub-aproveitamento são tendencialmente provenientes de meios desfavorecidos e tendencialmente encaminhados para áreas vocacionais ditas inferiores, enquanto que aqueles que têm aproveitamento, vindos sobretudo de meios favorecidos, são mais vezes encaminhados para áreas vocacionais ditas superiores. O sistema de distribuição por capacidades acentua as diferenças entre estes tipos de alunos em termos de sucesso escolar e de probabilidades de obter um grau académico e, por isso, cristaliza as diferenças sociais. Estes mesmos investigadores verificam, no entanto, que os sistemas de distribuição por capacidades são positivamente enviesados a favor dos alunos de raça negra e das raparigas (i. e. um agrupamento enviesado para áreas vocacionais normativas e superiores), o que diminui sensivelmente o efeito discriminatório de tais sistemas para estes grupos de alunos. Sublinham também que os programas de áreas mais ligeiras ou de orientação profissional não são mais eficazes que os das áreas ditas normais para impedir os adolescentes de abandonar a escola (Entwisle, 1990; Glickman, 1992; Rutter, 1983).

Enfim, uma das críticas importantes ao agrupamento por capacidades tem a ver com os riscos de etiquetagem. O processo de etiquetagem, inspirado no interaccionismo simbólico, contribuiu, particularmente no âmbito das teorias da reacção social, para explicar os comportamentos desviantes (Palmer & Humphrey, 1990). A etiquetagem operaria da

Abandono escolar na adolescência 263

seguinte forma: "As pessoas responsáveis pela etiquetagem esperam que os comportamentos futuros do indivíduo etiquetado concordem com o papel desviante que lhe é atribuído. Estas pessoas são mais susceptíveis de dar reforços ao indivíduo que se conforma com seu papel desviante e de punir aqueles que com o mesmo não se conformam. Por conseguinte, quando alguém é etiquetado como delinquente ou como tendo problemas de saúde mental, ele ou ela é mais susceptível de ver reforçados os comportamentos que se conformam com a etiqueta desviante. Espera-se que este indivíduo aceite a sua etiqueta e o papel que lhe é atribuído e que integre uma imagem de si que traduza essa etiqueta." (Palmer & Humphrey, 1990, p. 50).

Alguns investigadores viram, assim, no princípio do agrupamento dos alunos menos capazes ou mais problemáticos um procedimento de etiquetagem negativo capaz de conduzir à delinquência juvenil (percepção de si negativa, desistência escolar, condutas desviantes, etc.). Contudo, os estudos longitudinais não conseguiram confirmar estes pontos de vista e a controvérsia permanece ainda em aberto (ver Le Blanc, Vallières & McDuff, 1992; Walgrave, 1992; Wilson & Herrnstein, 1985). As teorias da etiquetagem foram também objecto de numerosas críticas no que diz respeito ao seu determinismo e ao seu mutismo face aos comportamentos iniciais que conduzem à reacção de etiquetagem (Gottfredson & Hirschi, 1990; Walgrave, 1992).

Quanto ao plano da composição do *corpus* de alunos, vários autores verificaram que as taxas de abandono são mais elevadas nas escolas com grande diversidade cultural e étnica, mesmo depois de terem sido considerados os efeitos do estatuto socioeconómico (Bryk & Thum, 1989; McNeal, 1997; Rumberger, 1995). Por outro lado, Rutter e colaboradores (1979) consideram que as escolas frequentadas por uma elevada proporção de alunos com fracas capacidades intelectuais apresentam ainda mais problemas de absentismo, de delinquência e de insucesso escolar.

As práticas educativas e a relação com o professor
Entre os factores que melhor caracterizam as escolas mais conceituadas, encontra-se a valorização do êxito educativo ao nível da turma e ao nível da própria escola (Entwisle, 1990; Purkey & Smith, 1983; Rutter, 1983), bem como a manutenção de expectativas elevadas e realistas face ao desempenho dos alunos (Bryk & Thum, 1989; Purkey & Smith, 1983; Rutter, 1983; Wiggins, 1989). O impacto das expectativas do professor foi exposto de forma particularmente eloquente no

célebre estudo experimental de Rosenthal e Jacobson, publicado em 1968 (cf. efeito "pigmaleão" ou *"self-fulfilling prophecy"*). Lembre-se que, neste estudo, os autores demonstraram que os alunos de professores a quem tinha sido dito que eram "dotados" obtiveram melhores avaliações cognitivas e comportamentais que os alunos relativamente aos quais os professores tinham recebido uma descrição desfavorável das suas capacidades (apesar de as crianças serem, à partida, absolutamente comparáveis). Embora as réplicas deste estudo não tenham senão oferecido escassos resultados, Wiggins (1989) insiste em lembrar que várias outras pesquisas militam a favor de um efeito das expectativas do professor: "as expectativas dos professores podem afectar e afectam os alunos, ainda que estas expectativas nem sempre se concretizem e possam diferir em grau e tipo" (tradução livre, p. 167). O modo como as expectativas do professor afectam o rendimento do aluno assemelha-se ao processo de etiquetagem acima descrito.

Num estudo retrospectivo realizado no Quebeque sobre a desistência escolar, Violette (1991) nota que há mais alunos desistentes do que alunos finalistas do ensino secundário a ter más relações ou relações mais ou menos boas com o pessoal da escola. Fagan e Pabon (1990) confirmam esta observação, sublinhando que as relações entre os alunos desistentes e os seus professores eram ainda piores que no caso das alunas desistentes. Eaton (1979) estudou os factores associados ao absentismo persistente em 190 alunos dos 9 aos 14 anos. As análises de regressão múltipla demonstraram que, para além do estatuto socioeconómico dos pais, da estrutura familiar, da ansiedade do adolescente ou das suas capacidades intelectuais, são as relações entre o aluno, os seus professores e os seus pares que melhor predizem a sua perseverança escolar. Mais precisamente, uma relação insatisfatória com os pares era o melhor preditor de absentismo dos mais novos, enquanto que uma relação insatisfatória com os professores era a variável que melhor predizia o absentismo no ensino secundário.

O sistema de reconhecimento e a gestão da turma

Sabe-se desde há muito que a retroacção positiva ou o reforço constitui uma estratégia bem mais eficaz que a punição para aumentar a motivação e diminuir os comportamentos turbulentos (Archambault & Chouinard, 1996; Charles, 1997; Viau, 1994; Walker, Colvin & Ramsey, 1995). Apesar disso, forçoso é admitir a dificuldade dos educadores em aplicar este princípio no dia-a-dia das suas intervenções (Langevin,

1994). As investigações demonstraram que as escolas que regularmente usam mais reforços positivos e encorajamentos do que punições registam menos problemas de comportamento. Um sistema de reconhecimento de qualidade recorre ao uso sistemático de reforços sociais e materiais em relação aos indivíduos e à comunidade estudantil e a um uso parcimonioso da punição. A noção de reforço inclui a da recompensa, mas não se lhe restringe. Note-se que a recompensa comporta, por vezes, efeitos perversos sobre a motivação e que os contextos e estratégias da sua aplicação exigem uma planificação minuciosa (Charles, 1997; Viau, 1994).

Quantidade e qualidade do ensino

Por muito que se aplique métodos pedagógicos eficazes junto dos alunos é preciso ainda que estes possam deles tirar proveito. Os estudos mostram que nas escolas menos eficazes há muita perda de tempo antes e durante as aulas (Langevin, 1994; Rutter et al., 1979). Uma boa planificação das aulas e, sobretudo, a utilização de boas estratégias de gestão da turma permitem evitar perdas de tempo (Gottfredson, 1984; Purkey et al., 1983; Walker, Colvin & Ramsey, 1995) que afectam não só a "dosagem" do ensino, mas também favorecem os tempos mortos de que os alunos mais turbulentos se aproveitam. Quanto mais os alunos estiverem concentrados nas suas actividades de aprendizagem, menos correm o risco de se envolverem em interacções inapropriadas. As boas escolas caracterizam-se por terem professores que sabem obter e manter a atenção dos alunos, maximizar o tempo de ensino, gerir com eficácia os problemas de disciplina, reforçar os comportamentos adequados, etc. (Entwisle, 1990; Purkey & Smith, 1983; Rutter, 1983). Os professores mais eficazes interagem continuamente com toda a turma e evitam limitar a sua atenção a um único aluno (Rutter et al., 1979).

Para além do apoio, uma grande parte da qualidade das aprendizagens relaciona-se com as estratégias de ensino. Mais uma vez se observa um fosso importante entre as aquisições da investigação científica acerca das práticas mais eficazes e as estratégias utilizadas no dia-a-dia da escola. Dito isto, nas melhores escolas sob o ponto de vista das aprendizagens e da motivação, os professores dominam as pedagogias de cooperação, têm em conta as estratégias de aprendizagem utilizadas pelos alunos, preocupam-se em neles estimular sentimentos quer de controlo quer de competência e procuram ainda desenvolver as suas capacidades metacognitivas. Enfim, estes professores são maleáveis e fazem variar as suas estratégias pedagógicas para se adaptarem aos diferentes conteúdos, aos contextos de ensino e às necessidades dos alunos (Langevin, 1994; Solomon, 1996; Deci, Schwartz, Scheinman & Ryan, 1981; Protheroe, 1991; Skinner, 1995; Viau, 1994).

As oportunidades de investimento

A escola, sobretudo ao nível do ensino secundário, é algo mais vasto que um restrito ambiente de aprendizagem escolar. As boas escolas oferecem aos adolescentes múltiplas ocasiões de descobrir os seus interesses, as suas capacidades desportivas e artísticas, bem como de se desenvolver nos planos pessoal (autonomia) e social (amizades, competência social) (Finn, 1989; McNeal, 1995; Rutter et al., 1979). As actividades extracurriculares e as actividades escolares complementares favorecem contactos diferentes com os adultos da escola assegurando, ao mesmo tempo, uma maior supervisão dos jovens (Finn, 1989).

A participação dos pais

As escolas com melhor desempenho não estão fechadas em si próprias. Sabem, em particular, dar lugar aos pais e suscitar a sua participação nas diferentes comissões ou actividades (Hickman, Grenwood & Miller, 1995; Purkey & Smith, 1983). A este nível, as práticas eficazes implicam uma boa comunicação entre a escola e os pais, bem como um apoio aos pais quanto à melhor forma de ajudar os filhos nos seus estudos (Connors & Epstein, 1995).

A liderança educativa da direcção e estilo de gestão

As práticas abordadas até ao momento destacam sobretudo as interacções entre alunos e professores. Para muitos, a qualidade destas interacções é tributária da motivação dos professores e da qualidade das suas interacções com a direcção da escola (Purkey & Smith, 1983; Rutter, 1983). Com efeito, as pesquisas demonstraram que a motivação dos professores aumenta nos casos em que a direcção da escola é mais encorajadora que controladora. Uma boa direcção dá valor à opinião do pessoal; apresenta claramente as suas expectativas e distribui judiciosamente responsabilidades e tarefas. A direcção de uma escola desempenha o papel de pedra angular no estabelecimento de um clima harmonioso entre os diferentes membros do seu pessoal (Dufour, 1986; Evans, 1983; Hassenpflug, 1986; Kelley, 1981; Mazur & Lynch, 1989; Rowan, Bossert & Dwyer, 1983). Importa também que a direcção reconheça as forças e as vulnerabilidades dos professores a fim de ajustar a sua supervisão pessoal às necessidades de cada um (Rawcliffe, 1991).

Os bons directores associam o pessoal aos processos de decisão importantes, o que acentua o sentimento de pertença ao meio (McCormack-Larkin, 1985). Dado que uma boa comunicação e uma verdadeira concertação se mostram essenciais para atingir objectivos comuns, então um líder eficaz, capaz de suscitar a cooperação de todos, revela-se primordial (Durlak, 1995; Henderson, 1989). A qualidade das relações entre a direcção e os professores traduz-se por uma percepção de colaboração entre ambas as partes, pela supervisão dos professores e pelas oportunidades que lhes são dadas para explorar novas práticas pedagógicas (Gottfredson, 1984). Os directores devem, mais do que julgar, apoiar e guiar o seu pessoal. Como o explica Langevin (1994): "o director da escola não é o orientador pedagógico, mas é sobretudo aquele que apela às competências e aos talentos dos outros" (p. 73).

Em resumo, a literatura científica empírica apoia a ideia de que o ambiente socioeducativo contribui de forma específica para a qualidade da experiência escolar dos alunos (Janosz, Georges & Parent, 1998). Na medida em que os escassos estudos que incidem especificamente sobre o abandono escolar indicam tendências semelhantes, e que a qualidade da experiência escolar afecta directamente a perseverança nos estudos, é legítimo concluir que a escola, com as suas características organizacionais, com o seu funcionamento geral e o clima que nela reina, afecta a desistência escolar. Todos estes estudos confirmam a importância atribuída às características e à qualidade do contexto educativo. A escola participa activamente no processo que conduz à desistência através das expectativas dos professores, dos programas de estudo, do apoio, da qualidade dos estímulos, dos encorajamentos, da atmosfera nela vivenciada, tudo aspectos que fazem parte do quotidiano da escola.

Determinantes familiares

A situação familiar do aluno tem recebido grande atenção por parte dos investigadores. A maioria dos estudos debruçaram-se sobre a situação estrutural da família e seu funcionamento. Em geral, os estudos longitudinais e transversais convergem nas mesmas conclusões: os desistentes provêm muito mais de famílias cujo nível de adversidade estrutural é elevado (pobreza, monoparentalidade, mobilidade, famílias numerosas, etc.) e cujas práticas educativas são ou demasiado permissivas ou demasiado rígidas (no que respeita a acompanhamento, apoio, etc.).

Estatuto socioeconómico e estrutura familiar

São várias as pesquisas longitudinais que realçam o facto de os alunos desistentes serem provenientes de famílias com baixos rendimentos e separadas (Bachman et al., 1971; Cairns et al., 1989; Ekstrom et al., 1986; Elliott & Voss, 1974; Howell & Frese, 1982; Janosz et al., 1997; Shaw, 1982). As influências respectivas do estatuto socioeconómico e da separação da família sobre o abandono dos estudos não são contudo assim tão simples. Na verdade, num estudo que incidiu sobre 433 díades mãe-filha de raça branca e 216 díades de raça negra, Shaw (1982) observa que o rendimento familiar afecta o prosseguimento e a conclusão dos estudos, quer se viva ou não numa família intacta. Todas aquelas que não haviam completado o seu 12.º ano ou que não estavam inscritas na escola eram consideradas desistentes. Como sublinha a autora, dado que as dificuldades financeiras são habituais no grupo da monoparentalidade, não é de espantar que exista uma relação entre a separação da família e a perseverança escolar. Os resultados mostram que, uma vez controlado o estatuto socioeconómico, as raparigas de raça branca provenientes de famílias monoparentais não corriam mais riscos de desistir do que aquelas que viviam num lar unido. Ao contrário, as raparigas de raça negra provenientes de famílias separadas desistiam em maior número do que as suas homólogas vindas de famílias intactas, mesmo estando controlado o estatuto socioeconómico.

O efeito da classe social sobre a experiência escolar não parece ser directo. Com efeito, a maioria dos autores sublinha que, em geral, o efeito do estatuto socioeconómico afecta principalmente o ambiente "distal" (bairro) e "proximal" (família) o qual, por sua vez, influencia directamente o jovem (Entwisle, 1990). Assim, o facto de viver numa situação financeira precária, de não ter emprego, de morar num bairro degradado, etc., aumenta o stresse vivido pelos pais (ainda mais se a família é monoparental), o que influencia a qualidade das práticas educativas (supervisão das crianças, relações afectivas, relações maritais e familiares...).

Sandefur, McLanahan e Wojtkiewicz (1992) estudaram o efeito da estrutura familiar no abandono escolar, tendo em conta diferentes organizações familiares (família biparental, reconstituída, monoparental, ausência de pais). Os autores entrevistaram sobre a respectiva situação familiar, em 1979, 5 246 adolescentes com idades compreendidas entre

Abandono escolar na adolescência 269

os 14 e os 17 anos. Mais tarde, em 1985, os autores obtiveram informação relativa à obtenção de diploma dos sujeitos (11% de desistentes). Os resultados indicam que o facto de viver, aos 14 anos, numa família monoparental, reconstituída ou sem pais é um predidor de abandono escolar; que a desagregação da estrutura parental durante a adolescência (entre os 14 e os 17 anos) afecta negativamente as probabilidades de vir a obter um grau académico; e, enfim, que os efeitos da estrutura parental persistem mesmo depois de ter sido controlado o efeito relacionado com o rendimento familiar, com a auto-estima e com as expectativas escolares que as pessoas significativas tinham em relação aos sujeitos. Note-se que estas últimas variáveis de controlo se encontram também ligadas ao abandono escolar. Weng et al. (1985) verificam, por sua vez, que o divórcio dos pais é melhor preditor do abandono escolar no caso dos rapazes do que no caso das raparigas.

A dimensão das famílias (Bachman et al., 1971), a escolaridade dos pais (Ekstrom et al., 1986; Horwich, 1980) e o facto de existirem desistentes numa família (Elliott & Voss, 1974) são também preditores de desistência escolar. No Quebeque, vários estudos confirmam que os alunos desistentes provêm de famílias numerosas, com fracos rendimentos e cujos pais são pouco escolarizados (Horwich, 1980; Le Blanc, Janosz & Langelier-Biron, 1993; Janosz et al., 1997). Num estudo recente de Janosz, Le Blanc, Boulerice e Tremblay (2000) foram analisados os factores de risco do abandono escolar e a sua importância preditiva. Este estudo incidia em duas amostras longitudinais de adolescentes do Quebeque, da região de Montréal. Em 1974 e 1985, 791 adolescentes, com idades compreendidas entre os 12 e os 16 anos, responderam a um questionário auto-revelador sobre a experiência escolar, a vivência familiar (estrutura e funcionamento), os comportamentos, os hábitos de vida (amigos, lazeres) e a estrutura da personalidade. Apesar das importantes diferenças temporais e de amostragem entre os dois grupos (ex. taxa de desistência de 20% em 1974 e de 42% em 1985), os resultados do estudo indicaram uma forte concordância (81%) entre as duas amostras quanto à natureza e à amplitude dos preditores. Nesta pesquisa, tanto os factores familiares como a escolaridade dos pais e a desvantagem familiar (monoparentalidade, família numerosa, etc.) aparecem como fortes preditores do abandono escolar.

Os dados fornecidos pelos estudos transversais e retrospectivos são concordantes com os das pesquisas longitudinais. Assim, comparadas as famílias de alunos diplomados e de alunos desistentes, estes provêm sobretudo de famílias com baixos rendimentos (Fagan & Pabon, 1990; Governo do Canadá, 1993; Rumberger, 1983; MEQ, 1991; Violette, 1991), de famílias numerosas e com pais pouco escolarizados, tendo com frequência um irmão que já abandonou a escola, bem como de famílias separadas (Friedman et al., 1985; Rumberger, 1983; Violette, 1991). Rumberger (1983) verifica também que os rapazes parecem ser mais influenciáveis pelo nível de escolaridade do pai e as raparigas pelo da mãe.

Featherstone, Cundick e Jensen (1992) procuraram clarificar os impactos da estrutura familiar no rendimento e comportamento escolares, sublinhando que os estudos sobre esta questão estão divididos entre os que não encontram quaisquer efeitos e os que encontram efeitos negativos. Este estudo incide sobre 240 raparigas e 290 rapazes, do 6.º ao 9.º anos, provenientes de famílias monoparentais (159), reconstituídas (78) e intactas (293). As análises comparativas permitem observar que os adolescentes que provêm de famílias intactas têm menos faltas, menos atrasos e melhores resultados escolares do que os seus homólogos provindo de famílias reconstituídas ou monoparentais. Além disso, os professores avaliaram os comportamentos dos adolescentes oriundos de famílias intactas de forma mais positiva e menos negativa que os dos seus pares de famílias reconstituídas ou monoparentais.

Funcionamento familiar

Steinberg, Elemin e Mounts (1989) estudaram o impacto do estilo parental na maturidade psicológica e no sucesso escolar dos adolescentes. A sua amostra incide sobre 120 famílias, cujo filho mais velho tinha em média 13 anos, entrevistadas em 1985 e 1986. Os resultados mostram que os adolescentes que sentem ser tratados pelos pais de forma calorosa, democrática mas firme, são aqueles que, mais tarde, atingem maior sucesso na escola. Mais precisamente, este tipo de funcionamento parental aumenta o sentimento positivo de autonomia no aluno, em particular, a orientação psicológica positiva face ao trabalho, o que favorece o sucesso escolar. Enfim, os pais dos desistentes não oferecem aos filhos nem muita supervisão nem muito acompanhamento escolar (Ekstrom et al., 1986).

Astone e McLanahan (1991) estudaram, por seu lado, as relações existentes entre estrutura e funcionamento familiar e a perseverança escolar, utilizando a base americana de dados longitudinais do estudo "High School and Beyond" (HSB). Os resultados demonstram, em primeiro lugar, que os adolescentes que vivem numa família monoparental ou reconstituída dizem receber menos atenção e menos encorajamento quanto às suas actividades escolares do que os adolescentes vivendo com os dois pais biológicos. Aqueles jovens consideram que os pais têm poucas expectativas quanto à sua escolaridade e que recebem menos acompanhamento e supervisão nas suas actividades escolares e sociais do que os alunos oriundos de famílias intactas. Os autores notam ainda que a mudança de estrutura (família monoparental para família reconstituída) está associada a uma diminuição da qualidade de investimento parental. Além disso, os resultados também indicam que estas características estruturais e funcionais se encontram negativamente relacionadas com o empenhamento escolar do estudante (i. e. o seu rendimento e as suas aspirações escolares, a sua assiduidade e as suas atitudes perante a escola). Astone e McLanahan (1991) propõem, então, que a estrutura e o funcionamento familiar sejam considerados como contribuindo de forma independente para o abandono escolar.

No Quebeque, Horwich (1980) observou que os pais colocam poucas objecções à decisão do filho abandonar a escola e que têm igualmente tendência para ignorar ou para reagir mais negativamente aos seus maus resultados (criticam ou punem). Acresce que, de acordo com o estudo de Janosz et al., (1997), os adolescentes que desistiram diziam ter em casa mais imposições que os diplomados.

Num estudo transversal, McCombs e Forehand (1989) interessaram-se pelos factores familiares susceptíveis de atenuar os impactos negativos do divórcio na escolaridade. A amostra é composta por 71 adolescentes (45 rapazes e 26 raparigas) e pelas respectivas mães, divorciadas há menos de um ano e mantendo a guarda do filho. Os sujeitos foram repartidos por três grupos segundo o seu fraco (n=23), médio (n=21) ou alto (n=27) desempenho na escola. Os resultados indicam que as mães das crianças que registaram melhor desempenho depois do divórcio apresentavam um nível de depressão mais baixo, uma escolaridade mais elevada, menos conflitos com o ex-marido e com o filho do que as mães dos alunos que registaram um desempenho mais negativo. Uma análise diferenciada dos grupos de alunos com alto e baixo nível de desempenho permite a seguinte conclusão: os conflitos entre a mãe e o ex-marido (tal qual contados pela mãe) e a intensidade dos conflitos entre as adolescentes e as respectivas mães (tal qual contado pelas adolescentes) são as duas variáveis que melhor distinguem estes dois grupos (30% da variância explicada). Fagan e Pabon (1990) notam também que os alunos desistentes se caracterizam pela falta de apoio familiar e pelo isolamento social.

Rumberger et al. (1990) interessaram-se igualmente pela práticas parentais susceptíveis de influenciar o abandono escolar. Os seus resultados clarificam três aspectos importantes do funcionamento das famílias de alunos desistentes. Os autores observam, antes de mais, que os desistentes provêm sobretudo de famílias de estilo parental permissivo, o que leva o adolescente a ficar sozinho nas decisões relativas aos seus comportamentos e actividades, ou seja, permite um excesso de autonomia. Os resultados indicam ainda que os pais de alunos desistentes reagem pior ao rendimento escolar do filho: reagem mais negativamente (sanções, afectividade negativa...) e encorajam menos. As suas atitudes não favorecem o desenvolvimento de uma motivação intrínseca face à educação. Enfim, os pais de alunos desistentes não oferecem muita supervisão e nem muito acompanhamento escolar aos seus filhos.

Determinantes interpessoais

Vários estudos prospectivos mostraram que os alunos futuros desistentes se juntam, com mais frequência, aos seus pares desistentes ou potencialmente desistentes do que os colegas que irão obter um diploma (Cairns et al., 1989; Ekstrom et al., 1986; Elliott & Voss, 1974). Elliott e Voss (1974) observam ainda que os desistentes manifestam uma grande fidelidade aos seus pares, o que não se verifica em relação aos seus pais. Rumberger (1983) verifica, por sua vez, que a companhia de amigos cujas aspirações escolares são pouco elevadas diminui a probabilidade de terminar os estudos. Horwich (1980) observa, entre uma população de alunos desistentes do Quebeque, que estes procuram mais a companhia dos potenciais desistentes. Janosz et al. (1997) acrescentam que os alunos desistentes tinham mais amigos do que os futuros diplomados, que passavam mais tempo com esses amigos e que estes manifestavam mais condutas desviantes.

A aproximação a pares não-convencionais, potencialmente desistentes ou mesmo desviantes, parece traduzir uma dificuldade de integração na escola (sentimento de alienação, rejeição social...). No entanto, o papel dos pares no processo que conduz à desistência não recebeu ainda grande atenção por parte dos investigadores e os estudos empíricos que permitiriam demonstrar os processos explicativos são quase inexistentes. Remetemos o leitor para a excelente recensão de Hymel et al. (1996) sobre o tema. Refira-se, contudo, duas grandes pistas explicativas que não se excluem mutuamente. A companhia de pares potencialmente desistentes que não valorizam a escolaridade viria, desde logo, minar a construção de uma motivação intrínseca no adolescente. Depois, o adolescente que acompanha pares desviantes correria mais riscos de se envolver, ele próprio, em condutas desviantes ou delinquentes incompatíveis com as exigências da escolaridade.

Determinantes pessoais

Características sociodemográficas
Os dados sociodemográficos estão sempre dependentes de uma situação histórica e conjuntural. Devem pois ser interpretados com prudência (MEQ, 1991; Natriello, Pallas & McDill, 1986). Contudo, os estudos dos últimos vinte anos, tanto provenientes dos Estados Unidos como do Canadá ou do Quebeque, patenteiam resultados estáveis e convergentes no domínio do abandono escolar.

Idade
Num estudo transversal e retrospectivo do Ministério da Educação efectuado junto de 913 alunos desistentes francófonos, Violette (1991) indica que a maioria dos desistentes deixa a escola secundária entre os 16 e os 17 anos. Estes resultados são consistentes com os dos estudos realizados nos Estados Unidos (ver Schreiber, 1969; Self, 1985). Por seu lado, Hrimech et al. (1993) afirmam, num estudo retrospectivo feito junto de 400 alunos desistentes de Montréal, que estes últimos têm sobretudo entre 17 e 19 anos. Estes números são também invocados por Rumberger (1987) que lembra o facto de a lei obrigar os adolescentes a frequentar a escola até aos 16 anos. Por outro lado, se tivermos em conta que todo o adolescente é obrigado a frequentar a escola até ao fim do ano em que atinge os 16 anos, observa-se uma proporção considerável de adolescentes que deixam a escola de forma ilegal. Embora os números tenham tendência para variar de um estudo para outro, os desistentes de 15 anos ou menos representariam entre 11% e 19% dos alunos desistentes. E mais, se incluirmos aqueles que desistiram durante o ano em que atingiram os 16 anos, então as proporções aumentam para 31% e 40% (Governo do Canadá, 1993; MEQ, 1991; Violette, 1991).

Sexo
De uma maneira geral, observa-se que é maior o número de rapazes a desistir da escola que o de raparigas (Friedman et al., 1985; Hrimech

et al., 1993; Rumberger, 1987). Tendo em conta as amostras do Quebeque, Violette (1991) indica que 55% dos desistentes eram rapazes, enquanto que Janosz et al. (1997) afirmam que estes últimos constituíam 51% e 58% das suas amostras. No que ao risco de desistir da escola diz respeito, o Ministério da Educação do Quebeque assinala uma diferença relativamente estável, desde 1985, de 12% a desfavor dos rapazes (MEQ, 1998).

Língua materna e origem étnica

Quer Bauchesne (1991) quer Hrimech et al. (1993) observam que os alunos cuja língua materna é o francês desistem em maior número que aqueles cuja língua materna é o inglês. Os dados provenientes dos Estados Unidos destacam, no geral, uma mais alta taxa de desistentes em alunos oriundos de comunidades negras e, sobretudo, de comunidades em que a língua materna é o espanhol (ver Chavez, Edwards & Oetting, 1989; Esminger & Slusarcick, 1992; Fine, 1986; Rumberger, 1983, 1987). Contudo, Rumberger (1983) nota que, partir do momento em que se controla os antecedentes familiares e socioeconómicos dos adolescentes pertencentes a minorias étnicas, estes últimos já não se diferenciam dos adolescentes brancos quanto às suas probabilidades de abandonar a escola. Estudos longitudinais demonstraram também esta relação entre a situação socioeconómica e a origem étnica no que se refere aos negros americanos (Cairns et al., 1989; Howell & Frese, 1982). Por seu lado, Entwisle (1990) sublinha que a experiência escolar parece ser mais favorável aos americanos de origem asiática que aos jovens de origem sul-americana.

Os dados obtidos no Quebeque sobre a origem étnica são escassos. Segundo o Conselho das Comunidades Culturais e da Imigração (1991), a pertença a uma comunidade negra estaria ligada a uma mais forte probabilidade de abandonar os estudos. No entanto, Hrimech et al. (1993) não encontram nenhuma relação entre a incidência da desistência escolar e a origem étnica. Em suma, o estado dos conhecimentos não permite, neste momento, destrinçar as relações entre origem étnica, situação socioeconómica, integração social, valores, etc..

Experiência escolar

Os estudos longitudinais prospectivos e retrospectivos concordam entre si ao indicar que os alunos desistentes eram adolescentes cuja experiência escolar tinha sido geralmente negativa. Note-se, em primeiro

Abandono escolar na adolescência 275

lugar, que apesar da evolução socioeconómica dos últimos trinta anos, os conhecimentos adquiridos com os estudos longitudinais de Bachman et al. (1971) e de Elliott e Voss (1974) não foram em nada ultrapassados.

O estudo de Bachman et al. (1971) incide numa amostra de mais de 2 200 rapazes que responderam a um questionário no Outono de 1966, na Primavera de 1968 e de 1969, e no Verão de 1970 (perda de 25% da amostra inicial). Estes rapazes iniciavam o 10.º ano de escolaridade em 1966 (o "somophore year" americano, equivalente ao secundário IV no Quebeque). Definidos como tendo interrompido os seus estudos a tempo inteiro durante várias semanas, os alunos desistentes (n=286) são comparados a dois grupos de diplomados: os que terminam os estudos após o 12.º ano (n=796) e os que prosseguem estudos universitários (n=914). As limitações desta pesquisa residem principalmente no facto de a mesma contemplar apenas rapazes e de não incluir aqueles que desistiram antes da entrada no 10.º ano. Os autores também não indicam o número exacto de semanas sem frequentar a escola necessário para considerar um aluno como desistente. Bachman et al. (1971) observam que um fraco rendimento escolar, um atraso no percurso escolar, atitudes negativas face à escola, problemas de disciplina, bem como capacidades intelectuais e verbais inferiores, predizem o abandono. Para estes investigadores, o abandono dos estudos é sintoma de dificuldades psicossociais subjacentes.

Elliott e Voss (1974) vêem na desistência escolar e nas condutas delinquentes dos adolescentes uma forma de responder às tensões geradas pelos insucessos vivenciados na escola. Os repetidos insucessos pelos quais os alunos se culpam causam um stresse que, quando associado ao isolamento social e às influências de alunos desistentes, só desaparecerá com o abandono da escola. A conduta delinquente resultaria de uma atribuição externa ao insucesso assim como à possibilidade de evoluir num meio que favorece este tipo de conduta. Para estes autores, a delinquência juvenil e a desistência escolar são mais resultantes da inadaptação às exigências e às expectativas do meio escolar do que geradas pela família. O seu estudo longitudinal pretende ser uma validação destes conceitos teóricos e incide sobre uma amostra de 2 617 alunos que iniciavam o 9.º ano (secundário III), no Outono de1963. Esta primeira recolha de dados foi seguida de quatro outras recolhas com cerca de um ano de intervalo, tendo a última sido efectuada no Outono de 1967, depois dos alunos terem obtido um grau académico. Os autores identificaram três tipos de alunos desistentes: os desistentes involuntários (v. g., mortalidade), os desistentes que apresentam dificuldades cognitivas

(i. e. um Q.I. inferior ao percentil 30 e classificações médias inferiores à nota C) e os desistentes "capazes" (i. e. um Q.I. superior ao percentil 30 e classificações médias superiores à nota C). Só os desistentes capazes, tenham eles abandonado voluntariamente os estudos ou sido expulsos da escola, foram retidos para fins de análise (366 sujeitos no total). Os resultados indicam que um baixo rendimento escolar, aspirações escolares pouco elevadas, condutas delinquentes na escola, uma fraca adesão e um fraco empenhamento nas normas escolares, bem como isolamento social, são tudo sinais que anunciam o abandono escolar.

Os estudos levados a cabo nos anos 80 e 90 continuam a identificar sensivelmente os mesmos indicadores que os realizados nos anos 70. Assim, Howell e Frese (1982) consideraram que um baixo rendimento escolar, um Q.I. menos elevado e pouca motivação escolar constituíam bons anunciadores de abandono escolar precoce. Tanto Ekstrom et al. (1986) como Wehlage e Rutter (1986) afirmam que um baixo rendimento escolar, aspirações pouco elevadas, um fraco investimento nas actividades escolares e extracurriculares, problemas de comportamento e de assiduidade, baixas capacidades intelectuais e verbais, ter um trabalho durante os estudos, bem como sentir-se pouco ligado às normas escolares, são tudo bons preditores de desistência.

Cairns et al. (1989) interessaram-se especificamente pelas características individuais dos desistentes precoces, ou seja, daqueles que abandonaram a escola entre os 16 e os 17 anos. O seu estudo incide numa amostra de 475 jovens (248 raparigas e 277 rapazes) que foram seguidos durante cinco anos (em média dos 12 aos 17 anos). Em cada ano, foi efectuada uma recolha de dados com apenas 1% de perda em relação à amostra inicial (n= 467). Como era esperado, os resultados indicam que um baixo rendimento escolar, atrasos no percurso escolar e problemas de agressividade constituem factores de risco de abandono escolar precoce (Cairns et al., 1989).

Ensminger e Slusarcick (1992) conduziram um dos raros estudos longitudinais a incluir dados sobre a experiência escolar desde o início da escola primária, bem como a ter em conta tanto os alunos desistentes precoces como os tardios. Os sujeitos, americanos de raça negra em 97% dos casos, provêm sobretudo de meios socioeconómicos desfavorecidos. Os investigadores conseguiram identificar a obtenção de diplomas por 917 sujeitos (447 rapazes e 470 raparigas). Os resultados demonstram que o rendimento escolar e o nível de agressividade avaliado pelos professores no primeiro ano de escolaridade predizem o abandono escolar na adolescência. Para os adolescentes, aspirações escolares elevadas e o facto de pensarem que os professores os têm como bons alunos aumentam a probabilidade de obterem um diploma. Ao contrário, os testes de competências escolares no ensino secundário não denotam nenhuma relação com o abandono dos estudos.

No Quebeque, duas importantes investigações longitudinais permitem observar resultados similares aos dos estudos americanos. O estudo de Horwich (1980) indica que os adolescentes que haviam deixado a escola antes dos 16 anos (obterão talvez o seu diploma mais tarde, mas os dados não o podem confirmar) obtinham piores resultados escolares, vivenciavam mais insucessos, consideravam-se menos competentes e demonstravam menos ambição quanto à sua escolaridade do que aqueles que continuavam na escola. Acresce que os alunos desistentes participavam menos nas actividades extracurriculares e não viam como útil a sua escolaridade. Por seu lado, Janosz et al. (1997) afirmam que o atraso, o rendimento, as sanções disciplinares e o nível de empenhamento escolar constituem excelentes preditores de desistência.

Os resultados dos estudos retrospectivos e os dos estudos longitudinais convergem. Sewell, Palmo e Manni (1981) sublinham que, se as capacidades intelectuais distinguem os alunos desistentes dos perseverantes, não é menos verdade que essas capacidades são muito sensíveis às condições socioeconómicas, pelo que estes dois aspectos não devem, em caso algum, ser dissociados. Rumberger (1983) encontra igualmente estreitas relações entre aspirações escolares pouco elevadas ou a companhia de amigos cujas aspirações escolares são pouco elevadas e a probabilidade de terminar os estudos (ver também Governo do Canadá, 1993). Sendo a experiência escolar dos alunos desistentes no mínimo frustrante, não é, por conseguinte, surpreendente verificar que os mesmos se ausentem injustificadamente da escola com mais frequência do que os seus homólogos diplomados e que chegam mais vezes atrasados às aulas (Fagan & Pabon, 1990; Governo do Canadá, 1993; Self, 1985; Violette, 1991). Em resumo, vários estudos mencionam o facto de os alunos desistentes participarem muito menos nas actividades extracurriculares do que os seus pares perseverantes (Gouvernement du Canada, 1993; Self, 1985; Violette, 1991).

Estilo de vida e conduta

Os hábitos de vida e o comportamento dos futuros desistentes parecem ser problemáticos sob diversos aspectos. Assim, no âmbito dos estudos prospectivos, Ekstrom et al. (1986) verificam que os alunos desistentes andam mais à deriva, envolvem-se mais com membros do sexo oposto e lêem menos do que os seus homólogos diplomados. Correm também mais o risco de ter filhos prematuramente (Cairns et al., 1989; Ekstrom et al., 1986).

Weng et al. (1988) interrogaram 706 adolescentes (216 rapazes e 490 raparigas) entre os 15 e os 18 anos acerca do seu rendimento escolar, das suas aspirações educativas, do estatuto marital dos pais e ainda sobre o consumo próprio de drogas (tabaco, álcool, canábis, cocaína e drogas duras). Apenas 7% dos adolescentes dizia ter abandonado a escola antes de ter terminado o ensino secundário. Os resultados indicam que o consumo de drogas (tal como o rendimento escolar) prediz a desistência escolar. No entanto, os resultados variam segundo o sexo do sujeito. Assim, para os rapazes, um grande consumo de tabaco e de drogas fortes (alucinogéneos, ansiolíticos, heroína...) prediz o abandono dos estudos, ainda que, para as raparigas, baste apenas o consumo de tabaco para predizer a desistência.

O estudo realizado no Quebeque por Janosz et al. (1997) indica, por seu lado, que os alunos que consomem psicotrópicos, que têm uma actividade sexual muito activa e que apresentam problemas de comportamento nas aulas, bem como condutas delinquentes (roubo, vandalismo, agressões, prisão), correm mais o risco de abandonar a escola (ou dela serem expulsos).

Newcomb e Bentler (1986) interrogaram 479 adolescentes dos 16 aos 19 anos acerca do seu consumo de psicotrópicos, do seu rendimento e aspirações escolares. Estes adolescentes voltaram a ser interrogados quatro anos mais tarde sobre os mesmos temas, bem como acerca do prosseguimento de estudos pós-secundários, do empenhamento no mercado de trabalho e da obtenção de um diploma no secundário. Factores como o rendimento e aspirações escolares, o consumo de tabaco, de álcool, de canábis e de drogas duras apareceram todos relacionados com o abandono dos estudos.

No âmbito dos estudos retrospectivos, Fagan e Pabon (1990) observam que os alunos desistentes, mais implicados em condutas desviantes após o seu abandono escolar, não o estavam menos enquanto frequentavam a escola. Com efeito, os desistentes afirmam ter tido, com mais frequência do que os diplomados, problemas com o álcool ou com a droga na escola durante o ano precedente ao seu abandono (ver também Friedman et al., 1985). Cometeram, de igual forma, mais delitos na escola. Note-se, contudo, que estes comportamentos são mais atributo dos rapazes que das raparigas. Por seu lado, Rumberger (1983) observa que, mais que os rapazes, as jovens que têm filhos antes ou aos 18 ou 19 anos estão mais expostas à desistência, mesmo se o parto ocorre depois do abandono da escola. Esta relação é particularmente forte no caso de estas raparigas serem provenientes de meios socioeconómicos desfavorecidos. Na mesma linha, as raparigas que se casam durante os estudos, ou que prevêem casar-se em breve, têm mais propensão para desistir da escola.

Personalidade

Bachman et al. (1971) contam-se entre os primeiros a manifestar interesse pelas diferenças que podem existir entre diplomados e desistentes no plano da personalidade. São múltiplas as variáveis que diferenciam os alunos desistentes dos diplomados e que predizem o abandono escolar: baixa auto-estima, tendência para somatizar, estados afectivos negativos, atitudes pouco ambiciosas face à sua carreira e sentimento de que o seu destino é comandado por factores externos. Por sua vez, Ekstrom et al. (1986) verificam que os alunos desistentes sentem menos satisfação pessoal e exercem menos controlo sobre o seu destino (*"external locus of control"*). Em compensação, os resultados indicam que a auto-estima dos desistentes aumenta depois de abandonarem a escola, o mesmo acontecendo com o sentimento de controlar o destino próprio. Wehlage e Rutter (1986) verificam, entretanto, que a auto-estima melhora tanto entre os alunos que desistiram como entre os que prosseguem os estudos. Por outro lado, tal como os autores anteriores, estes observam que os desistentes têm, com mais frequência, a impressão de que o controlo sobre os eventos da sua vida lhes escapa (*"external locus of control"*), ainda que esta percepção seja menos negativa após terem abandonado a escola. Rumberger (1983) observa, de igual forma, que um sentido de controlo externo prediz o futuro abandono no que aos rapazes de raça branca diz respeito. McCaul, Donaldson, Coladarci e Davis (1992) não encontram, no entanto, nenhuma diferença entre os futuros diplomados e os futuros desistentes quanto à sua auto-estima. Na verdade, este factor não aparece nem como antecedente nem como consequente do abandono escolar. Convém, todavia, questionar a validade da escala utilizada para medir a auto--estima, uma escala "particular" que apenas comporta seis itens com um alfa de .67.

No Quebeque, Horwich (1980) observa que os alunos desistentes se sentiam menos satisfeitos com eles próprios, menos confiantes e menos competentes, assim como mais centrados no presente. Janosz et al. (1997) submeteram os seus sujeitos ao inventário de Jesness (1983) sobre a maturidade interpessoal. Os resultados indicaram, de forma clara, que os alunos desistentes apresentavam, em geral, um atraso de maturidade, manifestando mais inadaptação social, sentimentos de alienação, recolhimento sobre si, denegação, autismo (i. e. distorção da realidade para responder às suas necessidades), bem como uma orientação para valores dominantes da classe trabalhadora (i. e. ética do duro, aspiração precoce ao estatuto de adulto...) e um menor controlo sobre si próprio.

FACTORES DE RISCO E IDENTIFICAÇÃO DE POTENCIAIS DESISTENTES

O conhecimento dos factores de risco da desistência escolar é importante não só para a compreensão etiológica do fenómeno, mas também para orientar os esforços de prevenção. Este apoio estabelece-se a dois níveis. Primeiro, o conhecimento dos factores de risco permite delimitar o alvo das intervenções. Ao combater os factores de risco de uma problemática, ficam reduzidas as probabilidades da mesma se actualizar (Loeber & Farrington, 1998). Depois, é possível utilizar o conhecimento dos preditores para identificar potenciais desistentes, ou seja, aqueles alunos que correm o risco de abandonar a escola. O princípio da despistagem consiste, essencialmente, em seleccionar os jovens que manifestam sinais precursores do problema ou que vivem em ambientes que predispõem para a falta de empenhamento na escola. O procedimento de despistagem deve, todavia, ser válido, ou seja, deve permitir uma clara distinção entre futuros desistentes e diplomados, reduzindo ao mínimo os erros de identificação (i. e. os falsos positivos e os falsos negativos). Deve também este procedimento apresentar a melhor relação custo/benefício possível, isto é, ser simples e ao mesmo tempo oferecer bons resultados. Para responder a estas exigências, importa determinar quais os factores de risco que devem ser tidos em conta: é necessário considerar todos os factores de risco conhecidos para bem identificar os potenciais desistentes na adolescência ou podemos restringir a nossa investigação inicial apenas a alguns critérios? Examinemos os resultados de estudos empíricos que abordaram a questão.

A primazia preditiva dos factores de risco

Em geral, os estudos longitudinais demonstraram que as características acima identificadas constituem factores de risco do abandono prematuro dos estudos. Apesar de estes diferentes factores contribuírem individualmente para predizer o abandono escolar, o seu poder de predição não é, contudo, equivalente. Há estudos que tendem a demonstrar que os factores de predição mais importantes são de ordem social e familiar. No entanto, os resultados variam muito de um estudo para outro, segundo o plano de pesquisa e as variáveis consideradas.

Rumberger (1983) distingue os efeitos de variáveis exógenas (o rendimento familiar, a educação dos pais, a dimensão das famílias, o material de leitura disponível em casa) dos efeitos de variáveis endógenas (as aspirações educativas dos adolescentes e dos seus amigos, o casamento, a gravidez, as capacidades pessoais, etc.). No seu conjunto, os resultados mostram que os antecedentes familiares influenciam consideravelmente a continuação escolar, sobretudo no caso de adolescentes oriundos de famílias desfavorecidas. O autor defende que os pais com maior nível de escolaridade oferecem melhores modelos aos filhos e que os acompanham e apoiam mais no seu percurso escolar. Entretanto, a ausência de dados específicos sobre o rendimento escolar e o comportamento na escola limita a interpretação dos resultados. Num estudo mais recente, Rumberger (1995) verifica que as variáveis mais preditivas de desistência são, principalmente, de natureza escolar e individual, ou seja, os problemas de comportamento na escola (rebeldia, absentismo...), o insucesso escolar (rendimento, atraso), assim como as baixas aspirações escolares. Contudo, os factores familiares, tais como a desvantagem económica e a falta de apoio parental, contribuem para a desistência independentemente das variáveis escolares.

Fagan e Pabon (1990) compararam o poder de predição de nove factores: a delinquência escolar, o abuso de drogas, a vitimação, a companhia de pares delinquentes, a integração familiar, a violência no bairro, os valores convencionais, a integração escolar e a integração na comunidade. Os resultados indicaram que, embora todos estes factores (à excepção da vitimação) se encontrem relacionados com o abandono escolar, são as relações sociais (i. e. as variáveis "integração familiar e escolar", "integração na comunidade" e "valores convencionais") que melhor predizem a desistência escolar (35% da variância explicada). Para os autores, estes resultados mostram que, mesmo se as condutas delinquentes e o consumo de drogas são mais importantes nos desistentes, o conhecimento destes factos não é muito útil para explicar ou predizer o abandono escolar, por comparação com o conhecimento acerca do apoio familiar e da integração social. Nas suas análises, não foram, todavia, consideradas as variáveis estritamente escolares (rendimento, atraso, motivação...).

Elliott e Voss (1974) observam que, tanto para os rapazes como para as raparigas, os factores escolares (rendimento e empenhamento) são os sinais anunciadores mais importantes da desistência escolar. A influência do contexto familiar era mediatizada, por completo, pela experiência escolar. As variáveis escolares permitiam classificar correctamente 74% dos sujeitos (desistentes e diplomados). Segundo Bachman et al. (1971), são os comportamentos delinquentes manifestados na escola e a própria experiência escolar (rendimento e atrasos escolares, atitudes negativas face à escola) que melhor distinguem os alunos desistentes dos diploma-dos, no que aos rapazes diz respeito. Vêm depois as capacidades intelec-tuais e, por fim, os antecedentes familiares. Cairns et al. (1989) estu-daram, por sua vez, os preditores do abandono escolar fazendo variar os seus métodos de análise. Os resultados são, contudo, muito similares de uma técnica para a outra. Assim, os autores demonstram que os melhores preditores, tanto para os rapazes como para as raparigas, são o atraso escolar, a agressividade, o rendimento escolar, a raça e o estatuto socio-económico. Os resultados indicam também que uma avaliação combinada do desempenho, do atraso escolar e do nível de agressividade permite identificar 82% dos rapazes e 47% das raparigas que abandonarão a escola antes do final do seu 11.º ano. Na mesma linha, Ekstrom et al. (1986) observam que as variáveis preditivas do abandono são, principal-mente, o fraco rendimento escolar e os problemas de comportamento verificados na escola. Estas duas variáveis parecem, no entanto, ser influenciadas pela supervisão e acompanhamento oferecidos em casa. Wehlage e Rutter (1986) assinalam, por sua vez, dois factores principais de predição. O primeiro factor, de natureza escolar, explica 89% da variância. Este factor assenta sobretudo nas expectativas, no rendimento escolar e no estatuto socioeconómico. O segundo factor explica 11% da variância e assenta nas condutas delinquentes, nos problemas disciplina-res, no absentismo e nas aspirações escolares.

No caso do Quebeque, Horwich (1980) verifica que os indicadores mais importantes são, por ordem, o estatuto familiar (educação, ocupação e rendimento do pai), a companhia de pares desistentes e as opções de vida. Janosz et al. (1997) abordaram, especificamente, esta questão da primazia dos factores de risco. Os seus resultados, confirmados em duas amostras, deram a primazia aos factores escolares e familiares entre os preditores da desistência escolar (ver também Rumberger, 1995). Além disso, uma vez incluídas estas dimensões num modelo de predição, os outros factores (pares desviantes, problemas de comportamento, traços de personalidade...) vêem o seu poder de predição consideravelmente reduzido, se não mesmo anulado. Estes resultados apresentam interessantes repercussões na despistagem. Com efeito, apesar de os factores familiares de tipo estrutural (i. e. escolaridade dos pais, desvantagem familiar) e funcional (i. e. supervisão, regras, punição...) serem bons indicadores de abandono escolar, as análises demonstram que os mesmos não permitem uma melhor identificação dos potenciais desistentes, uma vez que os factores escolares são conhecidos (i. e. atraso escolar, rendimento e empenhamento).

Assim, os resultados obtidos por Janosz et al. (1997) indicaram que, só por si, o conhecimento dos factores escolares permitia classificar correctamente 83% dos sujeitos (desistentes ou diplomados) em 1974 e 80% em 1985. A adição das variáveis familiares não alterava em nada a percentagem e esta não variava em função do sexo dos sujeitos. Lembre-se que a estratégia analítica destes autores não visava modelar as relações de causalidade entre os preditores, mas sim clarificar o peso relativo dos mesmos na identificação dos alunos desistentes. Por outras palavras, estes resultados não põem em causa a importância dos outros factores sociais e organizacionais para a explicação da desistência escolar, nem mesmo a força das relações observadas entre a experiência familiar e a experiência escolar (Le Blanc et al., 1992). Trata-se, neste caso, de um exame puramente empírico do poder de predição dos factores de risco. Por exemplo, a primazia dos factores escolares sobre os factores familiares advém, provavelmente, da dinâmica inerente ao fenómeno, podendo a desistência escolar ser percebida como uma manifestação extrema do insucesso escolar. Reconhece-se cada vez mais que a inadaptação escolar, cujas manifestações mais visíveis são de ordem individual (comportamentos, capacidades cognitivas e sociais), não pode ser compreendida e explicada sem fazer referência ao contexto familiar que se apresenta, ao mesmo tempo, como uma fonte de estímulo e de apoio (Le Blanc et al., 1992). Alguns estudos tendem a demonstrar que as variáveis familiares (nível de educação, expectativas face aos filhos, nível socioeconómico, acompanhamento...) exercem um efeito indirecto sobre a desistência, mas influenciam directamente o rendimento escolar que, por sua vez, afecta directamente o abandono dos estudos (Ekstrom et al., 1986; Le Blanc et al., 1992; Weng et al., 1988). Enfim, estes resultados dizem apenas respeito a amostras de adolescentes e nada permite afirmar que esta primazia dos factores escolares possa ser confirmada no caso de alunos mais novos (ver Ensminger & Slusarcick, 1992).

Um instrumento de despistagem

No estudo de Janosz et al. (1997), defende-se que uma recolha de informações limitada ao atraso escolar, ao rendimento e ao empenhamento na escola se revela suficiente para identificar potenciais desistentes. Esta estratégia oferece algumas vantagens económicas (v. g., tempo de aplicação e de análise) garantindo, ao mesmo tempo, a validade interna, discriminante, preditiva e externa do instrumento. No que diz respeito aos aspectos práticos e económicos, lembre-se, antes de mais, que apenas três medidas (7 questões) da experiência escolar são necessárias: o atraso escolar (1 questão), o rendimento (2 questões) e o nível de empenhamento na escola (4 questões). Acresce que certas informações, como é o caso das relativas ao atraso e ao rendimento escolares, poderiam ser rapidamente verificadas e validadas pela consulta do processo do aluno.

Um importante limite dos questionários usuais reside na ausência de limiares discriminantes para seleccionar potenciais desistentes. As análises efectuadas por Janosz et al. (1997) pemitem ultrapassar este problema ao indicar um coeficiente de ponderação para cada um dos preditores. Basta, portanto, ponderar a pontuação obtida em cada escala do questionário em função deste coeficiente para obter a probabilidade de desistência de cada indivíduo (0 a 100%). Um procedimento muito simples de cotação foi posto em prática pelos autores. Cabe aos interessados escolher o limiar de discriminação para seleccionar os potenciais desistentes, ou seja, a partir de que nível (ex: 50%, 70% ou 85%) poderão ser identificados os alunos em risco.

Antes de tecer algumas considerações sobre o modo como deveriam ser escolhidos os limiares discriminantes, importa referir que os nossos testes indicaram que 56% dos alunos desistentes se situava acima do percentil 70 da pontuação de risco, 71% acima percentil 60 e 80% acima do percentil 50. Além disso, como em qualquer escala de avaliação, existem sempre falsos positivos (i. e. um aluno identificado

Abandono escolar na adolescência 285

como potencial desistente mas que, na realidade, obterá um diploma). Assim, há análises que permitiram identificar 5% de falsos positivos acima do percentil 80, 11% acima do 70, 18% acima do 60 e 28% acima do 50. Os responsáveis pelos programas de despistagem poderiam escolher o limiar de discriminação mais adaptado à sua situação para identificar os potenciais desistentes (i. e. percentagem aceitável de falsos positivos tendo em conta a natureza da intervenção proposta). Por exemplo, uma equipa que quisesse inserir os potenciais desistentes numa turma especial, intervenção importante que implica a exclusão e os riscos de etiquetagem, deveria escolher um limiar de discriminação elevado para minimizar o risco de identificar um falso positivo.

HETEROGENEIDADE NA EXPERIÊNCIA ESCOLAR E PSICOSSOCIAL DOS DESISTENTES: UMA EVIDÊNCIA POUCO INVESTIGADA

A grande maioria dos estudos descritivos, comparativos e preditivos acima citados tomam as suas amostras de alunos desistentes como se de um único grupo homogéneo se tratasse. No entanto, ninguém se atreveria a afirmar que todos os desistentes se assemelham quanto às suas características psicossociais e escolares, e que sentem idênticas dificuldades relativamente ao conjunto dos factores discriminantes geralmente identificados. Vários investigadores sublinharam, aliás, a diversidade dos perfis psicossociais dos alunos desistentes (Charest, 1980; Elliott & Voss, 1974; Kronick & Hargis, 1990; Le Blanc et al., 1993; Epricum & Murray, 1975; Violette, 1991). Os desistentes não constituem um grupo homogéneo de indivíduos e é possível distinguir sub-grupos a partir de certas características pessoais, a partir da interacção daqueles factores com o meio escolar ou ainda a partir de eventos circunstanciais da vida (ver Hargroves, 1987; Wehlage, Rutter, Smith, Lesko & Fernandez, 1989). A investigação empírica sobre esta questão encontra-se, contudo, pouco desenvolvida.

Algumas tipologias

No seu estudo longitudinal sobre as relações entre a delinquência e o abandono escolar, Elliott e Voss (1974) fazem a distinção entre os alunos desistentes com *atraso intelectual* (i.e, lentidão e deficiência mental), os alunos desistentes *involuntários* e os alunos desistentes intelectualmente *"capazes"*. Os desistentes involuntários são aqueles que possuem o potencial necessário para terminar os estudos (como os "capazes"), mas que abandonaram a escola por razões exteriores à sua vontade (i.e. doença, mortalidade). Na sua análise, os autores não tiveram em conta nem os desistentes com atraso intelectual nem os involuntários (34% da amostra inicial de desistentes). Quanto aos desistentes "capazes", estes começaram por ser subdivididos em dois grupos: os desistentes *voluntários* e os *expulsos* ("pushouts"), distinguindo-se estes últimos dos primeiros pelo facto de desejarem permanecer na escola que já não os aceitava (i. e. suspensões repetidas e expulsões). Os expulsos constituíam 21% dos desistentes "capazes". Pelo facto de os autores se interessarem pelas relações entre a delinquência e o abandono escolar e ainda por motivos relacionados com a dimensão da amostra, estes dois grupos acabaram por ser reunidos num único grupo de desistentes, sobre o qual as análises foram então efectuadas.

Epircum e Murray (1975) propuseram, por sua vez, seis tipos de alunos desistentes: os *drop-out acidentais*, que possuem todas as capacidades necessárias para terminar os estudos mas que, aos estudos abstractos, preferem os aspectos concretos do mercado de trabalho; os *inadaptados*, que têm bastantes dificuldades intelectuais, motoras ou comportamentais para se adaptar à escola; os *desfavorecidos,* que crescem num meio socioeconómico e familiar desfavorecido que lhes ensombra a tal ponto as perspectivas de futuro que a escola perde todo o seu sentido; os *delinquentes,* que se assemelham aos desfavorecidos mas que, além disso, desenvolveram condutas sociais inadaptadas; os *drop--out femininos*, que abandonam a escola devido ao casamento ou a uma gravidez precoce; e, por fim, os *marginais*, adolescentes que têm tudo a seu favor (inteligência, família abastada, capacidades criativas, etc.), mas que não conseguem desenvolver-se na escola, a qual vivenciam como um meio alienante.

Um pouco na mesma linha, Charest (1980; *in* Roy, 1991) propôs uma classificação em cinco tipos: o desistente *orientado para o trabalho*, que se parece com o *drop-out acidental* de Murray; o desistente *desfavorecido*, que funciona abaixo das suas capacidades, pouco motivado e pouco apoiado pela família, a qual se debate com uma situação económica desfavorável (os desistentes encontrar-se-iam principalmente nestes dois tipos); o desistente *"por necessidade"*, que abandona a escola por razões exteriores à sua vontade; o desistente *inadaptado,* que não possui capacidades intelectuais para completar um curso secundário; e o desistente *marginal,* que rejeita as pressões impostas pelo meio escolar e pela sociedade em geral.

Apoiada nos resultados da sua pesquisa sobre alunos desistentes, Violette (1991) conceptualiza também cinco tipos. Os dois primeiros, que agrupam a maioria dos adolescentes, são aqueles que se *debatem com dificuldades escolares* e os *jovens em plena adolescência típica* (dificuldades de comportamento, problemas pessoais, delinquência). Os três outros tipos são os jovens *orientados para o trabalho,* os adolescentes submetidos a *pressões exteriores* à escola (gravidez, doença, encargos financeiros, etc.) e os *falsos desistentes* (deficientes mentais e físicos, incorporação militar, etc.).

Enfim, Kronick e Hargis (1990) propõem uma conceptualização diferente dos tipos de desistentes. Distinguem, em primeiro lugar, os adolescentes que têm bom êxito na escola dos que têm insucesso. Na categoria dos alunos com bom desempenho *("higher-achieving students"),* identificam os adolescentes que desistem porque as escolas os expulsam, habitualmente devido a *problemas de comportamento* (*"pushouts"*). Na categoria dos alunos com baixo desempenho (*"low-achieving students"*), que experimentam o insucesso, consideram três tipos de desistentes: os *expulsos* (*"pushouts"*), os desistentes *discretos* (*"quiet dropouts"*) e os desistentes que completaram o ensino secundário mas sem obter um diploma (*"in-school dropouts"*). Os alunos expulsos caracterizam-se pelo facto de reagirem abertamente à frustração provocada pelas vivências escolares: agressividade, rebeldia, indisciplina, etc. Os seus comportamentos implicam medidas disciplinares que podem conduzir, eventualmente, a uma expulsão definitiva. Os desistentes discretos, categoria que corresponde ao grupo mais numeroso de alunos desistentes, passam geralmente despercebidos até abandonarem a escola, no momento em que a lei o permite. Não reagem abertamente aos seus repetidos insucessos escolares. Estes dois tipos de desistentes abandonam a escola antes do final do ensino secundário. Por fim, do último tipo de desistentes (*"in-school dropouts"*) fazem parte os alunos que não obtêm um diploma, apesar de terem completado todos os seus anos de estudo. São alunos que, com frequência, têm falhas a nível dos conhecimentos, as quais os impedem de passar nos exames finais. O absentismo e a falta de motivação que os caracteriza não são tanto uma resposta às suas vivências escolares, mas mais às pressões extra-escolares (problemas familiares, orientação cultural, doença...).

Inspirado em Bachman et al. (1971), para quem a escolaridade podia ser concebida como um *continuum* e a perseverança nos estudos como um sinal de adaptação psicossocial, Le Blanc et al. (1993) classificaram, no seu estudo longitudinal, os alunos desistentes em função da sua idade no momento do abandono. Classificaram assim os desistentes em quatro tipos: os desistentes precoces, os tardios, os inesperados e os que retomam os estudos. Os desistentes *precoces* (20% dos desistentes) são alunos que deixam a escola antes ou no momento permitido pela lei. Os desistentes *tardios* (27%) abandonam a escola numa idade que ultrapassa a idade normal de obtenção do diploma do secundário e evidenciam consideráveis atrasos escolares. Os desistentes *inesperados* (32%) são alunos que atingem o secundário V dentro dos prazos normais, mas que não obtêm o seu diploma. Finalmente, os que *retomam os estudos* (22%) são os que deixam a escola, mas depois voltam e acabam por obter o diploma do ensino secundário. Estes últimos podem ter abandonado a escola em momentos diferentes: precoce ou tardiamente ou ainda de forma inesperada. A comparação entre os que retomam os estudos, os diplomados e os outros tipos de desistentes mostra, aliás, que os primeiros se assemelham mais aos diplomados que aos restantes desistentes. Os resultados das análises comparativas indicam que, globalmente, "... os tipos de desistentes se ordenam num *continuum* em cujas extremidades se encontram os alunos que retomam os estudos e os desistentes precoces; entre estes dois extremos, os desistentes inesperados e os tardios trocam regularmente de posição. Os adolescentes que abandonam a escola antes ou no momento permitido por lei são aqueles que vivenciaram a experiência escolar mais frustrante, cujos comportamentos delinquentes são os mais frequentes e diversificados e cujos déficits psicológicos são os mais marcados. No outro extremo, estão os adolescentes que, tendo recomeçado os seus estudos e obtido o seu diploma, têm menos problemas escolares, familiares, comportamentais e pessoais. Entre estes extremos, mais que aqueles que atingem normalmente o secundário V mas sem obterem o seu diploma, encontram-se os desistentes que continuam na escola para além da idade da escolaridade obrigatória e que se caracterizam por uma experiência escolar mais negativa, desvantagens familiares mais marcadas, comportamentos delinquentes em maior número, embora com dificuldades pessoais menos evidentes." (Le Blanc et al., 1993, p. 21).

Um segundo estudo levado a cabo pela mesma equipa de investigadores debruçou-se directamente sobre o problema da heterogeneidade da experiência escolar dos alunos desistentes (Janosz et al., 2000). Utilizaram a mesma base de dados que no estudo sobre a predição (Janosz et al., 1997) e submeteram as suas análises às mesmas exigências de réplica. Uma série de análises de associações, utilizando múltiplas variáveis escolares, permitiu a construção de uma tipologia de desistentes em função de três eixos de experiência: a inadaptação escolar comportamental, o empenhamento na escolaridade e o rendimento escolar. O cruzamento destas três dimensões pôs em evidência quatro perfis de alunos desistentes: os discretos, os não empenhados, os com baixo desempenho e os inadaptados.

Os desistentes discretos

No plano operacional, os alunos desistentes ditos "discretos" são aqueles que não apresentam nenhum problema de comportamento na escola (menos que os diplomados), que evidenciam um nível de empenhamento elevado em relação à educação (mais que os diplomados médios), mas cujo rendimento escolar é relativamente baixo (apenas um pouco acima da nota de passagem de ano). No plano conceptual, a denominação deste grupo inspira-se na classificação dos *"quiet dropouts"* definidos por Kronick e Hargis (1990). Lembre-se que, para estes autores, os *"quiet dropouts"* reúnem o maior número de alunos desistentes e caracterizam-se pelo seu baixo rendimento escolar e pela baixa exteriorização de problemas. Neste estudo, este tipo de alunos constituía 38% dos desistentes em 1974 (37% de rapazes e 39% de raparigas) e 41% em 1985 (37% de rapazes e 45% de raparigas). Este grupo constitui, tal como foi antecipado por Kronick e Hargis (1990), um grupo importante de desistentes sem, contudo, ser o único a impor-se. Estes adolescentes são qualificados de "discretos" na medida em que correm o risco de passar despercebidos junto das autoridades escolares, uma vez que o seu único "defeito" é o de não conseguirem um bom rendimento escolar. Não perturbam as aulas e não são objecto de sanções; gostam da escola, empenham-se nela e investem nas actividades escolares.

Os desistentes não empenhados

No plano operacional, são considerados desistentes não empenhados os adolescentes que, além de manifestarem um reduzido empenhamento face à educação, evidenciam, em termos de comportamento, um nível de inadaptação escolar médio e um rendimento também médio. Constituíam 11% dos desistentes em 1974 (9% para os rapazes e 13% para as raparigas) e 7% em 1985 (6% para os rapazes e 7% para as raparigas). Trata-se, portanto, de um tipo de desistentes menos frequente do que os discretos. Todos os alunos desistentes, à excepção dos desistentes discretos, se sentem não empenhados, mas os outros dois tipos abordados mais à frente apresentam, também, outras características importantes. Os desistentes não empenhados são adolescentes que não gostam da escola, cujas aspirações escolares são pouco elevadas, que dão pouca importância às suas classificações e que se consideram menos competentes que outros alunos. Em resumo, não reconhecem a importância da escolaridade para a vida e não a valorizam. Por outro lado, estes adolescentes não apresentam mais problemas de comportamento na escola que a média dos futuros diplomados. Tal como os discretos, apresentam desempenhos escolares superiores aos dos desistentes com baixo desempenho e aos dos inadaptados. Com efeito, ainda que a diferença não seja significativa, parecem conseguir ter mesmo mais sucesso que os discretos.

Os alunos não empenhados apresentam uma certa semelhança com os desistentes "marginais" propostos por Charest (1980) ou com os "acidentais" de Epircum e Murray (1975). Estes desistentes parecem reunir todas as capacidades necessárias para ter sucesso, mas não conseguem desenvolver-se na escola. Os não empenhados parecem, com efeito, possuir os recursos cognitivos indispensáveis para terem um bom redimento escolar, mas, uma vez que não se empenham na sua escolaridade, deixam-se andar sem, contudo, se envolverem numa situação de inadaptação escolar estigmatizante. Na verdade, trata-se provavelmente de adolescentes bastante capazes no plano cognitivo e que, mesmo sem trabalhar e investir na escola, conseguem obter um desempenho minimamente aceitável. Apresentam, no entanto, mais problemas a nível de comportamento que os discretos e são objecto de maior número de sanções disciplinares. Estes adolescentes, que também se assemelham aos *"pushouts"* de Kronick e Hargis (1990), podem até ser bons alunos, mas vivenciam uma frustração escolar à qual reagem através da indisciplina e da rebeldia. Tais comportamentos poderão exigir medidas disciplinares susceptíveis de conduzir à expulsão definitiva. Os não empenhados parecem, com efeito, ser objecto de maior número de sanções disciplinares do que os diplomados, embora não de tantas como os inadaptados.

Os desistentes com baixo desempenho

No plano operacional, os alunos desistentes com baixo desempenho apresentam-se como adolescentes cujo grau de empenhamento é baixo,

cujo nível de inadaptação escolar é médio (comparável ao dos diplomados) e que, ao contrário dos não empenhados, evidenciam um rendimento
médio muito fraco (abaixo da nota de passagem de ano). Este tipo de
desistentes é pouco frequente. Constituía 13% dos desistentes em 1974
(11,3% de rapazes e 14,5% de raparigas) e 8% dos desistente em 1985
(8,5% de rapazes e 8,1% de raparigas). Os desistentes com baixo desempenho são adolescentes que se distinguem dos outros desistentes devido,
principalmente, às suas dificuldades em corresponder às exigências
escolares no plano das aprendizagens. Com efeito, embora evidenciando
um nível de inadaptação semelhante ao dos diplomados, estes adolescentes manifestam menos sinais de inadaptação que os não empenhados e
são, com menor frequência, objecto de sanções disciplinares.

Os desistentes inadaptados
Os desistentes inadaptados são adolescentes que evidenciam um
rendimento escolar muito baixo, um fraco empenhamento e um elevado
nível de inadaptação escolar. São muitos os desistentes que pertencem a
este grupo. Na verdade, os inadaptados constituíam 39% dos alunos
desistentes em 1974 (42% de rapazes e 33% de raparigas) e 44% em
1985 (48% de rapazes e 40% de raparigas). Estes desistentes inadaptados
agrupam os adolescentes cuja experiência escolar se revela problemática
a todos os níveis, ou seja, tanto no plano das aprendizagens, como no dos
comportamentos. Evidenciam, simultaneamente, um baixo rendimento
escolar e um nível de empenhamento inferior ao dos discretos e, sobretudo, um nível muito mais elevado de problemas comportamentais na
escola. Não é, por conseguinte, surpreendente verificar que este tipo de
desistentes investe pouco na vida escolar e que é objecto de numerosas
sanções disciplinares, faltando muitas vezes à escola sem justificação.
Enfim, a experiência escolar dos inadaptados é a mais negativa de todos
os desistentes, tanto pela sua diversidade, como pela gravidade das
dificuldades escolares. Trata-se de um grupo de desistentes que se aproxima sensivelmente dos *"pushouts low-achievers"* de Kronick e Hargis.
Em resumo, no estudo efectuado por Janosz et al. (2000), os futuros
desistentes distinguem-se entre si pela natureza e intensidade das dificuldades escolares, mas também pelo grau da adaptação psicossocial. Há
dois tipos de desistentes que se distinguem claramente um do outro. De
um lado, encontra-se o grupo de alunos desistentes (os desistentes discretos) cuja experiência escolar se revela bastante positiva, à excepção dos
seus desempenhos escolares. Apesar de terem um perfil escolar relativa-

mente favorável, os discretos provêm em maior número que os diplomados de famílias de meios desfavorecidos e com pais pouco escolarizados, embora a sua família se apresente muito funcional. Do outro lado, está o grupo de futuros desistentes com importantes dificuldades escolares e comportamentais. São os desistentes inadaptados. O perfil psicossocial destes jovens é o mais negativo de todos: problemas familiares, influência de pares desviantes, delinquência, etc. Entre estes dois grupos, situam-se dois tipos de desistentes que, embora apresentando uma experiência escolar geralmente mais negativa que os discretos, não descem, contudo, ao nível dos inadaptados. Assim, temos os não empenhados que se caracterizam, sobretudo, pela sua falta de investimento na escola e, mesmo não se aplicando muito, pelas suas capacidades em manter um rendimento escolar satisfatório. Temos ainda os desistentes com baixo desempenho que se distinguem dos outros desistentes sobretudo pelas suas dificuldades as quais, sendo consideráveis, se circunscrevem ao plano do rendimento escolar. O grau de adaptação psicossocial dos desistentes com baixo desempenho aproxima-se do revelado pelos discretos, enquanto que o dos não empenhados faz lembrar os problemas familiares e comportamentais dos inadaptados.

Trajectórias múltiplas e abordagem diferencial

A análise dos estudos sobre a heterogeneidade da população de desistentes escolares sustenta a ideia de que são várias as vias que podem conduzir ao abandono dos estudos. Alguns estudos empíricos revelam claramente importantes variações interindividuais a nível individual (desempenho, capacidades cognitivas, motivação, problemas de comportamento) e a nível social (meio sociocultural e económico, experiência familiar e colateral), bem como diferentes aglomerações de factores de risco. Por exemplo, Janosz et al., (1997) demonstram que os problemas de droga e de delinquência são bons preditores de abandono escolar para os desistentes do tipo inadaptado, mas não o são de maneira nenhuma para os discretos. Infelizmente, tanto quanto sabemos, não existe nenhum estudo que tenha aprofundado empiricamente a descrição das diferentes trajectórias desenvolvimentais. Os autores interessados no problema do abandono escolar apresentam, a este propósito, um considerável atraso em relação aos autores que estudam a delinquência, o alcoolismo ou a toxicomania. Com efeito, tem-se vindo a reconhecer, desde há algum tempo, a necessidade de considerar a heterogeneidade dos indivíduos em dificuldade, tanto para fins de investigação como de intervenção (ver Anglin & Hser, 1990; Brennan, 1987; Compas, Hinden & Gerhardt, 1995; Le Blanc, 1990; Wehlage et al., 1989). Em criminologia, por exemplo, é habitual a utilização de classificações pelos investigadores e pelos clínicos desde há trinta anos (ver Brennan, 1987). Entre as numerosas vantagens que as classificações oferecem, duas há que chamam particularmente a nossa atenção. São elas: a verificação teórica e a intervenção diferencial. No plano teórico, a identificação de subgrupos homogéneos de indivíduos apresentando características psicossociais semelhantes poderia permitir testar os diferentes modelos ou processos que conduzem ao abandono escolar. Com efeito, é legítimo supor que são várias as vias que podem levar à desistência e ainda que essas trajectórias se encontram estreitamente relacionadas com as características específicas do indivíduo e do seu meio (Compas et al., 1995). À semelhança de outros investigadores (Cairns, Bergman & Kagan, 1998), julgamos que este é um domínio de investigação não só promissor, mas também inevitável, no caso de pretendermos ir mais além no conhecimento deste domínio. É tempo de abandonar as abordagens lineares, centradas nas variáveis, em benefício de uma aproximação transaccional, centrada nos indivíduos e nas interacções com o seu ambiente (Cairns, Bergman & Kagan, 1998).

A segunda vantagem de uma tipologia diz respeito à possibilidade de conduzir intervenções diferenciais que visam uma conjugação óptima entre as intervenções postas em prática e as necessidades específicas e variadas dos potenciais desistentes. A intervenção diferencial pressupõe que não existe uma modalidade de intervenção que seja eficaz para todos os adolescentes em dificuldade (Le Blanc, 1990; Rutter, 1980; Wehlage et al., 1989). Para ajudar verdadeiramente um adolescente em dificuldade e para maximizar as possibilidades de êxito das intervenções, torna-se necessário conjugar, de maneira óptima, as estratégias de intervenção com os factores mais determinantes no desenvolvimento da problemática. Por exemplo, sabe-se que as dificuldades de aprendizagem e os problemas de comportamento estão relacionados com o abandono escolar (Cairns, Cairns & Neckerman, 1989; Hinshaw, 1992; Janosz et al., 1997). Por outro lado, sabe-se também que em certos jovens não aparece senão uma ou outra destas dificuldades, enquanto que outros jovens se debatem com aqueles dois problemas em simultâneo (Cairns, Cairns & Neckerman, 1989; Hinshaw, 1992; Janosz et al., no prelo). A simples lógica da conjugação apela a intervenções diferentes conforme o jovem apresente uma ou outra daquelas dificuldades. Os inadaptados de Janosz et al. (2000) necessitam, assim, de intervenções de natureza comportamental (ex. competências sociais, auto-regulação, desintoxicação...), as quais se não revelam particularmente pertinentes para os discretos. Ao contrário, estes últimos poderiam, sem dúvida, beneficiar de um apoio pedagógico próprio, enquanto que, no caso dos não empenhados, seria mais necessário trabalhar a motivação. Uma perspectiva diferencial da prevenção apresenta não somente a vantagem de maximizar a qualidade da conjugação do tratamento com o problema, mas conduz também à utilização das forças e dos interesses específicos dos sujeitos tendo, ao mesmo tempo, em consideração as suas vulnerabilidades (Wehlage et al., 1989).

CONCLUSÃO

As duas primeiras partes deste texto incidiram sobre os múltiplos factores determinantes da desistência escolar e sobre os problemas de definição e operacionalização. Querer aprofundar, com rigor, o problema do abandono escolar implica reconhecer toda a sua complexidade. A própria definição do fenómeno varia e o seu sentido é tributário de um contexto histórico, social e económico. O abandono prematuro da escola não tem um significado unívoco. A análise do fenómeno toma contornos diferentes e as causas multiplicam-se conforme se incida na pessoa do desistente, no acto específico ou ainda no contexto social. Para compreender, explicar e prevenir o abandono dos estudos, torna-se imperioso reconhecer o papel do social, da organização escolar e do indivíduo. Estes diferentes níveis da experiência humana influenciam-se mutuamente e orientam distintas acções preventivas ou correctivas.

Feita a análise global da problemática, debruçámo-nos sobre a utilização dos resultados dos estudos longitudinais preditivos para guiar os esforços de despistagem, necessários às acções de prevenção secundária. Afirmámos que os conhecimentos actuais permitiam o desenvolvimento de instrumentos e procedimentos de despistagem económicos e válidos. No entanto, com preocupação de síntese, não mencionámos os potenciais perigos associados a um tal processo. Convidamos, portanto, o leitor a ter em conta os potenciais efeitos negativos associados à despistagem (e. g., a etiquetagem negativa) e as considerações éticas que devem acompanhar este tipo de operação (e. g., a despistagem que não é seguida de intervenção, o direito à recusa de tratamento, etc.) (Janosz & Le Blanc, 1997).

Enfim, este texto salientou a heterogeneidade escolar e psicossocial da população dos desistentes. Este aspecto da problemática, ainda que cientificamente pouco investigado, constitui, em nosso entender, uma via de investigação a privilegiar no futuro. Falar de alunos desistentes como se de um grupo homogéneo se tratasse é não somente reducionista como poderá levar a conclusões não válidas para grande percentagem de desistentes.

BIBLIOGRAFIA

Anglin, M. D. & Hser, V. I. (1990). Treatment of drug abuse. In M. Tonry & J. Q. Wilson (Eds.), *Drugs and crime* (Vol. 13, pp. 393-459). Chicago: The University of Chicago Press.

Archambault, J. & Chouinard, R. (1996). *Vers une gestion éducative de la classe*. Montréal: Gaëtan Morin.

Astone, N. M. & McLanahan, S. S. (1991). Family structure, parental pratices and high school completion. *American Sociological Review*, *56*, 309-320.

Bachman, J. G., Green, S. & Wirtanen, I. D. (1971). *Dropping out: Problem or symptom*? Ann Arbor: Institute for social research, University of Michigan.

Beauchesne, L. (1991). *Les abandons au secondaire: Profil sociodémographique*. Québec: Ministère de l'Éducation du Québec.

Bertrand, Y. & Valois, P. (1992). *École et sociétés*. Laval: Éditions Agence D'Arc.

Bos, K., Ruijters, A. & Visscher, A. (1990). Truancy, drop-out, class repeating, and their relation with school characteristics. *Educational Research*, *32* (3), 175- 185.

Brennan, T. (1987). Classification: An overview of selected methodological issues. In M. Gottfredson & M. Tonry (Eds.), *Prediction and Classification* (Vol. 9, pp. 201-248). Chicago: The University of Chicago Press.

Brookover, W., Beady, C., Flood, P., Schweitzer, J. & Wisenbaker, J. (1979). *School social systems and student achievement: School can make a difference*. New York: Praeger.

Bryk, A. S. & Thum, Y. M. (1989). The effects of school organization on dropping out: An explanatory investigation. *American Educational Research Journal*, *26* (3), 353-383.

Cairns, R. B., Cairns, B. D. & Neckerman, H. J. (1989). Early school dropout: Configurations and determinants. *Child Development, 60,* 1437-1452.

Cairns, R. B., Bergman, L. R. & Kagan, J. (1998). *Methods and Models for studying the individual.* Thousands Oaks : Sage.

Caouette, C. E. (1992). *Si on parlait d'éducation – Pour un nouveau projet de société.* Montréal: VLB éditeur.

Charest, M. (1982). *Comparaison du concept de soi par une approche sociale entre les décrocheurs potentiels et les persévérants dans le troisième secondaire.* Tese de Mestrado não publicada (Psicologia), Université du Québec à Montréal.

Charles, C. M. (1997). *La discipline en classe. De la réflexion à la pratique.* Saint-Laurent: Éditions du Renouveau Pédagogique.

Chavez, E. L., Edwards, R. & Oetting, E. R. (1989). Mexican american and white american school dropouts' drug use, health status, and involvement in violence. *Public Health Reports, 104*(6), 594-604.

Coie, J. D. & Krehbiel, G. (1984). Effects of Academic Tutoring on the Social Status of Low Achieving, Socially Rejected Children. *Child Development, 55,* 1465-1478.

Colemans, J. S. (1966). *Equality of educational opportunity.* Washington: US Government Printing Office.

Compas, B. E., Hinden, B. R. & Gerhardt, C. A. (1995). Adolescent development: Pathways and processes of risk and resilience. *Annual Review of Psychology, 46,* 265-293.

Conseil des communautés culturelles et de l'immigration. (1991). *Avis soumis au Groupe de travail pour les jeunes*: Conseil des communautés culturelles et de l'immigration.

CRIRES-FECS (Ed.) (1992). *Pour favoriser la réussite scolaire – réflexions et pratiques.* Québec: CEQ - Éditions Saint-Martin.

Deci, E. L., Schwartz, A. J., Scheinman, L. & Ryan, R. M. (1981). An instrument to assess adults orientations toward control versus autonomy with children: Reflections on intrinsic motivation and perceived competence. *Journal of Educational Psychology, 73* (5), 642-650.

Demers, D. (1992). Un pays malade de ses enfants. *L'Actualité, 17* (4), 26-35.

Diambomba, M., & Ouellet, R. (1992). Le redoublement et l'abandon scolaire: Comparaisons internationales. In CRIRES-FECS (Ed.), *Pour favoriser la réussite scolaire – réflexions et pratiques* (pp. 58-76). Québec: CEQ – Éditions Saint-Martin.

Dufour, R. P. (1986). Must principals choose between teacher morale and an effective school. *NASSP Bulletin, 70* (490), 38-41.

Durlak, J. A. (1995). *School-based prevention programs for children and adolescents.* Thousand Oaks: Sage publications.

Eaton, M. J. (1979). A study of some factors associated with the early identification of persistent absenteeism. *Educational Review, 31*(3), 233-242.

Ekstrom, R. B., Goertz, M. E., Pollack, J. M. & Rock, D. A. (1986). Who drops out of high school and why? Findings of a national study. In G. Natriello (Ed.), *School dropouts, patterns and policies.* New York: Teachers College Press.

Elliott, D. S., & Voss, H. L. (1974). *Delinquency and dropout.* Lexington: Heath-Lexington.

Ensminger, M. E. & Slusarcick, A. L. (1992). Paths to high school graduation or dropout: A longitudinal study of a first-grade cohort. *Sociology of Education, 65,* 95-113.

Entwisle, D. R. (1990). Shoools and the adolescent. In S. S. Feldman & G. R. Elliott (Eds.), *At the threshold: The developping adolescent* (pp. 197-224). Cambridge: Harvard University Press.

Erikson, E. H. (1963). *Childhood and Society* (2nd ed.). New York: Norton.

Erpicum, D. & Murray, Y. (1975). Le problème du drop-out scolaire dans le monde moderne. *Orientation Professionnelle, 11* (1), 9-24.

Evans, R. W. (1983). One State's approach: Ohio's effective school program. *NASSP Bulletin, 67* (465), 74-76.

Fagan, J. & Pabon, E. (1990). Contributions of delinquency and substance use to school dropout among inner-city youth. *Youth & Society, 21* (3), 306-354.

Farrington, D. (1995). Later life outcome of truants in the Cambridge study. In I. Berg & J. Nursten (Eds.), *Unwillingly to school* (4th ed., pp. 96-118). London: Gaskell.

Featherstone, D. R., Cundick, B. P. & Jensen, L. C. (1992). Differences in school behavior and achievement between children from intact, reconstitued, and singled-parent families. *Adolescence, 27*(105), 1-12.

Fine, M. (1986). Why urban adolescents drop into and out of public high school. *Teachers College Record, 87,* 89-105.

Friedman, A. F., Glickman, N. & Utada, A. (1985). Does drug and alcohol use lead to failure to graduate from high school? *Journal of Drug Education, 15,* 353-364.

Friedman, A. S., Bransfield, S. & Kreisher, C. (1994). Early teenage substance use as a predictor of educational-vocational failure. *American Journal on Addictions, 3* (4), 325-336.

Garmoran, A. & Mare, R. D. (1989). Secondary school tracking and educational inequality: Compensation, reinforcement, or neutrality? *American Journal of Sociology, 94* (5), 1146-1183.

Gleeson, D. (1992). School attendance and truancy: A socio-historical account. *The Sociological Review, 40* (3), 437-490.

Glickman, C. (1992). Feindre d'ignorer ce que nous savons. *Vie Pédagogique, 80*, 4-8.

Gottfredson, D. C. (1986). An empirical test of school-based environmental and individual interventions to reduce the risk of delinquency behavior. *Criminology, 24*(4), 705-732.

Gottfredson, G. C. & Gottfredson, D. C. (1985). *Victimization in schools*. New York: Plenum Press.

Gottfredson, D. C. (1984). *The effective school battery: Users manual*. John Hopkins University: Psychological Assesment Resources.

Gottfredson, M. R. & Hirschi, T. (1990). *A general theory of crime*. Stanford, CA: Stanford University Press.

Gouvernement du Canada (1993). *Après l'école: Résultats d'une enquête nationale comparant les sortants de l'école aux diplômés d'études secondaires âgés de 18 à 20 ans* (LM-294-07-93F): Ministère de l'Emploi et de l'Immigration.

Greenwood, C. R., Carta, J. J. & Vance Hall, R. (1988). The use of peer tutoring strategies in classroom management and educational instruction. *School Psychology Review, 17*(2), 258-275.

Hallinan, M. T. (1987). *The Social Organization of Schools*. New York: Plenum Press.

Hammack, F. M. (1986). Large school systems' dropout reports: An analysis of definitions, procedures, and findings. In G. Natriello (Ed.), *School dropouts, patterns and policies*. New York: Teachers College Press.

Hargroves, J. (1987). The Boston compact. *Education and Urban Society, 19*(3), 303-310.

Hartnagel, T. F. & Krahn, H. (1989). High school dropouts, labor market success, and criminal behavior. *Youth and Society, 20* (4), 416-444.

Hassenpflug, A. (1986). Teacher-administrator cooperation: A necessity for the effective school. *NASSP Bulletin, 70* (490), 38-41.

Henderson, P. (1989). How one district changed its guidance program. *The School Counselor, 37*, 31-40.

Hinshaw, S. P. (1992). Externalizing behavior problems and academic underachievement in childhood and adolescence: Causal relationships and underlying mechanisms. *Psychological Bulletin, 111*(1), 127-155.

Holmes, C. T. (1990). Grade level retention effects. In L. Sheppard & M. Smith (Eds.), *Flunking Grades Research and Policies on Retention*. New York: The Falmer Press.

Horwich, H. (1980). *Drop-out or stay-in? The socio-cultural factors affecting the option* (Vol. 11). Québec: Faculté des Sciences de l'Éducation, Université Laval et Département de Sociologie, Université de Montréal.

Howell, F. M. & Frese, W. (1982). Early transition into adult roles: Some antecedents and outcomes. *American Educational Research Journal, 19*(1), 51-73.

Hrimech, M., Théoret, M., Hardy, J. H. & Gariepy, W. (1993). *Étude sur l'abandon scolaire des jeunes décrocheurs du secondaire sur l'île de Montréal*. Montréal: Fondation du Conseil de l'Ile de Montréal.

Hymel, S., Colin, C., Schonert-Reichl, K. & McDougall, P. (1996). Academic failure and school dropout: The influence of peers. In Juvoven & K. R. Wentzel (Eds.), *Social motivation: Understanding children's school adjustment* (pp. 313-345). New York: Cambridge University Press.

Janosz, M., Le Blanc, M., Boulerice, B. & Tremblay, R. E. (2000). Predicting different types of school dropouts : A typological approach on two longitudinal samples. *Journal of Educational Psychology, 92,* 171-190.

Janosz, M., Le Blanc, M., Boulerice, B. & Tremblay, R. E. (1997). Disentangling the weight of school dropout predictors: A test on two longitudinal samples. *Journal of Youth and Adolescence, 26* (6), 733-759.

Janosz, M, Georges, P. & Parent, S. (1998). L'environnement socioéducatif à l'école secondaire: Un modèle théorique pour guider l'évaluation du milieu. *Revue Canadienne de Psychoéducation, 27*(2), 285-306.

Janosz, M. & Le Blanc, M. (1997). Les décrocheurs potentiels au secondaire: Prévalence, facteurs de risque et dépistage. *Prisme, 7* (2). 12-27.

Janosz, M. & Le Blanc, M. (1996). Pour une vision intégrative des facteurs reliés à l'abandon scolaire. *Revue Canadienne de Psychoéducation, 25*(1), 61-88.

Jarjoura, G. R. (1993). Does dropping out of school enhance delinquency involvement? Results from a large-scale national probability sample. *Criminology, 31*(2), 149-171.

Jarjoura, G. R. (1996). The conditional effect of social class on the dropout-delinquency relationship. *Journal of Research in Crime and Delinquency, 33* (2), 232-255.

Jesness, C. F. (1983). *Manuel of the Jesness Inventory*. Palo Alto: Consulting Psychology Press.

Kaplan, H. B. & Liu, X. (1994). A longitudinal analysis of mediating variables in the drug use-dropping out relationship. *Criminology, 32* (3), 415-439.

Kelley, E. A. (1981). Auditing school climate. *Educational Leadership, 39* (3), 180-183.

Krohn, M. D., Thornberry, T. P., Collins-Hall, L. & Lizotte, A. J. (1995). School dropout, delinquent behavior, and drug use: An examination of the causes and consequences of dropping out of school. In H. B. Kaplan (Ed.), *Drugs, crime, and other deviant adaptations: Longitudinal studies* (pp. 163-183). New York: Plenum Press.

Kronick, R. F. & Hargis, C. H. (1990). *Who drops out and why – And the recommended action.* Springfield: Charles C. Thomas.

Langevin, L. (1994). *L'abandon scolaire: On ne naît pas décrocheur.* Montréal: Les Éditions Logiques.

Le Blanc, M. (1990). L'intervenant auprès des jeunes délinquants: Un omni-praticien ou un spécialiste. *Revue Canadienne de Psycho-Éducation, 18* (2), 85-100.

Le Blanc, M., Vallilères, E. & McDuff, P. (1992). Adolescents' school experiences and self-reported offending: An empirical elaboration of an interactional and developmental school social control theory. *International Journal of Youth and Adolescence, 3,* 197-247.

Le Blanc, M., Janosz, M. & Langelier-Biron, L. (1993). L'abandon scolaire: antécédents sociaux et personnels et prévention spécifique. *Apprentissage et Socialisation, 16* (1-2), 43-64.

Lindstsröm, P. (1993). *School and delinquency in a contextual perspective.* Stockholm: Fritzes.

Loeber, R. & Farrington, D. P. (1998). *Serious and violent juvenile offenders: Risk factors and successful interventions.* Thousands Oaks: Sage.

Maheady, L. & Sainato, D. M. (1985). The effects of peer tutoring upon the social status and social interaction patterns of high and low status elementary school student. *Education and Treatment of Children, 8* (1), 51-65.

Mazur, P. J. & Lynch, M. D. (1989). Differential impact of administrative, organizational, and personnality factors on teacher burnout. *Teaching and teacher education, 5* (4), 337-353.

McCaul, E. J., Donaldson, G. A., Coladarci, T. & Davis, W. E. (1992). Consequences of dropping out of school: Findings from high school and beyond. *Journal of Educational Research, 85* (4), 198-207.

McCombs, A. & Forehand, R. (1989). Adolescent school performance following parental divorce: Are there family factors that can enhance success? *Adolescence, 24* (96), 871-880.

McCormack-Larkin, M. (1985). Ingredients of a successful school effectiveness project. *Educational Leadership, 42* (6), 31-37.

McNeal, R. B. (1997). High school dropouts: A closer examination of school effects. *Social Science Quarterly, 78* (1), 209-222.

Ministère de l'Éducation. (1991). *Indicateurs sur la situation de l'enseignement primaire et secondaire*. Québec: Ministère de l'Éducation du Québec.

Ministère de l'Éducation. (1998). *Indicateurs sur la situation de l'enseignement primaire et secondaire*. Québec: Ministère de l'Éducation du Québec.

Morrow, G. (1986). Standardizing practice in the analysis of school dropouts. In G. Natriello (Ed.), *School dropouts, patterns and policies* (pp. 38-51). New York: Teachers College Press.

Natriello, G., Pallas, A. M. & McDill, E. L. (1986). Taking stock: Renewing our research agenda on the causes and consequences of dropping out. *Teachers College Records*, *87*, 430-440.

Newcomb, M. D. & Bentler, P. M. (1986). Drug use, educational aspirations, and work force involvement: The transition from adolescence and young adulthood. *American Journal of Community Psychology*, *14* (3), 303-321.

Palmer, S. & Humphrey, J. A. (1990). *Deviant behavior: Patterns, sources, and control*. New York: Plenum Press.

Pronovost, L. & Le Blanc, M. (1979). Le passage de l'école au travail et la délinquance. *Apprentissage et Socialisation*, *2* (2), 69-74.

Pronovost, L. & Le Blanc, M. (1980). Transition statutaire et délinquance. *Revue Canadienne de Criminologie*, *22* (3), 288-297.

Protheroe, D. J. (1991). An explanation of control theory, psychology and its implications for motivation in organisations. *Education Today*, *41* (3), 15-21.

Purkey, S. C. & Smith, M. S. (1983). Effective schools: A review. *Elementary School Journal*, *83*, 427-452.

Rawcliffe, M. (1991). Teacher stress. *Education Today*, *41* (4), 42-45.

Reynolds, D., Jones, D., St-Leger, S. & Murgatroyd, S. (1980). School factors and truancy. In L. Hersov & I. Berg (Eds.), *Out of school: Modern perspectives in truancy and school refusal*. Chischester: Wiley.

Rivard, C. (1991). *Les décrocheurs scolaires, les comprendre, les aider*. Montréal: Éditions Hurtubise HMH.

Rosenthal, R. & Jacobson, L. (1968). *Pygmalion in the classroom: Teacher expectation and pupils intellectual development*. New York: Holt.

Roy, G. (1991). L'abandon scolaire au secondaire: Etat de la situation; facteurs de risques ou de vulnérabilités; solutions de nature préventive. In Ministère de la Santé et des Services Sociaux (Ed.), *Recueil des études commandées par le groupe de travail pour les jeunes* (pp. 451-558).

Roy, G. (1992). Du bon usage des statistiques en matière de décrochage scolaire. *Apprentissage et Socialisation*, *15* (1), 7-17.

Rowan, B., Bossert, S. T. & Dwyer, D. C. (1983). Research on effective schools: A cautionary note. *Educational Researcher, 12* (4), 24-31.

Rumberger, R. W. (1983). Dropping out of high school: The influence of race, sex, and family background. *American Educational Research Journal, 20* (2), 199-220.

Rumberger, R. W. (1987). High school dropouts: A review of issues and evidence. *Review of Educational Research, 57* (2), 101-121.

Rumberger, R. W., Ghatak, R., Poulos, G. & Dornbusch, S. M. (1990). Family structure on dropout behavior in one California high school. *Sociology of Education, 63*, 283-299.

Rumberger, R. W. (1995). Dropping out of middle school: A multilevel analysis of students and schools. *American Educational Research Journal, 32*, 583-625.

Rutter, M. (1980). *Changing youth in a changing society: Patterns of adolescent development and disorder.* Cambridge: Cambridge University Press.

Rutter, M. (1983). School effects on pupil progress: Research findings and policy implications. *Child Development, 54*, 1-29.

Rutter, M., Maughan, B., Mortimore, P., Ouston, J. & Smith, A. (1979). *Fifteen thousand hours.* London: Open Books.

Sandefur, G. D., McLanahan, S. M. & Wojtkiewicz, R. A. (1992). The effects of parental marital status during adolescence on high school graduation. *Social Forces, 71* (1), 103-121.

Schreiber, D. (1969). Dropout, causes and consequences. *The encyclopedia of educational research* (4 ed., pp. 308-316). Toronto: The MacMillan Company.

Self, T. C. (1985). *Dropouts: A review of literature. Project talent search.* Monroe: Northeast Louisiana University.

Sewell, R. T., Palmo, A. J., & Manni, J. L. (1981). High school dropout: Psychological, academic and vocational factors. *Urban Education, 16* (1), 65-76.

Shaw, L. B. (1982). High school completion for young women: Effects of low income and living with a single parent. *Journal of Family Issues, 3* (2), 147-163.

Simmons, R. G. & Blyth, G. A. (1987). *Moving into adolescence: The impact of pubertal change and school context.* New York: Aldine de Gruyter.

Skinner, E. A. (1995). *Perceived control, motivation & coping.* Thousand Oaks: Sage.

Solmon, M. A. (1996). Impact of motivational climate on students' behaviors and perceptions in a physical education settings. *Review of Educational Psychology, 88* (4), 731-738.

Steinberg, L., Elemin, J. D. & Mounts, N. S. (1989). Authoritative parenting, psychosocial maturity, and academic success among adolescents. *Child Development, 60,* 1424-1436.

Thornberry, T. P., Moore, M. & Christenson, R. L. (1985). The effect of dropping out of high school on subsequent criminal behavior. *Criminology, 23,* 3-18.

Viau, R. (1994). *La motivation en contexte scolaire.* Saint-Laurent: Éditions du Renouveau Pédagogique.

Violette, M. (1991). *L'école... facile d'en sortir mais difficile d'y revenir: Enquête auprès des décrocheurs et décrocheuses.* Québec: Ministère de l'Éducation du Québec.

Walgrave, L. (1992). *Délinquance systématisée et vulnérabilité sociétale.* Genève: Méridiens Klincksieck.

Walker, H. M., Colvin, G. & Ramsey, E. (1995). *Antisocial behavior in school: Strategies and best practices.* Scarborough: Brooks/Cole Editions.

Wehlage, G. G. & Rutter, R. A. (1986). Dropping out: How much do schools contribute to the problem? In G. Natriello (Ed.), *School dropouts, patterns and policies* (pp. 70-88). New York: Teachers College Press.

Wehlage, G. G., Rutter, R. A., Smith, G. A., Lesko, N. & Fernandez, R. R. (1989). *Reducing the risks: Schools as communities of support.* New York: The Falmer Press

Weng, L., Newcomb, M. D. & Bentler, P. M. (1988). Factors influencing noncompletion of high schools: A comparison of methodologies. *Educational Research Quarterly, 12* (2), 8-22.

Wiggins, K. C. (1989). Is behavior toward students based on expectations? In J. L. Lakerbrink (Ed.), *Children at risk* (pp. 160-173). Springfield, Il: Charles C. Thomas Publisher.

Wilson, J. Q. & Herrnstein, R. J. (1985). *Crime and human nature.* New York: Simon and Shuster.

Este Capítulo retoma, com ligeiras alterações, um texto publicado na *Revista Portuguesa de Pedagogia* — 2000, *34*(1, 2 e 3).

12

Escolas eficazes
— Aspectos organizacionais e pedagógicos

**Maria C. Taborda-Simões, Maria D. Formosinho
& António C. Fonseca**

INTRODUÇÃO

A escola tem vindo a ser encarada como elemento de importância crucial na educação e desenvolvimento das crianças e jovens. Todavia, as expectativas depositadas nas suas potencialidades nem sempre se confirmam. Nela surgem, de facto, situações problemáticas (v. g., insucesso, absentismo, abandono e violência) que motivam não apenas descontentamento e críticas mas também pesquisas várias, cujos resultados inspiram, por sua vez, inovações diversas e reformas sucessivas. Estas não têm, contudo, conseguido cumprir por completo os seus objectivos e muitas são, por conseguinte, as questões que permanecem em aberto.

Tradicionalmente, os investigadores centraram a sua atenção sobretudo na análise de variáveis relativas ao aluno (v. g., repetências, nível intelectual, dificuldades de aprendizagem) e à família (v. g., nível de escolaridade e estatuto socioeconómico dos pais). Foram assim, durante muito tempo, remetidas para segundo plano características relacionadas com a própria organização e funcionamento da escola. Estas características vieram, no entanto, a revelar-se fundamentais para diferenciar as escolas eficazes daquelas que o não são. Permitindo associar a eficácia das escolas a certos aspectos organizacionais e pedagógicos, os estudos que neste trabalho se comentam favorecem a identificação de determinados factores escolares susceptíveis de explicar tanto o insucesso como a violência entre os jovens estudantes. Trata-se de pesquisas cujas conclusões decerto enriquecem a reflexão em torno da escola, em particular da influência que esta instituição pode exercer no percurso de vida daqueles que a frequentam. São ainda pesquisas com implicações relevantes ao nível da intervenção centrada nos problemas que hoje continuam a proliferar nas escolas.

CONTEXTO ESCOLAR E DESEMPENHO DOS ALUNOS

As primeiras investigações

A investigação sobre os efeitos do contexto escolar em crianças e adolescentes começou por subestimar a influência da escola nos níveis de desempenho dos alunos. Foi neste sentido que, de facto, apontou o Relatório de James Coleman ao divulgar, em 1966, os resultados de uma extensa pesquisa na qual participaram 645 000 alunos, distribuídos por 4 000 escolas primárias e secundárias dos EUA. Também no Reino Unido, com o Relatório Plowden (1967), vingou uma orientação idêntica, tendo sido mesmo admitida explicitamente a hegemonia das variáveis familiares no que diz respeito ao percurso académico dos alunos. Mais tarde, Jencks e colaboradores (1972), enfatizando o papel determinante dos factores genéticos, voltaram a concluir por um efeito restrito do tipo de instituição escolar. Em sua opinião, as escolas pouco ou nada podiam fazer pelas crianças de meios desfavorecidos que já traziam défices para a sala de aula. E se as escolas não podiam alterar as condições prévias dessas crianças, então havia razões para duvidar das vantagens decorrentes de uma educação compensatória.

Apesar da menor importância que estes primeiros trabalhos lhe atribuíram, o certo é que a escola acabou por se impor como objecto de análise detalhada com vista a testar a hipótese dos seus efeitos diferenciadores junto das crianças e jovens que a frequentavam. Essa análise foi, aliás, impulsionada pelas críticas que denunciavam o facto de as variáveis seleccionadas como elementos de caracterização das escolas, em particular no Relatório de Coleman, nem sempre identificarem adequadamente os aspectos organizacionais e pedagógicos capazes de induzir efeitos diferenciados no aproveitamento dos alunos.

Escolas eficazes — Aspectos organizacionais e pedagógicos 307

Assim, na sequência das críticas à metodologia e conclusões dos referidos trabalhos, foram surgindo algumas pesquisas apostadas em conseguir um controlo de variáveis mais rigoroso. Entre estas variáveis, destacam-se as que se reportam tanto a aspectos mais estruturais e organizacionais (*v. g.*, localização e dimensão do estabelecimento, composição da turma, regras disciplinares e modelo de gestão) como a aspectos mais estritamente relacionais e pedagógicos (*v. g.*, relação professor-aluno, coesão do corpo docente, expectativas dos professores e métodos de ensino).

No que se refere aos efeitos da dimensão do estabelecimento de ensino sobre o aproveitamento escolar, os dados empíricos não se revelaram, num primeiro momento, conclusivos. Na verdade, enquanto para alguns investigadores a menor dimensão da instituição se afigurava vantajosa a este respeito e se associava a um menor nível de absentismo (Reynolds & Murgatroyd, 1977), bem como a uma maior participação dos alunos nas actividades circum-escolares (Barker & Gamp, 1964), para outros constituía um factor negativo com repercussões no próprio nível de assiduidade (Galloway, 1976). Possivelmente, como depois virá a ser esclarecido no estudo modelar de Rutter, Maughan, Mortimore, Ouston e Smith (1979), o efeito daquela variável não se exerce de forma directa, sendo antes mediado por outros factores concorrentes.

Em conjugação com a dimensão do estabelecimento de ensino, foram estudados os efeitos da extensão do grupo / turma, suscitando-se a este propósito idêntica controvérsia. De facto, os efeitos positivos da redução do número de efectivos por turma no desempenho dos alunos nem sempre se comprovaram (Rutter & Madge, 1976). Chegou mesmo a considerar-se que o impacto desta variável não se manifestaria de modo uniforme, dependendo a sua influência sobretudo do perfil de competências de cada aluno (Summers & Wolfe, 1977). Assim se explicaria que, ao contrário do que habitualmente fazem supor as crenças e expectativas de pais e professores, a redução de efectivos por turma não induzisse, de forma generalizada, um acréscimo de rendimento académico.

Os primeiros dados empíricos também não se mostraram esclarecedores relativamente ao modelo de agrupamento academicamente mais eficaz. Por um lado, concluiu-se que o aproveitamento médio das turmas heterogéneas, compostas por alunos do mesmo nível escolar indistintamente agrupados, era comparável ao das turmas homogéneas, constituídas apenas por alunos com idêntico perfil de competências (Jencks et al., 1972; Lunn, 1970; Passow, Goldberg & Tannenbaum, 1967). Se bem que

308   M. C. Taborda-Simões, M. D. Formosinho e A. C. Fonseca

o tipo de agrupamento provocasse efeitos diferenciados em certos sujeitos considerados individualmente, a verdade é que, em termos globais, não se tornou possível confirmar a maior eficácia de um ou outro dos regimes. Por outro lado, verificou-se um acréscimo de aproveitamento entre a população masculina intelectualmente menos dotada, quando os seus elementos se encontravam inseridos em turmas heterogéneas (Lacey 1970, 1974). Todavia, o tipo de agrupamento parecia não afectar significativamente o aproveitamento, quer da população feminina com menos capacidades, quer dos sujeitos mais dotados de um e de outro sexo.

Enfim, ao analisar de forma parcelar os efeitos das variáveis estudadas, as primeiras pesquisas não se revelaram de facto muito esclarecedoras, tornando-se evidentes as suas limitações metodológicas. Limitações que, sem dúvida, o estudo de Rutter, Maughan, Mortimore, Ouston e Smith (1979) — *Fifteen thousand hours* — conseguiu superar, tanto pela duração no tempo e extensão da amostra, como pelo rigor que, em termos metodológicos e estatísticos, caracterizou a análise da influência cruzada de distintas variáveis.

O estudo de Rutter e colaboradores

O estudo de Rutter e colaboradores (1979) parte de resultados previamente obtidos mediante a comparação entre um grupo de crianças de dez anos residentes numa zona da cidade de Londres e um outro composto por crianças da mesma idade vivendo na ilha Wight (Rutter et al., 1974; Rutter, Cox, Tupling, Berger & Yule, 1975; Rutter, Yule, Morton & Bagley, 1975; Rutter et al., 1975). Estes grupos distinguiam-se tanto no aspecto emocional como na aprendizagem, sendo as dificuldades nos dois domínios duas vezes mais frequentes nas crianças londrinas. Sem descurar o impacto que a adversidade das condições familiares poderia ter nos resultados, os autores registaram diferenças significativas entre as escolas, quer ao nível do aproveitamento dos alunos quer ao nível do seu comportamento. Dado que estas diferenças pareciam não ter a ver com o critério de admissão dos alunos, a equipa decidiu prosseguir com a pesquisa de forma a testar sistematicamente os efeitos que a instituição escolar produzia na população que a frequentava. Surgiu então o referido estudo longitudinal (Rutter et al., 1979) que decorreu na década de setenta e contemplou 12 escolas situadas na mesma área geográfica da cidade de Londres. Algumas destas escolas adoptavam o regime misto,

Escolas eficazes — Aspectos organizacionais e pedagógicos 309

outras admitiam apenas alunos do mesmo sexo. Em todas, no entanto, a população docente incluía professoras e professores.

Para identificar as diferenças entre escolas, foram utilizadas várias fontes de informação que iam desde entrevistas aos professores até a observações directas e sistemáticas das aulas, passando por questionários dirigidos aos alunos. As entrevistas com os docentes, num total de 219, duravam, em média, 40 minutos cada e abrangiam um vasto leque de tópicos referentes à sua experiência profissional, ao tempo de serviço na escola, ao modo como organizavam as aulas, à frequência dos contactos com pais e com outras instituições, bem como à disponibilidade dos serviços de apoio. Os questionários preenchidos de forma anónima pelos alunos permitiam recolher, entre outros, dados sobre o aproveitamento, a experiência escolar ou os comportamentos na sala de aula. Quanto às observações directas, estas contemplaram 402 aulas, das quais 312 se enquadravam no âmbito das disciplinas mais estritamente académicas. Tais observações incidiam sobre a actividade da turma no seu conjunto e também sobre a actividade individual de alguns alunos seleccionados ao acaso. Embora o objectivo central estivesse direccionado para a caracterização dos processos organizacionais e do clima geral da escola, a observação individualizada permitia, não só contabilizar o tempo de envolvimento de cada sujeito nas tarefas de aprendizagem, como ainda detectar a ocorrência de comportamentos inadequados ou mesmo disruptivos. Estes comportamentos eram depois analisados em função da sua gravidade e da maior ou menor extensão ao grupo. No essencial, a análise procurava destacar alguma eventual associação entre determinados tipos de comportamento disruptivo e certas modalidades de tarefas escolares.

A arquitectura do projecto de pesquisa de Rutter e colaboradores exigiu, complementarmente à análise dos processos escolares, a medição de parâmetros relativos ao aproveitamento e comportamento dos alunos, quer no momento em que ingressavam nas escolas estudadas, quer no termo da frequência das mesmas. Assim, a avaliação inicial dos alunos incluía três informações fundamentais: os dados de um questionário respondido pelos professores que permitiam chegar a uma medida global das perturbações emocionais e comportamentais dos alunos, bem como a uma categorização das suas principais dificuldades; os resultados obtidos em provas escolares (Matemática e Inglês) e num teste de raciocínio verbal que determinavam o perfil académico de cada aluno; e os elementos recolhidos através de um inquérito sobre a ocupação profissional dos pais. A este propósito, refira-se que, inicialmente classificadas em cinco categorias, as profissões dos pais foram posteriormente hierarquizadas em três níveis. O primeiro abrangia empresários, quadros e trabalhadores especializados não manuais. O segundo incluía trabalhadores manuais especializados. Por último, o terceiro comportava trabalhadores manuais semi-especializados ou não especializados e desempregados. Graças a tais informações, foi possível controlar as diferenças existentes entre os alunos no momento de ingresso e, no final, ter apenas em consideração os efeitos diferenciadores do contexto escolar. A análise destes efeitos efectuou-se com base em parâmetros como a assiduidade, o comportamento na escola, o sucesso no exame final, a empregabilidade e ainda a delinquência.

Em termos de assiduidade, observou-se que era nas escolas onde os alunos atingiam níveis mais elevados de presença que havia uma menor taxa de abandono. Na verdade, estas escolas mantinham, com mais frequência, os alunos até ao final do 5.º ano, sendo também maior a proporção daqueles que se inscreviam no 6.º ano. Factor influente no nível de assiduidade dos alunos parecia ser a própria pontualidade dos professores. A falta de pontualidade destes aparecia associada a um nível mais elevado de absentismo por parte dos alunos. Era também nestas escolas que os professores dedicavam mais tempo às tarefas de ensino.

Do ponto de vista do sucesso académico, foram igualmente encontradas diferenças significativas entre as escolas. Em geral, os alunos tendiam a progredir mais nos estabelecimentos em que era dada grande importância aos aspectos pedagógicos. Esta importância traduzia-se nomeadamente numa adequada planificação do currículo e num elevado nível de expectativas dos professores a respeito do aproveitamento dos alunos. Além disso, eram superiores os desempenhos dos alunos nas escolas em que, com mais frequência, os professores passavam trabalhos para casa e depois os corrigiam. Aliás, os alunos, quando interrogados sobre a funcionalidade da escola, tendiam a privilegiar estes mesmos aspectos. Do mesmo modo, foi encontrada uma associação positiva entre o aproveitamento escolar e a actividade dos professores na sala de aula. Nas escolas com mais sucesso, os professores passavam a maior parte da aula interagindo com a turma como um todo. Uma atenção demasiado individualizada acarretava consequências negativas para o comportamento dos alunos. De acordo com os comentários dos autores, tais resultados não põem em causa as vantagens que, em certos casos, se podem retirar de uma pedagogia individualizada. São, no entanto, resultados que mostram a importância de envolver toda a turma quando a organização didáctica é concebida para um ensino de grupo. Também a exposição frequente dos trabalhos dos alunos nas paredes da sala de aula foi associada a um aproveitamento mais elevado. É possível que esta prática encoraje os alunos a trabalhar melhor e transforme a escola num lugar mais atractivo. Se bem que de forma menos evidente, o aproveitamento dos alunos parecia ainda ser afectado pelo regime disciplinar da escola. Em geral, esse aproveitamento atingia níveis superiores nas escolas onde, em vez de regras de comportamento muito específicas, vigoravam normas gerais consensualmente reconhecidas e aceites.

Em suma, o estudo de Rutter e colaboradores confirmou, de forma metodologicamente rigorosa, a influência exercida pelo contexto escolar no sucesso académico dos alunos e também nos seus padrões de comportamento. Dito de outro modo, o desempenho e o comportamento dos alunos não podem ser unicamente explicados pelas características que esses alunos exibem ao ingressar em determinada escola, nem pela localização desta. Os aspectos relativos à organização e funcionamento dos estabelecimentos escolares têm também efeitos específicos.

Tido por modelar e pioneiro, o referido estudo acabou por inspirar inúmeros trabalhos posteriores que persistiram em analisar os efeitos diferenciadores do contexto institucional e, ao mesmo tempo, identificar os factores de eficácia das escolas.

Dados de investigações mais recentes

Para avaliar a eficácia das escolas, alguns investigadores tomaram como critério as opiniões e atitudes dos alunos face ao estabelecimento que frequentavam. Neste caso, a diferença de atitudes mostrou-se, tanto para o nível pré-escolar como para os ensinos básico e secundário, mais dependente do contexto escolar que propriamente dos atributos individuais ou da condição social dos sujeitos (Ainley & Sheret, 1992; Smith & Tomlinson, 1989). A maioria das vezes, no entanto, essa avaliação efectuou-se a partir de outros indicadores, tais como a assiduidade, a persistência nos estudos, o envolvimento nas actividades curriculares e circum--escolares ou o sucesso nos exames. Tais indicadores foram depois correlacionados com elementos susceptíveis de caracterizar o contexto escolar, ou seja, com a dimensão das turmas e das escolas, os modelos de gestão, a planificação curricular e orientações didáctico-pedagógicas, a coesão do corpo docente, o relacionamento professor/aluno ou as normas e padrões disciplinares.

No que se refere aos modelos de gestão, tem vindo a confirmar-se o papel crucial da participação alargada do corpo docente nas decisões relativas ao funcionamento da escola (Fullan, 1991). A par de uma liderança forte (Levine & Lezotte, 1990), a escola eficaz parece, com efeito, exigir um estilo democrático de tomada de decisão que passa por implicar directamente os professores nos processos de gestão dos estabelecimentos onde leccionam ou apelar às suas competências e talentos (Langevin, 1994). Além disso, a coesão institucional tende a sair fortalecida quando aos alunos é atribuído um papel activo, o que é conseguido solicitando-lhes opiniões acerca de determinados aspectos relativos ao funcionamento da instituição e incumbindo-os de tarefas que lhes permitam desenvolver um sentido de responsabilidade relativamente à mesma. Note-se que este envolvimento dos estudantes acarreta consequências positivas para a sua própria auto-estima, ajudando-os a vencer sentimentos de alienação capazes de fomentar o afastamento da escola e o abandono precoce dos estudos (Janosz & Le Blanc, 2000; Mortimore, 1995; Mortimore, Sammons, Stoll, Lewis & Ecob, 1988). Como diversas pesquisas mostram, escolas mais pequenas podem propiciar maior envolvimento quer dos docentes quer dos alunos. Com efeito, é nas escolas de menor dimensão que se observa uma maior participação de ambas as partes, sendo também estas as que facilitam um acompanhamento mais flexível e próximo da população discente (Bryk & Thum, 1989; Entwisle, 1990; McNeal, 1997; Rumberger, 1995). A influência positiva da variável dimensão parece, contudo, não se aplicar, sem mais, às turmas. Com efeito, as diferenças entre turmas de 20 e 40 alunos não se revelaram significativas, a não ser nos primeiros anos do ensino primário (e apenas para disciplinas de base) ou então nos casos em que o professor privilegiava o ensino tutorial e quando a percentagem de alunos com dificuldades era elevada (Rutter, 1983).

Sem deixarem de insistir na importância da coesão do corpo docente e na consistência das normas adoptadas, estudos há que, como Rutter e colaboradores já tinham feito, evidenciam a influência das expectativas dos professores no rendimento escolar (Mortimore, et al., 1988), bem como da relevância por estes atribuída à aprendizagem dos alunos (Levine & Lezotte, 1990). Refira-se que as expectativas dos professores parecem exercer a influência nos níveis de desempenho académico através dos efeitos que provocam nas próprias concepções dos alunos, em particular as que se referem às suas capacidades de aprendizagem e ao sentimento de inutilidade dos seus esforços face a um sistema que percepcionam como adverso (Brookover, Erickon & McEvoy, 1997). Estas concepções são também sensíveis a determinadas práticas por vezes implementadas nas escolas como, por exemplo, o agrupamento de alunos em turmas homogéneas, isto é, de acordo com as suas capacidades. Ao contrário do que algumas das primeiras investigações preconizavam, esta prática acarreta consequências negativas a vários níveis. Na verdade, não só cria condições para o insucesso académico e para a inadaptação social, como fomenta conflitos entre grupos, sobretudo grupos de classes sociais e raças diferentes. Mais, compromete a boa cidadania ao estimular sentimentos de injustiça e ressentimentos por parte dos alunos menos capazes (Brookover, Erickon & McEvoy, 1997). Acresce que os professores que mais valorizam o sucesso dos alunos são também aqueles que conseguem uma melhor gestão do tempo lectivo (Langevin, 1994). Em contrapartida, nas escolas menos eficazes do ponto de vista académico, a gestão do tempo lectivo revela-se inadequada e permite aos alunos elevada frequência de momentos de inactividade (Langevin, 1994).

O rendimento escolar aparece igualmente associado à autopercepção dos docentes relativamente às suas competências e eficácia pedagógica (Bandura, 1992). Aliás, a influência do autoconceito profissional dos docentes parece ser extensiva à própria relação que conseguem estabelecer com os alunos. Importa salientar que a qualidade desta relação continua a revelar-se factor determinante da adesão da população estudantil à escola e da sua persistência no sistema escolar. Assim é que os alunos que abandonam precocemente os estudos mantêm piores relações com os professores, por comparação com aqueles que prosseguem a sua escolaridade até obter um diploma (Fagan & Pabon, 1990; Janosz & Le Blanc, 2000; Violette, 1991).

Entre os aspectos pedagógicos, é de realçar ainda o impacto da estrutura curricular. Por exemplo, a valorização das aprendizagens básicas no planeamento curricular das escolas do ensino primário surge como factor crucial para o aproveitamento académico (Bryk & Thum, 1989; Purkey & Smith, 1983). Não menos importantes para este aproveitamento são as estratégias pedagógicas e didácticas dos docentes. Em geral, é nas escolas com índices mais elevados de sucesso educativo que os professores utilizam estratégias cooperativas para o desenvolvimento de competências metacognitivas, de forma a fomentar nos alunos sentimentos de confiança e controlo em situações de aprendizagem (Langevin, 1994; Solomon, 1996).

Em resumo, os dados empíricos que as pesquisas mais recentes disponibilizam tendem a confirmar os efeitos do contexto escolar no aproveitamento dos alunos. Por outro lado, permitem identificar as características que, no essencial, definem as escolas eficazes. A conclusão de que as "escolas podem fazer a diferença" permanece, contudo, longe de ser inteiramente assumida por professores e outros profissionais ligados ao ensino (Thrupp, Mansell, Hawksworth & Harold, 2003).

CONTEXTO ESCOLAR, INSUCESSO E VIOLÊNCIA NA ESCOLA

Escola e violência juvenil

Ao longo das últimas décadas, a violência juvenil tem mostrado tendência para aumentar. Por exemplo, nos EUA, entre 1984 e 1994, a taxa de homicídio entre os jovens duplicou e o número de vitimações violentas cresceu cerca de 20%. Tais aumentos, que se afiguram tanto mais dramáticos quanto as taxas de homicídio para outros grupos etários declinaram (Elliott, Hamburg & Williams, 1998), foram mesmo descritos como se de uma epidemia se tratasse (Cook & Laub, 1998). E não obstante o decréscimo que nos anos subsequentes se observou no que diz respeito aos crimes violentos por parte dos jovens (Cook & Laub, 2002), a verdade é que a percentagem desses crimes continuou a ser superior à que se verificava antes da década de 80 (Gottfredson, Gottfredson, Payne & Gottfredson, 2005). Por outro lado, dados do *National Crime Vitimization,* relativos ao ano lectivo de 2001, indicam que 55% dos crimes contra estudantes entre os 12 e os 18 anos de idade ocorrem na escola ou no trajecto entre escola e casa, sendo de 58% a percentagem de roubos e de 50% a de crimes violentos (Gottfredson et al., 2005). Se a estes dados forem acrescentados todos os comportamentos que resultam quer na degradação quer na destruição de bens materiais, nomeadamente equipamentos escolares, haverá com certeza razões para concluir por um aumento ainda mais considerável da violência juvenil.

A violência juvenil é frequentemente explicada por factores sociais e ambientais. Admite-se, então, uma maior vulnerabilidade social à violência por parte de certos grupos, vulnerabilidade essa que, associando-se em meios urbanos ou suburbanos a um baixo rendimento económico e a situações generalizadas de desemprego ou subemprego, é reflexo da falta de organização societal corporizada na ausência de normas e valores entre os jovens. Nestas comunidades desorganizadas, carentes de recursos e de normas, a presença de *gangs* e de redes de tráfico de droga potencia um acréscimo de comportamentos violentos e, como refere Hamburg (1998), curto-circuita a possibilidade de modelos e estilos de vida alternativos.

Entre os factores susceptíveis de potenciar o incremento da violência juvenil contam-se ainda as experiências vivenciadas na sequência de rupturas familiares, o prolongamento artificial da adolescência aliado ao alargamento do período de escolaridade obrigatória e à entrada tardia no mundo do trabalho, bem como a generalização entre os adolescentes do consumo de álcool e de substâncias psicotrópicas. Também a escola tem vindo a ser associada ao acréscimo desta violência, porquanto é encarada, por um lado, como *locus* privilegiado desse fenómeno e, por outro lado, como potenciadora de condutas violentas através das frustrações que provoca em alguns alunos. De facto, é na escola que certos comportamentos anti-sociais se revelam pela primeira vez e que outros se tornam efectivamente perturbadores ou preocupantes. Muitos destes comportamentos são, de resto, orientados contra os pares, professores e funcionários. Pela sua acessibilidade, os pares acabam, no entanto, por ser as vítimas mais frequentes, ficando assim sujeitos a experiências deveras traumatizantes (Olweus, 1978, 1993). O medo da violência dos pares tem sido algumas vezes responsabilizado pelo absentismo escolar (Formosinho & Taborda Simões, 1998). Esse medo tem, aliás, repercussões no comportamento das vítimas que, temendo represálias, nem sempre formalizam queixas de todas as agressões. Assim sendo, compreende-se que o índice de vitimação entre alunos atinja maior expressão quando é avaliado com base no relato dos próprios do que nas estatísticas oficiais. Enfim, sendo notório o aumento da violência escolar, este fenómeno acarreta sérios danos à instituição, perturba o clima relacional aí vivenciado e compromete, sem dúvida, o bem estar quer dos alunos quer dos professores.

Sem pretender minimizar as variáveis ambientais e familiares, cujo impacto na violência juvenil tem vindo a ser reconhecido (Fagan & Wilkinson, 1998; Laub & Lauritsen, 1998; Loeber & Loeber, 1998; Walgrave, 1992), importa aqui reconhecer o valor que algumas pesquisas atribuem aos próprios factores organizacionais e pedagógicos na extensão e intensidade dos comportamentos agressivos. Na verdade, os dados empíricos disponíveis mostram que as escolas com maior incidência

316   M. C. Taborda-Simões, M. D. Formosinho e A. C. Fonseca

de comportamentos violentos são as que apresentam um *ratio* professor / aluno desfavorável (Jones, 1980; Reed, 1983), admitem uma massa estudantil muito numerosa (Gottfredson & Gottfredson, 1985), incluem níveis mais elevados de ensino e, portanto, acolhem estudantes mais velhos (Weishew & Peng, 1993), dispõem de orientações curriculares pouco definidas (Gottfredson & Gottfredson, 1985) e carecem de sistemas de apoio aos alunos com dificuldades de aprendizagem (Mann & Lawrence, 1981). De modo oposto, as escolas com índices mais baixos de violência apresentam um clima de forte coesão institucional que se revela através de uma estreita cooperação entre docentes e direcção (Gottfredson & Gottfredson, 1985), uma ligação muito próxima à comunidade (Jones & Jones, 1981; Purkey & Novak, 1984; Purkey & Smith, 1983), um bom clima relacional entre alunos e professores (Jones & Jones, 1981; Schmuck & Schmuck, 1983), uma elevada expectativa de sucesso académico por parte dos estudantes (Brookover, Erickson & McEvoy, 1997; Edmonds, 1979; Purkey & Novak, 1984; Purkey & Smith, 1983), uma boa qualificação profissional dos docentes e um currículo planificado de acordo com as capacidades do aluno (Brodinsky, 1980; Brophy & Evertson, 1976; Duke, 1976; Rutter et al., 1979), bem como um efectivo apoio em termos de serviços de aconselhamento (Herr, 1982).

Em suma, as características das escolas que parecem correlacionar-se negativamente com a violência estudantil são as mesmas que tendem a ser apontadas como facilitadoras do sucesso escolar.

Insucesso e violência na escola

Reconhecer que há escolas que, pelos seus aspectos organizacionais e pedagógicos, potenciam uma maior violência do que outras equivale, no fundo, a reconhecer o papel activo da escola na génese da violência juvenil. Nesta perspectiva, os investigadores têm dado particular relevo à relação entre insucesso escolar e comportamento anti-social. De facto, os critérios escolares têm vindo, desde os anos 30, a ser com frequência utilizados para comparar jovens delinquentes e não delinquentes. Ao contrário destes últimos, os primeiros foram caracterizados por apresentar um maior índice de absentismo, um rendimento escolar mais baixo e um maior número de retenções (Glueck & Glueck, 1950; Healy & Bronner, 1936; Kvaraceus, 1945). Trata-se de características que investigações posteriores confirmaram ao assinalar correlações positivas entre as

Escolas eficazes — Aspectos organizacionais e pedagógicos 317

condutas delinquentes dos jovens e os comportamentos problemáticos na escola (Hirschi, 1969; Junger-Tas, 1985; Vettenburg & Walgrave, 1988; Vettenburg, Walgrave & van Kerckvoorde, 1984).

Na sequência das primeiras pesquisas, que acentuaram as dificuldades individuais, outras se efectuaram fazendo emergir um paradigma mais sociologizante e, por conseguinte, enfatizando o papel da escola na potenciação dos comportamentos anti-sociais. Por exemplo, logo em 1972, Schafer e Polk identificaram um certo número de factores escolares favoráveis ao insucesso académico e, de forma indirecta, ao acréscimo da delinquência entre os jovens. Mostrando-se conscientes das condições adversas que pautavam a vida familiar de muitos dos sujeitos com insucesso, os autores insistiram, face à ausência de medidas pedagógicas individualizadas e de programas compensatórios, na responsabilização da escola pelo agravamento das dificuldades de aprendizagem. Consideraram, então, que "o baixo rendimento escolar, o comportamento desviante e o abandono precoce da escola devem ser encarados, de modo mais adequado e funcional, como resultado de um sistema de interacções e não propriamente como actos individuais, interpretados como respostas de sujeitos com perturbações psicológicas oriundos de lares deficientes" (Schafer & Polk 1972, p. 146). Defenderam, por outro lado, que os processos através dos quais a escola faz sentir a sua influência no comportamento delinquente se inscrevem em diferentes registos, havendo que reconhecer, neste âmbito, a própria importância do clima escolar na etiquetagem do comportamento desviante (Schafer & Polk, 1972). Esta posição foi, no entanto, contestada por autores que, como Gove (1975), fizeram radicar a etiquetagem no próprio comportamento desviante do aluno. Seja como for, torna-se difícil negar todo e qualquer efeito activo da escola na criminogénese. Para tanto, seria mesmo necessário ignorar os dados que inúmeras pesquisas vieram posteriormente disponibilizar.

Assim, em 1977, com o título sugestivo *How the schools and teachers create deviants*, aparece um estudo (Kelly, 1977) que chama a atenção para a diferença dos índices de delinquência juvenil em função do tipo de escolas e do perfil de actuação dos professores, o que implica admitir que há condições escolares que podem ser mais ou menos criminogenizantes. Em sentido idêntico haviam já concluído Elliott e Voss (1974) que, tendo efectuado um estudo longitudinal durante cinco anos com 2 617 alunos, comprovaram a influência directa das más experiências escolares no comportamento delinquente dos jovens. Mais, mostraram que o comportamento desviante se atenuava no caso dos alunos que abandonavam precocemente a escola e se inseriam profissionalmente, intensificando-se, no entanto, no caso dos que permaneciam sem sucesso na instituição. Para estes autores, a exemplo de outros como Bachman, Green e Wirtanen (1971), a competitividade escolar, com o stresse que se lhe associa, constituiria, sem dúvida, um factor estrutural de violência. Daí que o afastamento da escola tivesse efeitos positivos ao nível do comportamento. É, todavia, possível que esses efeitos resultem, não tanto do afastamento da escola, mas mais da integração no espaço laboral acompanhada da assunção de responsabilidades de que o aluno estava alheado antes (Pronovost & Le Blanc, 1979; Vettenburg & Walgrave, 1988).

Ainda que a relação causal entre abandono escolar e diminuição da delinquência se não afigure assim tão linear como Elliott e Voss o fazem supor, o facto é que se justifica investigar, de forma cada vez mais completa, o papel do percurso académico na emergência das condutas delinquentes. Com efeito, a escola não pode ser encarada como uma instância neutra na qual a violência, eventualmente pré-existente em crianças e adolescentes, apenas faz ricochete. É claro que tal não significa atribuir à escola o estatuto de causa única. Significa tão-só não a retirar de uma cadeia que se afigura complexa e na qual se pode inserir a passagem de uma violência episódica na adolescência para formas mais graves e persistentes de delinquência na idade adulta. E assim sendo, o que importa é "compreender o impacto da escola sobre a delinquência no âmbito de uma totalidade complexa de causas e efeitos que se reforçam mutuamente (…), que se enfraquecem ou se excluem" (Walgrave, 1992, p. 36).

Tornam-se a este propósito esclarecedores os resultados de uma investigação realizada, entre 1984 e 1988, no âmbito do *Groupe de Recherches en Criminologie Juvénile*, na qual se examinou de perto a relação entre experiências escolares e delinquência (Vettenburg & Walgrave, 1988). Participaram nesta investigação 1 689 alunos de uma escola profissional, bem como os respectivos professores. Aos alunos foi aplicado um questionário que incluía o pedido de informações diversas, quer sobre a família (v. g., estatuto social e profissional dos pais, orientações valorativas, modelo educativo e disciplinar, representações da escola), quer sobre eles próprios (v. g., redes sociais de apoio, ligação com pares, expectativas profissionais, interesse pelas matérias escolares e eventual comportamento problemático no interior / exterior do estabelecimento de ensino, prévios contactos com a polícia ou tribunais). Aos professores foram solicitadas informações relativas a cada um dos alunos questionados (v. g., aproveitamento escolar, nível de integração na classe, participação familiar, previsão relativa à futura adaptação profissional e integração social). Complementarmente foram entrevistados alguns pais (45 casais), tendo com eles sido abordados temas como a vida familiar, as relações com a instituição escolar, as modalidades educativas e disciplinares e os comportamentos dos filhos, incluindo eventuais contactos com a polícia. Além disso, foram observadas directamente as aulas de 12 turmas compostas unicamente por rapazes, num total de 140 horas. Dezoito meses após a primeira avaliação, voltaram a ser contactados 256 alunos, cujo comportamento antes se havia revelado particularmente problemático. Voltaram igualmente a ser entrevistados 54 dos seus professores e foram ainda examinados os *dossiers* policiais.

A análise dos dados permitiu estabelecer algumas associações significativas entre as condutas delinquentes e as experiências escolares dos alunos. Observou-se, em particular, que os alunos relativamente aos quais os professores possuíam expectativas inferiores, em termos de aproveitamento, eram os que apresentavam índices mais elevados de absentismo e maior número de problemas disciplinares. Eram também estes alunos que sofriam mais sanções disciplinares e que se sentiam menos ligados à escola e aos professores. Relacionando estes dados com os recolhidos através da observação directa das turmas, verificou-se que a atitude dos professores tinha grande impacto sobre os alunos. De facto, consoante o perfil relacional e pedagógico de cada docente, foram detectadas evidentes alterações quer no comportamento individual de certos discentes quer no comportamento da turma em geral.

Para explicar tais resultados, os autores invocaram um processo de causalidade circular. Admitiram assim que os alunos com mais dificuldades académicas são também aqueles em quem os professores menos investem. Esta circunstância, acrescida da consciência que aqueles têm das suas dificuldades de aprendizagem, leva-os a fazerem-se notar através de comportamentos disruptivos, o que reforça as expectativas negativas dos professores e os faz persistir na punição do aluno em benefício do controlo da turma. As sanções têm, todavia, o efeito de afastar ainda mais estes alunos da escola, induzindo o seu absentismo e remetendo-os para uma atitude negativa susceptível de provocar um desvio sistemático.

A conclusão mais relevante do estudo em análise é que a escola parece ter maior impacto ao nível da inadaptação social dos jovens do que as próprias variáveis familiares. Mesmo no caso das famílias que se apresentam pouco estruturadas e estimulantes, é no momento da entrada na escola que a criança consciencializa as suas dificuldades de adaptação, pelo facto de aí ser considerada como menos apta a responder às exigências académicas e sociais postas pela instituição escolar. Como mais tarde refere Walgrave, "é aí também que falha a oportunidade de reforçar os laços com a sociedade e que surgem os estigmas" (Walgrave, 1992, p. 51). Queira-se ou não, a escola acaba por, no plano societal, ampliar as diferenças familiares, sendo certo que os alunos oriundos de famílias muito vulneráveis se tornam cada vez mais vulneráveis à medida que a sua permanência na instituição escolar se prolonga sem sucesso. Neste contexto, a vulnerabilidade das famílias reside menos no estatuto socio-profissional e económico dos pais do que nas características culturais, como sejam as expectativas sociais, orientações axiológicas, sentimentos de vulnerabilidade social, modelos disciplinares ou educativos e as estratégias de resolução de conflitos.

Reforçando e ampliando algumas das anteriores conclusões, estudos mais recentes há que têm encontrado uma relação significativa entre o fraco desempenho académico e o comportamento anti-social dos jovens. Mais concretamente, o insucesso escolar ou se revela como fenómeno contemporâneo desse comportamento ou é dele um bom preditor (Hawkins, Farrington & Catalano, 1998; Huizinga & Jakob-Chien, 1998; Lipsey & Derzon, 1998; Maguin & Loeber, 1996). Note-se o facto de essa relação possuir um carácter recíproco e acontecer em determinados contextos específicos de que são exemplo, quer as estratégias educativas parentais inadequadas, quer as escolas cujas práticas se revelam contrárias à promoção do sucesso dos alunos, ou seja, as escolas ineficazes. Estas escolas tendem, por um lado, a reforçar os insucessos dos alunos que, exactamente por isso, lhes atribuem propriedades aversivas susceptíveis de incrementar o comportamento anti-social. Por outro lado, a forma como reagem a este comportamento (v. g., suspensões ou expulsão) tem consequências negativas ao nível do aproveitamento escolar (McEvoy & Welker, 2000). No fundo, são escolas onde se aplicam regras pouco claras, injustas ou sem consistência e onde se oferecem respostas ambíguas ou desajustadas às transgressões (Gottfredson, 2001).

ESCOLA, DELINQUÊNCIA E PERSPECTIVAS DE INTERVENÇÃO

Ao que tudo indica, o aluno com insucesso generaliza muitas vezes à sociedade em geral a sua revolta contra a escola e apresenta, além de fracas expectativas académicas, uma visão imediatista da vida. Na verdade, os jovens que fracassam na escola tendem a apresentar uma perspectiva negativa do futuro, concentrando-se, por isso, no imediato, sem pensarem nas consequências das suas acções (Walgrave, 1992). Para estes jovens, os pares desviantes assumem uma enorme importância, dado que lhes permitem vivenciar um forte sentimento de coesão social e recuperar a auto-estima perdida na escola, mediante a assunção de uma identidade marginal que se afirma pela violência. Inicia-se assim um processo que frequentemente induz no adolescente uma delinquência persistente. Não admira, por isso, que a relação entre comportamento anti--social e escola se tenha constituído como objecto de pesquisa e chegue mesmo a ser explorada por vários autores no domínio da criminologia (Elliott, Dunford & Huizinga, 1987; Farrington, 1992; Hawkins, 1996; Wilson & Herrenstein, 1985). Do mesmo modo, não é de estranhar que a violência escolar figure como um dos melhores preditores da delinquência juvenil ou da criminalidade adulta em diversos estudos longitudinais (Loeber & Farrington, 1988; Farrington, 1991; Moffitt, 1993).

Como notam Dishion e colaboradores (1995), os efeitos da escola no comportamento das crianças e adolescentes podem hoje ser comprovados com base nos programas que visam a prevenção da delinquência. Com efeito, esses programas têm reduzido, de forma mais ou menos evidente, a frequência dos comportamentos anti-sociais (Gottfredson, 2001; Gottfredson & Gottfredson, 2002). Em geral, são programas que se centram na organização dos tempos livres dos alunos (v. g., intervalos das aulas e períodos pós-lectivos), no reforço da assiduidade às aulas, na promoção do rendimento académico ou em mudanças relativas à estrutura e funcionamento dos próprios estabelecimentos de ensino. Alguns assentam em estratégias que são definidas tendo em vista a prevenção ou de comportamentos anti-sociais específicos (v. g., absentismo, agressões a pares, vandalismo, furtos e consumo de drogas) ou da delinquência em geral. Outros centram-se em torno de problemas muito particulares (v. g., hiperactividade, défices de atenção e dificuldades graves de aprendizagem) tidos como factores de risco a exigir uma supervisão adequada. Note-se que tais programas podem ser levados a cabo na base de uma relação individual ou em situação de grupo, podem ser de natureza informal ou rigorosamente estruturados, envolver apenas agentes da escola ou requerer a participação de agentes de outras instituições, consistir em intervenções pontuais ou prolongar-se por vários anos (Fonseca, Rebelo, Simões & Ferreira, 1995).

Os programas mais eficazes parecem ser os que, sem excluir o meio envolvente e as autoridades locais, incidem sobre toda a comunidade educativa (alunos, professores, funcionários) e se propõem como objectivos facilitar a vinculação dos alunos à escola, promover o sucesso nos estudos, estimular a adesão a normas positivas, desenvolver competências de resolução de conflitos, bem como controlar adequadamente as actividades dos alunos de maneira a reduzir as possibilidades de transgressão.

Gottfredson (1986) examinou precisamente os efeitos de um programa desta natureza conhecido sob a designação de P.A.T.H.E. (*Positive Action Through Holistic Education*). Este programa, destinado a aumentar o rendimento escolar e a diminuir o comportamento anti-social de alunos do ensino secundário, implicava diversas mudanças ao nível do funcionamento das escolas: revisão dos currículos e das práticas disciplinares, com a participação dos alunos; treino dos professores em técnicas de organização das aulas e controlo da disciplina; treino dos alunos em competências de estudo; aplicação de técnicas de ensino com base na cooperação; melhoramento do clima geral da escola mediante a promoção do sentimento de pertença; estruturação de serviços de apoio aos alunos com dificuldades de aprendizagem, baixo rendimento ou problemas de comportamento; melhor articulação entre a escola e o mundo do trabalho, nomeadamente através do treino de competências para a procura de emprego. A comparação entre as escolas que beneficiaram deste programa e as escolas da mesma área que dele não beneficiaram revelou que, no fim da intervenção, os alunos das primeiras apresentavam menores índices de delinquência e menos suspensões do que os alunos das segundas.

De referir, entre outros, é também o programa implementado por Hawkins e colaboradores (1991, 1992) junto de várias centenas de alunos a frequentar os primeiros anos de escolaridade, bem como dos respectivos pais e professores. Incluindo uma forte componente de treino de competências, este programa procurava desenvolver sobretudo a vinculação dos alunos à escola e à sociedade. Dezoito meses após o fim da intervenção, os alunos do grupo experimental mostravam-se, de acordo com os professores, significativamente menos agressivos que os seus colegas do grupo de controlo. Este resultado, embora apenas válido para os rapazes, voltou a verificar-se quatro anos mais tarde, altura em que os sujeitos do grupo experimental se apresentavam com um envolvimento menos frequente quer em actividades delinquentes quer no consumo de drogas.

Escolas eficazes — Aspectos organizacionais e pedagógicos 323

Apesar dos efeitos positivos que os estudos sobre este tipo de programas reportam, a verdade é que a avaliação da sua eficácia real nem sempre se torna fácil devido a limitações metodológicas várias (Gottfredson, 2001), como sejam a frequente ausência de aleatorização na distribuição dos sujeitos, a ausência de períodos prolongados de *follow up* ou ainda a falta de replicação dos resultados em diferentes locais e por investigadores independentes. Acresce que a execução integral desses programas também nem sempre é fácil de respeitar, dadas as dificuldades que por vezes surgem em harmonizar a motivação e a disponibilidade dos diversos agentes neles envolvidos. Além disso, os alunos com elevados índices de comportamento anti-social apresentam normalmente relutância em aderir a tais programas. Uma das vias para contornar as referidas limitações e dificuldades consiste em recorrer a programas que assentam numa perspectiva de intervenção precoce dirigida a crianças de nível pré-escolar, de que são exemplos o *Perry Preschool Program,* o *Houston Parent-Child Development Center Program* e o *Syracuse Family Development Research Program*. Neste âmbito, os programas mais eficazes parecem ser aqueles que, além de envolverem os vários sistemas em que a criança se insere, incidem ainda nos factores de risco que melhor predizem futuros comportamentos anti-sociais. Os resultados conhecidos apontam para um rendimento escolar mais elevado e para uma menor taxa de comportamento anti-social no futuro (Tremblay, LeMarquand & Vitaro, 2000). Se assim é, tem sentido concluir que "as intervenções que reduzem os factores de risco e, ao mesmo tempo, promovem os factores de protecção na família, nos colegas e no meio escolar durante o percurso de desenvolvimento do bebé, da criança e do adolescente são as que se revelam mais promissoras para a prevenção de um grande número de problemas ao nível da saúde e do comportamento na adolescência" (Catalano, Arthur, Hawkins, Berglund & Olson 1998, p. 249).

De nomear são igualmente os programas dirigidos a alunos cujo comportamento anti-social se revela a tal ponto grave e perturbador que parece justificar um afastamento temporário da escola regular e a sua integração em escolas alternativas. Estas escolas caracterizam-se, sobretudo, por um *ratio* professor / aluno baixo, por uma elevada estruturação das tarefas de aprendizagem em função das características de cada indivíduo, por um ambiente capaz de aumentar a motivação dos alunos e por um maior controlo ou supervisão das suas actividades. A maior parte destas escolas são de pequena dimensão, os seus currículos são adaptados aos alunos que as frequentam e os professores estão familiarizados com a problemática dos distúrbios emocionais da criança e do adolescente, bem como com diferentes métodos de aconselhamento e de ensino especial. Subjacente a esta modalidade de intervenção, que gozou de alguma popularidade entre os anos sessenta e oitenta em países como o Reino Unido e EUA, está a ideia de que os alunos colocados em tais escolas seriam capazes de desenvolver uma maior auto-estima, de melhorar o seu desempenho escolar e adoptar uma atitude mais positiva em relação à escola. Além disso, teriam aí oportunidade de adquirir diversas outras competências necessárias para fazer face ao aparecimento de comportamentos delinquentes.

Não obstante a grande esperança que em semelhante intervenção se depositou, os resultados revelaram-se bastante desencorajadores. Com efeito, numa revisão dos principais programas de educação alternativa, Cox, Davidson e Bynum (1995) não encontraram qualquer efeito positivo que atingisse níveis estatisticamente significativos relativamente à delinquência. Reconhecendo as limitações metodológicas dos estudos revistos, Cox (1999) voltou a examinar a mesma questão no âmbito de uma pesquisa por si efectuada, tendo de novo concluído pela ausência de qualquer efeito duradouro daqueles programas na redução do comportamento anti-social dos alunos, independentemente da natureza das medidas utilizadas para os avaliar. Diversas podem ser as causas deste insucesso: insuficiente avaliação das características e das necessidades educativas de cada aluno; integração dos alunos no programa num momento que estes já têm um longo historial de comportamentos anti-sociais; utilização do ingresso nas escolas alternativas como forma de castigo pelo mau comportamento na escola regular; falta dos meios necessários para lidar com a diversidade e gravidade de problemas que esses alunos apresentam; articulação deficiente entre a escola e a comunidade; estigmatização frequente dos seus alunos; falta de bons professores, uma vez que os melhores tendem a evitá-las.

Reconhecidos os magros resultados das escolas alternativas, a tendência actual é para manter as crianças e jovens difíceis na escola comum e, sempre que possível, em turmas regulares. Todavia, para que esta tendência resulte em sucesso, torna-se necessário dotar a escola de recursos que lhe permitam aproveitar as suas potencialidades enquanto meio propício à intervenção junto de crianças e jovens com problemas. Investir na intervenção em meio escolar justifica-se tanto mais quanto há indicações de que os programas de natureza preventiva são menos

Escolas eficazes — Aspectos organizacionais e pedagógicos   325

estigmatizantes e menos dispendiosos do que as estratégias tradicionais levadas a cabo em meio correccional.

CONCLUSÕES

Embora alguns trabalhos da década de 60 tenham procurado minimizar o efeito da experiência escolar em detrimento dos factores genéticos ou das variáveis familiares, a acumulação crescente de dados empíricos demonstra bem o efeito diferencial do contexto escolar nas aprendizagens e na conduta dos alunos, permitindo sustentar a tese de que a melhor ou pior qualidade das escolas é um factor influente no desenvolvimento das crianças e jovens. Com efeito, não obstante algumas dificuldades metodológicas associadas ao controlo dos factores individuais, são múltiplas as pesquisas que apontam para o impacto que determinados aspectos da instituição escolar têm no desenvolvimento social e desempenho académico da população que a frequenta. Com base numa análise discriminativa dos elementos organizacionais e pedagógicos, foi possível identificar critérios de eficácia das escolas, sendo certo que é particularmente o clima geral *(ethos)* da escola que define a sua qualidade e mais influencia a vivência escolar dos alunos (Rutter et al., 1979).

A operacionalização deste clima geral, figurada por Rutter e colaboradores em termos de normas e valores que regem a actuação dos membros da comunidade educativa e solidificam a sua coesão, admite cambiantes mais vastos, na perspectiva de outros autores. Por exemplo, para Janosz, Georges e Parent (1998), o clima institucional ou ambiente sócio-educativo é a dimensão do contexto escolar que mais directamente afecta as vivências dos alunos, mediando mesmo o efeito que neles possam ter a estrutura física e organizacional da instituição. Note-se que o clima socioeducativo depende tanto dos valores, atitudes e relacionamentos que tipificam a instituição, como das práticas pedagógicas que nela ocorrem, observando-se uma associação entre os vários factores positivos. Na verdade, é nas escolas com melhor aproveitamento académico e menor percentagem de insucessos que os níveis de indisciplina e de violência são mais baixos, sendo notório o elevado índice de coesão entre todos os membros da comunidade.

Se a coesão institucional é apanágio das escolas mais eficazes, o mesmo poderá ser dito relativamente aos sentimentos de *pertença* e *segu-*

rança que essas escolas induzem nos alunos. O sentimento de pertença é, sem dúvida, ele próprio, tributário do maior ou menor incentivo que a instituição fornece ao sucesso académico, tornando as aprendizagens significativas para os alunos, através de modalidades de apoio pedagógico e flexibilização dos métodos de ensino. Este sentimento de pertença ultrapassa a simples adaptação escolar e exige um reconhecimento identitário que se traduz, por parte do aluno, num sentimento de orgulho em pertencer à instituição, sendo esta encarada como um contexto de vida que o cativa e o faz aderir às suas normas e valores. Ao constituir uma possível defesa contra a depressão, a experiência de rejeição social, os problemas escolares (Anderman, 2002) e contra o abandono escolar precoce, tal sentimento pressupõe necessariamente um clima de segurança na escola. Os alunos vivenciam esta segurança quando, reconhecendo a legitimidade e a equidade das normas e avaliações a que são sujeitos, admitem como mínima a probabilidade de serem humilhados pelos professores ou vitimados pelos colegas.

De modo dramático, como se referiu, a violência escolar recrudesceu, nas duas últimas décadas, por efeito da influência ambiental e dos constrangimentos que muitos alunos, obrigados hoje a uma escolaridade prolongada, aí vivenciam. Lugar privilegiado de expressão da violência de muitos adolescentes em crise identitária, a escola pode ter ela própria um efeito delinquente pela competitividade que promove, pelos sentimentos de fracasso que induz e pela pressão de pares desviantes que nela se encontram. Este efeito não se manifesta, porém, de forma homogénea, dependendo das próprias condições do contexto escolar a maior ou menor agressividade dos alunos.

Admitido este facto, várias têm sido as recomendações pedagógicas feitas às escolas e múltiplos os programas aí desenvolvidos no sentido de prevenir a violência e a delinquência (Catalano, Arthur, Hawkins, Berglund & Olson 1998; Fonseca, Rebelo, Simões & Ferreira, 1995). Estes programas, para serem eficazes, não podem restringir-se a um conjunto de medidas de vigilância e de repressão da violência. Têm necessariamente de reorientar também o projecto educativo de cada escola por forma a promover o sucesso dos alunos e o envolvimento tanto das famílias como da comunidade em geral. Neste sentido, importa que integrem modalidades de apoio adequado aos alunos com dificuldades de aprendizagem, com problemas emocionais ou de comportamento. Importa igualmente que fomentem a reflexão sobre os planos curriculares, incentivem a formação psicopedagógica dos docentes e não esqueçam o desenvolvimento de actividades extra-curriculares ajustadas aos interesses dos jovens.

Além disso, são de considerar as sugestões apresentadas em diversos estudos no que diz respeito às vantagens de iniciar os programas de prevenção em idades precoces. Ao que tudo indica, esses são os programas mais eficazes, menos dispendiosos do ponto de vista financeiro e também menos estigmatizantes.

BIBLIOGRAFIA

Ainley, J. & Sheret, M. (1992, January). *Effectiveness of high schools in Australia: Holding power and achievement*. Paper presented to the International Congress for school effectiveness and improvement. Victoria, British Columbia.

Anderman, E. (2002). School effects on psychological outcomes during adolescence. *Journal of Educational Psychology, 94* (4), 795-809.

Bachman, J. G., Green, S. & Wirtanen, I. D. (1971). *Dropping out. Problem or symptom?* Ann Arbor: Institute for Social Research, University of Michigan.

Bandura, A. (1992, April). *Perceived self-efficacy in cognitive development and functioning*. Paper presented to the American Eduactional Research Association, San Francisco.

Barker, R. G. & Gamp, P. V. (1964). *Big school, small school*. Stanford, California: Stanford University Press.

Blatier, C. (1998). Violences à l'école: Evaluation et prédiction des difficultés dans un lycée à double vocation technique et professionnelle. *Revue Européenne de Psychologie Appliquée, 48* (3), 161-75.

Boyesen, M. & Bru, E. (1999). Small school classes, small problems? *School Psychology International, 20* (4), 338-51.

Brodinsky, B. (1980). *Student discipline. Problems and solutions*. Arlington: American Association of School Administrators.

Brookover, W. B., Erickson, F. J. & McEvoy, A. W. (1997). *Creating effective schools: An in-service program for enhancing school learning climate and achievement*. Holmes Beach, FL: Learning Publications.

Brophy, J. & Evertson, C. (1976). *Learning from teaching. A developmental perspective*. Boston: Allyn & Bacon.

Bryk, A. & Thum, Y. (1989). The effects of school organization on dropping out. An exploratory investigation. *American Educational Research Jorunal, 26* (3), 353-83.

Catalano, R. F., Arthur, M. W., Hawkins, J. D., Berglund, L. & Olson, J. J. (1998). Comprehensive community- and school-based interventions to prevent antisocial behavior. In R. Loeber & D. P. Farrington (Eds.), *Serious and violent juvenile offenders: Risk factors and successful interventions.* (pp. 248-283). Thousand Oaks, CA: SAGE.

Coleman, J. S. Campbell, E. Q., Hobson, C. J., McPartland, A. M., Weinfeld, E. D. & York, R. L. (1966). *Equality of educational opportunity.* Washington, DC: U. S. Government Printing Office.

Cook, P. J. & Laub, J. H. (1998). The unprecedent epidemic in youth violence. In M. Tonry & M. Moore (Eds.), *Crime and justice* (Vol. 24, pp. 27-64). Chicago: University of Chicago Press.

Cook, P. J. & Laub, J. H. (2002). After the epidemic: Recent trends in youth violence in the United States. In M. Tonry (Ed.), *Crime and justice* (Vol. 29, pp. 1-17). Chicago: University of Chicago Press.

Cox, S. M. (1999). An assessment of an alternative education program for at-risk delinquent youth. *Journal of Research Crime and Delinquency, 36,* 323-336.

Cox, S. M., Davidson, W. S. & Bynum, T. S. (1995). A meta-analytic assessment of delinquency related outcomes of alternative education programs. *Crime & Delinquency, 41,* 219-234.

Dishion, T. J., French, D. C. & Patterson, G. R. (1995). The development and ecology of antisocial behaviour. In D. Cicchetti & D. J. Cohen (Eds.), *Developmental Psychopatology* (Vol. 1). New York: John Wiley.

Duke, D. (1976). Challenge to bureaucracy. The contemporary alternative school. *Journal of Educational Thought, 10,* 34-38.

Edmonds, R. (1979). Effective schools for the urban poor. *Educational Leadership, 37* (1), 15-27.

Elliott, D. & Voss, H. (1974). *Delinquency and drop out.* Toronto: Lexington.

Elliott, D., Dunford, F. W. & Huizinga, D. (1987). The identification and prediction of career offenders utilizing self-reported and official data. In J. D. Burchard & S. N. Burchard (Eds.), *Prevention of delinquent behavior.* Newberry Park, C. A.: Sage.

Elliott, D., Hamburg, B. A. & Williams, K. R. (Eds.) (1998). *Violence in American schools: A new perspective.* Cambridge, UK: Cambridge University Press.

Entwisle, D. (1990). Schools and the adolescent. In S. S. Feldman & G. R. Elliott (Eds.), *At the threshold: The developing adolescent* (pp. 197-224). Cambridge: Harvard University Press.

Escolas eficazes — Aspectos organizacionais e pedagógicos 329

Fagan, J. & Pabon, E. (1990). Contributions of delinquency and substance use to school dropout among inner-city youth. *Youth & Society, 21* (3), 306-54.

Fagan, J. & Wilkinson, D. L. (1998). Social contexts and functions of adolescent violence. In D. Elliott, B. A. Hamburg & K. R. Williams (Eds.), *Violence in American schools. A new perspective* (pp. 55-93). Cambridge: Cambridge University Press.

Farrington, D. (1991). Childhood agression and adult violence. Early precursors and life outcomes. In D. J. Pepler & K. H. Rubin (Eds.), *The development and treatment of childhood agression*. Hillsdale, N. J.: Lawrence Erlbaum.

Farrington, D. (1992). Explaining the beginning, progress and ending of antisocial behaviour from birth to adulthood. In J. McCord (Ed.), *Facts, frameworks and forecasts*. London: Transaction Publishers.

Fonseca, A. C., Rebelo, J. A., Simões, A. & Ferreira, J. A. (1995). A prevenção da delinquência juvenil: Intervenções baseadas na escola. *Revista Portuguesa de Pedagogia, 29*, 135-164.

Fonseca, A. C., Taborda Simões, M. C. & Formosinho Sanches, M. D. (2000). Retenção escolar precoce e comportamentos anti-sociais. *Revista Portuguesa de Pedagogia, 34* (1, 2 e 3), 323-340.

Formosinho, M. D. & Taborda Simões, M. C. (1998). Fuga à escola: Subsídios para a teorização do problema. *Revista Portuguesa de pedagogia, 32*(2), 129-162.

Fullan, M. (1991). *The new meaning of educational change*. London: Cassell.

Galloway, D. (1976). Size of school, socio-economic hardships, suspension rates and persistent unjustified absence from schools. *British Journal of Educational Psychology, 46*, 40-47.

Glueck, S. & Glueck, E. (1950). *Unraveling juvenile delinquency*. Harvard: Harvard University Press.

Gottfredson, D. C. (1986). An empirical test of school-based environmental and individual interventions to reduce the risk of delinquent behavior, *Criminology, 24*, 705-731.

Gottfredson, D. C. (2001). *Schools and delinquency*. Cambridge: Cambridge University Press.

Gottfredson, G. D. & Gottfredson, D. (1985). *Victimization in schools*. New York: Plenum Press.

Gottfredson, D. C. & Gottfredson, G. D. (2002). Quality of school-based prevention programs: Results from a national survey. *Journal of Research in Crime and Delinquency, 39* (1), 3-35.

Gottfredson, G. D., Gottfredson, D. C., Payne, A. A. & Gottfredson, N. C. (2005). School climate predictors of school disorder: Results from a

330   M. C. Taborda-Simões, M. D. Formosinho e A. C. Fonseca

national study of delinquency prevention in schools. *Journal of Research in Crime and Delinquency, 42* (4), 412-444.

Gove, W. (1975). *The labeling of deviance. Evaluating a perspective.* New York: J. Wiley.

Hamburg, M. A. (1998). Youth violence is a public health concern. In D. Elliott, B. Hamburg & K. R. Williams (Eds.), *Violence in American schools. A new perspective* (pp. 31-54). Cambridge: Cambridge University Press.

Hawker, D. S. & Boulton, M. J. (2000). Twenty years' research on peer victimization and psychosocial maladjustment. A meta-analytic review of cross-sectional studies. *Journal of Child Psychology and Psychiatry, 41* (4), 441-55.

Hawkins, J. D. (Ed.) (1996). *Delinquency and crime: Current theories.* Cambridge: Cambridge University Press.

Hawkins, J. D., von Cleve, E. & Catalano, R. F. (1991). Reducing early childhood aggression: Results of a primary prevention program. *Journal of the American Academy of Child and Adolescent Psychiatry, 30,* 208-217.

Hawkins, J. D., Catalano, R. F., Morrison, D. M., O'Donnell, J., Abbott, R. D. & Day, L. E. (1992). The Seattle social development project: Effects of the first four years on protective factors and problem behaviors. In J. McCord & R. Tremblay (Eds.), *Preventing antisocial behavior* (pp. 139-161). New York: Guilford.

Hawkins, J. D., Farrington, D. P. & Catalano, R. F. (1998). Reducing violence through the schools. In D. S. Elliott, B. A. Hamburg & K. R. Williams (Eds.), *Violence in American schools: A new perspective* (pp. 188-216). Cambridge, UK: Cambridge University Press.

Healy, W. & Bronner, H. (1936). *New lights on delinquency and its treatment.* Yale: Yale University Press.

Herr, E. L. (1982). Pupil personnel staff: discussion. In H. J. Walberg (Ed.), *Improving standards and productivity. The research basis for policy.* (pp. 99-109). Berkeley, C. A.: Mc Cutchan.

Hirschi, T. (1969). *Causes of delinquency.* University California Press.

Huizinga, D. & Jakob-Chien, C. (1998). The contemporaneous co-occurrence of serious and violent juvenile offenders and other problem behaviors. In R. Loeber & D. Farrington (Eds.), *Serious and violent juvenile offenders: Risk factors and successful interventions* (pp. 47-67). Thousand Oaks, CA: Sage.

Janosz, M. & Le Blanc, M. (2000). Abandono escolar na adolescência: Factores comuns e trajectórias múltiplas. *Revista Portuguesa de Pedagogia, 34*(1, 2 e 3), 323-340.

Janosz, M., Georges, P. & Parent, S. (1998). L'environnement socioéducatif à l'école secondaire: Un modèle théorique pour guider l'évaluation du milieu. *Revue Canadienne de Psycho-éducation, 27* (2), 285-306.

Jencks, C., Smith, M., Acland, H., Bane, M., Cohen, D., Gintis, H., Heyns, B. & Michelson, S. (1972). *Inequality: A reassessment of the effect of family and schooling in America*. New York: Basic Books.

Jones, V. (1980). *Adolescents with behavior problems. Strategies for teaching, counseling and parental involvement*. Boston: Allyn and Bacon.

Jones, V. & Jones, L. (1981). *Responsible classroom discipline: Creating positive learning environments and solving problems*. Boston: Allyn and Bacon.

Junger-Tas, J. (1985). La théorie du contrôle social ou des liens sociaux. *T. Criminol., 6*, 244-65.

Kelly, D. (1977). How the school and teachers create deviants. *Contemporary Education, 48* (4), 202-5.

Kvaraceus, W. (1945). *Juvenile delinquency and the school*. New York: Jonkers.

Lacey, C. (1970). *Hightown grammar: The school as a social system*. Manchester: Manchester University Press.

Lacey, C. (1974). Destreaming in a 'pressure' academic environment. In J. Eggleston (Ed.), *Contemporary researh in the sociology of education*. London: Methuen.

Langevin, L. (1994). *L'abandon scolaire: On ne naît pas décrocheur*. Montréal: Les Éditions Logiques.

Laub, J. & Lauritsen, J. L. (1998). The interdependence of school violence with neighborhood and family conditions. In D. Elliott, B. A. Hamburg & K. R. Williams (Eds.), *Violence in American schools. A new perspective* (pp. 127-155). Cambridge: Cambridge University Press.

Levine, D. & Lezotte, L. (1990). *Unusually effective schools. A review of research and practice*. Madison, Wis.: National Center for Effective Schools Research and Development.

Lipsey, M. W. & Derzon, J. (1998). Predictors of violent or serious delinquency in adolescence and early adulthood: A synthesis of longitudinal research. In R. Loeber & D. Farrington (Eds.), *Serious and violent juvenile offenders: Risk factors and successful interventions* (pp. 86-105). London: Sage.

Loeber, R. (1982). The stability of antisocial and delinquent child behavior: A review. *Child Development, 53*, 1431-1446.

Loeber, R. & Farrington, D. P. (Eds.) (1988). *Serious and violent juvenile offenders. Risk factors and successful interventions*. Thousand Oaks, CA: Sage.

Loeber, R. & Loeber, M. (1998). Juvenile aggression at home and at school. In D. Elliott, B. A. Hamburg & K. R. Williams (Eds.), *Violence in American schools. A new perspective* (pp. 94-126). Cambridge: Cambridge University Press.

Lunn, J. J. (1970). *Streaming in the primary school*. Slough: NFER.

Maguin, E. & Loeber, R. (1996). Academic performance and delinquency. In M. Tonry (Ed.), *Crime and justice: A review of research* (Vol. 20). Chicago: The University of Chicago Press.

Mann, D. & Lawrence, J. (1981). Introduction. *Impact, 16*, 5-10.

McEvoy, A., Welker, R. (2000). Antisocial behavior, academic failure, and school climate: A critical review. *Journal of Emotional and Behavioral Disorders, 8* (3), 130-140.

McNeal, R. (1997). High school dropouts: A closer examination of school effects. *Social Science Quaterly, 78* (1), 209-22.

Moffitt, T. (1993). Adolescent limited and life course persistent antisocial behavior: A developmental typology. *Psychological Review, 100*, 674-701.

Mortimore, P. (1995). The positive effects of schooling. In M. Rutter, *Psychosocial disturbances in young people. Challenge for prevention* (pp. 333-363). Cambridge: Cambridge University Press,.

Mortimore, P., Sammons, P., Stoll, L., Lewis, D. & Ecob, R. (1988). *School matters: The junior years*. Wells: Open Books.

Olweus, D. (1978). *Aggression in the schools: Bullies and whipping boys*. Washington, D. C.: Hemisphere (Wiley).

Olweus, D. (1993). *Bullying at school: What we know and what we can do*. Oxford: Blackwell.

Passow, A., Goldberg, M. & Tannenbaum, A. J. (Eds.) (1967). *Education of the disadvantaged: A book of readings*. New York: Holt Rinehart & Winston.

Plowden Report (1967). *Children and their primary schools*. London: HMSO.

Pronovost, L. & Le Blanc, M. (1979). Le passage de l'école au travail et la délinquance. *Apprentissage et socialisation, 2*, 69-73.

Purkey, S. G. & Smith, M. (1983). Effective schools – A review. *Elementary School Journal, 83* (4), 426-52.

Purkey, W. & Novak, J. M. (1984). *Inviting school sucess: A self-concept approach to teaching and learning*. Bemont, C. A.: Wadsworth.

Reed, R. J. (1983). Administrator's advice: Causes and remedies of school conflict and violence. *NASSP Bulletin, 67*, 75-79.

Reynolds, D. & Murgatroyd, S. (1977). The sociology of schooling and the absent pupil: The school as a factor in the generation of truancy. In H. C.

Carrol (Ed.), *Absenteeism in South Wales: Studies of pupils, their homes and their secondary schools*. Swansea: University of Swansea.

Rumberger, R. W. (1995). Dropping out of middle school. A multilevel analysis of students and schools. *American Educational Research Journal, 32*, 583-625.

Rutter, M. (1980). *Changing youth in a changing society. Patterns of adolescent development and disorder*. Cambridge: Cambridge University Press.

Rutter, M. (1983). School effects on pupil progress: Research findings and policy implications. *Child Development, 54*, 1-29.

Rutter, M. & Madge, N. (1976). *Cycles of disadvantage*. London: Heineman.

Rutter, M., Cox, A., Tupling, C., Berger, M. & Yule, W. (1975). Attainment and adjustment in two geographical areas. I: The prevalence of psychiatric disorder. *British Journal of Psychiatry, 126*, 493-509.

Rutter, M., Maughan, B., Mortimore, P., Ouston, J. & Smith, A. (1979). *Fifteen thousand hours. Secondary schools and their effects on children*. Cambridge, M. A.: Harvard University Press.

Rutter, M., Yule, B., Morton, J. & Bagley, C. (1975). Children of West Indian immigrants. III: Home circumstances and family patterns. *Journal of Child Psychology and Psychiatry, 16*, 105-23.

Rutter, M., Yule, B., Quinton, D., Rowlands, O., Yule, W. & Berger, M. (1975). Attainment and adjustment in two geographical areas. III: Some factors accouting for area differences. *British Journal of Psychiatry, 126*, 520-33.

Rutter, M., Yule, W., Berger, M., Yule, B., Morton, J. & Bagley, C. (1974). Children of West Indian immigrants: Rates of behaviour deviance and of psychiatric disorder. *Journal of Child Psychology and Psychiatry, 15*, 241-62.

Schafer, W. & Polk, K. (1972). Deviance in the public school: An interactional view. In K. Polk & W. Schafer (Eds.), *Schools and delinquency*. N.Y.: Englewood Cliffs, Prentice-Hall.

Schmuck, R. A. & Schmuck, P. A. (1983). *Group processes in the classroom*. Dubuque, I. A.: WM. C. Brown.

Slavin, R. & Madden, N. A. (1989). What works for students at risk: A research synthesis. *Educational Leadership, 46*, 4-13.

Smith, D. & Tomlinson, S. (1989). *The school effect*. London: Policy Students Institute.

Solomon, M. (1996). Impact of motivational climate on student's behaviors and perceptions in a physical education settings. *Review of Educational Psychology, 88* (4), 731-38.

Summers, A. & Wolfe, B. (1977). Do schools make a difference? *American Economic Review*.

334 M. C. Taborda-Simões, M. D. Formosinho e A. C. Fonseca

Thrupp, M., Mansell, H., Hawksworth, L. & Harold, B. (2003). 'Schools can make a difference'. But do teachers, heads and governors really agree? *Oxford Review of Education, 29* (4), 471-484.

Tremblay, R. E., LeMarquand, D. & Vitaro, F. (2000). A prevenção do comportamento anti-social. *Revista Portuguesa de Pedagogia, 34* (1, 2 e 3), 491-553

Vettenburg, N. & Walgrave, L. (1988). *École et comportement à problèmes. Probabilités et risques.* Groupe de Recherche de Criminologie des Jeunes. Université Catholique de Leuven.

Vettenburg, N., Walgrave, L. & van Kerckvoorde (1984). *Chômage des jeunes, délinquance et vulnérabilité sociétale.* Antwerpen: Arnhem, Kluwer.

Violette, M. (1991). *L'école... facile d'en sortir, mais difficile d'y revenir: Enquête auprès des décrocheurs et décrocheuses.* Québec: Ministère de l'Éducation du Québec.

Walgrave, L. (1992). *Délinquance systématisée des jeunes et vulnérabilité sociétale.* Genève: Méridiens Klincksieck.

Weishew, N. & Peng, S. (1993). Variables predicting student's problem behaviors. *Journal of Educational Research, 87* (1), 5-17.

Wilson, J. Q. & Herrenstein, R. J. (1985). *Crime and human nature.* New York: A Touchstone Book.

Trabalho efectuado no âmbito do subprojecto n.º 3 "Desenvolvimento Humano e Comportamento de Risco" do Centro de Psicopedagogia da Universidade de Coimbra (FEDER/POCI2010-SFA-160-490) e do Instituto de Psicologia Cognitiva, Desenvolvimento Vocacional e Social (FEDER/POCTI-SFA-1650-192).

13

Indisciplina, violência e delinquência na escola — Compreender e prevenir

João Amado & M. Teresa Estrela

INTRODUÇÃO

Numa sociedade em que o fenómeno da delinquência juvenil se tem vindo a afirmar progressivamente, é natural que as atenções se voltem para a escola — instância de socialização por excelência — e para o fracasso relativo da sua missão de inserção das jovens gerações numa sociedade norteada por valores de uma sã convivência democrática. Assim, ciclicamente, os meios de comunicação social relançam o tema da indisciplina, violência e delinquência nas escolas, fenómenos que passamos a (des)conhecer mais através das mensagens por eles transmitidas do que por uma séria investigação científica, capaz de determinar a sua natureza e extensão. Se a chamada de atenção operada pelos média nos parece positiva pelo facto de se prestar a um envolvimento da opinião pública num problema de evidente interesse geral, parece-nos, todavia, ter efeitos negativos em virtude das eventuais confusões geradas pela falta de clarificação de conceitos, pela imputação causal limitada e imprecisa, e pela generalização abusiva promotora de uma imagem falseada e distorcida da real frequência e gravidade do fenómeno na escola. Isso tem sido, aliás, bem patente na reacção das direcções de algumas escolas e de alguns encarregados de educação às conclusões de questionários sobre a segurança e a violência, e que identificam as instituições escolares inquiridas, não se revendo, muitas vezes, os visados em tais conclusões.

Por isso, antes de tentarmos sintetizar o que de essencial se colhe da investigação científica, nacional e internacional, quanto ao diagnóstico e a medidas de prevenção da indisciplina, violência e delinquência na escola (fenómenos que têm em comum o seu carácter desviante em relação aos padrões de conduta socialmente considerados), procuraremos proceder à distinção destes conceitos e, ao mesmo tempo, esclarecer a conotação que atribuímos aos termos utilizados.

PARA UMA CLARIFICAÇÃO DOS CONCEITOS

A definição dos conceitos de indisciplina, violência e delinquência na escola não é simples nem pacífica, uma vez que envolve quadros de referência multidisciplinares, ângulos diversos através dos quais estes fenómenos podem ser perspectivados (a evolução histórica dos conceitos, os agentes, as vítimas, as causas, os efeitos e os contextos) e tomadas de posição sob paradigmas de abordagem que estão longe de ser consensuais.

De facto, esses paradigmas, funcionando como filtros selectores, podem dar ênfase aos actos "objectivamente" observados, ou às relações de poder ocultas que a sua emergência permite descortinar, ou, ainda, às interpretações decorrentes da atribuição de um significado de desvio--normalidade por parte de quem os observa. Seguindo nesta última perspectiva diremos que o acto desviante dependerá, fundamentalmente, do seu "grau de visibilidade" (Alaoui, 1999, p. 136); o carácter de "desvio" será, antes de mais, "uma categoria semântica", ou uma "etiqueta" que é atribuída a um comportamento em função de padrões vigentes em determinados grupos sociais. São estes grupos que, ao instituírem as normas, criam o desvio e aplicam o rótulo de desviante aos supostos transgressores das mesmas: "deste ponto de vista, o desvio não é mais uma qualidade do acto cometido por uma pessoa, mas antes a consequência da aplicação, pelos outros, de normas e sanções a um 'transgressor'" (Becker, 1985, p. 32). Portanto, antes de admitir que os actos são, por sua natureza, desviantes (fogem às tendências da média, revelam alguma patologia essencial, ou transgridem as normas de um dos grupos a que se pertence), há que ter em conta as condições em que ele se verifica, o contexto normativo e o "processo" em que ele é julgado com tal.

Estes aspectos aplicam-se também à diferença entre os fenómenos de delinquência e os da indisciplina e violência na escola. A delinquência juvenil remete, necessariamente, para um quadro jurídico uniforme, codificado e oficialmente estabelecido num país, com prescrições e penas definidas para os actos considerados como infracções criminais, embora praticados por alguém que não atingiu ainda a maioridade penal; ao passo que os actos de indisciplina (infracção às regras) e de violência (comportamentos agressivos que põem em causa as pessoas e as normas da sociabilidade) praticados no interior da escola não são considerados, na maior parte das vezes, como infracção à ordem legal geral, limitando-se a atingir uma ordem normativa instituída de natureza escolar ou ético-social destinada a assegurar as condições de aprendizagem e a garantir a socialização dos alunos (Estrela, 2002). Os códigos de conduta de referência são mais difusos, variáveis ou menos imperativos que os códigos legais, e os actos de indisciplina (e muitos dos actos ditos de violência) estão longe de se poderem considerar crimes, até porque pesa a atenuante de serem praticados por "menores" a quem não é, ainda, imputada um responsabilidade criminal total.

Assim, se assumimos que a violência e a delinquência na escola são sempre actos de indisciplina (apesar de opiniões divergentes, como a de Ortega Ruiz, 1998), também aceitamos que a grande parte dos actos de indisciplina verificados na escola têm um carácter não-violento, tal como a violência nem sempre atinge os foros de delinquência. Podemos, pois, afirmar que quando falamos de indisciplina, não falamos sempre de um mesmo fenómeno, mas de fenómenos distintos por detrás de uma mesma designação. Amado (1998, 2001) propõe que se fale em três "níveis de indisciplina" para sublinhar esta distinção. O primeiro nível, que designa de "desvios às regras da produção", abarca aqueles incidentes a que é imputado um carácter "disruptivo", em virtude da "perturbação" que causam ao "bom funcionamento" da aula (para utilizar uma expressão frequentemente usada pelos professores). O segundo, dos "conflitos interpares", abrange os incidentes que traduzem, essencialmente, um disfuncionamento das relações formais e informais entre os alunos (parceiros de turma e não só), podendo manifestar-se em comportamentos de alguma agressividade e violência (extorsão, violência física ou verbal, intimidação sexual, roubo e vandalismo), e atingindo, por vezes, contornos e gravidade de actos delinquentes, portanto, do foro legal. O terceiro, dos "conflitos da relação professor-aluno", é composto por comportamentos que, de algum modo, põem em causa a autoridade e o estatuto do professor (insultos, obscenidades, desobediência, contestação afrontosa, réplica desabrida a chamadas de atenção e castigos), abrangendo, também, a manifestação de alguma agressividade e violência contra docentes (e outros funcionários) e o vandalismo contra a propriedade dos mesmos e da escola. As circunstâncias e a gravidade de tais comportamentos ditarão a necessidade de passar ou não do foro escolar e institucional, para o foro judicial.

A partir desta tipologia reconsideremos alguns aspectos importantes. Verifica-se, antes de mais que, enquanto no "primeiro nível" está fora de causa o carácter violento e delinquente do comportamento dos alunos, o mesmo já não se dirá das manifestações do segundo e terceiro níveis onde os comportamentos, geralmente agressivos, poderão assumir aquela natureza. Por outro lado, a aceitarmos esta distinção de níveis, existe a necessidade de ter em conta um conjunto de aspectos que, embora comuns na sua designação, serão de conteúdo distinto para cada um deles, como as manifestações, algumas particularidades específicas dos actores (professores e alunos em causa), as regras, normas e valores em jogo, os factores, as funções, as consequências e sua respectiva gravidade (Amado, 2001). Podemos, ainda, dizer que a consideração destes "níveis de indisciplina" evita que se caia nos erros, agora bastante comuns, de "subestimar a significação dos comportamentos de indisciplina não violentos" (Estrela, 2006), ou, de incluir todos os desvios na designação genérica de violência, o que, como afirma Prairat (2003), é de recusar por razões de ordem epistemológica, política e educativa.

Na continuidade destas distinções, poderíamos ainda considerar que a "indisciplina violenta" da iniciativa dos alunos (manifestações do 2.º e 3.º níveis) pode, ela mesma, assumir diferentes tipos de manifestação. Amado (2005), propõe a seguinte classificação:

A indisciplina violenta dos alunos	Expressão - modalidade
Violência dos alunos contra os pares (2.º nível)	Jogo rude /grosseria
	Comportamento a-social ou pequena violência
	Bullying ou maus-tratos persistentes entre pares
	Delinquência juvenil (roubo/furto, vandalismo, violação, etc.)
Violência dos alunos contra professores e outros agentes educativos (3.º nível)	Grosseria
	Comportamento a-social ou pequena violência
	Delinquência juvenil (roubo/furto, vandalismo, violação, etc.)

Indisciplina, violência e delinquência na escola 339

O *jogo rude* e as *grosserias*, quer contra os pares quer contra os professores e outros, devido ao seu carácter por vezes lúdico, ou à sua origem na falta de "boas maneiras", nem sempre é susceptível de ser qualificado de "violência"; contudo, inquéritos nacionais e internacionais revelam que se trata de um tipo de comportamento bastante frequente (Martins, 2003; Carra & Sicot, 1997).

O *comportamento a-social* ou *pequena violência* constitui um tipo de comportamento, verbal ou não verbal, indubitavelmente violento (afrontoso, humilhante e ofensivo); contudo, trata-se de actos sem continuidade. As estatísticas e os testemunhos apontam para a elevada frequência destes actos, geralmente qualificáveis de "grande crueldade" entre os alunos. Trata-se, na maioria dos casos, de actos microvitimizadores que levam muitas das crianças a caracterizar o ambiente da sua escola ou da sua turma em termos (*"às vezes há lutas"*, *"zangamo-nos"*) que fazem supor a existência de uma violência latente, mais grave pelas atitudes que manifesta do que pelo carácter delinquente que raramente chega a ser atingido (Pain, 1997). Em relação aos professores este tipo de comportamento é frequente embora seja da iniciativa de uma pequena percentagem de alunos.

O *bullying* (expressão intraduzível de forma inequívoca) manifesta-se no abuso de poder directo e na vitimação (persistente e prolongada no tempo) de um aluno ou de um grupo de alunos sobre outro aluno, mais vulnerável (mais novo, mais fraco, menos autoconfiante) e que assume o papel de vítima. Verifica-se, portanto, numa relação de poder assimétrica (física, psicológica ou socialmente considerada) entre uma vítima (que se sujeita à dor física ou à perturbação emocional) e um agressor (Olweus, 2000), podendo este último disso tirar proveito material ou gratificação psicológica. A presença de observadores (*bystanders*) é considerada por alguns autores (Coloroso, 2002) como fundamental para a compreensão do *bullying*, em especial pelo reforço (aplauso) que a sua atitude (mesmo passiva) pode dar ao comportamento do agressor. Os estudos têm verificado que o *bullying* atinge sempre uma minoria de alunos (Glover, Gough, Johnson & Cartwrigh, 2000), que são mais vitimados os das minorias étnicas (Connolly, 1995) e que os rapazes são mais vítimas dos ataques físicos, enquanto as raparigas são mais sujeitas à perturbação emocional provocada pela exclusão e pelos rumores (Veiga Simão, Freire & Ferreira, 2003; Pereira, 2002; Olweus, 2000).

Acto delinquente, como já se referiu, consiste numa infracção criminal prevista no Código Penal, mas praticada por menores (e, no caso vertente, em recinto escolar). Pode considerar-se como um dos seus piores exemplos o horrífico assassinato em massa perpetrado por dois adolescentes na escola Columbine, dos EUA em 1999. Mas a delinquência tem outras expressões mais frequentes embora menos aparatosas: vandalismo, roubo, violação, assédio, abordagens impróprias, etc.

A gravidade destes diversos tipos de comportamentos adquire muitas gradações e só é totalmente avaliável a partir da análise de cada caso. As consequências mais gravosas far-se-ão sentir a partir do nível do *bullying*; o aluno vítima baixa a sua auto-estima e autoconfiança, perde o controlo sobre o meio, refugia-se no silêncio e na não-participação ou reage com a passagem a actos violentos contra si mesmo (suicídio) ou contra os colegas.

Estudos longitudinais mostram como as consequências podem ter reflexos na vida adulta da vítima, estando na base de depressões e de dificuldades de inserção social futuras. Revelam, ainda, existir uma maior incidência de problemas de delinquência nos adolescentes e jovens que tiveram historial de comportamentos a-sociais e de *bullying* na escola, enquanto agressores (Smith & Sharp, 1998; Tattum & Tattum, 1997). Aliás, a "tendência agressiva", com trajectória persistente ao longo da vida, começa a revelar-se muito cedo, na criança, em meio familiar (facto a que não é alheio o ambiente que aí se vive), na escolaridade básica e até na pré-escola (Moffitt & Caspi, 2002; Tremblay, LeMarquand & Vitaro, 2000). Os jovens internados nos Centros Educativos (ou de algum modo enquadrados judicialmente) testemunham frequentemente que a escola (também) foi responsável pela sua situação actual (Pinheiro, 2004).

CONTEXTUALIZAÇÃO PEDAGÓGICA DO PROBLEMA

A preocupação pelas alternativas pedagógicas que a escola pode oferecer (e oferece, de facto, em múltiplas iniciativas) para a resolução ou minimização da problemática disciplinar e, sobretudo, da problemática da violência na escola, exige que nos mantenhamos atentos, à luz da investigação, a pelo menos alguns dos aspectos acima referidos: qual a gravidade imputada pelos próprios actores, professores e alunos, aos diversos comportamentos de desvio, que factores estão por detrás desses comportamentos, quais as "funções pedagógicas" (e outras) que se lhes podem atribuir e, por fim, em que situações pedagógicas se verificam mais persistentemente e com mais gravidade estes comportamentos.

As investigações efectuadas em Portugal que combinam o estudo da representação dos actores através da entrevista com a observação directa, participante ou não-participante (Estrela, 1986; Mendes, 1995; Amado, 1998; Freire, 2001), revelam, por um lado, como, pelo relato das suas vivências, os intervenientes do processo pedagógico tendem a confirmar os resultados de investigações internacionais mostrando que o carácter perturbador do comportamento de indisciplina, em muitas escolas estudadas, provém mais da sua frequência ou recorrência do que da sua gravidade intrínseca.

Apesar da variabilidade das regras estabelecidas pelos professores e (ou) pelas instituições escolares, a investigação por inquérito que também temos realizado, acompanhado e orientado, demonstra um grande consenso entre professores e alunos de uma escola quanto ao carácter desviante dos comportamentos que infringem as regras que constituem condições essenciais do bom funcionamento do ensino--aprendizagem (1.º nível, se mantivermos a distinção anterior) e do clima relacional (2.º e 3.º níveis). É de assinalar, porém, a discrepância no grau de gravidade que lhes é atribuído, entre professores e alunos e entre estes, em função da idade, ano de escolaridade e, mais raras vezes, do estatuto de aluno disciplinado ou indisciplinado (Freire, 1991, 2001; Espírito Santo, 1994; Amado, 1998; Caldeira, 2000). Segundo Amado (1998), por exemplo, comportamentos do género de "faltar às aulas", ou "não trazer o material necessário", "fazer desenhos obscenos", "sair da sala sem autorização" são considerados ligeiramente "menos graves" pelos alunos do 9.º do que do 7.º ou 8.º anos. Enquanto nos estudos de Estrela (1986) e Amado (1989) os comportamentos que visavam mais directamente o professor se verificavam em anos de escolaridade mais elevados, os estudos mais recentes (Espírito Santo, 1994; Amado, 1998; Caldeira, 2000; Freire, 2001) indiciam que estes comportamentos tendem a manifestar-se em níveis etários e anos de escolaridade mais baixos.

Os estudos, realizados com base nas diversas metodologias, mostram, ainda, como os intervenientes enunciam os mesmos tipos de causas que encontramos detalhadamente enumerados na literatura da especialidade e que, uma vez consideradas, são susceptíveis de fomentar perspectivas de intervenção de carácter preventivo ou correctivo. Essas causas cobrem, geralmente, quatro grandes áreas interdependentes e a exigirem uma compreensão sistémica.

São elas:

Sociais — a criança, em especial a oriunda de grupos sociais explorados e excluídos, é levada a "reproduzir" regras e valores diferentes, e até opostos, a padrões habitualmente exigidos na escola (Andréo, 2005; Willis, 1988).

Familiares — os disfuncionamentos familiares (fraca coesão, ausência de comunicação, elementos do agregado com manifestações de comportamento anti-social, violência entre os pais testemunhada pelos filhos menores, etc.) e os estilos inadequados (autoritários ou negligentes) de autoridade e socialização parental, geram crianças incompreendidas e revoltadas que libertam tensões sobre colegas indefesos e outros adultos pouco significativos (Steinberg, Blatt-Eisengart & Cauffman, 2006; Musitu Ochoa, Martinez Ferrer, Estévez Lopez &, Jimenez Gutiérrez, 2006; Musitu Ochoa, 2005; Moffitt & Caspi, 2002; Fonseca, 2002; Baldry & Farrington, 2000; Weishew & Peng, 1993; Feldhusen, 1979).

Escolares/pedagógicas — dos factores institucionais formais e informais, como a organização das turmas, os horários, as normas, os currículos e o clima de escola (Loukas, Suzuki & Horton, 2006; Debarbieux, 2006; Freire, 2001; Gottfredson, 2001; Rutter, Maugham, Mortimore & Ouston, 1979; Reynolds, 1976), aos que dizem respeito à relação e à gestão pedagógica (Amado, 2001; Woods, 1990; Kounin, 1977), incluindo, neste último aspecto, o modo como os professores exercem as suas competências, os estilos de autoridade que investem e comunicam na interacção com os alunos e o modo como estes "legitimam" essa mesma autoridade (Merle, 2005; Gouveia-Pereira, 2004; Espírito Santo, 2003; Werthman, 1984), não esquecendo o efeito das retenções, do insucesso, da exclusão e do abandono (Parsons, 2005; Trzesniewski, Moffit, Caspi, Taylor & Maughan, 2005; Simões, Formosinho & Fonseca, 2000), muitas são as causas que, do interior da escola, podem criar um "mal-estar" generalizado e, como resposta, obter a contra-violência dos alunos (Janosz & Le Blanc, 2000).

Inerentes à pessoa do aluno — em que prevalece o factor idade, e muito especialmente o desfasamento entre a maturação biológica e o processo de autonomia social na adolescência (Moffitt & Caspi, 2002); mas também, os distúrbios de personalidade, a instabilidade emotiva, a baixa auto-estima, o desinteresse e desmotivação pelo trabalho escolar, a falta de hábitos e de competências de estudo, a falta de perspectivas e de projecto de vida, e tudo isso, frequentemente, argamassado com uma história de vida pessoal e familiar atribulada e um percurso escolar caracterizado por insucessos e frustrações, numa causalidade complexa e em espiral (Trzesniewski, Moffit, Caspi, Taylor & Maughan, 2005; Slee, 1995; Veiga, 1995; Coulby & Harper, 1985).

É interessante notar que, nos estudos acima referidos, em especial nos realizados com base em inquérito, foi possível, também, detectar alguma discrepância nas representações dos inquiridos a propósito da problemática das causas da indisciplina escolar. Embora todos reconheçam os quatro vectores explicativos mencionados, nota-se uma tendência para a auto-desresponsabilização por parte dos alunos mais novos, bem como por parte dos professores. Nas respostas dos alunos, Amado (1998) encontra maior consenso no que respeita a factores pedagógicos, muito especialmente em *itens* como "falta de respeito dos professores para com os alunos" e "falta de preparação pedagógica dos professores". Note-se, no entanto, que ignorar a multiplicidade de factores para acentuar especialmente um ou outro, não só provoca uma distorção na compreensão do problema, como gera tomadas de posição determinadas por interesses pessoais, corporativos, ideológicos e outros.

As funções que se podem inferir destes comportamentos são variáveis, consoante se trata de desvios às regras da aula e ao seu sistema de produção (1.º nível), ou de comportamentos anti-sociais (2.º e 3.º níveis). Os primeiros desempenham uma função psicológica de manutenção (em que, frequentemente, o carácter lúdico está patente), e funções pedagógicas em relação ao processo em causa: de *proposição* (visam mudar a situação vivida na aula, amenizá-la, facilitá-la ou resistir-lhe) e de *evitamento* (visam uma subtracção à tarefa, temporária ou definitiva). Já os comportamentos anti-sociais, englobando manifestações de alguma agressividade quer inter-pares, quer em relação ao professor, surgem com funções de *obstrução* (visam impedir o desenvolvimento das funções principais da aula), de *contestação* (visam pôr em causa a autoridade do professor) e de *imposição* (visam contestar a organização e impor uma contra-organização) (cf. Estrela, 1986, 2002; Amado & Freire, 2002).

Tomemos em consideração, finalmente, a natureza das situações que, no interior da escola e da aula, podem estar por detrás e constituir "cenário" de alguma indisciplina de carácter violento. São ainda os dados destas investigações, em especial as que privilegiam a observação directa, que permitem concluir que as situações de maior agressividade, atingindo, às vezes, as raias da delinquência, têm como espaço privilegiado os corredores, os balneários e o pátio do recreio. Dizem Carra e Sicot (1997) que este facto se pode interpretar como se os alunos aí encontrassem "uma oportunidade de se substituir à lei da escola, lá onde o gesto e a palavra são menos controladas pela instituição".

344 J. Amado e M. T. Estrela

Contudo, Amado (1998), em trabalho de observação participante, mostra que os comportamentos anti-sociais, contra pares e contra professores, também têm lugar dentro da sala de aula com alguma frequência, desde que, para isso se reúna um conjunto de condições relacionadas, por exemplo, com o estilo de autoridade do professor, com as suas estratégias de ensino e de organização da actividade e da comunicação, com a estrutura e clima relacional da turma, e outras. Os problemas da maior e mais frequente violência foram observados com professores permissivos, que toleravam em elevado grau a indisciplina dos seus alunos, mas que, ao mesmo tempo, abusavam de frequentes ameaças raramente cumpridas (perdendo, desse modo, a credibilidade). A estas características comportamentais dos professores há que acrescentar alguns aspectos circunstanciais relativos à estrutura informal das turmas mais problemáticas, como: uma acentuada divisão em grupos e subgrupos com orientações diferentes quanto à valorização das actividades e ao cumprimento das regras e normas escolares; alunos líderes, mais velhos que a média da turma e com um percurso escolar marcado por insucessos e retenções precoces.

Estas conclusões de natureza empírica traduzem uma tendência que talvez se possa generalizar a meios idênticos, considerando que estes comportamentos violentos e delinquentes são da iniciativa de um número limitado de alunos com alguma tipicidade de características (fracas capacidades cognitivas, ambiente familiar problemático, retenções precoces, etc.), se verificam regular e persistentemente com poucos professores e precisam de um contexto próprio (pelo menos, tendência acentuada de permissividade e falta de assertividade do professor, política da organização e práticas de gestão da turma), para se tornarem sistemáticos, tal como é confirmado, também, por outra investigação nacional e internacional (Fonseca, Simões & Formosinho, 2000; Johnson & Johnson, 1999; Baginha, 1997; Amado, 1989; Werthman, 1984; Marsh, Rosser & Harré, 1980). Por outro lado, estas conclusões articulam-se perfeitamente com alguns dos factores escolares e pedagógicos acima descritos, constituindo-se, por isso, como fundamento de algumas das linhas de prevenção pedagógica que julgamos necessário apontar.

MEDIDAS PREVENTIVAS DE NATUREZA PEDAGÓGICA

Sobretudo aos estudos sobre o *bullying* podemos apontar o mérito, entre outros, "de terem passado do diagnóstico da situação para o estudo dos efeitos de intervenção que visam diminuir a probabilidade da sua ocorrência" (Estrela, 2002, p. 137). Por outro lado, os resultados da investigação apontam para a importância da prevenção e para a fraca eficácia dos processos correctivos (Vettenburg, 2000). O que verdadeiramente distingue as escolas entre si, face às questões disciplinares e da violência, é o modo como se antecipam aos problemas, prevenindo assim as situações difíceis de gerir.

E como pode a escola contribuir, dentro dos seus limites, para inverter um processo que parece eivado de algum fatalismo? Generalizando os "detectores" a todos os espaços escolares? Reforçando a autoridade do professor? Ou valorizando e criando condições para a formação do sentido da responsabilidade, da autonomia, da capacidade crítica, do reconhecimento de direitos e de deveres?

Julgamos que a acção docente tem de ir ao encontro de objectivos verdadeiramente educativos e nunca ficar sujeita a uma dimensão meramente prática de controlo da situação de ensino; isto quer dizer que o próprio processo disciplinar pode ser uma "oportunidade educativa", proporcionando a descoberta das pessoas envolvidas com suas idiossincrasias, possibilidades e limites, levando ao reconhecimento do respeito que se merece e que os outros merecem, consciencializando acerca do valor da liberdade com suas possibilidades e limites (Estrela, 2002; Gordon & Burch, 1998). A competência para chegar aqui confere ao professor (e à escola) uma base de autoridade muito mais sólida do que a mera possibilidade de castigar, reprovar, excluir.

Uma importante Declaração das Nações Unidas sobre a resposta a dar ao crescente envolvimento de crianças e jovens em actos delinquentes (*Directrizes de Riad*) oferece um conjunto de princípios e "medidas progressistas" a ter em conta no âmbito da educação. De acordo com esta Declaração, os sistemas de educação, além de suas possibilidades de formação académica e profissional, deverão dar atenção especial ao seguinte:

  a – ensinar os valores fundamentais e fomentar o respeito à identidade própria e às características culturais da criança, aos valores sociais do país em que mora a criança, às culturas diferentes da sua e aos direitos humanos e liberdades fundamentais;

  b – fomentar e desenvolver, o mais possível, a personalidade, as aptidões e a capacidade mental e física dos jovens;

  c – conseguir a participação activa dos jovens no processo educativo, em vez de serem meros objectos passivos de tal processo;

d – desenvolver actividades que fomentem um sentimento de identidade e de integração na escola e na comunidade, como também a compreensão mútua e a harmonia;

e – incentivar os jovens a compreender e a respeitar opiniões e pontos de vista diversos, como também as diferenças culturais e de outra índole;

f – oferecer informação e orientação sobre a formação profissional, as oportunidades de trabalho e as possibilidades de uma profissão;

g – evitar medidas disciplinares severas, particularmente os castigos corporais.

Trata-se de princípios fecundos, concebidos para dar resposta a preocupações crescentes ao nível da política planetária e orientados, sobretudo, para práticas preventivas. Mas se, conceptualmente, é fácil estar de acordo com estas orientações que a própria investigação (centrada em alguns "programas" estrategicamente planeados e implementados e em alguns "casos" abertos ao olhar de analistas), tem vindo a confirmar como eficazes aos níveis social, familiar e escolar (Musitu Ochoa, 2005; Larson, 2005; Gottfredson, 2001; Janosz & Le Blanc, 2000), na política e na prática quotidiana raramente se concretizam (Webster-Stratton, 2002; Ortega Ruiz & Mora-Merchan, 1997; Pereira & Mendonça, 1995).

É, contudo, ainda nas escolas que muitos destes "programas" têm lugar e é na reflexão que sobre eles tem sido feita, que nos apoiamos para dar conta de um conjunto variado de alternativas de acção essencialmente preventiva e relacionada com a especificidade da actividade docente. De entre essas alternativas, privilegiaremos, ainda, as medidas que possuem um *carácter primário* (construção de ambientes que afastem ou anulem os factores de desvio) *e universal*, na medida em que é este carácter que lhes permite exercer influência sobre o mais vasto conjunto de eventuais factores comuns a diversos tipos de comportamento desviante. Julgamos igualmente necessária, nas escolas, a concretização de medidas de prevenção *secundária* (dirigidas a alunos cujas características pessoais ou do ambiente familiar se apresentem como particularmente vulneráveis ao envolvimento em situações de risco académico e de comportamento) e *terciária* (dirigidas a alunos cujo comportamento não responda às medidas anteriores). Estas últimas medidas, se por um lado, exigem o empenhamento de outros agentes educativos para além dos professores, e com uma formação especializada, como técnicos superiores de educação, psicólogos, técnicos de serviço social, etc. (cf. Larson, 2005; Amado & Freire, 2002), por outro lado, não serão eficazes se não forem acompanhadas das medidas preconizadas para a prevenção primária (Tremblay. LeMarquand & Vitaro, 2000).

No esquema que se segue apontamos algumas orientações básicas relevantes para a construção de medidas preventivas ao nível da aula e da escola em geral.

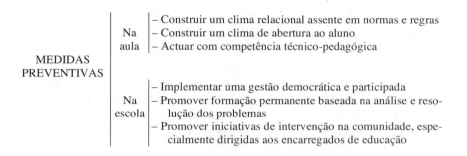

Trata-se de um conjunto de orientações que a investigação e a reflexão têm revelado como eficazes (Reynolds, 1976; Reynolds & Sullivan, 1981; Rutter, Maugham, Mortimore & Ouston, 1979) e que, também por isso, não podem ser ignoradas no desenho e implementação a todos os níveis, de um "projecto educativo de escola". Recordamos que "a prevenção não consiste num conjunto de acções prescritas ou receitas de aplicação universal. Pelo contrário, ela pressupõe uma atitude investigativa e crítica que leve a uma construção consciente do acto pedagógico a partir da análise das variáveis do real" (Estrela, 2002, p. 113). Pressuposta essa análise (assente no saber e na atitude reflexiva) as iniciativas concretas podem ser (e, digamos mesmo, que têm sido, felizmente em alguns casos), ricas, variadas, voltadas para os diferentes níveis a considerar, articuladas e coerentes entre si de modo sistémico, pois o que acontece na aula não é independente do que acontece na escola em geral e vice-versa (Thiébaud, 1999; Johnson & Johnson, 1999). Tomando como referência o esquema anterior desenvolvamos, de modo breve, cada uma das suas propostas.

1 – Construir um clima de aula assente em normas e regras. Esta questão, que se prende com o facto de o professor ser um "*agente normativo*" dentro da aula, obriga a invocar muitas outras, como a da exigência de adequadas competências relacionais e de adequado estilo de autoridade docente, como a capacidade de liderar e de estruturar as práticas lectivas num conjunto de normas e de regras ajustadas aos objectivos, aos métodos, às características dos alunos... bem como, ainda, a necessidade de fomentar no aluno a aprendizagem das competências sociais que, sendo um elemento importante da cidadania, são também condições básicas para a construção de um ambiente de trabalho (Larsons, 2005; Rudduck & Flutter, 2004). O fundamental é que a existência de normas e regras (bem como um claro e bem divulgado sistema de "consequências" positivas e negativas respectivamente para o seu cumprimento ou incumprimento) não crie constrangimentos sem sentido, ou até injustos e humilhantes para o aluno. Como afirma Estrela (2002, p. 95), "num sistema em que o estatuto institucional do aluno não acompanha devidamente o seu crescimento e em que as normas e os tipos de sanção cultivam a infantilização, os alunos só podem aspirar a diminuir o seu estatuto de desigualdade e de inferioridade através da indisciplina".

Aqui se podem enquadrar estratégias preventivas como as "assembleias de turma" de periodicidade regular, que, fundamentadas em teorias cognitivo-construtivistas levam os alunos a discutir os problemas do grupo, relacionais e não só, a avaliar o cumprimento das regras, a reforçar positivamente o seu cumprimento, a redefini-las e renegociá-las quando for conveniente (atenuando, a assimetria em relação aos poderes do professor), a gerir conflitos e agressividades e, desse modo, a interiorizar as normas de modo activo, pela sua participação na vida da turma (Freire & Caetano, 2005; Thiébaud, 1999) — uma iniciativa de longa história em "correntes da pedagogia moderna", integradora da acção, responsabilização, originalidade e criatividade dos alunos. Trata-se, além disso, de uma daquelas estratégias que faz do conflito e, portanto, também dos actos desviantes, uma "oportunidade para o crescimento" (Burguet, 1999, p. 70), ou, como dissemos acima, transforma o processo disciplinar num processo criativo e verdadeiramente educativo.

2 – Construir um clima de aula aberto ao aluno. Este clima passa pela "escuta" dos problemas dos alunos (Espírito-Santo, 2003; Gordon & Burch, 1998), pela capacidade do professor se colocar no lugar deles, de desenvolver um "ciclo positivo de interacções" pautadas pelos valores da dignidade, de justiça, do respeito e consideração pelo "outro" (Gouveia--Pereira, 2004; Amado, Limão, Ribeiro & Pacheco, 2003; Estrela, 2002; Amado, 2001; Pollard, 1985) e, enfim, de grande preocupação acompanhada de práticas que possam ir no sentido de lhes desenvolver uma correcta auto-estima (Marchago Salvador, 1991), uma capacidade de gerir frustrações (Carita, 2005), além de lhes proporcionarem os necessários

Indisciplina, violência e delinquência na escola 349

estímulos para a "construção" do conhecimento curricular e não só (Pontecorvo, 2005). Estes aspectos são de extraordinária importância para o nosso tema, porque é reconhecido (Simões & Vaz Serra, 1987; Veiga, 1995) quanto o autoconceito e a auto-estima desfavoráveis são factores que levam ao desinteresse e desmotivação, à procura de "reequilibração" alternativa da imagem junto dos pares em situações semelhantes, e à consequente formação de grupos que procuram situar-se à margem das normas da escola e da sociedade (Dubet, 2005; Merle, 2005; Marsh, Rosser & Arrée, 1980).

3 – Actuar com competência técnico-pedagógica. Isto significa, antes de mais, que o professor, como *"organizador da aula"*, deve possuir as necessárias competências para ensinar, quer no domínio da especialidade quer no domínio pedagógico. Este último domínio deve traduzir-se no conhecimento de um bom leque de modelos, métodos e técnicas de ensino que lhe permitam responder, com uma variedade de situações e de estímulos, à diversidade dos objectivos do ensino, mas também das crenças epistemológicas e dos estilos de aprendizagem dos seus alunos (Cano, 2005; Muijs & Reynolds, 2005). Leque esse que deve passar pela criação de condições de aprendizagem cooperativa no interior do grupo-turma, contrariando, desse modo, o facto de ele, à partida, não passar de "um universo de alianças e de conflitos" (Dubet, 1996, p. 125), assente, por vezes, numa estrutura informal de dominadores e dominados, de escolhidos e rejeitados (Kiesner & Pastore, 2005; Ortega Ruiz, 1998; Baginha, 1997), e colhendo os benefícios dessa organização cooperativa da aula que leva à interacção com a turma como um todo: maior implicação, melhor ambiente, mais aprendizagem e reforço da auto-estima (Pontecorvo, 2005; Gottfredson, 2001; Saturnino de la Torre & Oscar Barrios, 2000; Rutter, Maugham, Mortimore & Ouston, 1979). Este domínio técnico deve traduzir-se, também, num conjunto de destrezas fundamentais e de "competências" que lhe permitam evitar posturas incorrectas, incorrecta administração do espaço e do tempo no desenrolar das actividades, incapacidade de "testemunhar" o que se passa nos quatro cantos da aula, má gestão da comunicação verbal e dos estímulos à participação (o que implica uma boa preparação e planificação da mesma), e muitos outros erros "de gestão" (Amado, 2001; Estrela, 1986; Kounin, 1977). É evidente que todas estas destrezas se encontram fortemente relacionadas com a qualidade da formação inicial e contínua dos professores, com a sua capacidade auto-reflexiva geradora de um saber-fazer e de uma sageza específica da sua profissionalidade. Na posse destas destrezas bem fundadas na experiência e na reflexividade, os professores serão senhores de um precioso conjunto de meios para a prevenção da indisciplina e da violência na aula, específicos da profissão docente (Espírito-Santo, 2003; Estrela, 2002; Santos, 1999).

As três dimensões acima apontadas estão intimamente relacionados com a vida na aula, que deve desenvolver-se num clima de ordem, segurança, competência mas, também, de compreensão e de tolerância, e com expectativas positivas mas realistas quanto ao êxito das tarefas académicas. Os aspectos seguintes salientam algumas das condições organizacionais para a criação de uma escola com sucesso educativo e escolar.

4 – Implementar uma gestão democrática e participada. A gestão da escola deve e pode ser participada e partilhada por todos os seus membros em ordem ao desenvolvimento da sua democratização interna e "ao reforço do seu papel cívico e comunitário" (Barroso, 2005, p. 125). Isso significa, entre outros aspectos, que a liderança sabe criar diversas e descentralizadas vias de comunicação, valorizar a opinião e a iniciativa de todos, inclusive do aluno que, desse modo se sentirá respeitado, reconhecerá uma valorização do seu estatuto, aderirá espontaneamente às normas e valores da escola, e sentir-se-á como membro de uma comunidade (Taborda Simões, Formosinho & Fonseca, 2000; Janosz & Le Blanc, 2000; Good & Weinstein, 1999; Debarbieux, Dupuch & Montoya, 1997; Torres & Sanchez, 1997; Ortega Ruiz, 1998; Rutter, Maugham, Mortimore & Ouston, 1979). Note-se que esta atitude de implicação e de compromisso pessoal também se aprende (sobretudo pelo exemplo e pela prática), e diversos testemunhos, bem como alguma investigação, têm demonstrado os efeitos positivos de experiências deste tipo, no que respeita ao comportamento dos alunos (Freire, 2001; Gilborn, Nixon & Rudduck, 1993); são já clássicos os estudos de Reynolds (1976; Reynolds & Sullivan, 1981), que o levam a explicitar, entre outras conclusões, que "quanto mais uma escola procura um alto controlo sobre os seu alunos mais velhos, impondo uma obrigação organizacional e diminuindo a sua autonomia, tanto mais estes alunos vêem a escola como desadaptada às suas necessidades. A rebelião aí dentro e a delinquência cá fora serão o resultado do fracasso na declaração de uma trégua entre alunos e professores" (1976, p. 226). Muita outra investigação tem revelado os efeitos positivos de uma política de partilha de poderes, de audição do aluno, de implicação do aluno no governo da escola e de delegação de responsabilidades, muito especialmente quando se trata de adolescentes (Rudduck & Flutter, 2004; Freire, 2001; Ortega Ruiz, 1998; Eccles, Midgley, Wigfield, Buchanan & Reuman, 1993; Gilborn, Nixon & Rudduck, 1993), mostrando, ao mesmo tempo, a urgência de que esse clima se torne "um modo de vida" (Lima, 1998) e resulte num novo modelo escolar para o século XXI (Dubet, 2005; Fournier & Troger, 2005). Cabem aqui experiências práticas de construção colectiva de projectos educativos de escola e de regulamentos que acentuem a necessidade da sã convivência, da tolerância e da solidariedade.

5 – Promover formação permanente baseada na análise e resolução dos problemas. Trata-se do estudo em conjunto pelo pessoal de um estabelecimento escolar (em "círculos" ou noutras modalidades), de muitos dos aspectos que interessam à organização da escola e à vida na aula; para as questões da indisciplina e da violência é fundamental o conhecimento e a compreensão, por parte dos professores, das condições de vida dos seus alunos, interiores (o tipo de relações informais) e exteriores à escola (condições sócio-familiares), e dos factores que podem dar origem à violência. Esta compreensão passa pela necessidade de contrariar toda e qualquer estigmatização provocada pelas dificuldades destas crianças, originadas, muitas vezes, no fosso existente entre a cultura, os hábitos, os valores, as etiquetas e estilos de vida da própria família e o que se preconiza na escola (Silva & Libório, 2005; Amado, 2003; Estrela, 2002; Janozs & Le Blanc, 2000).

Enfim, muitas das medidas apontadas carecem de formação adequada dos agentes educativos. Para além dos saberes, atitudes e competências práticas que se esperam do professor, é necessário que ele seja sensível e saiba como lidar com crianças afectadas e perturbadas emocional e afectivamente, com baixa auto-estima, com crenças epistemológicas negativas e sem hábitos de estudo. É necessário que saiba como actuar dentro da aula, no quadro das "rotinas diárias" ou no âmbito de estratégias mais sistemáticas e estruturadas, de modo a resolver conflitos, a estimular a cooperação e a promover os valores cívicos e pró-sociais.

Esta formação, centrada nas problemáticas da escola e "orientada por princípios de prevenção", deve incorporar as experiências de todos e cada um, criar instrumentos conceptuais que permitam a cada professor ser sensível ao seu próprio comportamento, ser capaz de observar e problematizar as suas práticas e as consequências delas, ter um olhar crítico que lhe dê uma visão correcta do jogo de forças que tem lugar no interior da instituição e dos condicionalismos da acção colectiva (Amado, 2003; Estrela, 2002). Muitas são as iniciativas práticas que podem surgir desta formação para a investigação e para a inovação, para a reflexão e para a aprendizagem em contexto, e que por ela devem permanecer alimentadas; damos alguns exemplos que a investigação tem revelado como eficazes:

- As diversas modalidades de apoio educativo disciplinar, transdisciplinar e alternativo (Kyrkby & Alaiz, 1995; cf. Desp. 178-A/ME/93), todas elas em função da heterogeneidade dos alunos, e de que salientamos as práticas de flexibilização dos currículos (Esteves, 2000), as sessões de capacitação dos alunos para a aprendizagem (Lopes da Silva, 2005; Veiga Simão, 2002; Vasconcelos & Almeida, 2000), a criação e dinamização de salas de estudo (Barroso & Salema, 1999). Trata-se de experiências e práticas que, visando o sucesso escolar, têm efeitos educativos de muita outra ordem.
- Organização e apetrechamento adequado da sala de alunos e dos espaços de recreio, lazer e tempos livres (as ludotecas, por exemplo); aliás os jogos, o desporto, a escalada, e até algumas artes marciais, enquanto práticas submetidas a regras e à arbitragem, têm-se revelado como meios privilegiados para a integração, de modo auto-controlado, da agressividade natural e da violência juvenil (Hellbrunn & Pain, 1992; Pereira, 2002; Pereira, Neto & Smith, 1997).
- A criação de equipas de mediação entre pares. A mediação consiste numa prática usada desde a antiguidade e em diversas culturas, para a resolução pacífica de problemas na sociedade, mas só a partir dos anos 80 tem vindo a ser aplicada à vida escolar. Implica a formação e treino (com base em programas específicos: princípios da não violência, técnicas de resolução de conflitos...) de equipas de líderes (também pode existir um sistema de rotação dentro da turma ou da escola), capazes de facilitar as interacções e de ajudar os outros a pôr fim a hostilidades, a resolver os seus conflitos e a chegar a um acordo aceitável pelas partes em litígio (Caetano & Freire, 2006; Torrejo Seijoo, 2000; Diaz & Liatard-Dulac, 1998, Johnson & Johnson, 1999). Trata-se de uma estratégia de grande potencial educativo, favorecendo a capacidade de escuta mútua e a cooperação, para além de constituir um novo espaço alternativo de comunicação e de terapia (Grave-Resendes & Caldeira, 2003; Freire, 2001; Bonafé-Schmitt, 1997).
- A criação de gabinetes de apoio a alunos em risco (alargado também às respectivas famílias). Deste gabinete, que poderá integrar, para além de

Indisciplina, violência e delinquência na escola 353

professores, técnicos de várias áreas (médico, psicólogo, antropólogo, técnico de serviço social, técnico de educação...), deverá resultar o estudo e acompanhamento específico de determinados casos (nas dimensões médica, psicológica, familiar, étnica e escolar). Terá ainda como objectivos a redução dos factores de risco e a realização de vários programas muito específicos com vista à promoção de competências sociais na escola. Existe uma grande variedade de modalidades destes programas quer dirigidos à formação de professores nestas áreas (cf. Johnson & Johnson, 1999), quer a uma intervenção directa sobre alunos com problemas (Gottfredson, 2001).

• Acções de formação do pessoal auxiliar, considerando a sua importante função, em especial nos corredores e nos recreios, e cuja falta de formação é, muitas vezes, fonte de conflitos (Amado & Freire, 2002; Almeida, Mota & Monteiro, 2001).

6 – Promover iniciativas de intervenção na comunidade. São imprescindíveis as iniciativas que promovam uma comunicação regular e frequente com os encarregados de educação (Stoer & Silva, 2005; Villas--Boas, 1999), e que tentem envolver as famílias, as escolas do mesmo ou de outros graus de ensino, as associações e o poder local nos projectos educativos a desenrolar dentro ou fora da escola. Inserem-se neste tipo de iniciativas, as acções de sensibilização para problemas que forçosamente se vão repercutir no comportamento das crianças, como os da violência familiar e doméstica, a violência nos média, a educação para a vida em família, etc. (Nações Unidas, 2003; Moffitt & Caspi, 2002); ou, ainda entre muitos outros exemplos, a criação de equipas de mediadores sociais e culturais que estabeleçam canais de "intercompreensão" no binómio escola-comunidade. Estudos realizados no sentido de avaliar medidas semelhantes mostram que esta articulação entre a escola e o meio não é fácil, sobretudo devido aos diversos conflitos de competências a que dá origem (Henriot-Van Zanten, 1988; Bonafé-Schmitt, 1997); mas, em contrapartida, tem, sem dúvida, reflexos de interesse para ambos os lados, muito em especial no domínio da socialização da criança e do jovem (Meuret, 1994). Estudos como os de Proudfor e Baker (1995) revelam que a abertura ao meio produziu efeitos positivos na gestão e nas interacções quotidianas na aula, na medida em que se proporcionou maior realismo relativamente ao que havia a exigir, se adquiriu maior conhecimento das limitações, interesses e prioridades da população escolar e se passou a centrar mais o objectivo da acção na realização pessoal do que na competição académica.

CONCLUSÃO

Procurámos focar, essencialmente, aquele ângulo do problema da indisciplina e da violência que mais diz respeito às competências da escola e do professor, não sem uma prévia tentativa de contribuir para o esclarecimento dos conceitos em jogo. Vimos, com efeito, na primeira parte do texto, como é difícil uma definição clara e consensual dos conceitos de indisciplina e de violência escolares. Cremos, no entanto, ter demonstrado que o conceito de indisciplina escolar comporta em si a dicotomia dos actos não violentos, por um lado, e dos actos violentos, por outro. Ao passo que o conceito de violência escolar se intercepta com o conceito de indisciplina, ficando o acto de violência sujeito às sanções disciplinares escolares para além da eventualidade de outras que sejam do foro legal. Também ficou claro que ambos os conceitos apontam para fenómenos relacionados com contextos determinados e sujeitos a diferentes interpretações por parte de quem os origina e de quem os testemunha e/ou pune.

Mostrámos, ainda, como há diferenças de resultados entre estudos baseados na observação dos factos no terreno e os que se baseiam unicamente no questionário, sendo, em geral, estes que encontram eco na comunicação social. Sem querer negar que a violência tende a crescer na escola porque também cresce na sociedade, é preciso ter alguma prudência na interpretação dos resultados produzidos por inquérito, sem o que estaremos a colaborar em alguma "fabricação" dita cientifica dos fenómenos de violência. Muitas vezes não sabemos quais os conceitos e metodologia que estão na base da construção dos questionários nem as condições do seu preenchimento, tornando-se difícil desse modo interpretar correctamente os dados, como as taxas de prevalência.

Sabemos, e alguma investigação o tem revelado, como os inquéritos são vulneráveis à possibilidade de os indivíduos responderem da forma socialmente mais desejável (efeito da desejabilidade social), sobretudo na época em que estes fenómenos sofreram uma mediatização que pode fazer com que públicos mais influenciáveis, sobretudo públicos jovens, desejem tornar-se protagonistas sociais, "entrando na onda". Por isso, uma das conclusões que tiramos da literatura invocada é a necessidade de apurar metodologias de investigação e de harmonizar diferentes abordagens.

Não esqueçamos que a investigação educacional nos dá apenas leituras do real que carecem de ser reinterpretadas para serem utilizadas

Indisciplina, violência e delinquência na escola   355

na acção educativa, e que por ser educativa é norteada por fins e valores. Por isso, as propostas que fizemos na sequência das leituras que a investigação nos fornece, aplicáveis à prática da sala de aula, ao quotidiano das escolas e à sua gestão e organização interna, devem ser entendidas como isso mesmo: são propostas e não normas de acção ou receitas a aplicar independentemente dos contextos.

A nosso ver, a dimensão preventiva é a que mais está de acordo com os objectivos da educação e, portanto, da capacidade de autodisciplina, da fruição de uma liberdade responsável, do reconhecimento de que a realização pessoal depende, também, do empenho de cada um na realização da colectividade. Percorrer, como o fizemos, alguns dos aspectos desta dimensão preventiva é descobrir, por um lado, como nos situamos numa área que, para ser produtivamente trabalhada exige a instrumentalização dos mais diversos domínios disciplinares; por outro lado, deparamos com um tema cuja complexidade obriga a ter em conta uma visão holística da própria educação. Pode afirmar-se, pois, que o problema da indisciplina (abrangendo a violência e a delinquência na escola), está intimamente ligado a tudo o que diz respeito ao ensino, às práticas e aos objectivos e "perspectivas" que orientam tais práticas, aos condicionalismos próprios da aula, da escola, da comunidade e do sistema, incluindo em tudo isso, aspectos que não podem deixar de ser referidos, como a formação inicial e contínua de professores, o clima participativo da escola e a sensibilização das famílias e da comunidade para os problemas escolares.

E, se pensar o problema exige que nos coloquemos na perspectiva do "paradigma da complexidade", tentar intervir e resolvê-lo, na prática, não o exige menos. Ora isto mesmo, que poderá ser um factor de inibição e de desresponsabilização dos agentes, pode ser, em contrapartida, um facilitador na medida em que todos terão à mão uma ponta da meada por onde começar a mudar o estado de coisas.

BIBLIOGRAFIA

Alaoui, D. (1999). Ce que dit l'école et ce qui s'y passe. In P. Boumard (Ed.), *L'école, les jeunes, la déviance* (pp. 134-157). Paris: P.U.F.

Almeida, M. C., Mota, C. M. & Monteiro, E. S. (2001). *O auxiliar da acção educativa no contexto de uma escola em mudança*. Lisboa: Instituto de Inovação Educacional – Ministério da Educação.

Amado, J. (1989). *A indisciplina numa escola secundária*. Faculdade de Psicologia e de Ciências da Educação. Universidade de Lisboa.

Amado, J. (1998). *Interacção pedagógica e indisciplina na aula – Um estudo de características etnográficas*. Faculdade de Psicologia e de Ciências da Educação. Universidade de Lisboa.

Amado, J. (2000). *A construção da disciplina na escola. Suportes teórico-práticos*. Porto: Edições ASA.

Amado, J. (2001). *Interacção pedagógica e indisciplina na aula*. Porto: Edições ASA.

Amado, J. (2003). A indisciplina na aula: Um desafio à formação de professores. In A. Estrela & J. Ferreira (Org.), *A formação de professores à luz da investigação, Actas do XII Colóquio da Aipef, 2002* (2.º Vol., pp. 1025-1037). Faculdade de Psicologia e de Ciências da Educação. Universidade de Lisboa.

Amado, J. (2005). Contextos e formas da violência escolar. *Revista Portuguesa de História*, *37*, 299-325.

Amado, J. & Freire, I. (2002). *Indisciplina e violência na escola*. Porto: Edições ASA.

Amado, J., Limão, I., Ribeiro, P. & Pacheco, V. (2003). *A escola e os alunos institucionalizados*. Lisboa: Ministério da Educação.

Andréo, C. (2005). *Déviance scolaire et contrôle social. Une ethnographie des jeunes à l'école*. Villeneuve d'Ascq: Presse Universitaire de Septentrion.

Arandinga, A. & Tortosa, C. (1996). *Las habilidades sociales en la escuela*. Madrid: Editorial E.O.S.

Baginha, L. (1997). *Fenómenos de grupo e (in)disciplina na aula*. Faculdade de Psicologia e de Ciências da Educação. Universidade de Lisboa.

Baldry, A. & Farrington, D. (2000). *Bullies* e delinquentes. Características pessoais e estilos parentais. *Revista Portuguesa de Pedagogia*, *34*, (1, 2 e 3), 195-221.

Barroso, J. (2005). *Políticas educativas e organização escolar*. Lisboa: Universidade Aberta.

Barroso, M. & Salema, M. (1999). Salas de estudo e auto-regulação da aprendizagem. *Revista de Educação*, *8* (2), 139-161.

Becker, H. (1985). *Outsiders. Études de sociologie de la déviance*. Paris: A. M. Métaillié.

Bonafé-Schmitt, J. (1997). La médiation scolaire: Une technique de gestion de la violence ou un processus educatif? In B. Charlot & J. C. Émin (Eds.), *Violences à l'école. État des savoirs* (pp. 255-282). Paris: Armand Colin.

Burguet, M. (1999). *El educador como gestor de conflictos*. Bilbao: Desclé de Brouwer.

Caetano, A. P. & Freire, I. (2006). School formal mediation devices – A strategy to deal with children and adolescents at risk. Conference paper, presented at ECER 2006 - European Conference on Educational Research - Geneva, 13-16 September.

Caldeira, S. (2000). *A indisciplina em classe: Contributos para a abordagem preventiva*. Ponta Delgada: Universidade dos Açores.

Cano, F. (2005). Epistemological beliefs and approaches to learning: Their change through secondary school and their influence on academic performance. *British Journal of Educational Psychology*, *75*, 203-221.

Carita, A. (2005). *Conflito, moralidade e conflito na aula*. Porto: Campo das Letras.

Coloroso, B. (2002). *The bully, the bullyed and the bystander*. Toronto: Harper Collins Publishers.

Connolly, P. (1995). Racism, masculine peer-group relations and schooling of African/Caribbean infant boys. *British Journal of Sociology of Education*, *16* (1), 75-92.

Debarbieux, É. (2006). *Violence à l'école: Un défi mondial?* Paris: Armand Colin.

Debarbieux, É., Dupuch, A. & Montoya, Y. (1997). Pour en finir avec le "handicap socioviolent". In B. Charlot & J. C. Émin (Eds.), *Violences à l'école. État des savoirs* (pp. 17-40). Paris: Armand Colin.

Diaz, B. & Liatard-Dulac, B. (1998). *Contre violence et mal-être. La médiation par les élèves*. Paris: Nathan.

Directrizes de Riad – *Diretrizes das Nações Unidas para prevenção da delinquência juvenil - Diretrizes de Riad* (1990). Oitavo congresso das Nações Unidas sobre prevenção do delito e tratamento do delinquente. http://www.unangola.org. (Cons. 9/9/2006).

Dubet, F. (1996). *Sociologia da experiência*. Lisboa: Instituto Piaget.

Dubet, F. (2005). Violence scolaire: La révolte des vaincus. In M. Fournier & V. Troger (Eds.), *Les mutations de l'école. Le regarde des sociologues*. Auxerre: Editions Science Humaines.

Eccles, J. S, Midgley, C., Wigfield, A., Buchanan, C. M. & Reuman, D. (1993). Development during adolescence: The impact of stage-environment fit on adolescents' experiences in schools and families. *American Psychologist*, *48*, 90-101

Espírito Santo, J. M. (1994). *Relação entre representações e comportamentos de indisciplina em alunos do 7.º e 9.º anos de escolaridade*. Faculdade de Psicologia e de Ciências da Educação. Universidade de Lisboa.

Espírito-Santo, J. M. (2003). *Contributos para a formação de professores no âmbito da prevenção da indisciplina em sala de aula*. Faculdade Psicologia e de Ciências da Educação. Universidade de Lisboa.

Esteves, M. (2000). Flexibilidade curricular e formação de professores. *Revista de Educação, 9* (1), 117-123.

Estrela, M. T. (1986). *Une étude sur l'indiscipline en classe*. Lisboa: INIC.

Estrela, M. T. (2002, 4.ª ed.). *Relação pedagógica, disciplina e indisciplina na aula*. Porto: Porto Editora.

Estrela, M. T. (2006). Préface. In M. T. Estrela & L. Marmoz (Org.), *Indiscipline et violence a l'école. Études européennes*. Paris: L'Harmatin.

Feldhusen, J. (1979). Problems of student behaviour in secondary schools. In D. L. Duke (Ed.), *Classroom management* (pp. 217-244). Chicago: NSSE - University of Chicago Press.

Fonseca, A. C. (2002). Comportamento anti-social e família: Novas abordagens para um velho problema. In A. C. Fonseca (Ed.), *Comportamento anti-social e família. Uma abordagem científica*. Coimbra: Almedina.

Fonseca, A. C., Simões, M. C. T. & Formosinho, M. D. (2000). Retenção escolar precoce e comportamentos anti-sociais. *Revista Portuguesa de Pedagogia, 34* (1, 2 e 3), 323-340.

Fournier, M. & Troger, V. (2005). *Les mutations de l'école. Le regard des sociologues*. Auxerre: Editions Science Humaines.

Freire, I. & Caetano, A. P. (2005). Mediation devices in school - from the class assemblies to the whole school. A multi-case study. *European Conference on Educational Research*. www.leeds.ac.uk/educol/documents/144133.htm (Cons. 9/9/2006).

Freire, I. (1991). *Disciplina e indisciplina na escola. Perspectivas de alunos e professores de uma escola secundária*. Faculdade de Psicologia e Ciências da Educação. Universidade de Lisboa.

Freire, I. (2001). *Percursos disciplinares e contextos escolares − Dois estudos de caso*. Lisboa: Faculdade de Psicologia e Ciências da Educação. Universidade de Lisboa.

Gilborn, D., Nixon, J. & Rudduck, J. (1993). *Dimensions of discipline: Rethinking practice in secondary schools*. London: HMSO.

Glover, D., Gough, G., Johnson, G. & Cartwrigh, N. (2000). Bullying in 25 secondary schools: Incidence, impact and intervention. *Educational Research, 42* (2), 146-156.

Good, T. & Weinstein, R. (1999). As escolas marcam a diferença: Evidências, críticas e novas perspectivas. In A. Nóvoa (Coord.), *As organizações escolares em análise*. Lisboa: Publicações D. Quixote.

Indisciplina, violência e delinquência na escola 359

Gordon, T. & Burch, N. (1998). *P.E.E. – Programa de ensino eficaz*. Lisboa: Escola Superior de Educação João de Deus.

Gottfredson, D. (2001). *Schools and delinquency*. Cambridge: Cambrigde University Press

Gouveia-Pereira, M. (2004). *Percepções de justiça na adolescência. A escola e a legitimação das autoridades institucionais*. Lisboa: I.S.C.T.E.

Grave-Resendes, L. & Caldeira, M. S-J. (Org.) (2003). *Conferência internacional sobre prevenção da violência na escola*. Lisboa: Universidade Aberta.

Hellbrunn, R. & Pain, J. (1992). *Integrer la violence*. Vigneux: Ed. Matrice.

Henriot-Van Zanten, A. (1988). Les ressources du "local". *Revue Française de Pédagogie*, *83*, 23-30.

Janosz, M. & Le Blanc, M. (2000). Abandono escolar na adolescência: Factores comuns e trajectórias múltiplas. *Revista Portuguesa de Pedagogia*, *34* (1, 2 e 3), 341-403.

Johnson, D. & Johnson, R. (1999). *Cómo reducir la violencia en las escuelas*. Barcelona: Paidós.

Kiesner, J. & Pastore, M. (2005). Differences in the relations between antisocial behaviour and peer acceptance – Across contexts and across adolescence. *Child Development*, *76* (6), 1278-1293.

Kounin, J. (1977). *Discipline and group management*. New York: Robert E. Krieger Publishing.

Kyrkby, C. & Alaiz, V. (1995). *Apoios e complementos educativos. Teoria e prática*. Lisboa: Texto Editora.

Larson, J. (2005). *Think first — Addressing aggressive behaviour in secondary school*. London: The Guildford Press.

Lima, L. (1998). *A Escola como organização e a participação na organização escolar*. Braga: Universidade do Minho.

Lopes da Silva, A., Duarte, A. M, Sá, I. & Veiga Simão, M. (2004). *Aprendizagem auto-regulada pelo estudante. Perspectivas psicológicas e educacionais*. Porto: Porto Editora.

Loukas, A., Suzuki, R. & Horton, K. (2006). Examining school connectedness as a mediator of school climate effects. *Journal of Research on Adolescence*, *16* (3), 491-502.

Marchago Salvador, J. (1991). *El Profesor y el autoconcepto de sus alumnos*. Madrid: Ed. Escuela Española.

Marsh, P., Rosser, E. & Harré, R. (1980). *The rules of disorder*. London: Routledge and Kegan Paul.

Martins, M. J. D. (2003). *Agressão e vitimização entre adolescentes em contexto escolar – variáveis sociodemográficas, psicossociais e sociolinguísticas*. Universidade da Estremadura, Badajoz.

Mendes, F. (1995). *A indisciplina em aulas de Educação Física no 6.º ano de escolaridade*. Faculdade de Ciências do Desporto e Educação Física. Universidade do Porto.

Merle, P. (2005). *L'élève humilié. L'école, un espace de non-droit?* Paris: PUF.

Meuret, D. (1994). L'efficacité de la politique des zones d'éducation prioritaires, *Revue Française de Pédagogie*, *109*, 41-64.

Moffitt, T. & Caspi, A. (2002). Como prevenir a continuidade intergeracional do comportamento anti-social. In A. C. Fonseca (Org.), *Coportamento anti-social e família. Uma abordagem científica*. Coimbra: Almedina.

Muijs, D. & Reynolds, D. (2005). *Effective teaching: Evidence and practice*. London: Sage.

Musitu Ochoa, G. (2005). Funcionamiento familiar, socialización familiar y ajuste en la adolescencia. In M. T. López López (Org.), *La familia en el proceso educativo*. Madrid: Cinca.

Musitu Ochoa, G., Martinez Ferrer, B., Estévez López, E. & Jimenez Gutiérrez, J. (2006). La violence scolaire en Espagne: Principaux axes de recherche et intervention. In T. Estrela & L. Marmoz (Org.), *Indiscipline et violence à l'école*. Paris: L'Harmatan.

Nações Unidas (2003). Estratégias de combate à violência doméstica – Manual de recursos. Lisboa. Direcção-geral da saúde (Título original: *Strategies for confronting domestic violence: a resource manual*). http://www. dgsaude. pt/upload/membro.id/ficheiros/i006141.pdf (Consultado em 9/9/2006).

Olweus, D. (2000). *Bullying at school*. Oxford: Blackwell Publishers.

Ortega Ruiz, R. & Mora-Merchan, J. (1997). Agresividad y violencia. El problema de la victimización entre escolares. *Revista de Educación*, *313*, 7-27.

Ortega Ruiz, R. (1998). Indiscipline ou violence? Le problème des mauvais traitements entre élèves. *Perspectives, 28* (4), 645-659.

Pain, J. (1997). Violences et prévention de la violance à l'école. *Les Sciences de l'Éducation*, *30* (2), 57-88.

Parsons, C. (2005). School exclusion: The will to punish. *British Journal of Educational Studies*, *2*, 187-211.

Pereira, B. (2002). *Para uma escola sem violência – Estudo e prevenção de práticas agressivas entre crianças*. Lisboa: Fundação Calouste Gulbenkian – Fundação para a Ciência e Tecnologia.

Pereira, B. & Mendonça, D. (1995). O "bullying" na escola. Análise das práticas agressivas por ano de escolaridade. In Actas do *1.º Encontro de Educação e Cultura do Concelho de Oeiras* (pp. 39-57). Câmara Municipal de Oeiras.

Pereira, B., Neto, C. & Smith, P. (1997). Os espaços de recreio e a prevenção do "bullying" na escola. In C. Neto (Ed.), *Jogo e desenvolvimento da criança* (pp. 238-257). Faculdade de Motricidade Humana. Universidade Técnica de Lisboa.

Pinheiro, A. (2004). *Violência juvenil: Histórias e percursos*. Porto: Fundação da Juventude.

Pollard, A. (1985). *The social world of the primary school*. London: Host, Rinehart & Winston.

Pontecorvo, C. (2005). Interacção social e construção do conhecimento: confronto de paradigmas e perspectivas de pesquisa. In C. Pontecorvo (Ed.), *Discutindo se aprende: Interacção social, conhecimento e escola*. Porto Alegre: Artmed.

Prairat, E. (2003). *Questions de discipline à l'école*. Paris: Editions Érès.

Proudford, C. & Baker, R. (1995). Schools that make a difference: a sociological perspective on effective schooling. *British Journal of Sociology of Education, 16*, 3, 277-292.

Reynolds, D. & Sullivan, M. (1981). The effects of school: A radical faith restated. In B. Gillham (Ed.), *Problem behaviour in secondary school*. London: Croom Helm.

Reynolds, D. (1976). The delinquent school. In M. Hammersley & P. Woods (Eds.), *The process of schooling* (pp. 217-230). London: Routledge and Kegan Paul e Open University Press.

Rudduck, J. & Flutter, J. (2004). *How to improve your school*. London: Continuum.

Rutter, M., Maugham, B., Mortimore, P. & Ouston, J. (1979). *Fifteen thousand hours*. London: Open Books.

Saturnino de la Torre & Oscar Barrios (Coord.) (2000). *Estratégias didácticas inovadoras. Recurso para la formación y el cambio*. Barcelona: Octaedro.

Silva, D. J. & Libório, R. (2005). *Valores, preconceitos e práticas educativas*. S. Paulo: Casa do Psicólogo.

Simões, M. & Serra, A. V. (1987). A importância do auto-conceito na aprendizagem escolar. *Revista Portuguesa de Pedagogia, 21*, 233-252.

Simões, M. C. T., Formosinho, M. D. & Fonseca, A. C. (2000). Efeito do contexto escolar em crianças e adolescentes: Insucesso e comportamentos anti-sociais. *Revista Portuguesa de Pedagogia, 34* (1, 2 e 3), 405-436.

Slee, R., (1995). *Changing theories and practices of discipline*. London: The Falmer Press.

Smith, P. K. e Sharp, S. (1998). The problem of bullying. In P. K. Smith & S. Sharp (Eds.), *School bullying. Insights and perspectives*. London: Routldege.

Steinberg, L., Blatt-Eisengart, I. & Cauffman, E. (2006). Patterns of competence and adjustment among adolescents from authoritative, authoritarian, indulgent, and neglectful homes: A replication in a sample of serious juvenile offenders. *Journal of Research on Adolescence,* 16 (1), 47-58.

Stoer, S. & Silva, P. (2005). *Escola-família — Uma relação em processo de reconfiguração.* Porto: Porto Editora.

Tattum, D. & Tattum, E. (1997). Bullying: A whole-school response. In N. Jones & E. B. Jones (Eds.), *Learning to behave. Curriculum and whole school management approaches to discipline.* London: Kogan Page.

Thiébaud, M. (1999). Agir à différents niveaux pour promouvoir des relations positives dans l'école – www.rpn.ch/relationsansviolence (consultado a 9/9/2006).

Torrejo Seijoo, J. C. (Coord.) (2000). *Mediación de conflictos en instituciones educativas. Manual para la formación de mediadores.* Madrid: Narcea.

Tremblay, R. E., LeMarquand, D. & Vitaro, F. (2000). A prevenção do comportamento anti-social. *Revista Portuguesa de Pedagogia, 34* (1, 2 e 3), 491-55.

Trzesniewski, K., Moffitt, T., Caspi, A., Taylor, A. & Maughan, B. (2006). Revisiting the association between reeading achievement and antisocial behaviour: New evidence of an environmental explanation from a twin study. *Child Development, 77* (1), 72-88.

Vasconcelos, C. & Almeida, L. (2000). Escala de avaliação dos métodos de estudo. Sua utilização na prática dos professores. *Psicologia, Educação e Cultura, 4* (1), 65-77.

Veiga Simão, A. M., Freire, I. & Ferreira, A. (2003). Maus-tratos entre pares na escola. Um estudo contextualizado. *Acta do Congresso Ibero-Americano sobre Violência nas Escolas.* Publicação em CD, ISSN 8076165.

Veiga Simão, M. (2002). *Aprendizagem estratégica - Uma aposta na auto--regulação.* Lisboa: Ministério da Educação.

Veiga, F. (1995). *Transgressão e autoconceito dos jovens na escola.* Lisboa: Fim de Século.

Vettenburg, N. (2000). Violência nas escolas: uma abordagem centrada na prevenção. *Revista Portuguesa de Pedagogia, 34* (1, 2 e 3), 223-247.

Villas-Boas, A. (1999). *Contributo para o estudo da influência familiar no aproveitamento escolar.* Faculdade de Psicologia e de Ciências da Educação. Universidade de Lisboa.

Webster-Stratton, C. (2002). Anos Incríveis – séries de treino para pais, professores e crianças: programas de prevenção e intervenção precoce. In A. C. Fonseca (Org.), *Comportamento anti-social e família. Uma abordagem científica.* Coimbra: Almedina.

Weishew, N. & Peng, S. (1993). Variables predicting students' problem behaviors. *Journal of Educational Research, 87* (1), 5-17.

Werthman, C. (1984). Delinquents in schools: A test for the legitimacy of authority. In M. Hammersley & P. Woods (Eds.), *Life in school: the sociology of pupil culture* (pp. 211-224). Milton Keynes: Open University Press.

Willis, P. (1988). *Aprendiendo a trabajar*. Madrid: Akal.

Woods, P. (1990). *L'éthnographie de l'école*. Paris: A. Colin.

Os autores retomam e actualizam neste Capítulo o texto publicado na *Revista Portuguesa de Pedagogia* — 2000, *3* (1, 2 e 3).

14

Castigos físicos em contexto familiar — Uma abordagem empírica

António Simões

"O uso dos castigos físicos pelos pais é o tópico do domínio das relações pais/filhos mais controverso e afectado de maior carga emocional. Nenhum outro tema relacionado com a educação da criança suscitou tanta atenção ou mais aceso debate como o de saber se os pais devem ou não adoptar uma tal prática" (Holden, 2002, p. 590).

"Assim como as personalidades dependentes de substâncias não devem beber álcool ou consumir drogas, assim alguns pais — aqueles que têm fraca tolerância à frustração, uma história de violência, uma necessidade desordenada de controlar os outros, os que são impulsivos, narcisistas e imaturos — também não devem aplicar castigos físicos. Todavia, o facto de alguns pais punirem os filhos, em excesso, e de maneira insensata, não é argumento para aconselhar todos os pais a nunca aplicarem castigos físicos, do mesmo modo que o facto de algumas pessoas beberem demasiado não é razão para se tomar partido contra qualquer consumo de álcool" (Baumrind, Larzelere & Cowan, 2002, p. 585).

A prática dos castigos físicos tem sido uma constante, na história da humanidade, e é, provavelmente, tão antiga como a nossa própria espécie. Corrente, na Antiguidade grega e romana, rotineira, na Idade Média, frequente, na Idade Moderna, é, ainda hoje, comum, nas nossas sociedades contemporâneas (Vasta, 1990; Simoncelli, 1962; Marrou, 1948).

Porém, desde tempos recuados, vozes autorizadas se ergueram contra o uso ou o abuso dos castigos físicos aplicados às crianças. Um exemplo é o do retórico romano Marco Fábio Quintiliano (35-95 d. C.), defensor declarado de métodos suaves, pois, alegava que o castigo físico é humilhante e contraproducente. Mais apropriado para escravos do que para homens livres, ele poderia ter, quando muito, um efeito de curta duração, e dele resultariam traumas psicológicos consideráveis (Rawson, 2003, p. 176).

Apesar de serem prática comum, poucos assuntos são, hoje em dia, objecto de tão intensos debates, dividindo-se o campo entre os partidários do completo abolicionismo, da utilização rara e moderada e do emprego generalizado dos mesmos. É, assim, que as polémicas estalam, quando os meios de comunicação social dão a conhecer episódios de punição física de crianças. Neste contexto, está ainda na memória de muitos o escândalo causado por um acórdão do Supremo Tribunal de Justiça, sobre um caso de maus-tratos a menores deficientes, por parte de uma instituição, sob a tutela da Segurança Social. Consideravam os juízes justificada, e como fazendo parte do modo comum de educar, a aplicação de castigos moderados, tais como bofetadas ou palmadas. Abster-se de o fazer — assim opinavam — seria aderir a teorias, hoje, cientificamente abandonadas.

Outro caso, muito badalado e discutido, foi o de alegadas agressões físicas a crianças da Casa do Gaiato, facto que desencadeou um inquérito, por parte da autoridade competente (TSF, 8/06/06).

A nível internacional, não é menos animada a polémica. Se bem que, na maioria dos países, os castigos físicos em família não estejam proibidos por lei, são já em número de 13 aqueles que ilegalizaram tais práticas (a Suécia foi o primeiro, em 1979) (Jornal *Le Monde*, 2005) [1]. Por outro lado, são inúmeras as organizações, que pugnam pela ilegalização de todas as formas de punição física (Elliman & Lynch, 2000).

Iniciativas, como estas, registam-se, um pouco por toda a parte e a cada passo, o que evidencia bem como se trata de um tema sensível e de

---

[1] Bom exemplo da divergência de opiniões, a este respeito, são os Estados Unidos da América. Efectivamente, enquanto aí se regista um movimento, em favor do banimento legal da punição corporal, existe também um contra-movimento pelo reforço dos direitos dos pais a castigar os filhos (Benjet & Kazdin, 2003, p. 199).

É muito provável que, Portugal venha, em breve, a aumentar a lista daqueles 13 países, uma vez que consta que o Código Penal, na sua próxima revisão, proibirá, expressamente, os castigos corporais, quer em casa, quer nas instituições (Jornal *Dica da Semana*, de 26/10/06).

Castigos físicos em contexto familiar 367

grande impacto emocional. E o que nos diz a investigação científica, a este respeito?

Na sua aparente simplicidade, o problema dos castigos físicos é complexo e implica abordagens de vária ordem, nomeadamente, psicológica, filosófica, jurídica e pedagógica. Nas páginas, que vão seguir-se, só a primeira será contemplada, e com restrição ao contexto familiar. É verdade — como afirmavam os juízes do Supremo Tribunal de Justiça — que são cientificamente de pôr de parte as teorias que proscrevem o uso dos castigos físicos? Quais são os efeitos psicológicos destes? Mostram eles ser uma técnica eficaz de controlo do comportamento? Ou têm eles repercussões negativas sobre o desenvolvimento da criança, de maneira a aconselhar a posição abolicionista radical, ou, pelo menos, a apontar para o seu uso excepcional e moderado? Eis algumas das interrogações para as quais procuraremos resposta, na investigação psicológica actual.

DADOS EMPÍRICOS DISPONÍVEIS, ACERCA DOS EFEITOS DOS CASTIGOS FÍSICOS

Existem, literalmente, centenas de investigações, sobre os castigos físicos, concluindo umas pela sua eficácia e desiderabilidade relativas (*v. g.*, Baumrind, 1996; Larzelere, 1996) e outras, pela sua ineficácia, ou ainda pior, pelo seu prejuízo (*v. g.*, American Academy of Pediatrics, 1998; Straus, 1998). É possível uma síntese?

Como é sabido, a meta-análise é a estratégia mais conveniente para resumir os dados da investigação, num determinado domínio [2]. No que concerne aos castigos físicos, os dois estudos meta-analíticos mais sólidos e mais conhecidos foram levados a efeito por Larzelere (2000) e Gershoff (2002a). Examiná-los-emos a ambos, começando pelo último.

A definição de castigo físico, apresentada, nesta meta-análise, foi extraída de Straus (1994a, p. 4) e reza assim: "Castigo físico é a utiliza-

---

[2] A meta-análise é uma técnica, para integrar/resumir os resultados da investigação, num determinado domínio do saber. Para cada estudo individual é calculada uma magnitude do efeito (em termos de d ou de r), que indica a associação entre as características desse estudo e os respectivos resultados (digamos, entre castigos físicos e agressividade). Posteriormente, averigua-se a magnitude do efeito média para o conjunto dos estudos, que é possível classificar como sendo alta, média ou baixa, de acordo com escalas pré-estabelecidas para o efeito.

ção da força física, com a intenção de causar dor, mas não ferimentos, tendo em vista a correcção ou o controlo do comportamento da criança".

De notar que a expressão "causar dor, mas não ferimentos" tem em vista insinuar uma distinção entre castigo físico e abuso físico. Este é caracterizado pelos ferimentos resultantes de esmurrar, pontapear, queimar, vergastar, ou outras acções punitivas do género. Se bem que seja difícil estabelecer linhas de demarcação entre os dois tipos de tratamento — é melhor concebê-los com um contínuo, em que se passa, insensivelmente, de um para o outro — a maioria dos autores reconhece os efeitos negativos do abuso físico e condena-o, ao passo que se dividem as opiniões, no que concerne ao castigo físico. Este estudo pretende limitar-se, exclusivamente, aos efeitos do castigo físico.

Nele foram integradas 88 investigações, abrangendo um total de 36 309 participantes, desde a primeira infância até à adolescência. A mais antiga daquelas investigações datava de 1938 e as mais recentes de 2000 (estendendo-se por um período de 62 anos). Quase metade foi conduzida, entre 1990 e 1999.

Os comportamentos e experiências dos participantes associados aos castigos físicos foram os 11, que se encontram, brevemente descritos, na primeira coluna do Quadro 1. Procurou-se que fossem equilibrados, de modo que os comportamentos desejáveis (obediência imediata, interiorização moral, qualidade da relação com os pais, saúde mental na infância e na adultez) e os indesejáveis (agressividade na infância e na adultez, comportamento delinquente e anti-social na infância e na adultez, ser vítima de abuso físico e abuso dos próprios filhos ou do(a) esposo(a)), estivessem, igualmente, representados.

Não nos deteremos a definir cada uma destas variáveis, atendendo a que a descrição, que apresentamos das mesmas, veicula uma noção suficientemente clara para a generalidade dos leitores e para o propósito, que temos em vista. Chamamos apenas a atenção para o facto de que os efeitos de algumas delas eram medidos só a curto termo, enquanto que os de outras o eram também a longo termo.

Para cada uma destas variáveis, foi levada a efeito uma meta-análise, de modo que o estudo de Gershoff (2002a) é, na realidade, constituído por 11 meta-análises. Os resultados são apresentados, no Quadro 1, em termos de magnitude do efeito (de d+, no caso), como é usual na meta-análise. Para efeitos de interpretação, tenha-se presente que, segundo Cohen (1988), um $d = 0.20$ é pequeno, igual a 0.50 é médio e da ordem de 0.80 é grande.

Castigos físicos em contexto familiar

Neste quadro, são indicados os valores do d+ para cada meta-análise, bem como o número de estudos analisados, em cada uma delas. Tenha-se presente que todos os valores da magnitude do efeito são significativos, como é indicado pelos respectivos intervalos de confiança (não referidos, no quadro, mas apresentados pela autora, no mesmo local).

Quadro 1. Magnitudes do efeito médias, para as 11 variáveis

	d+	Nº de estudos
Medidas obtidas na infância		
1. Obediência imediata	1.13	5
2. Interiorização moral	- 0.33	15
3. Agressividade	0.36	27
4. Comportamento delinquente e anti-social	0.42	13
5. Qualidade da relação pais-filho	- 0.58	13
6. Saúde mental	- 0.49	12
7. Ser vítima de abuso físico	0.69	10
Medidas obtidas na idade adulta		
8. Agressividade	0.57	4
9. Comportamento criminoso e anti-social	0.42	5
10. Saúde mental	- 0.09	8
11. Abuso dos próprios filhos ou esposo(a)	0.13	5

[Dados extraídos do quadro 4 de Gershoff (2002a, 547)]

Analisando, mais em pormenor, as magnitudes do efeito, pode verificar-se que três delas são pequenas (interiorização moral, abuso dos próprios filhos ou esposo(a) e saúde mental na idade adulta); quatro situam-se entre pequenas e médias (saúde mental na infância, comportamento delinquente e anti-social na infância e na adultez e agressividade na infância); duas são médias (qualidade da relação pais-filho e agressividade na idade adulta); uma situa-se entre média e elevada (ser vítima de abuso físico) e uma última é grande (obediência imediata).

Resumindo, os castigos físicos estão associados aos seguintes comportamentos: decréscimo na interiorização moral, risco acrescido de abuso dos próprios filhos ou esposo(a), decréscimo na saúde mental na infância e na idade adulta, acréscimo no comportamento anti-social e delinquente na infância e na adultez, aumento da agressividade na infância e na idade adulta, deterioração da relação progenitor-criança, risco acrescido de ser vítima de abuso físico e acréscimo de obediência imediata — onze comportamentos, dos quais dez são negativos (91%) e só um (o último) é positivo.

Outras análises, nomeadamente, com recurso ao diagrama de caule e folhas, não alteram esta conclusão [3]. Efectivamente, com base nos dados daquele diagrama, verifica-se que "setenta e oito por cento das magnitudes do efeito individuais são significativas e, destas magnitudes do efeito significativas, só 7% representam constructos desejáveis" (Gershoff, 2002a, p. 548). Por outras palavras, só uma pequena minoria de magnitudes do efeito eram desejáveis.

O segundo estudo meta-analítico foi conduzido, como dissemos, por Larzelere (2000). Compreendeu 38 investigações sobre o efeito dos castigos físicos, em crianças com média de idades inferior a 13 anos.

Por castigos físicos (*spanking*), entendia-se a punição não abusiva nem severa, de tal maneira que foram excluídos da meta-análise os estudos, que tratavam de formas disciplinares mais extremas. De modo semelhante, não foram consideradas senão as investigações, em que os castigos físicos eram medidos como antecedentes de comportamentos subsequentes, ou seja, investigações que utilizaram planos longitudinais ou análises sequenciais.

As duas revisões só analisaram 18 estudos comuns a ambas. De resto, 20 estudos considerados por Larzelere não figuram na revisão de Gershoff, ao passo que esta integrou 70, que a de Larzelere não contempla.

Os resultados diferiam, substancialmente, dos de Gershoff (2002a), embora existissem também pontos de convergência, nomeadamente, no que respeita à eficácia dos castigos físicos para desencadear a obediência imediata, ao efeito moderador da idade (os resultados variavam, em função da idade, sendo mais benéficos nos indivíduos mais jovens), à associação de consequências negativas à frequência dos castigos corporais [quanto mais frequentes eram, piores eram os efeitos,

---

[3] O diagrama de caule e folhas é um gráfico, parecido ao histograma, onde constam todos os resultados da distribuição de uma variável. É composto por duas colunas, uma das quais (o caule) é expressa por um resultado, numa dada escala (*v. g.*, em dezenas), e a outra (folhas), noutra escala de valores (*v. g.*, em unidades). Assim, por exemplo, no caso do resultado 56, escreve-se o 5 na coluna das dezenas (caule) e o 6 na das unidades (folhas). Através deste diagrama, é possível obter uma visão sinóptica do conjunto dos resultados da distribuição.

particularmente, no que se refere aos problemas do comportamento (externalizing behaviors), ou à multiplicidade de problemas com a saúde].

Quanto às divergências, elas diziam respeito ao carácter benéfico ou prejudicial dos castigos físicos, à consistência dos resultados indesejáveis, à relação da metodologia utilizada nos estudos com os resultados encontrados (ver um quadro de síntese, em Benjet & Kazdin, 2003, p. 207). No que concerne ao carácter benéfico ou prejudicial dos castigos físicos, Larzelere (2000) verificou que, quando aplicados como técnica auxiliar, e de forma moderada, a crianças entre os 2-6 anos, são benéficos para reduzir comportamentos, tais como desobediências ou brigas; Gershoff (2002a), por sua vez, só encontrou um efeito benéfico — a obediência imediata.

Ambos os autores evidenciaram consequências indesejáveis dos castigos físicos, mas discordam, no que toca à consistência dos mesmos: Larzelere verificou que um número sensivelmente igual de estudos apontava para consequências predominantemente benéficas, predominantemente prejudiciais e predominantemente neutras ou mistas; Gershoff, porém, constatou que a grande maioria das magnitudes do efeito (94%) indicavam consequências prejudiciais da punição corporal.

No que toca à influência da metodologia dos estudos sobre os resultados obtidos, Larzelere verificou que certos aspectos daquela [estratégias de avaliação (retrospectivas ou prospectivas), resultados a curto ou a longo termo, plano da investigação] determinavam o carácter benéfico ou prejudicial dos resultados; Gershoff, por sua vez, não encontrou indícios seguros de associação entre características dos estudos e a intensidade da relação castigos físicos-agressividade.

Havia também conclusões específicas da meta-análise de Larzelere, nomeadamente, no sentido de que os castigos moderados tinham efeitos mais positivos, no caso dos negros americanos do que dos brancos americanos; de que, comparadas com outra técnicas disciplinares (punição verbal, perda de privilégios), os efeitos dos castigos físicos não eram piores do que os daquelas; de que os efeitos da punição diferiam com o sexo da criança — era menor a associação entre aquela e a agressividade e os comportamentos anti-sociais, por parte das raparigas.

Após esta breve síntese, fácil é de constatar que, se pontos há de convergência, não sobressaem menos as divergências. Isto conduz-nos a examinar, mais de perto, os resultados acabados de referir — tarefa, que nos propomos levar a cabo, na secção seguinte.

DISCUSSÃO DOS RESULTADOS

Ao considerar os dados de Gershoff (2002a), parece, à primeira vista, que é decisiva a evidência empírica, em desfavor da punição física. Carregando nas tintas de um quadro, já de si bastante negro, a autora exprime as suas reservas, mesmo em relação à obediência imediata — o único efeito desejável encontrado no seu estudo. É que as investigações, com base nas quais o efeito médio foi calculado, não são consistentes: em duas delas (num total de apenas 5; cf. Quadro 1), verificou-se que o castigo físico estava associado não ao acréscimo, mas ao decréscimo de obediência. Deste modo, não é muito sólida a base empírica sobre a qual se estabelece este resultado. Por outro lado, a referida variável é operacionalizada, em termos de obediência *imediata* (dentro de alguns segundos). Ora, esta modalidade de comportamento não garante a interiorização das injunções do adulto educador, que é aquilo que, em última instância se almeja. E aí estão os próprios resultados de uma das meta-análises a indicar, nesse sentido, na medida em que foi encontrada uma associação negativa entre a punição física e a interiorização moral do comportamento. Depois de tudo isto, é caso para perguntar se alguma evidência resta, em favor do castigo físico.

Com vista a responder a esta pergunta, teremos de considerar as limitações deste estudo, que a própria autora (que não esconde as suas simpatias abolicionistas) faz questão em reconhecer.

Para começar, é importante ter presente que as magnitudes do efeito nos informam sobre a associação entre o castigo físico e certos comportamentos da criança, mas não revelam a natureza da mesma. Trata-se de correlações, e estas nada nos dizem, nem acerca da causalidade, nem acerca do sentido da influência de uma variável sobre a outra. Exemplificando, se existe uma correlação entre castigo físico e agressividade, não se segue que o primeiro seja a causa da segunda. De facto, não é de excluir tal possibilidade, mas o inverso também pode ser verdadeiro. Além disso, a associação entre castigo físico e agressividade pode dever-se a uma terceira variável, por exemplo, ao estilo disciplinar impulsivo dos pais, que conduz, simultaneamente, à aplicação imprevisível de castigos físicos e à agressividade da criança.

É certo que a causalidade pressupõe a correlação, mas esta não chega para estabelecer aquela. É ainda necessário que uma das variáveis correlacionadas preceda a outra no tempo: a correlação não implica essa ordem temporal. Na medida em que os estudos transversais estabelecem,

Castigos físicos em contexto familiar 373

quando muito, uma correlação entre castigos físicos e agressividade, eles não são adequados para fazer inferências de que a punição física conduz àquele comportamento.

Os estudos longitudinais permitem ultrapassar a etapa da correlação, rumo à fixação de uma ordem temporal entre os eventos. Voltando ao nosso exemplo, eles podem predizer que a agressividade aumenta no tempo 2, na sequência da aplicação de castigos físicos no tempo 1. Mas isto não basta, para se evidenciar uma ordem temporal entre castigos físicos e agressividade. É ainda necessário mostrar que esta última já não era elevada no tempo 1, caso contrário, tanto os castigos físicos como a agressividade no tempo 1 poderiam predizer a agressividade no tempo 2. Portanto, é necessário controlar a agressividade, no tempo 1, para que, através dos estudos longitudinais se possa dizer que o castigo físico precede a agressividade, ou por outras palavras, que ele é um factor de risco, relativamente a esta última.

Referindo-nos, agora, aos estudos incluídos nas meta-análises de Gershoff, constata-se que 68 das 117 magnitudes do efeito, ou seja, 58.1%, se baseavam em dados transversais, enquanto que 15 delas, isto é, 12.8%, provinham de estudos longitudinais (ver Quadro 2). Por aqui se vê a fragilidade metodológica deste tipo de material, na sua grande maioria, inapropriado para estabelecer sequer a ordem temporal entre castigos físicos e comportamentos da criança.

Afirmámos, com efeito, mais acima, que os estudos transversais poderão, quando muito, encontrar correlações entre variáveis, enquanto que os estudos longitudinais nem sempre conseguem averiguar a existência de uma ordem temporal entre as referidas variáveis [4].

---

[4] O Quadro 2 indica que 29 das magnitudes do efeito, ou seja, quase um quarto das mesmas, provinham de estudos retrospectivos. Para começar, talvez convenha clarificar esta noção. Num estudo retrospectivo, os dados são colhidos, num dado momento do tempo (e apenas num): os sujeitos recordam eventos do passado, ao mesmo tempo que do presente (por exemplo, os pais avaliam, simultaneamente, os comportamentos actuais dos filhos e o regime disciplinar destes, no passado). Por aqui se vê que problemas coloca este tipo de investigação: o da validade da informação baseada na recordação do passado e o da ausência de ordem temporal entre os fenómenos (Vaus, 2001, p. 113 e ss.). Afim a esta noção, é a de estudo prospectivo. Neste, os dados são recolhidos, em sucessivos momentos do tempo, isto é, um mesmo grupo é avaliado, em diversas ocasiões. É claro que, enquanto os estudos retrospectivos não servem para estabelecer a ordem

374 A. Simões

Quadro 2. Magnitudes do efeito (d+) para cada tipo de dados

Dados	N	%
Transversais	68	58.1
Longitudinais	15	12.8
Retrospectivos	29	24.8
Experimentais	5	4.3
Total	117	100

[Dados extraídos do quadro 3 de Gershoff (2002a, 545-547)]

Estabelecida, porém, esta ordem temporal, entre o castigo físico, medido no tempo 1 e a agressividade, avaliada, no tempo 2, não se segue ainda que se averiguou a influência causal do castigo físico sobre a agressividade. Pode ainda acontecer que a relação entre as duas variáveis seja devida a uma outra variável, com a qual o castigo físico esteja correlacionado. Assim, os pais que mais castigam, ou mais severamente o fazem, poderiam experimentar maior *stress* do que aqueles que menos castigam, ou aplicam punições, de forma mais moderada. Se, efectivamente, se regista uma associação entre castigos físicos e agressividade, por exemplo, tal pode ser devido, em parte ou na totalidade, ao *stress*. É, portanto, necessário controlar a variável *stress* (e outras a ela associadas), por exemplo, através de regressões múltiplas hierárquicas, para ver se, removido o efeito dessa(s) variável(-eis), a influência do castigo físico continua ainda a ser significativa (Benjet & Kazdin, 2003; Deater-
-Deckard et al., 1996).

Os estudos experimentais resolveriam o problema do controlo das variáveis parasitas. Mas, como se pode verificar, no Quadro 2, eles são extremamente raros (apenas 5 magnitudes do efeito, ou seja, 4.3% do total). Além disso, são de muito difícil aplicação, atendendo a que exigem a destinação aleatória dos indivíduos aos grupos, e a que, neste contexto, levantam problemas de natureza ética praticamente intransponíveis.

O que foi dito, até aqui, refere-se aos estudos individuais, que integraram as meta-análises. A este respeito, não há unanimidade, sobre se os estudos metodologicamente inadequados devem integrar a meta-análise. Alguns defendem que as investigações com graves defeitos metodológicos devem ser excluídas da mesma, enquanto as restantes devem ser divididas em duas categorias: a primeira constituída por estudos com

---

temporal entre os fenómenos, à semelhança dos estudos longitudinais, os estudo prospectivos podem ou não conseguir evidenciá-la.

Castigos físicos em contexto familiar 375

deficiências não muito graves e a segunda por estudos bem planeados (por exemplo, estudos longitudinais prospectivos, ou experimentais). Ora, quando se aplicam tais critérios às meta-análises, em apreço, muito poucos deles restam disponíveis para serem analisados (Baumrind, Larzelere & Cowan, 2002, p. 583).

Outros autores, porém, defendem que se incluam mesmo os estudos que apresentam graves deficiências metodológicas, se classifiquem, em termos da sua qualidade, e se verifique se as magnitudes do efeito calculadas, a partir dos trabalhos de qualidade diferem das que se baseiam em investigações deficientes. Foi isso que tentou fazer Gershoff, combinando variáveis, de forma a constituir aquilo a que chamou *agressividade compósita* (p. 548; quadro 6, p. 549). Ora, todos os estudos, que integraram esta meta-análise, apresentavam graves problemas metodológicos (v. g., medições dos castigos físicos, em termos muito severos, planos de investigação transversais ou retrospectivos) (Baumrind, Larzelere & Cowan, 2002, p. 583).

Face ao exposto, os três últimos autores resolveram fazer uma reanálise dos dados, em que tomaram em linha de conta a severidade do castigo, o plano de investigação e a independência das fontes de dados [5]. O resultado foi que encontraram magnitudes do efeito mais elevadas para os castigos severos do que para os moderados (d + = 0.46, comparado com 0.30); mais elevadas também, tratando-se de estudos transversais, comparativamente aos longitudinais (d + = 0.46 *versus* 0.37); mais elevadas, finalmente, para os estudos, parcial ou inteiramente baseados em fontes de dados comuns do que em fontes independentes (d + = 0.35 *versus* 0.29). Os 3 únicos dos 54 estudos, que eram metodologicamente adequados, deste tríplice ponto de vista (severidade dos castigos, plano de investigação e independência das fontes de dados), apresentavam uma magnitude do efeito média, na variável compósita da agressividade, inferior aos restantes 51 (d + = 0.12, contra 0.33) (Baumrind, Larzelere & Cowan, 2002, p. 584). Assim, utilizando critérios mais estritos de inclusão dos estudos na meta-análise, chega-se a resultados diferentes, e

---

5 O problema, que se coloca, aqui, é o de os avaliadores não serem independentes: é a mesma pessoa a fornecer a informação, respeitante aos comportamentos dos pais e dos filhos. Este método de variância partilhada resulta em conclusões espuriamente elevadas entre as avaliações. Estavam, nesta situação, dois terços dos estudos utilizados nas meta-análises.

também mais modestos do que apresentava a meta-análise de Gershoff, de acordo com a qualidade metodológica dos estudos.

Problemas não menos básicos são aqueles que se relacionam com a definição operacional de castigos físicos. Recorde-se, a este propósito, que, mais acima, se definiu o castigo físico, em termos de aplicação da força física, de modo a causar dor à criança. Mas que significa, exactamente, esta última expressão, nomeadamente, em termos de modalidade da punição e de severidade e frequência da mesma? Dar uma palmada no traseiro é castigo e uma bofetada já não é? Ou esta é castigo físico, enquanto um pontapé ou um empurrão é abuso? Bater com a mão é castigo, ao passo que bater com uma vara ou palmatória é abuso? Qual é a linha de demarcação entre o uso e o abuso do castigo físico? Se uma palmada é castigo físico, uma palmada muito severa é ainda castigo físico, ou já é abuso? E uma palmada frequentemente repetida não será abuso físico? [6]

Gershoff (2002a, p. 564-565) reconhece estas dificuldades e constata também que os pais têm percepções diferentes do que sejam os castigos físicos, e bem assim da severidade dos mesmos [7]. Todavia, inclui nas

---

[6] Straus (1998) dá-se conta do problema, depois de apresentar a mesma definição de castigo físico, que se encontra, no início desta secção. Esclarece (p. 75), no entanto, que as formas mais frequentes consistem em dar palmadas (*spanking*), dar bofetadas (*slapping*), agarrar/prender a criança (*grabbing*), ou empurrá-la (*shoving*), com mais força do que é necessário, e ainda bater-lhe com certos objectos, tais como escovas de cabelo, uma correia, ou uma régua. É evidente que, depois destas precisões, permanecem ainda muitas outras imprecisões. Na tentativa de estabelecer a distinção entre castigo físico e abuso físico, muitos autores de expressão inglesa preferem falar de *spanking*, em lugar de *physical punishment*. Aquele termo é definido, mais ou menos, desta forma: "bater na criança, no traseiro ou nas extremidades, com a mão aberta, com intenção de a disciplinar, sem deixar contusões ou lhe causar dano físico (Benjet & Kazdin, 2003, p. 200). Esta é uma definição preferida pela tendência anti-abolicionista, defensora dos castigos moderados. Por sua vez, a tendência abolicionista é a favor de definições mais inclusivas. Gershoff (2002a), por exemplo, entende os castigos físicos como sendo aplicáveis a outras partes do corpo e com utilização de outros objectos.

[7] Acontece que muitos estudos nenhuma definição apresentam aos pais de castigos físicos, de modo que os questionários, que lhes são administrados, acabam por reflectir a variedade de definições dadas por eles. Daí, possivelmente, a inconsistência dos efeitos verificados e a sua diluição (anulação recíproca dos mesmos) (Benjet & Kazdin, 2003, p. 210).

suas meta-análises estudos, onde se trata de formas de castigos, que o próprio autor, cuja definição adopta (Straus, 1994a), categoriza como abusos físicos (Baumrind, Larzelere & Cowan, 2002, p. 581). Assim, as suas conclusões não se referem apenas aos efeitos dos castigos físicos, mas a estes, contaminados pelos efeitos dos abusos físicos.

Isto conduz-nos a um outro problema, relacionado com o facto de o castigo físico ser uma *packaged variable* (Whiting, 1975) — uma "variável empacotada", que co-ocorre juntamente com outras variáveis. Por exemplo, a punição física é, muitas vezes, acompanhada pela ameaça, por reprimendas de tipo verbal ou gestual, pelo ralhar, pelo gritar, ou até pelo raciocinar com a criança. Ora, o que interessa, aqui, sublinhar é que é muito difícil avaliar, separadamente, estas diversas dimensões e "desembrulhar" os seus efeitos específicos, de modo a evitar que os comportamentos estudados representem o efeito confundente de todas elas. Nos estudos sobre os castigos físicos, surge, a cada passo, esta dificuldade, e raros são aqueles que conseguem isolar esses efeitos específicos.

Por último, é necessário ter presente que o estudo de Gershoff teve, exclusivamente, por objecto o efeito dos castigos físicos. Assim, os seus resultados não podem generalizar-se a outros tipos de punição. Mesmo que fosse solidamente averiguado que a punição física tem efeitos negativos, não ficava, por esse facto, estabelecido que outras formas de punição, ou mesmo qualquer punição, conduziriam a resultados semelhantes.

Apesar das múltiplas deficiências, que foram apontadas às suas meta-análises, Gershoff (2002b, p. 609) mantém a posição de que "na pior das hipóteses, o castigo físico pode ter efeitos negativos sobre as crianças e, na melhor das hipóteses, não ter efeitos nenhuns, sejam eles positivos ou não". Depois, denunciando melhor as suas convicções, acrescenta que "o castigo físico deverá ter fortes efeitos sobre as crianças, e consistentemente positivos, para os psicólogos o poderem recomendar, rotineiramente, como prática, atendendo ao leque de efeitos negativos a que está associado (2002b, p. 609). Ponhamos de parte esta última afirmação ("leque de efeitos negativos a que está associado"), que parece carregar demasiado na tónica do carácter prejudicial dos castigos físicos, e concentremo-nos, antes, nos efeitos positivos dos mesmos. Recordemos que o estudo de Gershoff encontrou, efectivamente, um efeito positivo do castigo físico — a obediência imediata. É certo que se pretende que tal efeito positivo não é positivo, porque não conduz à interiorização do comportamento. Ora, mesmo admitindo que assim é, resta ainda um aspecto positivo, na medida em que a cessação do comportamento pode, por exemplo, preservar a integridade física da criança.

Há, porém, dados mais pertinentes e mais directamente relacionados com o nosso problema. Mais acima, referíamo-nos ao castigo físico, dizendo que se tratava de uma "variável empacotada". A própria autora (Gershoff, 2002a, p. 553) cita Larzelere e seus colaboradores, cujos estudos revelaram que, combinar o diálogo com a criança com um tipo de punição, incluindo o castigo físico, tem um efeito altamente positivo na prevenção de futuros comportamentos indesejáveis.

Comparámos, mais acima, o que foi considerado (Benjet & Kazdin, 2003) como os dois melhores estudos meta-analíticos sobre a punição física da criança, a saber, o de Larzelere (2000) e o de Gershoff (2002a). Como, porém, o trabalho do primeiro autor foi precedido de outros, com algum interesse para o nosso assunto, convirá mencioná-los, aqui.

Lyons e Larzelere (1996) referem-se a duas revisões de estudos sobre os efeitos dos castigos físicos pelos pais. Depois de advertirem para o facto de que poucos estudos sobre esta temática são metodologicamente correctos, acrescentam que quase nenhum dos que são mais adequados encontraram efeitos negativos associados aos castigos corporais.

Uma dessas revisões (Lyons et al., 1993) procurou abranger todos os artigos publicados sobre os castigos corporais, desde 1984 a 1993. Dos 132 trabalhos encontrados, a grande maioria (83%) eram de natureza transversal e só um se preocupou com excluir o abuso, na medição do castigo físico. No que concerne aos resultados, não foram detectadas provas de que os castigos físicos fossem ineficazes, nem que estivessem associados à agressividade.

A segunda revisão foi levada a cabo por Larzelere (1996) e referiu--se ao período de 1974-1995 (bem como a trabalhos mais antigos, que não fossem de natureza transversal, nem se referissem a punições, que configurassem, de preferência, abuso da criança). Só 18 estudos foram detectados, que preenchiam as condições acabadas de referir. Oito dos que eram metodologicamente mais rigorosos evidenciaram efeitos benéficos do castigo físico, sobretudo, em crianças de 2-6 anos. Comparados com os de outras formas de disciplina, os resultados dos castigos físicos não se revelavam inferiores aos de nenhuma delas. Pelo contrário, sete dessas alternativas disciplinares estavam associadas a resultados mais negativos para a criança.

Procurando fazer uma síntese destas duas revisões, eis aqui alguns tópicos, que seriam de relevar. Em primeiro lugar, é de reter a

Castigos físicos em contexto familiar 379

inadequação dos estudos encontrados, na medida em que a grande maioria era de natureza transversal. Em segundo lugar, foi preocupação dos autores centrar a análise nos melhores estudos, mesmo com o risco de se encontrarem com uma amostra reduzida dos mesmos. Isso, efectivamente, aconteceu, mas considerou-se que a análise ganhou em rigor — algo de oposto ao que fez Gershoff (2002a), que, assim, constituiu uma amostra de estudos mais volumosa, mas metodologicamente mais criticável. Em terceiro lugar, os resultados são substancialmente diferentes dos de Gershoff (2002a): não se verificaram os efeitos sistematicamente negativos dos castigos e, pelo contrário, evidenciaram-se efeitos positivos, particularmente, em crianças de tenra idade; não menos importante, porém, é que os castigos físicos não apresentavam efeitos menos positivos que quaisquer das técnicas disciplinares com as quais se compararam. Este é um ponto importante, pois, não é legítimo defender a proscrição da punição física, sem primeiro averiguar se as alternativas propostas são, na realidade, tão boas ou melhores que eles.

Um dos trabalhos mais debatidos e invocados pelos abolicionistas é o de Straus et al. (1997). Aludimos a ele, neste contexto, não só pela razão acabada de expor (a sua notoriedade), mas também pelas análises feitas por Larzelere, que confirmam o que acaba de expor-se. No debate com o primeiro autor, que teve lugar, aquando da realização do Encontro da *National Foundation for Family Reseach and Education,* em Banff, Alberta, Canadá, Larzelere (1999) mostrou que os resultados negativos da punição corporal, aliás, de pouca monta, referidos naquele artigo, para crianças de 6-9 anos, não eram exclusivos dos castigos físicos. Aprofundando as análises de Straus e colaboradores, verificou que resultados semelhantes se obtinham com técnicas disciplinares alternativas, tais como breves esclarecimentos à criança, confinar esta ao seu quarto, retirar-lhe privilégios ou permissões.

Um evento natural, susceptível de ser cientificamente investigado, foi o banimento dos castigos físicos da criança pelos pais, na Suécia, por imposição legal de 1979. Tal evento foi saudado por certos como etapa decisiva na abolição da violência sobre a criança. Houve quem defendesse ser esse o caminho a seguir (Straus, 1994b, p. 202) e quem apontasse (Elliman & Lynch, 2000) para a diminuição de várias formas de violência, na sequência da referida iniciativa legislativa. Mas foi assim? Poucos são os estudos disponíveis, com dados relevantes para responder a esta questão. Lyons e Larzelere (1996) encontraram apenas seis. A análise destes estudos levou-os à conclusão de que, a partir de 1979, o abuso das crianças aumentou e o mesmo aconteceu com a violência juvenil. Aparentemente, foi o contrário do que visava a lei que aconteceu. De onde parece concluir-se que o fim do abuso da criança não se decreta por lei, que os pais precisam de aprender novas técnicas disciplinares para substituir os castigos físicos e, talvez até, que o castigo corporal moderado pode desempenhar a função de prevenir a escalada do abuso, por parte dos pais.

Retomando o assunto das revisões dos estudos sobre o efeito dos castigos físicos, a que Larzelere levou acabo, mais recentemente (2000), dizia respeito à punição física não abusiva. Já analisámos, mais acima, esta revisão, e não iremos repetir, aqui, o que foi dito. Lembremos, apenas que dela faziam parte 38 estudos, seleccionados com base no seu rigor metodológico. Limitamo-nos a transcrever a conclusão, dada a sua pertinência para o assunto em análise: "Nenhum dos 17 estudos pertinentes, do ponto de vista da averiguação causal, encontrou resultados predominantemente negativos, quando foi feita alguma diligência, no sentido de excluir os pais que faziam uso muito severo da punição física" (p. 209).

Num comentário mais aprofundado ao artigo de Gershoff (2002a), Larzelere (2002) mostra que, quando se usam métodos de investigação semelhantes, costumam encontrar-se os mesmos efeitos associados aos castigos físicos e a outras alternativas disciplinares e que tais efeitos negativos estão relacionados com a frequência com que se utiliza qualquer técnica disciplinar (e não apenas os castigos físicos).

Procurando sumariar os resultados dos estudos, que temos vindo a apresentar, Larzelere (1994) aponta algumas orientações para a aplicação eficaz dos castigos físicos, e define o que ele chama o *modelo da sequência condicional de uma óptima disciplina*. Assim, e no que respeita às orientações:

(a) Os castigos físicos são mais apropriados para crianças dos 2 aos 6 anos de idade.

(b) Devem limitar-se a um máximo de duas palmadas, no traseiro, com a mão aberta, sem deixar contusões.

(c) Devem ser administrados, num contexto marcado pelo afecto, por pais que amam verdadeiramente a criança.

(d) Devem ser utilizados como reforço (*back-up*) de outras alternativas disciplinares menos aversivas (v. g., raciocinar com a criança, ou cessação de uma actividade agradável, tal como um jogo). Deste modo, as alternativas disciplinares podem tornar-se mais eficazes, permitindo espaçar/rarear os castigos físicos e recorrer, mais vezes e com maior probabilidade de sucesso, às punições não corporais.

No que concerne ao modelo, ele traduz-se em: começar pelas técnicas disciplinares menos severas (v. g., raciocinar com as crianças) e mais susceptíveis de modificar o comportamento da criança; se não derem resultado, avançar para medidas mais firmes, tais como punições não corporais, do tipo da cessação da actividade; se mesmo estas não forem eficazes, aplicar, então, os castigos corporais.

Com isto, passamos ao último problema da nossa discussão, aqui e além aflorado, ao longo da presente exposição, mas merecedor de algumas considerações complementares, ainda que breves. Como sublinhou muito bem Gershoff (2002a e b, p. 551 e ss. e p. 606 e ss.), ao propor o seu modelo processual e contextual dos efeitos da punição dos pais sobre os comportamentos da criança, estes dependem de uma quantidade de variáveis mediadoras e moderadoras. Também Baumrind, Larzelere e Cowan (2002, p. 586) chamam a atenção para o simplismo, que tem caracterizado, até hoje, a investigação sobre o castigo físico. Salientam que a verdadeira questão a colocar é a seguinte: "Em que contextos é previsível que um determinado tipo de disciplina parental (a) aumente a probabilidade de obter resultados positivos e diminua a probabilidade de chegar a consequências negativas e (b) aumente a probabilidade de obter resultados negativos e diminua a probabilidade de chegar a consequências negativas?"

Considerando a própria variável independente — o castigo físico — não é difícil compreender que o seu efeito depende da frequência e da severidade com que é administrado — variáveis, cuja medição e definição os estudos apresentam, de maneira divergente — ou da co-ocorrência de outras técnicas disciplinares. Depende, ainda, das características dos pais e da criança, tais como a idade (Tang, 2006; Lansford et al., 2004), do sexo da criança e dos pais (Loeber et al., 2000; Day et al., 1998), da raça/etnia (Lansford et al., 2004; Deater-Deckard et al., 1996), do nível socioeconómico (Deater-Deckard et al., 1996; Giles-Sims et al., 1995), do estilo parental (Straus & Mouradian, 1998; Baumrind, 1996) [8]. Depende, além disso, da maneira como o castigo físico é administrado.

---

[8] Dos 88 estudos examinados, nas meta-análises de Gershoff (2002a), só 44% referiam a etnia dos participantes; 27%, o nível socioeconómico; 4.5%, o estilo disciplinar dos pais (Niolon, 2004).

Neste contexto, Gershoff (2002a, p. 553) distingue entre *punição instrumental* (planeada, controlada, com autodomínio, por parte dos pais) e a *punição impulsiva* (com descontrolo emocional dos pais, e em situação de desconforto e mal-estar dos mesmos). Ora, é de admitir que a primeira disponha a criança, mais favoravelmente, para aceitar a sanção dos pais [9].

Não vamos fazer, aqui, um elenco exaustivo destes factores. O nosso objectivo é o de chamar a atenção para a complexidade das influências e das interacções, que determinam os efeitos dos castigos físicos. É também o de sublinhar, mais uma vez, como a investigação produzida está longe de lidar, adequadamente, com esta complexidade [10].

CONCLUSÃO

Abordámos, no presente trabalho, o problema dos efeitos do castigo físico sobre os comportamentos da criança. Verificámos que a literatura é relativamente abundante, mas que são muitos e graves os problemas metodológicos, que a afectam. De modo que pode perguntar-se se, do seu exame, algumas conclusões podem extrair-se. E, aqui, há quem, como Rosemond (1994), pense que "nem um único estudo, respeitante aos efeitos dos castigos sobre as crianças, vale sequer o papel, em que está escrito" (p. 213). Há também quem, menos radical, e embora reconhecendo as referidas dificuldades metodológicas, opine que os resultados indicam que o castigo físico "não faz nenhum bem e pode até causar prejuízo", estando o peso da evidência disponível "claramente, ao lado dos efeitos negativos dos castigos físicos habituais" (Holden, 2002, p. 594) [11]. Há, enfim quem sustente (Baumrind, Larzelere & Cowan,

---

[9] Já aludimos à posição crítica de Rosemond (1994), relativamente à investigação produzida. Uma variável, que considera importante, é o modo como é administrado o castigo: "Não há — escreve ele (p. 213) — nenhum estudo que tenha seguido crianças, às quais foram administrados castigos, de forma apropriada, por oposição àquelas a quem foram aplicados, de maneira inapropriada. Tanto quanto eu sei, esta distinção nunca foi feita por nenhum investigador. E isto revela algo de importante, a respeito de muitos, se não da maioria, desses chamados investigadores: eles não fazem investigação de nenhuma espécie.

[10] Como afirma Gershoff (2002a, p. 566), nas investigações disponíveis, "a medição de potenciais processos mediacionais é extremamente rara".

[11] Posição parecida é a de Gershoff (2002b), que escreve que "na pior das hipóteses, o castigo físico pode ter efeitos negativos sobre as crianças e,

2002) que se não pode justificar "a condenação em bloco dirigida contra formas suaves e moderadas de disciplina corporal" (p. 586).

Face a estas divergências, fácil é de perceber que não é apenas a evidência empírica a determinar as posições do cientista, no debate a favor ou contra os castigos físicos. O problema tem outras dimensões, para além da científica, nomeadamente, de natureza moral e política. Não tem de se concordar, plenamente, com Rosemond (1994), mas há, provavelmente, alguma verdade nas suas palavras: "O que realmente e verdadeiramente me aborrece nesses contestatários é que eles pensam que sabem o que é melhor para cada um. Sob a aparência de preocupações sociais, são pseudo-intelectuais, megalómanos politicamente correctos. Se se não concorda com eles, procuram fazer passar leis para o conseguir, ou, pelo menos, para fazer que os outros se conformem com as suas ideias, acerca do que constitui um comportamento apropriado" (p. 212).

É evidente que aquelas dimensões do problema têm de ser consideradas, e não são menos importantes que a componente científica, razão pela qual nos propomos examiná-las, num outro contexto. Somos, porém, de opinião que o cientista deve abstrair das suas crenças éticas, religiosas, jurídicas e morais, para examinar, com independência, os dados empíricos disponíveis.

E, quando isto se faz, julgamos que a posição mais correcta é a de Benjet e Kazdin (2003) que, ao terminar um dos mais bem informados, mais profundos e equilibrados trabalhos sobre a temática, que aqui nos ocupa, escrevem (p. 220): "Infelizmente, as respostas a muitas questões prementes, relativas aos castigos físicos (*spanking*), a saber, se eles são ou não prejudiciais, não são ainda satisfatórias". E, noutro lugar, assim se exprimem: "As conclusões a que se chegou, com base na investigação actual, são muito limitadas, tentativas e inconsistentes" (p. 209). Faltam-nos, efectivamente, dados, com um mínimo de credibilidade científica, para podermos responder, com alguma segurança, a essas questões. Faltam-nos estudos, cujo *design* satisfaça às exigências metodológicas indispensáveis e que contemple um número de variáveis essenciais, até hoje, praticamente negligenciadas.

Porém, numa coisa os autores estão, geralmente, de acordo: é que o abuso físico da criança conduz a consequências negativas para o desenvolvimento da mesma (v. g., Helfer et al., 1999; Wolfe, 1999). É, no

---

na melhor das hipóteses, não ter nenhuns efeitos, sejam eles positivos ou não" (p. 609).

entanto, objecto de controvérsia determinar o limite para além do qual termina a região do castigo físico e começa a área do abuso físico. Como quer que seja, é aquela, e não esta, que é objecto do presente debate. Mas, fazer do castigo físico sinónimo de abuso e violência (Straus, 1994b) é, no mínimo, exagerar. Por certo que a punição física pode degenerar em abuso e violência. Porém, isso não tem, necessariamente, que ser assim. Tal como o beber não tem, necessariamente, que conduzir ao alcoolismo. [12]

Também constitui objecto de algum consenso que o castigo físico conduz à obediência, no imediato (Benjet & Kazdin, 2003, p. 205). Só que o problema se coloca — como vimos — de saber se isso representa uma verdadeira vantagem, já que, por ser eficaz, tende a reforçar o adulto a aplicá-lo, repetida e rotineiramente, com o risco de perder eficácia, no futuro. Por outro lado, tende a não ser acompanhado da interiorização do comportamento, que é o que, em última análise, se pretende.

Do mesmo modo, à frequência da sua aplicação estão associadas outras consequências negativas, tais como problemas de saúde e abaixamento do nível de competências. Porém, como refere Larzelere (2000), tais consequências derivam também da aplicação de outras técnicas disciplinares, do tipo da reprimenda verbal e da subtracção de privilégios.

Estes últimos dados apontam, na verdade, para a inconsistência da posição daqueles que defendem que os castigos físicos não deveriam *nunca* ser aplicados (Elliman & Lynch, 2000; American Academy of Pediatrics, 1998; Straus, 1994b): eles não são necessários — sustentam eles — visto existir uma panóplia de outras técnicas disciplinares que, supostamente, não produzem as consequências negativas daquelas (o diálogo com a criança, a interrupção de uma actividade agradável, a subtracção de privilégios). Ora, se, como acabamos de afirmar, estas últimas são susceptíveis de produzir idênticos efeitos negativos, por que razão recomendá-las e proscrever os castigos físicos? À luz dos dados científicos disponíveis — e, repetimos, são apenas esses que interessa, aqui, discutir — não se encontra nenhuma justificação para o fazer.

---

[12] "Toda a gente estaria de acordo em que, *a partir de determinado ponto*, o castigo físico se torna, na realidade, abuso. Segundo a lógica do argumento anti-punitivista, portanto, dever-se-ia banir o uso de toda a 'linguagem' negativa, ao lidar com as crianças. Ora, como confinar a criança ao seu quarto a coloca em maior risco de claustrofobia, os pais deveriam ser proibidos por lei de exercer esta forma 'mais arriscada' de disciplina" (Rosemond, 1994, p. 215).

Castigos físicos em contexto familiar   385

Aliás, é sobejamente conhecido que a utilização dos castigos físicos é legitimada por normas culturais amplamente aceites pela grande maioria da população. Um exemplo são os Estados Unidos da América, onde as sondagens indicam (Gallup Organization, 1995) que 74% dos pais de jovens com 17 anos, ou menos, aplicam sanções físicas aos filhos. Por outro lado, uma percentagem ainda maior (94%) declara utilizar um tipo de punição corporal com crianças de 3-4 anos (Straus & Stewart, 1999). Se, como defendem os abolicionistas (v. g., Straus, 1998; Straus, 1994b), a punição física conduz a consequências tão temíveis [à agressividade, à delinquência, à depressão, à violência para com os futuros filhos e esposa(o), às ideações suicidas, à doença mental...], seria de esperar que uma boa parte da população sofresse de perturbações de comportamento. Mas tal não é, na realidade, o caso [13].

Mesmo admitindo que assim não é, Straus (1994b, p. 200 e ss.) considera o castigo físico como um factor de risco, como o fumar é um factor de risco para o cancro do pulmão: fumar não implica que todos os indivíduos venham a ser vítimas do cancro do pulmão, mas que aqueles que fumam tenham mais probabilidades de contrair a doença. A este propósito, observemos, simplesmente, que a comparação, embora atraente e apelativa, não é, a nosso ver, adequada. Com efeito, está longe de se provar que o castigo físico e o fumar podem considerar-se factores de risco, de maneira rigorosamente unívoca. É que o primeiro dificilmente pode considerar-se tal, no sentido de que existiria uma relação (correlação) bem estabelecida (não espúria) entre ele e os comportamentos apontados, ao passo que o fumar se pode dizer, com rigor científico, factor causal de risco do cancro do pulmão — não só tem uma relação demonstrada com aquele, como está amplamente averiguado que tal relação é de natureza causal (Baumrind, Larzelere & Cowan, 2002, p. 584). Nada disto — insistimos — se passa, no caso do castigo físico.

Mas há outras razões, que levam os abolicionistas a pronunciar-se contra toda a forma de castigo físico. É que consideram toda a punição corporal como sendo violência, e violência gera violência. Por outros termos, o castigo físico estaria na base da nossa cultura de violência. Ora, com observam Benjet e Kazdin, (2003, p. 216), este seria um efeito secun-

---

[13] Dever-se-ia também dizer — como Straus (1994b, p. 197) — que "quase todos os americanos são culpados de abuso" das crianças, o que, como é igualmente lícito de imaginar, a grande maioria deles rejeitaria.

dário com muito interesse em ser averiguado. Só que, até ao presente, não foi ainda investigado. Será, quando muito uma hipótese a analisar.

Neste contexto, poderia apelar-se para a experiência da Suécia que, em 1979, decretou a abolição legal de todas as formas de castigo físico. Já, atrás, nos referimos às consequências de uma tal medida, sublinhando que, afinal, não aconteceu a revolução, que certos esperariam, mas pelo contrário, a situação piorou nalguns importantes aspectos. Especulando, acerca dos factores susceptíveis de explicar este fracasso, Lyons e Larzelere (1996) apontam para a necessidade de informar os pais sobre outras alternativas disciplinares e para a função de controlo do abuso físico desempenhado pelos castigos moderados: "Os pais necessitam de técnicas novas e eficazes para substituir a punição corporal, se se quer abolir esta última. É também possível que o castigo corporal moderado desempenhe um papel importante para alguns pais na prevenção da escalada dos abusos físicos" (p. 4). De qualquer maneira, a experiência sueca parece indicar que não é pela legislação, mas pela educação, que o problema do abuso físico da criança se resolve.

Mas não é apenas pela negativa que o castigo físico moderado se apresenta como estratégia disciplinar a não rejeitar: não só outras práticas disciplinares revelam efeitos negativos semelhantes ao daquela, como também ela própria evidencia certos efeitos positivos, para além dos das outras. Deste modo, decretar a sua abolição equivaleria a reduzir o arsenal de técnicas eficazes para controlar o comportamento indesejável da criança e, talvez, privar de eficácia suplementar outras estratégias com as quais poderia associar-se.

Se houvéssemos de resumir, em poucas palavras, a nossa posição, face aos castigos físicos, com base, exclusivamente, na evidência empírica disponível, lembraríamos a grande fragilidade desta última, que tira aos abolicionistas qualquer justificação para absolutismos e dogmatismos, mas tão pouco consideraríamos satisfatoriamente fundamentados os pontos de vista dos defensores da utilização condicionada dos castigos físicos. Todavia, estes merecem-nos mais confiança, na medida em que baseiam as suas conclusões em análises de estudos seleccionados pela sua melhor qualidade científica e abordam alguns aspectos prioritários da investigação, neste domínio, tais como a comparação dos efeitos de várias técnicas disciplinares e a influência de variáveis moderadoras relevantes.

Assim, tendo em conta estas limitações, exprimimos, deste modo, a nossa posição:

Proscrição de todas as formas de abuso físico da criança;

Banimento do uso de qualquer forma de castigo físico, como técnica disciplinar sistemática, predominante e rotineira;

Aceitação do uso do castigo físico moderado (no sentido estrito do *spanking*, a que atrás se aludiu), particularmente, com crianças mais jovens, e como auxiliar e preparação para aplicar técnicas disciplinares não corporais.

BIBLIOGRAFIA

American Academy of Pediatrics (1998). Guidance for effective discipline. *Pediatrics*, *101* (4), 723-728.

Aucoin, K. J., Frick, P. J. & Bodin, S. D. (2006). Corporal punishment and adjustment. *Journal of Applied Developmental Psychology, 27*, 527-541.

Baumrind, D. (1996). A blanket injuction against disciplinary use of spanking is not warranted by the data. *Pediatrics*, *98* (4, Pt. 2), 828-831.

Baumrind, D., Larzelere, R. E. & Cowan, P. A. (2002). Ordinary physical punishment: Is it harmful? Comment on Gershoff (2002). *Psychological Bulletin*, *128* (4), 580-589.

Benjet, C. & Kazdin, A. E. (2003). Spanking children: The controversies, findings, and new directions. *Clinical Psychology Review*, *23*, 197-224.

Cohen, J. (1988). *Statistical power analysis for the behavioral sciences*. New York: Academic Press.

Day, R. D., Peterson, G. W. & McCracken, C. (1998). Predicting spanking of younger and older children by mothers and fathers. *Journal of Marriage and the Family*, *60*, 79-94.

Deater-Deckard, K., Dodge, K. A., Bates, J. E. & Pettit, G. S. (1996). Physical discipline among African American and European American mothers: Links to children's externalizing behaviors. *Developmental Psychology*, *32*, 1065-1072.

Elliman, D. & Lynch, M. A. (2000). Current topic: The physical punishment of children. *Archives of Disease in Childhood*, *83*, 196-198.

Gallup Organization (1995). *Disciplining children in America: A Gallup poll report*. Princeton: Gallup Organization.

Gershoff, E. T. (2002a). Corporal punishment by parents and associated child behaviors and experiences: A meta-analytic theoretical review. *Psychological Bulletin, 128* (4), 539-579.

Gershoff, E. T. (2002b). Corporal punishment, physical abuse, and the burden of proof: Reply to Baumrind, Larzelere, and Cowan (2002), Holden (2002), and Parke (2002). *Psychological Bulletin, 128* (4), 602-611.

Giles-Sims, J., Straus, M. A. & Sugarman, D. B. (1995). Child, maternal, and family characteristics associated with spanking. *Family Relations, 44*, 170-176.

Helfer, M. E, Kempe, R. S. & Krugman, R. D. (Eds.) (1999). *The battered child.* Chicago: University of Chicago.

Holden, G. W. (2002). Perspectives on the effects of corporal punishment: Comment on Gershoff (2002). *Psychological Bulletin, 128* (4), 590-595.

Jornal *Le Monde*, de 11/07/05.

Lansford, J. E., Deater-Deckard, K., Dodge, K. A., Bates, J. E. & Pettit, G. S. (2004). Ethnic differences in the link between physical discipline and later adolescent externalizing behaviors. *Journal of Child Psychology and Psychiatry, 45* (4), 801-812.

Larzelere, R. E. (1994). Should the use of corporal punishment by parents be considered child abuse? In M. A. Mason & E. Gambril (Eds.), *Debating children's lives: Current controversies on children and adolescents* (pp. 204-209). Thousand Oaks: Sage.

Larzelere, R. E. (1996). A review of the outcomes of parental use of nonabusive or customary physical punishment. *Pediatrics, 98* (4, Pt 2), 824-828.

Larzelere, R. E. (1999). Larzelere/Straus debate. http://people.biola.edu/faculty/ /paulp. Consultado, em 12/06/06.

Larzelere, R. E. (2000). Child outcomes of nonabusive and customary physical punishment by parents: An updated literature review. *Clinical Child and Family Psychology Review, 3* (4), 199-221.

Larzelere, R. E. (2002). Corporal punishment of children. Http://people.biola.-edu/faculty/paulp. Consulta efectuada, em 12/06/06.

Loeber, R., Drinkwater, M., Yin, Y., Anderson, S. J., Schmidt, L. C. & Crawford, A. (2000). Stability of family interaction from ages 6 to 18. *Journal of Abnormal Child Psychology, 28*, 353-369.

Lyons, J. S. & Larzelere, R. E. (1996). Where is evidence that non-abusive punishment increases aggression? http://people.biola.edu/faculty/paulp/ /sweden.html. Consultado, 12/06/06.

Lyons, J. S., Anderson, R. L. & Larson, D. B. (1993). *The use and effects of physical punishment in the home: A systematic review.* Trabalho apresentado no Encontro da American Academy of Pediatrics, Washington, National Center on Child Abuse and Neglect.

Marrou, H.-I. (1948). *Histoire de l'éducation dans l'Antiquité* (Tome I: Le monde grec; Tome II: Le monde romain). Paris: Éditions du Seuil.

McCord, J. (Ed.). *Coercion and punishment in long-term perspectives.* Cambridge: Cambridge University Press.

Niolon, R. (2004). Corporal punishment in children – What does it accomplish? http://www.psychpage.com/family/library/disc.html. Consultado, em 19/02/06.

Pinheiro, P. S. (2006). "Não é possível acreditar que bater educa". Jornal *Público,* de 13/10/06.

Rawson, B. (2003). *Children and childhood in roman Italy.* New York: Oxford University Press.

Rosemond, J. K. (1994). Should the use of corporal punishment by parents be considered child abuse? In M. A. Mason & E. Gambril (Eds.), *Debating children's lives: Current controversies on children and adolescents* (pp. 210-216). Thousand Oaks: Sage.

Simoncelli, M. (1962). Lineamenti di Storia della Pedagogia. In P. Braido, M. Simoncelli, P. Gianola, G. Lutte, R. Titone & V. Sinistrero (Eds.), *Educare: Sommario di Scienze Pedagogique* (Vol. I., pp. 23-144). Zürich, PAS-VERLAG.

Straus, M. A. (1994a). *Beating the devil out of them: Corporal punishment in American families.* New York: Lexington Books.

Straus, M. A. (1994b). Should the use of corporal punishment by parents be considered child abuse? In M. A. Mason & E. Gambril (Eds.), *Debating children's lives: Current controrversies on children and adolescents* (pp. 197-209). Thousand Oaks: Sage.

Straus, M. A. (1998). Corporal punishment of chidren and adult depression and suicidal ideation. In J. McCord (Ed.), *Coercion and punishment in long--term perspectives* (pp. 59-77). Cambridge: Cambridge University Press.

Straus, M. A. & Mouradian, V. E. (1998). Impulsive corporal punishment by mothers and antisocial behavior and impulsiveness of children. *Behavioral Sciences and Law, 16,* 353-374.

Straus, M. A. & Stewart, J. H. (1999). Corporal punishment by American parents: National data on prevalence, chronicity, severity, and duration, in relation to child and family characteristics. *Clinical Child and Family Psychology Review, 2,* 55-70.

Straus, M. A., Sugarman, D. B. & Giles-Sims (1997). Spanking by parents and subsequent antisocial behavior of children. *Archives of Pediatric and Adolescent Medicine, 151,* 761-767.

Tang, C. S. (2006). Corporal punishment and physical maltreatment against children: A community study on Chinese parents in Hong Kong. *Child Abuse and Neglect*, *30*, 893-907.

TSF, noticiário de 8/06/06.

Vasta, R. (1990). Child abuse. In R. M. Thomas (Ed.), *The encyclopedia of human development and education: Theory, research, and studies* (pp. 471-474). Oxford: Pergamon.

Vaus, D. (2001). *Research design in social research*. London: Sage Publications.

Whiting, B. (1975). The problem of the packaged variable. In K. F. Riegel & J. G. Meacham (Eds.), *The developing individual in a changing world: Historical and cultural issues* (Vol. I, pp. 303-309). The Hague: Mouton.

Wolfe, D. A. (1999). *Child abuse*. Newbay Park: Sage.

Trabalho efectuado no âmbito do subprojecto n.º 3 "Desenvolvimento Humano e Comportamento de Risco" do Centro de Psicopedagogia da Universidade de Coimbra (FEDER/POCI2010-SFA-160-490).

15

Educação pré-escolar e promoção do bem-estar na infância e idade adulta — Novos desafios para velhas questões?

Maria Filomena Fonseca Gaspar

EDUCAÇÃO PRÉ-ESCOLAR E PREVENÇÃO DE TRAJECTÓRIAS DE DESENVOLVIMENTO DESADAPTATIVAS

Os dados de investigação recente indicam que existe um fenómeno de escalada no desenvolvimento dos problemas de comportamento e emocionais e, simultaneamente, que estes ocorrem em idades cada vez mais precoces. Embora apareçam discrepâncias entre os dados no que se refere à percentagem real desses problemas, em amostras comunitárias de crianças em idade pré-escolar, resultados de estudos de observação indicam que entre 3 e 6% apresentam perturbações comportamentais e emocionais, e que entre 16 e 30% colocam problemas aos educadores de infância (Raver & Knitzer, 2002). Se considerarmos amostras comunitárias de crianças de níveis socioeconómicos baixos, a prevalência dos problemas de comportamento pode atingir os 30% (Qi & Kaiser, 2003). Muitas dessas crianças são excluídas de instituições de educação pré-escolar, seja esta exclusão feita de forma directa (*v. g.*, através da expulsão) ou indirecta, nomeadamente deixando os pais como únicos culpados e, também por isso, responsáveis. Outras investigações empíricas mostram que esses problemas precoces ou são ignorados ou nem sequer são identificados (Knitzer, 2000). E no entanto os custos que eles representam para a sociedade são cada vez maiores, incluindo o custo económico. Um estudo recente realizado no Reino Unido mostrou que adultos de 28 anos que foram crianças anti-sociais custaram à sociedade dez vezes mais que aqueles que não tiveram esses problemas na infância (Scott, 2003; Scott & Sylva, 2003).

Os indicadores escolares são também dados em que nos devemos deter. Em Portugal mais de 15% dos alunos não terminam o 9° ano de escolaridade e 60% não terminam o 12° ano (cf. www.mctes.pt). O número médio de anos de escolaridade da população portuguesa activa está entre os mais baixos da OCDE, próximo de países como a Turquia e o México, e as taxas de abandono e de insucesso escolar estão entre as mais altas da OCDE e da Europa (Guichard & Larre, 2006). Quanto nos detemos na qualidade, e não apenas na quantidade, 30% dos alunos portugueses de 15 anos obtiveram, como mostram os dados de PISA, resultados a matemática iguais ou inferiores ao nível mais baixo possível de obter (nível 1) e 22% na leitura, com apenas 5.2% a atingirem os níveis mais altos (níveis 5 e 6) a matemática e 3.8% a leitura (OECD, 2004). Dos alunos de 15 anos avaliados em 2003, 62.8% tinha mães que não terminaram elas próprias o ensino secundário (contrariamente à média de 25.7% na OCDE). A retenção escolar é uma variável altamente preditora da não conclusão do ensino secundário, ao mesmo tempo que a obtenção deste grau de ensino é um percursor do bem-estar económico e de um nível de saúde elevado na idade adulta (Anderson et al., 2003).

Quando nos centramos em outros indicadores de natureza social (OECD, 2005) verificamos que 79% das mães com crianças com idade pré-escolar (3 aos 6 anos) estão empregadas, descendo esse valor para 70.8% quando consideramos crianças com menos de 3 anos. Aproximadamente 90% das crianças dos 0 aos 3 anos não se encontram em creches. A partir dos 3 anos, 60% das crianças frequentam jardins de infância, subindo essa percentagem para próximo dos 90% para o grupo dos 5-6 anos (a média da taxa de cobertura dos 3 aos 6 anos é de 76.3%). Estes valores socialmente dramáticos compreendem-se talvez mais facilmente se pensarmos que há 25 anos atrás dois terços das crianças tinham uma mãe ou pai que permanecia em casa, cuidando delas, enquanto actualmente esses mesmos dois terços não têm, ao mesmo tempo que a grande dependência dos bebés e crianças humanos de um adulto cuidador não se modificou (Waldfogel, 2006).

Educação pré-escolar e promoção do bem-estar na infância e idade adulta   393

A percentagem de crianças que vive em condições de pobreza em Portugal é de 15.6% (OECD, 2006). Se notarmos que uma taxa de 16% é considerada uma taxa das mais elevadas do mundo ocidental, facilmente percebemos que entre os objectivos dos programas de educação pré-escolar esteja prevenir ou amortecer as consequências físicas, cognitivas e emocionais da pobreza no desenvolvimento da criança (Anderson et al., 2003). A prontidão para as aprendizagens escolares, essencialmente entre crianças que vivem em condições de pobreza, pode ajudar a prevenir a "catadupa de consequências" do insucesso escolar precoce e de problemas de comportamento em contexto escolar, especificamente: abandono escolar, delinquência, desemprego, doença psicológica e física nos jovens adultos (*ibidem*). A saúde é um direito que desigualdades económicas e de educação impedem ou dificultam, e o acesso a uma educação pré-escolar de qualidade é um dos factores que medeia a saúde individual e comunitária.

Neste cenário, qual a urgência de desenvolvermos e avaliarmos estratégias sócio-educativas que promovam o bem-estar das crianças nas instituições de cuidados e educação formais antes da idade escolar? Quais são essas estratégias? Qual o momento do desenvolvimento em que o devemos fazer? Que crianças temos de obrigatoriamente envolver, numa perspectiva de prevenção das desordens emocionais, comportamentais e cognitivas que afectam a relação de uma criança com a sua família e com os outros, impedem o seu progresso escolar e estão associadas a uma grande variedade de problemas na idade adulta, desde problemas de integração social, a problemas de saúde física e psíquica, que com grande probabilidade passarão para as gerações seguintes?

As trajectórias de desenvolvimento assumem a forma de um modelo em cadeia complexo, em que factores de risco, da criança, da família e dos contextos interagem reciprocamente, de uma forma cumulativa e dinâmica, num processo em que a existência de um aumenta a probabilidade de influência de outro factor de risco, ou reduz a probabilidade da implicação de um factor amortecedor, começando este processo muitas vezes já antes da idade pré-escolar (Buchanan, 2000).

Raver e Knitzer (2002) advogam que a primeira linha de defesa na promoção da prontidão escolar em todos os domínios do desenvolvimento (incluindo o social, o emocional, o cognitivo e o físico) é assegurarmos que todas as crianças, cujos pais assim solicitem, tenham acesso a uma educação de infância marcada pela qualidade nos cuidados e nas experiências de aprendizagem, promovidas por educadores sensíveis e numa atmosfera estimulante e marcada pela previsibilidade.

Na Figura 1 encontramos uma sistematização de um modelo conceptual que enquadra a centralidade de programas de intervenção/educação pré-escolar de qualidade na promoção da prontidão para as aprendizagens e prevenção de atrasos desenvolvimentais. Este modelo foi construído por Anderson et al. (2003), membros da *Task Force on Community Preventive Services*, uma organização não governamental (ONG), responsável por desenvolver o *Guide to Community Preventive Services*, com o apoio do *U. S. Department of Health and Human Services*, em colaboração com parceiros públicos e privados. Na opinião destes autores, e com base numa meta-análise de intervenções experimentais ou quase-experimentais em educação pré-escolar (3 aos 5 anos), a frequência de um programa de educação pré-escolar de qualidade exerce a sua influência nas trajectórias de desenvolvimento através do aumento do desenvolvimento cognitivo e intelectual na infância, melhorando a prontidão para as aprendizagens, a que se vem juntar o acréscimo da competência social e das aptidões de interacção social o que, combinado com os resultados escolares positivos, ajuda a reduzir comportamentos de risco sociais e de saúde (física e mental). Também, à medida que cresce o nível de escolaridade, aumentam os rendimentos económicos e, em consequência, regista-se um incremento do nível de saúde e uma redução da mortalidade.

Onde procurar fundamentos e orientações para desenvolvermos políticas e programas de qualidade?

Sem dúvida os estudos longitudinais neste domínio são a ferramenta mais válida de que dispomos para nos esclarecer e orientar na elaboração de políticas educativas e sociais, para a infância, eficazes e baseadas em evidência. E de facto, nas últimas décadas, têm-se registado importantes progressos nessa área. Seleccionámos, para descrever os principais resultados e implicações, três dos maiores e mais relevantes desses estudos. O primeiro, nos EUA, em que é avaliada a frequência de educação pré--escolar quando comparada à não frequência. O segundo, também nos EUA, que se centra na comparação dos efeitos de diferentes programas. E, por fim, o terceiro, o maior estudo longitudinal realizado na Europa para responder à questão não apenas de qual o impacto da frequência de uma educação pré-escolar de qualidade, mas também de quais os elementos nodais dessa mesma qualidade.

Figura 1. Modelo conceptual de avaliação da eficácia de programas de promoção da prontidão das crianças para aprenderem e de prevenção de atrasos de desenvolvimento (Anderson et al., 2003, p. 36)

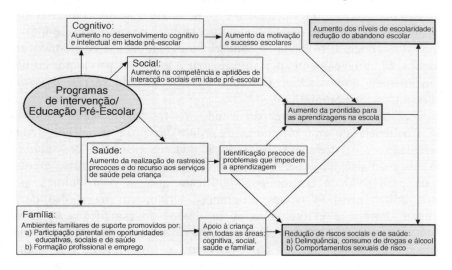

O HIGH/SCOPE PERRY PRESCHOOL STUDY

O *High/Scope Perry Preschool Study* (Schweinhart, Barnes & Weikart, 1993; Schweinhart et al., 2005) teve início na década de 60. Um dos objectivos deste estudo foi avaliar se a frequência de um programa de educação pré-escolar de qualidade, por crianças em situação de desvantagem económica e sociocultural, faz alguma diferença ou se, pelo contrário, não tem efeitos positivos, quando comparada com a não frequência. O estudo envolveu 123 crianças afro-americanas, com 3 e 4 anos de idade, avaliadas como um grupo de grande risco de insucesso escolar e que viviam em condições de pobreza. Dessa amostra, foram seleccionadas aleatoriamente 58 para frequentarem um programa, com um currículo *High/Scope,* e as restantes não frequentaram qualquer programa. Os educadores tinham formação universitária ou equivalente e visitavam as famílias em casa, discutindo com elas aspectos relacionados com o desenvolvimento das crianças. O programa teve uma duração de 30 semanas. Foram efectuados *follow-ups* entre os 3 e os 11 anos, assim como aos 10 anos, aos 14, 15 e 19 anos e também na idade adulta, especificamente aos 27 anos e, ultimamente, aos 40 anos.

Os resultados obtidos, incluindo os dados do estudo de seguimento aos 27 anos, permitiram concluir que a frequência de um programa de educação pré-escolar de qualidade, nomeadamente do currículo *High/Scope*, aumentou inicialmente o desenvolvimento cognitivo das crianças e, mais tarde, os resultados escolares, a percentagem de indivíduos que concluiu o ensino secundário e o rendimento económico em adultos. Simultaneamente, permitiu reduzir o tempo de prisão por crimes para metade, comparado com o que teria acontecido se não tivessem frequentado esse programa.

Na opinião dos autores do estudo, os resultados obtidos através da frequência de um programa de educação pré-escolar de grande qualidade, especificamente a redução da necessidade de serviços sociais e do sistema judicial, assim como o aumento do sucesso escolar e da produtividade económica, significam que os contribuintes, por cada dólar investido nesses programas, teriam um reembolso de 7 dólares. Porém, e já incluindo os resultados do estudo aos 40 anos, este valor tem uma subida extraordinária para 17 dólares. Desta forma, para o cidadão comum que paga impostos, o investimento feito numa educação pré-escolar de qualidade é muito inferior ao que pagaria mais tarde em assistência, ou reeducação, social a esses mesmos indivíduos se eles não tivessem frequentado esses programas, o que demonstra que apostar numa educação pré-escolar de "qualidade" como factor de prevenção é não só positivo para as crianças de classes desfavorecidas, suas famílias e comunidade, como é também uma medida financeira rentável.

Os resultados obtidos no *follow-up* aos 40 anos, e publicados em 2005, mostram ainda que a maioria dos adultos que frequentaram o programa (65% *versus* 45% que não frequentou) terminaram o ensino secundário, com vantagem para as mulheres (84% *versus* 32%); menos mulheres do grupo de intervenção recorreram a serviços de saúde mental (8% *versus* 36%) ou tiveram reprovações na escola (21% *versus* 41%); a maioria dos sujeitos estavam empregados (76% *versus* 62%), tinham uma média de salários anual superior (20.800 *versus* 15.300 dólares), investiram em produtos de poupança (76% *versus* 50%) e tinham casa própria. No que se refere à prevenção do crime, o grupo de intervenção teve menos prisões que o grupo que não a recebeu (36% *versus* 55% presos 5 ou mais vezes), cometeu menos crimes violentos (32% *versus* 48%), crimes contra a propriedade (36% *versus* 58%) ou ligados ao consumo de substâncias ilícitas (14% *versus* 34%).

Educação pré-escolar e promoção do bem-estar na infância e idade adulta   397

Foi face aos resultados iniciais, de aumento do quociente intelectual (QI) e do desempenho escolar, observados logo nos primeiros 5 anos do estudo, que os autores se confrontaram, nessa altura, com a seguinte questão: os resultados positivos obtidos no desenvolvimento cognitivo e desempenho escolar de crianças em situação de desvantagem, que frequentam um programa pré-escolar de qualidade, são atingidos independentemente do modelo curricular adoptado ou, pelo contrário, diferentes modelos têm diferentes consequências? Esta questão conduziu ao estudo longitudinal que passamos a descrever.

O *HIGH/SCOPE PRESCHOOL CURRICULUM COMPARISON STUDY* [1]

O objectivo do *High/Scope Preschool Curriculum Comparison Study* foi comparar os efeitos da frequência de três modelos curriculares, especificamente, o *Direct Instruction* (DI), o *Nursery School* (NS) e o *High/Scope* (HS), por crianças em situação de desvantagem económica, sociocultural e cognitiva.

Estes três modelos [2] diferenciam-se nas perspectivas teóricas que os fundamentam, no que se refere à aprendizagem e desenvolvimento das crianças, representando três perspectivas distintas do que a educação pré--escolar deve ser.

O *Direct Instruction,* denominado inicialmente de *Language Training Curriculum,* é um modelo em que os educadores iniciam as actividades e as crianças respondem, com objectivos essencialmente no domínio escolar. Foi desenvolvido por Bereiter e Engelmann, na década de 60, e representa a aplicação dos princípios da teoria behaviorista à educação pré-escolar. Os conteúdos, nos domínios da leitura, matemática e linguagem, baseiam-se em testes de inteligência e escolares. É um modelo centrado no educador e, por isso, mais adaptado ao ensino básico que à educação pré-escolar mais comum.

---

[1] Para a elaboração deste ponto baseámo-nos essencialmente na monografia de L. Schweinhart e D. Weikart (1997) intitulada *"Lasting differences: The High/Scope preschool curriculum comparison study through age 23",* na qual os autores descrevem o estudo desde o início e os resultados obtidos nos diferentes momentos de seguimento realizados até aos 23 anos.

[2] Cf. Gaspar, 2004, para uma descrição e classificação de diferentes modelos curriculares em educação pré-escolar.

O *Nursery School* é um modelo do tipo centrado na criança. Todas as actividades e discussões desenrolam-se em torno de um tema, existindo muito pouca estrutura e sendo as crianças livres de escolher as actividades e interagir com os pares e os adultos. A tónica é colocada no desenvolvimento das aptidões sociais e não nas intelectuais, contrariamente ao modelo anterior.

O currículo de orientação cognitivista *High/Scope* foi iniciado por Weikart e colaboradores na década de 60, em Ypsilanti, Michigan, através do *Ypsilanti Perry Pre-School Project*, no contexto do Movimento da Educação Compensatória dos anos 60, e conheceu ao longo dos anos uma grande evolução. Organiza-se em torno de duas teorias: uma que se centra na aprendizagem activa, através da exploração do meio pela criança, e a qual reflecte a influência piagetiana; outra que se foca no diálogo adulto-criança, durante o ciclo de planeamento-trabalho-revisão (*Plan, Do, Review Cycle*), e a qual por sua vez reflecte a influência vygotskiana (Nabuco & Sylva, 1997). As actividades, desenvolvimentalmente adequadas, são iniciadas pelo educador e pelas crianças. Estas são concebidas pelos educadores como aprendizes activos, no contexto do construtivismo piagetiano, sendo as salas de aula arranjadas com áreas de actividades bem equipadas. As "experiências-chave" situam-se em diferentes domínios do desenvolvimento da criança: iniciativa e relações sociais; representação criativa; música; movimento; literacia e linguagem; classificação; seriação; número; espaço; tempo.

O estudo foi iniciado em 1967 por David P. Weikart e colaboradores, em Ypsilanti, Michigan. Sessenta e oito crianças que completaram 3 anos em 1967, 1968 ou 1969, que viviam em situação de pobreza e com baixos resultados na Escala de Inteligência de Stanford-Binet (QI entre 60 e 90), sendo por isso classificadas em risco de insucesso escolar, foram distribuídas aleatoriamente por três grupos, cada um dos quais utilizou um dos modelos curriculares em estudo. As crianças frequentaram os programas durante 1 ou 2 anos, dependendo da idade de entrada ser, respectivamente, 3 ou 4 anos.

A implementação dos diferentes modelos curriculares foi controlada de modo a garantir o máximo de qualidade, procurando fazer com que a única diferença entre os três grupos fosse o tipo de currículo utilizado. Com esse objectivo, nos três grupos os educadores implementavam as actividades com as crianças durante 2 horas e meia, cinco dias por semana, ao mesmo tempo que, de duas em duas semana, efectuavam uma visita aos pais das crianças e às crianças, em casa, durante 1 hora e meia.

Educação pré-escolar e promoção do bem-estar na infância e idade adulta   399

Durante essas visitas os pais eram encorajados a usarem o mesmo modelo curricular, em casa com as crianças, que o educador utilizava. Deste modo, no HS as mães eram encorajadas a envolver-se em actividades de desenvolvimento do pensamento lógico com as crianças, no DI a ensinarem o reconhecimento de letras e aritmética simples e no NS a ênfase era colocada no desenvolvimento sócio-emocional, participando as mães em diferentes actividades. O rácio educador/crianças (2 educadores para até 16 crianças), os recursos físicos, entre outros factores (planeamento e avaliações diárias, treino e supervisão dos educadores, salários e condições de trabalho dos educadores), foram também o mais semelhantes possível. De acordo com os autores do estudo, todos os educadores se encontravam altamente motivados para provar a eficácia do seu modelo.

Entre os 3 anos e os 8 anos de idade das crianças, foram realizados *follow-ups* anualmente, e de novo aos 10 anos (1974-1976), aos 15 anos (1979-1981) e aos 23 anos (1987-1989). Nestas avaliações foram usados vários testes de inteligência, de linguagem, de literacia e de desempenho escolar. Aos 15 e 23 anos os sujeitos do estudo foram entrevistados (aos 23 anos foram entrevistados 52 sujeitos da amostra inicial). Aos 23 anos, e depois de obtida autorização de cada sujeito, foram ainda analisados os registos escolares, policiais e dos serviços sociais.

Até as crianças completarem 10 anos de idade, o resultado mais evidente destes estudos de seguimento foi a existência de um aumento médio do QI nos três grupos, independentemente do modelo curricular, depois do primeiro ano de frequência do programa de educação pré-escolar. De acordo com os resultados descritos pelos autores, no início do estudo a amostra total tinha um QI médio de 78 pontos, avaliado pela escala de inteligência Stanford-Binet, aumentando esse valor médio para 105 pontos no fim do 1.º ano de frequência do programa, ou seja, 26 pontos a mais. Nenhum dos grupos se diferenciou significativamente entre si. Só no fim da frequência do programa, ou seja, no 2.º ano de educação pré-escolar, quando as crianças tinham 5 anos, é que se verificou a existência de uma diferença estatisticamente significativa entre o DI e o NS, a favor do primeiro. Por outras palavras, estes resultados iniciais apontavam para uma vantagem, no desenvolvimento do QI, da frequência de um currículo de tipo "escolar", comparado a um mais centrado nos interesses da criança. Porém, nos anos seguintes essa diferença significativa deixou de se observar. Quanto ao aumento médio surpreendente observado em todos os grupos no fim da educação pré-escolar, verificou-se depois uma ligeira diminuição até aos 6 anos, mantendo-se em seguida quase estável até aos 10 anos, altura em que o QI médio da amostra total era de 95 pontos, ou seja, 17 pontos superior à linha de base. Este resultado contradiz a conclusão da maioria de outros estudos longitudinais efectuados, de acordo com a qual os efeitos positivos da educação pré-escolar no QI se perderiam com o tempo [3].

No que se refere aos resultados num outro conjunto de testes (vocabulário, escolares, linguagem) não se encontraram diferenças estatisticamente significativas entre os resultados obtidos pelos três grupos até aos 10 anos de idade.

Perante os resultados até aqui descritos, os autores concluíram que diferentes currículos de educação pré-escolar têm o mesmo efeito positivo nos resultados escolares e cognitivos das crianças que os frequentam, não se diferenciando significativamente entre si, desde que obedeçam a critérios de qualidade como os considerados no estudo. Porém, e como mostraremos já em seguida, esta posição teve de ser alterada face aos resultados encontrados nos estudos de seguimento posteriores.

Aos 15 anos foi de facto realizado um outro *follow-up*, o qual além de incluir medidas de desempenho cognitivo e escolar, tal como os anteriores, avaliou o comportamento comunitário, através de informações fornecidas pelos próprios sujeitos. Como indicaram os dados obtidos, o grupo que frequentou o DI auto-relatou significativamente mais actos de comportamento anti-social que o HS, especificamente duas vezes e meia mais; evidenciou significativamente menos conhecimentos no domínio ocupacional que o HS; tinha significativamente menos membros que foram indicados para um trabalhos dentro da escola que os do grupo do NS. Adicionalmente, significativamente menos sujeitos do DI tinham uma reputação positiva na família, quando comparados com os dos outros dois grupos, e também se encontravam significativamente menos envolvidos em desportos que os membros do NS e do HS.

De acordo com os resultados do *follow-up* realizado aos 23 anos, os sujeitos que na educação pré-escolar frequentaram o currículo HS e/ou o

---

[3] No *High/Scope Perry Preschool*, aproximadamente 10 anos depois de ter terminado a intervenção existiu uma aproximação do QI médio do grupo que frequentou a educação pré-escolar e do grupo de controlo, depois de um ganho inicial estatisticamente significativo do primeiro (Schweinhart, Barnes & Weikart, 1993). Em outros estudos longitudinais aconteceu este mesmo fenómeno de aproximação.

Educação pré-escolar e promoção do bem-estar na infância e idade adulta 401

currículo NS obtiveram resultados significativamente "melhores" que os que frequentaram o currículo DI, em 17 variáveis. Mais concretamente verificou-se que os indivíduos do HS e/ou do NS desenvolveram-se de um modo mais favorável que os do DI nos seguintes domínios:

- prisões por crimes de vários tipos;
- detenções por crimes à propriedade;
- participação em assaltos com armas;
- frequência de programas de educação especial por problemas emocionais ou delinquência;
- trabalho de voluntariado na comunidade;
- identificação de membros na comunidade que lhes deram problemas ("gave them a hard time") ou que os irritavam;
- expectativa de atingir níveis de escolaridade significativamente mais altos;
- casamento e vida em casal;
- suspensões no trabalho;
- mobilidade geográfica;
- terem votado nas eleições presidenciais anteriores;
- voltarem à escola, depois de a terem abandonado.

Por sua vez, quando se procedeu à comparação dos resultados obtidos pelos membros do HS e do NS, entre si, não se encontrou um padrão de diferenças como o encontrado na comparação destes dois grupos com os do DI. Algumas das diferenças encontradas foram já indicadas. A principal vantagem estatisticamente significativa do HS sobre o NS foi na média de comportamentos desviantes cometidos até aos 23 anos. Por sua vez, a principal vantagem estatisticamente significativa do NS sobre o HS foi no menor número de anos de educação compensatória recebida e na média anual de salários aos 23 anos. No total, e considerando os três grupos, os autores encontraram diferenças estatisticamente significativas em 20 variáveis, não tendo nunca acontecido uma vantagem do DI relativamente a qualquer um dos outros currículos.

Embora os resultados encontrados nas avaliações efectuadas até aos 10 anos de idade tenham conduzido os autores à afirmação inicial de que os diferentes modelos curriculares não originaram resultados significativamente diferentes entre si, os resultados encontrados a longo-prazo, e acabados de descrever, permitiram-lhes concluir que o modelo DI, quando comparado com os modelos HS e NS, apresentou várias desvantagens significativas, as quais se reflectiram em mais dificulda-des de adaptação dos sujeitos à vida em geral na idade adulta. Entre essas desvantagens contam-se as seguintes: maior número de detenções e prisões; mais dificuldades em inserirem-se na comunidade, quer por terem tido mais necessidade de apoio por problemas emocionais, quer por participarem menos em trabalho voluntário e identificarem mais pessoas na comunidade como fonte de irritação; nenhum estar casado ou a viver com os parceiros; terem planos educacionais menos ambiciosos; receberem mais suspensões do trabalho; terem menor mobilidade geográfica; terem concluído menos frequentemente o ensino secundário.

Surge então a questão "Como é que um currículo de educação pré--escolar pode prevenir o crime e o comportamento anti-social?".

Face a esta questão os autores do estudo procuraram eles próprios elaborar uma teoria explicativa, baseada na análise dos objectivos dos três modelos curriculares (cf. Schweinhart & Weikart, 1997, 12-13). Esta teoria foi construída em torno de duas dimensões, sendo uma o raciocínio e acção sociomorais, e a outra a competência para planear. Estas duas dimensões seriam os mediadores entre os modelos curriculares e os efeitos a longo-prazo. Porém, e uma vez que os autores não avaliaram nenhuma destas dimensões, esta teoria não passa de uma hipótese explicativa, baseada na análise das características dos modelos curricula-res, características essas que funcionariam como precursores das diferen-ças a longo prazo no comportamento anti-social e no crime.

No que se refere à primeira dimensão, e partindo das análises de DeVries e colaboradores das experiências das crianças em currículos do tipo construtivista, e no qual o modelo HS se enquadra, os autores avançaram com a explicação de que este tipo de currículos, nos quais os educadores usam estratégias de negociação recíprocas e de colaboração e trocam mais experiências com as crianças que em outros tipos de currí-culos, ao permitirem "lições" sobre as relações humanas, criam o con-texto para a construção de hábitos interpessoais, personalidade e carácter. Estas competências possibilitam às crianças desenvolverem uma acção e raciocínio sociomorais mais avançados que aquelas crianças que expe-rienciam currículos unilaterais, não recíprocos. Estas diferenças na idade pré-escolar estariam relacionadas com os problemas de comportamento e actuariam como factores de risco do comportamento anti-social e do crime na idade adulta.

Relativamente à habilidade de construir, testar e rever planos, os autores afirmam que no currículo HS e, apesar de com menor intensidade, no NS, os adultos encorajam as crianças a seleccionar e a planear as suas próprias actividades, e a tomarem decisões em função da sua idade e experiência. Estes hábitos conduziriam a um comportamento mais disciplinado na infância e também mais tarde, na idade adulta.

Partindo da análise das características teóricas dos três tipos de currículo, identificaram também como características "negativas" do DI os seguintes aspectos: o educador ser um transmissor de conhecimentos que espera que a criança siga instruções que lhe são dadas sem as questionar; o educador utilizar manuais de ensino/aprendizagem em que são especificados os objectivos a atingir com cada uma das actividades, assim como os exercícios que as crianças têm de realizar para os atingir. Por sua vez, entre as características "positivas" do HS e do NS identificam: o educador derivar os objectivos da observação e análise do desenvolvimento da criança, e não das matérias a serem transmitidas; o educador construir contextos de aprendizagem nos quais as crianças planeiam e executam as suas próprias actividades de aprendizagem.

Observações conduzidas nas salas de actividade das crianças, durante o estudo, confirmaram as diferenças curriculares identificadas, tendo as crianças do DI passado 72% do seu tempo envolvidas em actividades definidas pelo educador, enquanto esse valor foi de 48% no HS e 56% no NS. Quando essas actividades eram definidas pela criança, esses valores foram, respectivamente, iguais a 2%, 27% e 21%.

A apoiar esta teoria explicativa estariam ainda, na opinião dos autores, algumas diferenças encontradas nas avaliações que os professores nos primeiros anos do ensino básico realizaram. Entre essas diferenças encontram-se as que indicam que as crianças do HS foram avaliadas como mais cooperantes que as do DI, no 1.º ano, apesar de a diferença não ter tido significância estatística, e as do NS terem no 2.º ano sido avaliadas como significativamente mais independentes que as do DI, tendo ficado as do HS numa posição intermédia. Não foram encontradas diferenças entre os três grupos na sociabilidade.

Os autores referem ainda, como apoio à hipótese explicativa que elaboraram, que alguns estudos mostram a relação entre a capacidade de auto-regulação e o sucesso escolar, assim como a característica de muitos programas de tipo "correccional" se centrarem na auto-análise e raciocínio críticos dos participantes sobre o seu próprio comportamento.

De acordo com esta hipótese explicativa, as características descritas do modelo DI conduziriam as crianças que frequentam programas deste tipo a acreditarem que têm pouco controlo sobre as suas vidas, levando--as, em adultos, a respeitar menos a propriedade dos outros, de onde o maior número de crimes deste tipo encontrado neste grupo. Nunca aprenderiam a lição, importante para crianças que vivem em situação de pobreza, de que são as responsáveis pela sua vida e não os outros. Não desenvolveriam aptidões sociais e de tomada de decisão vitais, que as conduziriam a assumir a responsabilidade pelas suas próprias vidas à medida que se movessem da dependência da infância para a independência da idade adulta. A vantagem inicial obtida no fim da educação pré--escolar em termos cognitivos [4] não teria assim qualquer efeito a longo--prazo, não se observando nesses adultos qualquer das vantagens a longo--prazo associadas a programas pré-escolares de qualidade.

Podemos ainda colocar a questão, tal como fizeram os autores, se a frequência de um programa pré-escolar com as características do DI é "perigosa", no sentido em que aumenta o número de prisões? A resposta é não. Não há um aumento, como mostra a comparação dos resultados

---

[4] Como referimos, no fim da frequência da educação pré-escolar existiu um aumento estatisticamente significativo do QI em todos os grupos. Este aumento, e contrariamente ao observado em outros estudos longitudinais, não se perdeu totalmente com o tempo. Porém, e de acordo com os resultados obtidos, não foi este aumento o responsável pelas diferenças encontradas a longo-prazo, contrariando a posição teórica assumida por alguns autores de que este aumento cognitivo inicial conduziria, por sua vez, a mais sucesso escolar, o qual, por sua vez, conduziria a mais sucesso na vida em geral. De facto, a maioria dos estudos longitudinais efectuados com crianças em desvantagem socio-económica, incluindo os do *Consortium for Longitudinal Studies*, mostram-nos a existência de efeitos cognitivos e escolares a curto-prazo, ligada a um aumento nos testes de QI, que durava 2 a 4 anos, e a resultados académicos mais elevados na aritmética e leitura durante a maior parte da escola primária. Esta vantagem inicial foi interpretada, por alguns autores, como podendo estar na origem da interacção, pós-programa, de um conjunto de factores que fariam com que as crianças que participaram nos programas tenham tido também mais probabilidades de não abandonarem o ensino secundário, de não reprovarem e de não terem o apoio do ensino especial, de terem expectativas e aspirações ocupacionais mais elevadas, assim como de na adultez estarem empregadas, terem terminado o ensino secundário, terem ido para a universidade, terem evitado detenções e prisões e terem um comportamento social responsável (Walberg & Reynolds, 1997).

Educação pré-escolar e promoção do bem-estar na infância e idade adulta   405

obtidos com os de crianças com as mesmas características e que nunca frequentaram qualquer programa de educação pré-escolar. Ou seja, de acordo com os dados dessa comparação, o número de prisões teria sido aproximadamente o mesmo que no caso de não terem frequentado o currículo DI. A questão coloca-se assim ao nível da "prevenção" que este modelo curricular parece não oferecer, contrariamente ao HS e ao NS.

Podemos, também, ainda colocar a questão do porquê tantas diferenças aos 23 anos, entre os três grupos, quando aos 10 e 15 anos eram bastante menos frequentes. A resposta que os autores deram não foi no sentido de interpretar essas diferenças como efeitos tardios, mas sim como a expressão de tendências ou "disposições" que se foram acentuando e que não foram medidas antes, talvez porque nem o pudessem ser. Na sua opinião, a principal conclusão a retirar dos resultados encontrados é a de que os programas de educação pré-escolar nos quais as crianças iniciam as suas próprias actividades são superiores àqueles em que o educador actua de forma directiva. Mais especificamente, os currículos HS e NS são métodos que, ao ajudarem as crianças a tomarem decisões, a resolverem problemas e a colaborarem com outros, permitem a longo prazo evitar o crime e o comportamento anti-social.

Em Portugal, Nabuco e Sylva (Nabuco, 1997; Nabuco & Sylva, 1997; Sylva & Nabuco, 1996) conduziram um estudo longitudinal de comparação curricular [5] cujos resultados parecem apoiar a conclusão de

---

[5] Nesse estudo de Nabuco e Sylva foram comparados três tipos de currículos: o High/Scope; o João de Deus; o do Movimento da Escola Moderna. Os dados foram recolhidos nos anos lectivos de 1991/92, 1992/93 e 1993/94. O estudo foi organizado em duas partes principais. Na primeira parte, foram avaliadas as diferenças entre os currículos através do estudo das vivências das crianças na sua sala de actividades, com o educador e os pares, no último ano da educação pré-escolar. Na segunda parte, foram avaliadas as diferenças no final do primeiro ano de escolaridade, em aspectos sociais e académicos, quer entre as crianças provenientes dos três currículos, quer entre essas e as de um outro grupo constituído por crianças que nunca frequentaram qualquer tipo de educação pré-escolar. Da amostra inicial faziam parte 180 crianças, pertencentes a 15 jardins de infância, cinco de cada um dos currículos referidos. Nos anos seguintes a amostra constava de 109 dessas crianças, provenientes dos três currículos, e de 107 crianças que nunca tinham tido qualquer experiência de educação pré-escolar. De acordo com os resultados descritos, e relativos à primeira parte do estudo, o Movimento da Escola Moderna encoraja actividades de expressão plástica, de

que modelos curriculares construtivistas, do tipo do HS e do NS, têm um impacto positivo no desenvolvimento global da criança, contrariamente a um currículo formal (pedagogia João de Deus), do tipo DI. De acordo com os dados obtidos, no fim do 1.º ano de escolaridade as crianças que frequentaram, durante a educação pré-escolar, o currículo HS, foram as que obtiveram resultados superiores na leitura e na escrita, mas não na matemática, enquanto que as que frequentaram um currículo João de Deus mostraram valores mais altos na ansiedade e mais baixos na aceitação social auto-percepcionada. Na opinião das autoras do estudo, estas diferenças podem ser explicadas pelo facto do currículo HS envolver as crianças em actividades culturais relacionadas com a literacia, ao mesmo tempo que oferece um equilíbrio entre actividades orientadas e de escolha livre, estando o papel do educador muito próximo do *scaffolding* (educador como colocador de andaimes) vygotskiano, no qual o educador observa o nível de desenvolvimento real da criança e tenta ir mais além, estendendo-o, sem no entanto deixar de actuar na "zona de desenvolvimento próximo" [6]. Estes resultados parecem confirmar as desvantagens de um currículo "demasiado formal, demasiado cedo" (*too formal too soon*), usando uma expressão de Sylva (1997, 91). Apesar de mais estudos serem necessários em cada país individualmente, estes e outros resultados constituem uma base importante para todos os actores envolvidos (legisladores, formadores, educadores, pais, entre outros) reflectirem quando considerarem alternativas em termos de educação pré-escolar.

---

manipulação e dá mais tempo à actividade de recordar, gastando as crianças a maior parte do tempo em actividades de escolha livre; o High/Scope encoraja mais actividades de tipo científico, tais como resolução de problemas, e actividades relacionadas a literacia, como histórias, rimas e cantigas orientadas pelo educador, e jogo simbólico e interacção informal entre os pares, sendo aquele currículo em que existe um maior equilibrio entre actividades de escolha livre e actividades orientadas pelo educador; o João de Deus dedica mais tempo à leitura, escrita e matemática e é o que permite menos escolha livre por parte das crianças.

[6] Cf. o segundo capítulo do trabalho "Projecto Mais-Pais. Factores socioculturais e interpessoais do desenvolvimento numérico de crianças em idade pré-escolar: o nome dos números e o envolvimento dos pais" (Gaspar, 2004) para uma contextualização e explicitação dos conceitos de "zona de desenvolvimento próximo" e de *scaffolding* (andaimar).

Educação pré-escolar e promoção do bem-estar na infância e idade adulta   407

Uma outra questão importante diz respeito ao conceito de "qualidade" subjacente ao *High/Scope Preschool Curriculum Comparison Study*.

No estudo descrito, a qualidade é considerada apenas numa das suas dimensões, especificamente a sua eficácia na redução do crime e na adaptação social na idade adulta e, tendo apenas em conta esta dimensão, o currículo com mais qualidade será então um do tipo construtivista, centrado na iniciativa da criança. Porém, e como nos lembra Sylva (1997), é fundamental adoptarmos uma definição multidimensional de qualidade, inclusiva, socialmente construída por todos os implicados, baseada em valores e subjectiva, contrariamente a uma perspectiva unidimensional. Nesta perspectiva multidimensional, não é o currículo que conduz aos "melhores" resultados que tem de ser necessariamente o que tem mais qualidade, pois esta é apenas uma das dimensões da qualidade, existindo outras, como por exemplo a sua aceitabilidade, que são também importantes e precisam de ser igualmente investigadas. Estas dimensões estariam relacionadas com a "validade social" das intervenções.

A este propósito, Morrison (1997) aconselha-nos a abandonarmos a perspectiva dualista de escolhermos "um ou outro" modelo, implicando a escolha de um a rejeição total do outro. Existem formas de educação centradas no educador que não têm a rigidez do modelo DI, sendo a posição mais madura a de procurar as características de ambos os modelos (centrado na criança e centrado no educador) que mais possam ajudar as crianças a desenvolver o seu potencial de uma forma global e total. Também Johnson refere que "A investigação centrada na comparação e avaliação de programas está desactualizada" (1993, p.331). A prioridade passou a colocar-se no "como" e no "porquê" ("*how and why*") da eficácia de diferentes programas e práticas educativas.

Seguindo uma linha de reflexão semelhante à acabada de apresentar, Sylva (1997) afirma a necessidade de, no futuro, avaliarmos ou "microprocessos" que conduzem às mudanças no desenvolvimento, nomeadamente ao desenvolvimento de "disposições" responsáveis pelos resultados a longo prazo dos currículos de educação pré-escolar, acreditando ela própria que essas disposições serão do tipo interaccionais e de que a teoria de Vygotsky, especificamente os seus conceitos de "zona de desenvolvimento próximo", mediação e *scaffolding*, nos permitirão compreender a forma como as crianças adquirem os instrumentos culturais e desenvolvem a autonomia e a responsabilidade.

Uma outra implicação deste estudo refere-se à da própria importância de envolver os pais no currículo. Uma vez que nos três modelos implicados no estudo existiu o mesmo tempo de envolvimento dos pais, através de visitas dos educadores a casa, sendo a variação apenas no conteúdo dessas visitas, a conclusão a retirar é a de que não foi o envolvimento dos pais em si mesmo que conduziu a diferenças entre os programas [7]. Como afirmam os autores (Schweinhart & Weikart, 1997), os resultados obtidos estão de acordo com a explicação de que envolver os pais é um dos maiores veículos pelos quais os currículos conduzem a efeitos a longo prazo [8]. Uma vez que os pais incluídos em cada modelo curricular aplicaram, em casa, os mesmos princípios base do modelo curricular, uma hipótese é a de que se esse envolvimento não tivesse existido talvez os efeitos positivos a longo-prazo não tivessem sido os mesmos, especificamente no que se refere à redução da taxa de criminalidade.

Esta última questão prende-se directamente com uma outra levantada pelos resultados deste estudo, e muitas vezes expressa pelos seus críticos (Washington, 1997), que é a de os resultados obtidos o terem sido em condições excepcionais que não se encontram na realidade quotidiana, quer digam respeito aos salários e condições de trabalho dos educadores, quer ao ratio educador/crianças, quer a outros factores como o ter existido envolvimento dos pais. Porém, este argumento não pode servir de motivo para não procurarmos que todas as crianças tenham acesso a currículos de "qualidade" no maior número de factores possível, tendo alguns destes factores sido já identificados em estudos como o descrito.

Outra questão, formulada por Morrison (1997, 83), é a da própria necessidade de educar os pais e o público em geral sobre o conteúdo e os resultados das "melhores" práticas curriculares. Especificamente, esta educação serviria para desconstruir crenças de que as melhores práticas

---

[7] Para uma análise da temática do envolvimento dos pais no currículo em educação pré-escolar ver o primeiro capítulo do trabalho "Projecto Mais-Pais. Factores socioculturais e interpessoais do desenvolvimento numérico de crianças em idade pré-escolar: o nome dos números e o envolvimento dos pais" (Gaspar, 2004).

[8] No contexto do modelo da produtividade educacional, desenvolvido para explicar os mecanismos através dos quais os programas de educação pré-escolar têm efeitos positivos a longo prazo, Walberg e Reynolds (1997) apresentam a hipótese do impacto que a participação tem no meio familiar, especificamente nas interacções pais-criança, nas atitudes dos pais, no envolvimento na escola e nas experiências educacionais. De acordo com os autores, a quase totalidade dos estudos de revisão de investigações mostra que os programas de intervenção com crianças são mais eficazes quando envolvem a família.

Educação pré-escolar e promoção do bem-estar na infância e idade adulta   409

educativas e pedagógicas são as "autoritárias", e também para informar da importância de a escola contribuir para o desenvolvimento global, e não apenas cognitivo e escolar, mostrando a imprescindibilidade de desenvolver a iniciativa, as relações sociais e a criatividade e, principalmente, de que não nos devemos centrar nos resultados escolares a curto-prazo se o preço a pagar forem comportamentos indesejáveis a longo-prazo. Para que a prática da educação pré-escolar possa ser mudada, têm também de ser mudadas as crenças dos pais e do público em geral sobre as características de um programa de educação pré-escolar de "qualidade".

Claro que o sucesso na vida, tal como o insucesso, não pode ser atribuído "apenas" ao tipo de modelo curricular usado na educação pré-escolar. Porém, e como parecem indicar os resultados discutidos, esse é um dos factores que, numa rede de outros factores, contribui para esse sucesso, com a característica de que o podemos mudar.

O *EFFECTIVE PROVISION OF PRE-SCHOOL EDUCATION (EPPE) PROJECT* [9]

O maior estudo longitudinal efectuado na Europa sobre qualidade e implicações da qualidade da educação pré-escolar no desenvolvimento e aprendizagens posteriores de crianças de 3 e 4 anos de idade foi o *Effective Provision of Pre-School Education* (EPPE) *Project*. Este estudo foi realizado no Reino Unido, financiado pelo *UK Department for Education and Skills*, entre 1997 e 2003, envolveu 3000 crianças e foi coordenado por uma equipa de investigadores onde se incluem nomes como os de Kathy Sylva, Iram Siraj-Blatchford e Brenda Taggart, além de outros. Em 2003 iniciou-se a segunda fase do estudo, a qual está actualmente ainda a decorrer e que deverá permitir continuar a avaliação do impacto da qualidade até as crianças terem 11 anos de idade, ou seja, irá terminar em 2008. Esta segunda fase do estudo é designada de *Effective Pre-school Education and Primary Education* (EPPE 3-11) *Project*. As principais questões a que esta segunda fase do estudo procura responder são: a) Os efeitos da educação pré-escolar mantêm-se até ao fim da frequência pelas crianças do *key stage* 2 [10]?; b) Quais as carac-

---

9 http://www.ioe.ac.uk/schools/ecpe/eppe/

10 O período chamado de *primary education* inicia-se aos 5 e termina aos 11 anos. Divide-se em duas etapas, conforme a faixa etária, chamadas *key*

terísticas de escolas do ensino básico de "qualidade", ou seja, eficazes?; c) Quais as crianças da amostra do EPPE que são resilientes e quais as que são vulneráveis?; d) Qual o contributo das actividades extracurriculares (em casa, na comunidade, Internet) para o desenvolvimento das crianças? Para estas questões só teremos respostas em 2008. Da amostra inicial de 3000 crianças permanecem na segunda fase do estudo 2400.

No que se refere à primeira fase do estudo, designada, como já referimos, simplesmente de EPPE, os resultados envolvem os anos de frequência da educação pré-escolar (3 aos 5 anos) até ao fim do *key stage* 1 (5 aos 7 anos).

As questões a que o EPPE pretendeu responder foram: a) Qual o impacto da frequência da educação pré-escolar no desenvolvimento cognitivo e social/comportamental? Pode essa frequência reduzir as desigualdades sociais?; b) Há centros de educação de infância (em Portugal, jardins de infância) mais eficazes que outros na promoção do desenvolvimento das crianças?; c) Quais as características de uma educação pré--escolar de qualidade?; d) Qual o impacto das experiências em casa e da história da criança antes dos 3 anos, no seu desenvolvimento intelectual e comportamental?; e) Os efeitos da educação pré-escolar mantêm-se durante os primeiros anos de escolaridade (Key Stage 1; 6 e 7 anos)?

Foram seleccionadas aproximadamente 3000 crianças, de diferentes níveis socio-económicos. De entre elas, 2800 frequentavam diferentes tipos de jardins de infância (6 tipos diferentes) e aproximadamente 300 não frequentavam nenhum tipo, sendo cuidadas informalmente em contextos familiares. Foram recolhidos diferentes tipos de dados sobre as crianças, os seus pais, os seus ambientes em casa e os jardins de infância. Os investigadores utilizaram metodologias quantitativas e qualitativas.

Aos 6 e 7 anos as crianças foram avaliadas em diferentes domínios e indicadores, entre os quais a numeracia, a literacia e desenvolvimento social (auto-regulação, competência social, comportamento anti-social e ansiedade).

Os resultados do EPPE permitiram até agora retirar várias conclusões, entre as quais as que passamos a descrever (Siraj-Blatchford et al., 2004; Sylva, Melhuish, Sammons, Siraj-Blatchford & Taggart, 2004):

Primeiro, as crianças com frequência de educação pré-escolar, comparadas com as que não frequentam, têm resultados positivos quer no

---

stages: *key stage* 1 (KS1): dura dois anos (dos 5 aos 7 anos); *key stage* 2 (KS2): dura quatro anos (dos 7 aos 11 anos).

Educação pré-escolar e promoção do bem-estar na infância e idade adulta   411

desenvolvimento cognitivo, quer no social/comportamental. Estes efeitos mantêm-se nos primeiros anos da escolaridade obrigatória. Porém, se aos 6 anos as diferenças são estatisticamente significativas no desenvolvimento social/comportamental, aos 7 anos, embora continuem a existir, perdem a significância, com excepção das crianças que frequentaram os jardins de infância de maior qualidade. Uma hipótese é que o desenvolvimento social seja mais influenciado que o cognitivo pelo grupo de pares e ambiente de aprendizagem da "escola primária". Este resultado parece confirmar o de estudos anteriores que mostraram que a frequência da educação pré-escolar, sobretudo se for de qualidade, promove a inclusão social ao dar às crianças em desvantagem um melhor começo na escolaridade.

Segundo, a duração da frequência (em meses) é importante e um início precoce (antes dos 3 anos) está relacionado com melhor desenvolvimento intelectual aos 6 e 7 anos, assim como com maior autonomia, concentração e sociabilidade na entrada para a "escola primária" aos 6 anos. Frequência a tempo inteiro não parece traduzir-se em mais ganhos que a frequência parcial. Porém, quanto maior a duração maiores os ganhos.

Terceiro, há contextos formais de educação pré-escolar que são mais "eficazes" que outros, ou seja, onde as crianças progrediram mais do que seria de esperar tendo em conta os seus níveis de desenvolvimento social/comportamental e cognitivo na entrada na educação pré--escolar.

A "qualidade" da educação pré-escolar está directamente relacionada com o progresso das crianças, tendo esta qualidade sido avaliada através de escalas de observação estandardizadas: as *Early Childhood Environment Rating Scales: Revised* (ECERS-R) e *Extension* (ECERS-E). Quanto maior a qualidade, maiores os níveis de desenvolvimento social/comportamental e cognitivo das crianças. Estes efeitos mantêm-se aos 6 e 7 anos, essencialmente quando a frequência foi iniciada antes dos 3 anos.

As interacções verbais adulto-criança, concretizadas na forma de '*sustained shared thinking*' (pensamento partilhado com suporte), são um aspecto central da qualidade.

"Qualidade" tanto é sinónimo de "ensino" como de "jogo", sendo os contextos educativos mais eficazes aqueles que conseguem um equilíbrio entre estes dois aspectos da pedagogia.

Quanto maior o conhecimento que os educadores têm da área de conteúdo curricular que estão a implementar e desenvolver mais eficaz é a sua pedagogia, havendo uma grande necessidade de os educadores desenvolverem mais o seu conhecimento dessas áreas e de estratégias para as implementarem com as crianças.

Quarto, são essencialmente as crianças em desvantagem socio-económica que mais beneficiam de uma educação pré-escolar de grande qualidade, essencialmente se frequentam centros de educação de infância com uma grande heterogeneidade social. Porém, aos 7 anos ainda se observam os efeitos negativos da existência de múltiplos factores de risco na mesma criança (escolaridade dos pais; nível socio-económico; peso ao nascer; ...). A escolaridade e a classe social dos pais continuam a ser um importante preditor do desenvolvimento social e intelectual. Porém, as características socio-económicas das famílias são preditores mais fracos da leitura e matemática aos 6 e 7 anos, que do desenvolvimento intelectual aos 3 ou 5 anos, o que pode indicar uma influência protectora da frequência da educação pré-escolar e escolar.

Quinto, a qualidade do ambiente de aprendizagem em casa (brincar com números e letras; ensinar e brincar) está directamente relacionada com o desenvolvimento cognitivo e social das crianças de todas as classes sociais. Aquilo que os pais fazem com os seus filhos é mais importante que aquilo que os pais são (classe social) e só existe uma associação moderada entre estas duas variáveis (qualidade do ambiente em casa e classe social). Os efeitos de um ambiente de qualidade em casa persistem aos 7 anos, quer no desenvolvimento cognitivo, quer no social.

Os contextos de educação pré-escolar mais eficazes são aqueles que envolvem os pais na aprendizagem das crianças em casa, o que legitima a implementação das parcerias com as famílias.

CONCLUSÕES OU DESAFIOS?

Ao longo desta reflexão procurámos demonstrar a evidência, baseada em investigações, do impacto da frequência de um programa de educação pré-escolar de qualidade, e antes analisámos o modelo social e conceptual que a enquadra, no contexto dos desafios que as sociedades actuais enfrentam. Se olharmos para algumas das actuais políticas sociais nos dois países em que foram realizadas as investigações que apresentámos, especificamente EUA e Reino Unido, não nos surpreendemos ao constatar que no documento intitulado *Promoting Health: Intervention Strategies from Social and Behavioral Research*, elaborado pelo *Institute of Medicine* (2000) dos EUA, uma das suas nove recomendações afirmar

Educação pré-escolar e promoção do bem-estar na infância e idade adulta   413

"Programas de educação pré-escolar de qualidade devem ser mais ampla-mente implementados. Intervenções futuras direccionadas para bebés e crianças de tenra idade devem orientar-se para o fortalecimento de processos que afectam o desenvolvimento na infância, tais como as influências recebidas em casa, na escola e na vizinhança, além da saúde física e do crescimento." Esta recomendação assume maior significado se considerarmos que o objectivo "No ano de 2004 todas as crianças iniciarão a escolaridade prontas para aprender", decretado nesse país em 1994, no contexto dos 6 objectivos nacionais estabelecidos para aumentar a qualidade do sistema educativo, não foi atingido. No Reino Unido os *Sure Start Children's Centres*" são o núcleo de toda uma política governamental de apoio a crianças e famílias, consumadas na missão nacional de que "Qualquer criança conta" (*Every Child Matters,* cf. www. everychild matters.gov.uk). Esses Centros, direccionados essencialmente para famílias em risco social com crianças dos 0 aos 5 anos, e estruturados para garantir uma concentração e articulação dos serviços e respostas de que as crianças e famílias necessitam, deverão ser 3500 em 2010 (um em cada comunidade e não apenas nas mais pobres, pois também existem famílias em risco, 35% em Inglaterra, em comunidades numa situação de vantagem social). Entre os objectivos desses Centros encontra-se aumentar a qualidade da educação oferecida às crianças dos 0 aos 5 anos, e não apenas (mas também), às suas famílias, enquanto factor protector e amortecedor central. Esta qualidade passa pela boa formação dos profissionais de educação de infância.

Apesar da evidência empírica já existente, e que descrevemos ao longo deste capítulo, continua a haver necessidade de mais investigações de tipo experimental ou quase-experimental, em que sejam utilizadas medidas adequadas de avaliação do impacto social, na saúde e na família da frequência de programas de educação pré-escolar de qualidade, ao mesmo tempo que se procuram identificar as características centrais dessa mesma qualidade (rácio educador-crianças; estrutura curricular; tempo e início de frequência; formação dos profissionais; envolvimento e apoio à família). Em Portugal temos ainda um longo caminho a percorrer não apenas para assegurar essa qualidade, mas também para garantir que as crianças que mais precisam sejam as que têm um acesso mais facilitado e universal a esses programas.

Temos consciência, tal como Anderson et al. (2003, 39), de que "Considerando a complexidade do desenvolvimento humano, não há nenhuma intervenção que isoladamente seja capaz de proteger uma criança completa e permanentemente dos efeitos de exposição a situações prejudiciais. Porém, a clara demonstração de que há benefícios na frequência de um programa de educação pré-escolar de qualidade é encorajadora".

Sem dúvida que a frequência de uma educação pré-escolar de qualidade será mais útil e eficaz como parte de um sistema coordenado de serviços de apoio à família, onde se incluem cuidados às crianças, apoios à habitação, transporte e alimentação, oportunidades de emprego e serviços de saúde. A educação de pais, e da comunidade no geral, tem aqui um papel tão importante como a formação inicial e contínua de educadores, a realização de investigações longitudinais e a criação de respostas de qualidade, respeitadoras das escolhas dos pais e inseridas em políticas de emprego que capacitem a sociedade, comunidades e famílias para a promoção do bem-estar das nossas crianças. Sendo os recursos públicos limitados, o investimento privado tem, sem dúvida, um papel nuclear neste processo, orientado por uma política de equilíbrio [11] entre o princípio da eficácia (o benefício económico do programa terá de ser superior ao investimento efectuado) e o da igualdade nas condições de acesso e sucesso (Waldfogel, 2006).

BIBLIOGRAFIA

Anderson, L., Shinn, C., Fullilove, M., Scrimshaw, S., Fielding, J., Normand, J., Carande-Kulis, V., Task Force on Community Preventive Services (2003). The effectiveness of early childhood development programs: A systematic review. *American Journal of Preventive Medicine, 24* (3S), 32-46.

Buchanan, A. (2000). Present issues and concerns. In A. Buchanan & B. Hudson (Eds.), *Promoting children's emotional well-being* (pp. 1-27). New York: Oxford University Press.

Farrington, D. & Coid, J. (2003). *Early prevention of adult antisocial behaviour.* Cambridge: Cambrigde University Press.

---

[11] O equilíbrio entre a "eficácia" e a "igualdade" significa que mesmo que um programa tenha mais custos económicos que ganhos, isso é compensado por permitir o acesso a esse programa a todas as crianças que necessitem dele (princípio da igualdade), com o objectivo de reduzir a desigualdade entre essas crianças e as que não experienciam as mesmas situações de risco.

Educação pré-escolar e promoção do bem-estar na infância e idade adulta   415

Gaspar, M. (2004). *Projecto Mais-Pais. Factores socioculturais e interpessoais do desenvolvimento numérico de crianças em idade pré-escolar: o nome dos números e o envolvimento dos pais.* Textos Universitários de Ciências Sociais e Humanas. Lisboa: Fundação Calouste Gulbenkian, Fundação para a Ciência e a Tecnologia.

Guichard, S. & Larre, S. (2006). Enhancing Portugal's human capital. OCDE. Economics Department Working Papers Nº 505. Consultado em 29/11/2006. Disponível em http://www.olis.oecd.org/olis/2006doc.nsf.

Institute of Medicine (2000). *Promoting Health: Intervention Strategies from Social and Behavioral Research.* Washington, DC: National Academy Press.

Johnson, J. (1993). Evaluation in early childhood education. In J. Roopnarine & J. Johnson (Eds.), *Approaches to early childhood education* (2nd ed., pp. 317-335). New York: Macmillan Publishing Company.

Knitzer, C. (2000). *Using mental health strategies to move the early childhood agenda and promote school readiness.* NY: Carnegie Corporation of New York and National Center for Children in Poverty.

Lahey, B., Moffitt, T. & Caspi, A. (Eds.) (2003). *The causes of conduct disorder and serious juvenile delinquency.* New York: The Guilford Press.

Morrison, G. (1997). Lasting differences: Can we afford not to make them? (Comentário.) In L. Schweinhart & D. Weikart (Eds.), Lasting differences: The High/Scope preschool curriculum comparison study through age 23. *Monographs of the High/Scope Educational Research Foundation, 12* (pp. 81-87). Ypsilanti, MI: High/Scope Press.

Nabuco, M. (1997). Três currículos de educação pré-escolar em Portugal. *Inovação, 10,* 73-87.

Nabuco, M. & Sylva, K. (1997, Setembro). *A study on the quality of three early childhood curricula in Portugal.* Comunicação apresentada na 7.ª Conferência Anual da EECERA, Childhood in a changing society: Power, autonomy and early years education, Munique.

OECD (2004). Learning for Tomorrow's World. First Results from PISA 2003. Consultado em 29/11/2006. Disponível em http://www.oecd.org/dataoecd/ /20/25/35345692.pdf.

OECD (2005). Education at a glance. OECD indicators 2005: Executive summary. Consultado em 29/11/2006. http://www.oecd.org/dataoecd/20/ /25/35345692.pdf.

Qi, C. & Kaiser, A. (2003). Behavior problems of preschool children from low-income families : Review of the literature. *Topics in Early Childhood Special Education, 23* (4), 188-216.

Raver, C. & Knitzer, C. (2002). *Promoting the emotional well-being of children and families. Policy Paper No. 3 Ready to enter: What research tells policymakers about strategies to promote social and emotional school readiness among three- and four-year-old children.* NY: National Center for Children in Poverty.

Schweinhart, L. & Weikart, D. (1997). Lasting differences: The High/Scope preschool curriculum comparison study through age 23. *Monographs of the High/Scope Educational Research Foundation, 12.* Ypsilanti, MI: High/Scope Press.

Schweinhart, L., Barnes, H. & Weikart, D. (1993). Significant benefits: The High/Scope Perry Preschool study through age 27. *Monographs of the High/Scope Educational Research Foundation, 10.* Ypsilanti, MI: High/Scope Press.

Schweinhart, L., Montie, J. Xiang, Z., Barnett, W., Belfield, C. & Nores, M. (2005). *Lifetime effects: The High/Scope Perry Preschool Study Through Age 40.* Ypsilanti, MI: High/Scope Press.

Scott, S. (2003, April). *Parenting programmes: What works?* Presentation, Oxford. Disponível em www.son.washington.edu/centers/parenting-clinic/collaborations.asp

Scott, S. & Sylva, K. (2003). *The 'Spokes' project: Supporting parents on kids education.* UK: Department of Health.

Siraj-Blatchford, I., Sylva, K., Taggart, B., Melhuish, E., Sammons, P. & Elliot, K. (2004) The Effective Provision of Pre-School Education Project: Findings from the pre-school period. *Revista Portuguesa de Pedagogia, 38* (1, 2 e 3), 203-219.

Sylva, K. (1997). The quest for quality in curriculum. (Comentário.) In L. Schweinhart & D. Weikart (Eds.), Lasting differences: The High/Scope preschool curriculum comparison study through age 23. *Monographs of the High/Scope Educational Research Foundation, 12* (pp. 89-94). Ypsilanti, MI: High/Scope Press.

Sylva, K. & Nabuco, M. (1996, August). *Children's learning in day care: How shall we study it?* Comunicação apresentada na ISSBD International Conference of Behavioural Development, XIVth Biennial Meeting, Quebeque.

Sylva, K., Melhuish, E., Sammons, P., Siraj-Blatchford, I. & Taggart, B. (2004). *The Effective Provision of Pre-School Education (EPPE) Project: Technical Paper 12 - The Final Report: Effective Pre-School Education.* London: DfES / Institute of Education, University of London.

Walberg, H. & Reynolds, A. (1997). Longitudinal evaluation of program effectiveness. In B. Spodek & O. Saracho (Eds.), *Yearbook in early child-*

Educação pré-escolar e promoção do bem-estar na infância e idade adulta   417

hood education: Vol. 7. *Issues in early childhood educational assessment and evaluation* (pp. 28-47). New York: Teachers College Press.

Waldfogel, J. (2006). *What children need.* Cambridge, MA: Harvard University Press.

Washington, V. (1997). Using knowledge in communities: Personal perspectives on implications of the High/Scope research. (Comentário.) In L. Schweinhart, L. & D. Weikart (Eds.), Lasting differences: The High/Scope preschool curriculum comparison study through age 23. *Monographs of the High/Scope Educational Research Foundation, 12* (pp. 95-104). Ypsilanti, MI: High/Scope Press.

Trabalho efectuado no âmbito do Centro de Psicopedagogia da Universidade de Coimbra (FEDER/POCI2010-SFA-160-490).